Elogios para EL PAÍS BAJO MI PIEL
de Gioconda Belli

"La poeta y novelista Gioconda Belli ha escrito una memoria fuera de lo común. Este libro es sobre la historia de América, tanto la del Norte como la del Sur; sobre el poder y el germen revolucionario; sobre la vida y las opciones de una mujer entrecruzadas con las múltiples vidas —y muertes— de quienes creyeron en la capacidad humana para el amor y la libertad. Si su vida parece romántica, ella la escribe con la claridad y fuerza de su realidad".

—Adrienne Rich

"La memoria de Gioconda Belli es una memoria viva, abierta en llamaradas de esplendor. Este libro es una confesión múltiple, que avienta su fuego desde el fondo del abismo de la historia de Nicaragua, que es su propia historia, tal como ella la vivió, gozó y padeció. La memoria de un país que se convierte en una memoria íntima y que va del escenario público, al escenario privado. Una hermosa manera de contar".

—Sergio Ramírez, Ex Vice-Presidente de Nicaragua

"Pocos escritores han hablado tan francamente del amor, la sexualidad, la maternidad y la íntima conexión entre todos estos aspectos y el ancho panorama de la guerra, la revolución y la lucha por el poder. De esta manera, Belli muestra el sustrato emocional de los eventos que forjaron las relaciones entre los Estados Unidos y Centroamérica".   —Ana Cristina Rossi, Costa Rica

"La rebeldía que asomó en su vida desde los primeros años, la llevó de la mano por caminos y veredas que la han convertido en una de las más destacadas e importantes escritoras nicaragüenses".

—*Perspectiva Ciudadana* (República Dominicana)

"Este es un libro sobre la militancia política y la militancia del amor, que Gioconda ha fundido en un sólo acto, agregando un tercer ingrediente, su oficio literario y su extraordinario don narrativo . . . [ella] entrega un retorno maduro y autocrítico a los años revolucionarios para que [el lector] haga sus propias valoraciones".

—Carlos Fernando Chamorro, *Confidencial* (Nicaragua)

"Sus memorias de amor y guerra son un reto a la mojigatería de la política regional".

—Carmen Imbert Brugal, *Revista Rumbo* (República Dominicana)

"En Belli poesía, erotismo y revolución son manifestaciones de un mismo vitalismo. . . Gioconda Belli, que se autodefine como una 'Quijota', aparece en este libro como una Bovary invertida en el espejo del siglo XX".

—*ABC Cultural* (Madrid)

"Un cuento poético, revelador y penetrante sobre el amor, la guerra, la literatura y la política . . . lírico, dramático e incisivo, este relato autobiográfico es, a la vez, un canto trágico y lleno de esperanza a su bello y sufrido país".

—*Chicago Tribune*

"Gioconda Belli ha desempeñado un papel único en la historia moderna de Nicaragua. . . La progresión de sus amores se desarrolla paralela a la historia de Nicaragua durante la misma época. . . [*El país bajo mi piel*] nos presenta a la veterana sagaz de dos guerras: una entre los sexos y otro entre los poderosos y los desposeídos".

—*New York Review of Books*

"Una perspectiva viva y rica de una mujer que estaba entre los bastidores de la revolución nicaragüense de los años setenta. . . Un autorretrato fascinante de la entrega de una mujer idealista y romántica a la lucha por librar a su gente de la injusticia y la pobreza".

—*Columbus Dispatch*

"Encantador. . . Cuando [Belli] habla desde la profundidad de su perspicacia femenina . . . su prosa perfora el corazón. . . Uno vislumbra el viaje extraordinario de una mujer".

—*San Antonio Express-News*

Gioconda Belli

EL PAÍS BAJO MI PIEL

La obra de Gioconda Belli, novelista y poeta nicaragüense, ha sido ampliamente traducida y ha ganado numerosos premios internacionales, entre ellos el Premio Casa de Las Américas de poesía en 1978; el premio a la mejor novela del año en Alemania en 1989 por *La mujer habitada*; y el premio de poesía internacional "Generación del 27" en el 2002.

El país bajo mi piel fue seleccionado entre los mejores libros del año 2002 por *Los Angeles Times* y fue nominado para el *Los Angeles Times* Book Award en el año 2003. La autora divide su tiempo entre Santa Mónica, California y Managua, Nicaragua.

EL PAÍS BAJO MI PIEL

EL PAÍS BAJO MI PIEL

Memorias de amor y guerra

Gioconda Belli

VINTAGE ESPAÑOL

Vintage Books • *Una división de Random House, Inc.* • *Nueva York*

PRIMERA EDICIÓN DE VINTAGE ESPAÑOL,
OCTUBRE DE 2003

El reconocimiento agradecido se hace a Ibidem Consulting para el
permiso para reimprimir dos poemas de *Vientos del Pueblo* de Miguel
Hernández. Copyright © Vientos del Pueblo S.L. Reimpreso con
permiso de Ibidem Consulting.

La Biblioteca del Congreso de los Estados Unidos
Información de catalogación de publicaciones
Belli, Gioconda, 1948–.
El país bajo mi piel: memorias de amor y guerra / Gioconda Belli
p.   cm.
ISBN 1-4000-3439-6
1. Belli, Gioconda, 1948–. 2. Nicaragua—History—Revolution,
1979—Personal narratives. 3. Authors, Nicaraguan—20th
century—Biography. 4. Revolutionaries—Nicaragua—Biography.
I. Title.
PQ7519.2.B44 Z474 2003
868'.6409—dc21   2003057195

www.vintagebooks.com

Impreso en los Estados Unidos de América
10 9 8 7 6 5 4 3 2 1

Rellenamos el cráter de las bombas
Y de nuevo sembramos
Y de nuevo cantamos
Porque jamás la vida se declara vencida

Poema anónimo vietnamita

La verdadera felicidad no consiste en tener todo cuanto se desea, sino en desear cosas que no se tienen y en luchar por conseguirlas.

JULIO ANTONIO MELLA

EL PAÍS BAJO MI PIEL

INTRODUCCIÓN

֍

Dos cosas que yo no decidí decidieron mi vida: el país donde nací y el sexo con que vine al mundo. Quizás porque mi madre sintió mi urgencia de nacer cuando estaba en el Estadio Somoza en Managua viendo un juego de béisbol, el calor de las multitudes fue mi destino. Quizás a eso se debió mi temor a la soledad, mi amor por los hombres, mi deseo de trascender limitaciones biológicas o domésticas y ocupar tanto espacio como ellos en el mundo. Delante del estadio de donde mi madre salió hacia el hospital se alzaba entonces una estatua ecuestre de Anastasio Somoza García, el dictador que inició en Nicaragua, en 1937, la dinastía somocista. Quién sabe qué señales se transmitirían en el líquido amniótico, pero en vez de terminar como deportista con un bate en la mano terminé esgrimiendo todas las armas a mi disposición para botar a los herederos del señor del caballo y participar en la lucha de mi país por liberarse de una de las dictaduras más largas del continente americano.

No fui rebelde desde niña. Al contrario. Nada hizo presagiar a mis padres que la criatura modosa, dulce y bien portada de mis fotos infantiles se convertiría en la mujer revoltosa que les quitó el sueño. Fui rebelde tardía. Durante la adolescencia me dediqué a leer. Leía con voracidad y pasmosa velocidad. Julio Verne y mi abuelo Pancho —que me proveía de libros— fueron los responsables de que desarrollara una imaginación sin trabas y llegara a creer que las realidades imaginarias podían hacerse realidad. Los sueños revolucionarios encontraron en mí tierra fértil. Lo mismo sucedió con otros sueños propios de mi género. Sólo que mis príncipes azules fueron guerrilleros y que mis hazañas heroicas las hice al mismo tiempo que cambiaba pañales y hervía mamaderas.

He sido dos mujeres y he vivido dos vidas. Una de mis mujeres quería hacerlo todo según los anales clásicos de la feminidad: casarse, tener hijos, ser complaciente, dócil y nutricia. La otra quería los privilegios masculinos: independencia, valerse por sí misma, tener vida pública, movilidad, amantes. Aprender a balancearlas y a unificar sus fuerzas para que no me desgarraran sus luchas a mordiscos y jaladas de pelos me ha tomado gran parte de la vida. Creo que al fin he logrado que ambas coexistan bajo la misma piel. Sin renunciar a ser mujer, creo que he logrado también ser hombre.

Conciliar mis dos vidas ha sido más complejo. Ha significado la escisión geográfica. Echarme mi pasado, mi país al hombro y llevármelo no simplemente a cualquier parte sino al norte, a la nación donde se urdió la red donde el pez de mis fantasías pereció. Un año después de que yo y muchos como yo alcanzáramos incrédulos y exultantes nuestros más enfebrecidos sueños, mi país retornó a la guerra, al desangre. En vez de maná del cielo llovieron balas, en vez de cantar en coro los nicaragüenses nos dividimos, en vez de abundancia hubo escasez. Mientras mi pueblo escribía en las paredes *yanki go home*, yo me enamoré de un yanki periodista. Cuando de mi revolución sólo quedaron los ecos y las huellas, el amor, que nunca he podido resistir, me llevó a firmar un pacto con el amado que me condenaba a vivir parte del tiempo en su país. Por ese hechizo mágico, como las princesas de los cuentos, ahora transcurro parte de mi vida convertida en un pájaro que canta en una jaula de oro y añora el trópico de sus orígenes. Desde mi jaula rodeada de palmeras y calentada por el sol californiano trato de reconciliarme con el país que como niño grandulón me arrancó el cometa que yo echaba a volar; trato de verlo a través de los ojos del hombre que amo. Perdida en el anonimato de una gran ciudad en Estados Unidos, soy una más. Una madre que lleva a su hija al *kindergarten* y que organiza *play-dates*. Nadie sospecha al verme que alguna vez me juzgó y condenó a cárcel un tribunal militar por ser revolucionaria.

¡Ah! Pero yo viví esa otra vida. Fui parte, artífice y testigo de la realización de grandes hazañas. Viví el embarazo y el parto de una criatura alumbrada por la carne y la sangre de todo un pueblo. Vi multitudes celebrar el fin de cuarenta y cinco años de dictadura. Experimenté las energías enormes que se desatan cuando uno se atreve a trascender el miedo, el instinto de supervivencia, por una meta que trasciende lo individual. Lloré mucho, pero reí mucho también. Supe de las alegrías de abandonar el yo y abrazar el no-sotros. En estos días en que es tan fácil caer en el cinismo, des-creer de todo, descartar los sueños antes de que tengan la opor-tunidad de crecer alas, escribo estas memorias en defensa de esa felicidad por la que la vida y hasta la muerte valen la pena.

PRIMERA PARTE

HABITANTE DE
UN PEQUEÑO PAÍS

No me conformo, no: me desespero
como si fuera un huracán de lava.

MIGUEL HERNÁNDEZ

I

DONDE DAN INICIO, CON OLOR A PÓLVORA,
ESTAS REMEMORACIONES

(1979, Cuba)

Con cada disparo el cuerpo se me descosía. El estruendo sacudía cada una de mis articulaciones y me dejaba en la cabeza un silbido insoportable, agudo, desconcertante, salido de quién sabe dónde. Vergüenza me habría dado admitir lo mucho que odiaba disparar. Cerraba apretadamente los ojos apenas jalaba el gatillo, rogando que mi brazo no se desviara de la trayectoria en ese instante de ceguera. Después del disparo contenía el deseo de tirar el arma como si quemara, como si mi cuerpo fuera a recuperar su integridad sólo cuando se despojara de ese miembro mortal agarrado a mi mano, apoyado en mi hombro.

Era una mañana de enero de 1979. Un viento fresco, del norte, envolvía el día en una atmósfera limpia y sin nubes. Habría sido un día perfecto para ir a la playa o tirarse sobre el césped bajo un pinar a contemplar el Caribe. En vez de eso, me encontraba con un grupo de guerrilleros latinoamericanos en un polígono de tiro empuñando un AK 47. Detrás de mí, conversando con un grupo, observándonos, estaba Fidel Castro.

Apenas una media hora antes, en un ambiente de alegre paseo

escolar, habíamos llegado a las modernas y bien equipadas instalaciones del polígono de las FAR (Fuerzas Armadas Cubanas). Dentro del edificio de la armería, donde cada cual escogió las armas que quería disparar, todos parecíamos niños en tienda de juguetes, tocando y examinando los fusiles automáticos, semiautomáticos, las subametralladoras y las pistolas puestas a nuestra disposición. Como sólo había utilizado pistolas, quise probar lo que se sentía disparando con un fusil. Cuando salimos al descampado y nos alineamos para tirar a los blancos, situados al otro lado de una hondonada, experimenté por primera vez los puñetazos en el hombro de las detonaciones, el poder de las ráfagas de metralla, la manera en que el cuerpo pierde el balance y se desvencija si uno no se sustenta bien sobre las piernas. Mientras los demás disparaban con entusiasmo, yo me aturdía en un mundo de sonidos apagados y no lograba recuperarme de la sensación de estar bajo el agua. Lejos de sentir ningún placer, experimenté de manera inequívoca el profundo rechazo que me inspiraban las armas de fuego. Me pregunté cómo era que sólo yo parecía ajena a la fascinación de toda aquella parafernalia bélica. ¿Qué haría cuando me llegara el turno de entrar en combate? Seguí disparando furiosa conmigo misma. Terminé tendida boca abajo sobre el montículo donde se encontraba una ametralladora calibre 50 cuyo largo cañón giraba sobre un eje. Allí me quedé accionando con los dos dedos pulgares la palanca del gatillo. Era el arma más mortífera de que se podía echar mano en ese lugar, pero no me desestabilizaba y el sonido era seco y no se expandía dentro de mí. —Así que estabas encantada con la 50 —me dijo sonriendo malicioso Fidel cuando lo vi días después. No dije nada. Le sonreí. Él se volvió para conversar con Tito y los otros compañeros sandinistas invitados a La Habana para las celebraciones del XX Aniversario de la Revolución Cubana.

Me recosté en la silla. Era inevitable que el perfil de Fidel pusiera a girar en mi mente una confusa mezcla de imágenes del presente y el pasado. Fidel había sido el primer revolucionario del que tuve noticia en mi vida. Seguí su aventura rebelde como si se tratara de una serie por entregas, porque en mi casa agitó las pasiones de mis padres y sobre todo las de mi hermano Humberto, que era el líder de mis juegos infantiles. Humberto y yo nos leímos de cabo a rabo sobre la cama de mis padres el número de *Life* donde se publicó un reportaje con Fidel en la Sierra Maestra. Ya para entonces Humberto había logrado tras meses de práctica imitar a la perfección el sonido de la trompeta de Al Hirt. Su gran orgullo sin embargo era la imitación magistral que hacía de Daniel Santos, un cantante puertorriqueño de voz nasal inconfundible, cuya interpretación del himno de los rebeldes cubanos del Movimiento 26 de Julio lo había lanzado a la fama. Mientras se bañaba o en momentos de súbita inspiración, Humberto atronaba la casa cantando como Daniel Santos: «Adelante, cubanos, que Cuba premiará vuestro heroísmo, pues somos soldados que vamos a la Patria liberar.» Creo que fue oyéndolo cantar que yo tuve mis primeros arranques de patriotismo. Repetía la canción pensando secretamente en Somoza, nuestro tirano. Fidel era para mí el símbolo del heroísmo más puro y romántico. Los barbudos, jóvenes, audaces, guapos, estaban logrando en Cuba lo que ni mis primos envueltos en rebeliones ni Pedro Joaquín Chamorro, líder opositor, ni los conservadores ni nadie había logrado en Nicaragua. Cuando Fidel triunfó yo tenía diez años, pero me alegré y celebré la victoria cubana, sintiendo que de alguna manera me pertenecía a mí también.

Claro que después toda aquella efervescencia se esfumó como por encanto. No sé exactamente qué pasó, pero entre las monjas en el colegio, entre los amigos de mis padres, en los periódicos, en mi casa, empezó a circular la noticia de que Fidel y sus peludos habían engañado al mundo entero haciéndose pasar por cristianos y buena gente cuando en realidad eran peligrosos comunistas. ¡Fíjate vos —decía mi madre—, Fidel salió en *Life* con el gran crucifijo colgado en el pecho y ahora se declara ateo! ¡Será posible! Las monjas contaban cuentos de horror de que en Cuba los niños eran arrancados de los brazos de sus padres y llevados a instituciones para ser educados por el Estado para que desconocieran a Dios y fueran comunistas. Ser comunista era, por supuesto, un estigma, un pecado capital, la forma segura de ganarse el infierno. Sentí pesar por los niños cubanos hasta que oí a mi abuelo materno, Francisco Pereira, conversar con un amigo chino que llegaba todos los días a visitarlo, y con el que se sentaba a tomar el fresco de la tarde balanceándose ambos en sendas mecedoras en la acera de su casa en León. «Todo eso es mentira. Todo eso lo están inventando para perjudicar a Fidel», le dijo mi abuelo, y continuó hablando, repitiendo con su memoria prodigiosa, palabra por palabra, trozos de discursos de Castro que oyera en Radio Habana y que a mí me parecieron llenos de hermosas palabras para los pobres y me recordaron prédicas de sacerdotes. Como resultado de tan diversas opiniones, terminé sin saber qué pensar de Fidel. Me confundí más cuando el presidente Kennedy —que era el ídolo de mi mamá— recurrió a Luis Somoza para lanzar contra Cuba, desde el norte de Nicaragua, la invasión de Bahía de Cochinos. No entendí que un presidente como él tuviera relaciones amistosas con un gobierno como el nuestro.

¿Quién habría podido predecir a mi hermano y a mí que un día yo estaría en La Habana, sentada en un mullido sofá, conversando con Fidel? Y sin embargo, pienso, uno llega a la vida con un ovillo de hilos en la mano. Nadie conoce el diseño final de la tela que tejerá, pero en cierto momento del bordado uno puede mirar hacia atrás y decir: ¡Claro! ¡Cómo iba a ser de otra manera! ¡En aquella punta brillante de la madeja estaba el comienzo de la trama!

2

DONDE SE NARRAN ALGUNAS EXTRAÑAS VINCULACIONES
CON CALIFORNIA Y EL PAPEL QUE HAN JUGADO EN MI VIDA
LOS CANALES INTEROCEÁNICOS

(1998, Santa Mónica)

Desde la terraza de mi casa en Santa Mónica se ve el mar. Cuando me pongo nostálgica, subo a mi automóvil, bajo a la playa y cruzo la ancha franja de arena hasta donde revientan las olas. La visión de las crespas crestas blancas desenrollándose a mis pies me transporta sin esfuerzo hacia mi Nicaragua natal. Éste es el mismo mar junto al que corría de niña. Reconozco el rizo de las olas, el chasquido con que se dejan caer sobre la arena, el empuje con que se hacen y deshacen incansables. Esta playa se pierde a lo lejos en la silueta del muelle con su parque de diversiones pero, si cierro los ojos y dejo que la que mire sea la memoria, puedo ver más allá, playa abajo, la cabaña de troncos donde pasaba con mi familia las vacaciones de verano, entreveo mi silueta adolescente sentada en lo más alto de la Peña del Tigre. Me gustaba sentarme allí en silencio a contemplar el atardecer, sentirme adulta en mi melancolía, imaginarme heroína de épicas aventuras. Ahora imagino otras cosas. Imagino que el mar une con sus manos de agua las dos existencias que me ha tocado vivir.

No es de extrañar que el rumbo del agua me lleve de California a Nicaragua. En el pasado de mi país, como una herida, existe la memoria de un canal interoceánico que nunca se construyó pero que atravesó y cambió nuestra historia, dándonos desde un presidente norteamericano hasta una estirpe de dictadores que gobernaron durante medio siglo. Igual que el batir de alas de una mariposa en el Caribe puede causar tormentas en China, el grito de Sam Brannan «Oro, oro, oro en el río Americano» aleteó en la historia de mi país. Cuando las multitudes que despertaban y dormían soñando con el oro, quisieron encontrar una ruta más segura para llegar a California, evitando cruzar, desde la costa Este, las praderas de Estados Unidos en caravanas lentas y tristes bajo la amenaza de los indios, o emprender la larga travesía por barco rodeando el Cabo de Hornos, los ojos del norte se fijaron en Centroamérica, la estrecha cintura del continente. Se fijaron en Nicaragua que tiene un río en el Atlántico que se puede navegar corriente arriba hasta un gran lago que sólo dista veinte kilómetros del Océano Pacífico. Para embarcarse rumbo a California y su río de oro, los viajeros sólo tenían que navegar hasta Nicaragua, desembarcar en su puerto fluvial en el Atlántico, subir por el río, atravesar el lago y recorrer esos pocos kilómetros a caballo o en mula hasta los barcos que esperaban en el Pacífico. No sé qué día de 1849 fue que el célebre magnate norteamericano, el comodoro Cornelius Vanderbilt, se percató viendo un mapa en la oficina de su compañía de vapores en Nueva Orleans, de las facilidades de tránsito que ofrecía la geografía de Nicaragua. Esa noche el hombre soñó con rutas interoceánicas y comercios fabulosos, y no se detuvo hasta abrir en 1851 la Ruta Accesoria del Tránsito, más segura, hermosa y sana que el trayecto por Panamá, que era tan insalubre que las compañías de seguros despojaban de su protección a cualquier viajero que pasara más de veinticuatro horas en la población panameña de Colón.

Así se introdujo en la historia de mi país el sueño de ese tajo que haría practicable la navegación del Atlántico al Pacífico en sólo treinta y seis horas. Desde entonces el fantasma del canal aquel anduvo suelto y sin descansar. A Vanderbilt lo despojaron los empresarios Morgan y Garrison de su Ruta del Tránsito mientras pasaba vacaciones en Europa. Para hacerlo se aliaron con el filibustero William Walker, que quería no sólo la concesión del canal, sino el país entero para cumplir su sueño de añadir una estrella más a la bandera norteamericana. Walker se nombró presidente de Nicaragua y decretó la esclavitud, pero los centroamericanos se unieron para hacerle la guerra y en 1860 lo fusilaron en Honduras.

No quedó del canal nicaragüense más que la sombra de la posibilidad, pero ésta fue suficiente para que Estados Unidos se preocupara por asegurar su dominio y se dedicara a ser juez y parte en el pequeño y rebelde país, donde las guerras parecían no detenerse nunca. Una y otra vez intervinieron apoyando ya fuera a liberales o conservadores. Fueron árbitros, socios; dominaron las finanzas, las aduanas, organizaron y supervisaron elecciones, hasta que se toparon con un general enjuto y pequeñito de estatura, Augusto César Sandino, cuyo ejército de guerrilleros campesinos desarrapados se les convirtió en una pesadilla, porque eran ya muchos los marines víctimas de los ardides militares de aquel hombrecito de botas y sombrero Stetson. Fue así como decidieron que sería mejor que Nicaragua formara su propio ejército y se preocuparon de organizarlo y buscarle un jefe adecuado, que no fue otro que Somoza, un empleadito de la aguadora cuyos méritos eran hablar inglés, caerle bien a la esposa del embajador norteamericano y estar casado con una sobrina del presidente Juan B. Sacasa. Somoza demostró su temple y decisión ocupándose de asesinar por su cuenta a Sandino y los generales de su Estado Mayor cuando salían de la casa presidencial, tras asistir al banquete que ofreció el presidente Sacasa para celebrar los acuerdos de paz. Tres años después Somoza le dio un golpe de Estado a su pariente y se hizo presidente. Somoza «*is a son of a bitch, but he is our son of a bitch*», dijo Roosevelt. Cuando un poeta lo mató en 1956, lo siguieron en el poder sus hijos, Luis y Anastasio. Este último hablaba el inglés mejor que el español y se había graduado en West Point. Era el perfecto marine criollo. Apoyados por Estados Unidos, los Somoza se quedaron en el poder hasta 1979. Casi medio siglo.

La búsqueda del cruce entre los mares que marcó la historia de mi país también marcó la de mi familia: desciendo de italianos piamonteses. De Biela. Eran dos los hermanos Belli que llegaron a América. Próspero era arqueólogo, Antonio, ingeniero civil. Próspero llegó hasta el Perú, donde fundó un museo en el desierto de Ica. Antonio trabajó en el canal de Panamá hasta un fin de semana en que fue a Nicaragua y en Granada, bajo el embrujo de casonas coloniales y la brisa de un lago tan grande que los conquistadores españoles lo llamaron «la mar dulce», se enamoró de mi bisabuela. Carlota no sólo era una morena guapa y fuerte, sino que pertenecía a una familia de renombre. Era la hermana del general conservador Emiliano Chamorro, que fue dos veces presidente del país y se ganó el respeto y favor de Estados Unidos porque le concedió, a perpetuidad, los derechos exclusivos para la construcción del canal interoceánico. Igualmente, para demostrar cuánto admiraba a la gran nación del norte, pactó con Somoza para imponer en Nicaragua un sistema bipartidista. No conocí a mi bisabuelo Antonio, de quien se decía que tenía un ojo azul y otro café, pero sí conocí al general Chamorro cuando era un anciano arrugado, con una mata de pelo blanco en la cabeza sombreando su cara morena de sabueso triste.

3

DE CÓMO UNA MONEDA ME LLEVÓ POR PRIMERA VEZ
A ESTADOS UNIDOS Y DE LA PRIMERA SANGRE DERRAMADA
QUE VI EN MI VIDA

(Nicaragua, 1952-1959)

Antonio Belli murió joven, de cirrosis. Cuando crecieron y se casaron sus hijos, la «abuelita Carlota», como llamábamos a mi bisabuela, mandó levantar una pared en medio del gran patio interior de su amplia y hermosa casa señorial de techos de tejas y gruesas paredes, y la dividió en dos. En una parte se quedó viviendo ella con su hija, Elena, casada con un abogado, y la otra se la dio a mi papá, que era como su hijo, para que la ocupáramos nosotros. Las dos casas se comunicaban entre sí a través de un arco en el corredor. La de mi tía Elena era alegre y bulliciosa. Sus hijas, María Elena, María Eugenia y Carlota, mis primas, eran mayores que yo. La menor, a quien llamábamos «Toti» para diferenciarla de la abuela, me llevaba sólo cinco o seis años y era mi ídolo. Era traviesa, divertida, coqueta a más no poder, y me reclutaba como cómplice incondicional de sus travesuras, que usualmente consistían en espiar incesantemente a las mayores, que empezaban a salir con muchachos y a tener novios.

Cuando yo tenía tres o cuatro años, me dio por imitar a las

vendedoras que pasaban por la acera de la casa pregonando sus productos. Tomaba la tapa de una lata de galletas, ponía unas cuantas piedras encima y andaba por toda la casa gritando: «Aquí va el pan, los pudines, las hojuelas.» Los mayores hacían el gesto de comprar mi mercancía y yo seguía feliz buscando otro cliente. Así fue hasta la tarde en que mi abuelita Carlota me dio una moneda de un peso. A esas alturas ella era ya una ancianita, peinada con un moño blanco y siempre vestida de gris, que pasaba largas horas meciéndose ausente en una silla de balancines. La miré anonadada por la emoción de haber hecho mi primera venta «de verdad», pero ella ya se había perdido en la contemplación de la luz que caía sobre el jardín. Incrédula, cerré la mano sobre la moneda y no volví a abrirla sino para enseñársela, con cara de superioridad, a mi hermano Humberto, que dormía en la litera encima de la mía. En vez de aplaudir mi venta, Humberto me denunció con la niñera. «Dámela», me dijo ella, severa, imagino que pensando que yo la había tomado sin permiso. Pero no había poder humano que me hiciera a mí soltar aquel premio. En medio del forcejeo, y en un arranque de desesperación, me la metí a la boca y me la tragué. En ese tiempo las monedas de un peso eran grandes. Mis padres pensaron que la cosa se resolvería sin problemas y la moneda saldría por su cuenta, pero no fue así. Me bloqueó el pase al estómago. Los doctores en Nicaragua insistían en operarme, pero mi papá opinaba que debía haber otra forma de sacarla sin dejarme una gran cicatriz. Yo era su niña mimada, y no descansó hasta que logró averiguar de un médico en Filadelfia que se especializaba en ese tipo de casos, y nos mandó a mi mamá y a mí a Estados Unidos. Mi mamá debía su conocimiento del inglés y su amor por la cultura universal a la educación que había recibido en un exclusivo colegio que las monjas de la Asunción tenían en Filadelfia: Ravenhill Academy. Se comunicó con las religiosas quienes le ofrecieron que se hospedara en el colegio conmigo. Aunque de Estados Unidos me quedaron impresiones dispersas de edificios inmensos y de una agitación de luces y gente que me espantó, no recuerdo nada del viaje en avión, ni del hospital donde al fin me extrajeron la moneda. Conservo sí la ima-

26

gen del jardín lleno de manzanos de Ravenhill. Mi mamá me tomó fotos allí que años después encontré y por las que pude darme cuenta de la fidelidad de mi memoria. Estoy de pie en medio de los árboles, una niña gordita, de cara redonda y plácida, con el pelo castaño dorado peinado en gruesos bucles recogidos al lado de la cabeza en un lazo. Mi madre frecuentemente hablaba con nostalgia de lo feliz que había sido en sus años de Ravenhill. Creo que siempre añoró que no le hubiese tocado nacer en una gran ciudad y pertenecer a un mundo más ancho y refinado, donde poder lucir su elegancia y sus ideas modernas, un mundo como el de Grace Kelly, su compañera de clase en Filadelfia, que mi madre afirmaba, no sé si en broma o en serio, la había invitado a su boda con el príncipe Rainiero de Mónaco.

La pared de la casa de mi tía Elena —vivíamos en la calle del Triunfo, una calle principal de Managua— lindaba con la casa roja del Partido Liberal de Somoza. Cuando se realizaban mítines allí, nos tapábamos los oídos para no oír los vivas a Somoza que atronaban el aire y se metían a través de la pared como insultos que alguien nos lanzara en nuestra propia casa. Mi prima Toti gritaba «muera» cuando en la otra casa gritaban «viva». Yo la secundaba sin alzar mucho la voz, o le pedía que se callara, imaginándome que no tardarían mucho los soldados en llegar a golpear las puertas para llevarnos presas. Había oído que por menos que eso iba a parar la gente a la cárcel.

Mis padres eran opositores, pero en la familia de mi tía Elena todos eran furibundos enemigos de la dictadura y se pasaban el tiempo discutiendo distintas maneras para acabar con ella. De los dos hijos varones, Mauricio era el más político. Un buen día, desapareció de la casa. Poco después se supo que había participado en un intento de derrocamiento de la dictadura, la invasión de Olama y Mollejones, organizada por los conservadores, entre ellos Pedro Joaquín Chamorro, el director del diario *La Prensa*, el periódico más importante del país. La invasión fue una aventura militar desorganizada y torpe, en la que unos rebeldes acabaron presos, otros fueron fusilados en falsos «intentos de fuga» y los más afortunados buscaron asilo. Mi primo Mauricio fue de estos últimos. Se refugió y solicitó asilo político en la embajada de El Salvador. Un sábado por la tarde, con mi tía Elena y las primas, fui a visitarlo. La embajada tenía un jardín amplio con muchos árboles de mango, bajo los cuales había unas bancas de concreto, donde nos sentamos a conversar con Mauricio y otros cinco o seis jóvenes más, conocidos de mis primas, que también se refugiaban allí. Pensé que era como un internado. Se veían bien de salud. Mi tía llevó ropa y dulces. Los muchachos comentaron desilusionados el fracaso de su intento. Hablaron sobre la represión desatada por la dictadura, las negras perspectivas que veían para el país. Pedro Joaquín Chamorro había huido a Costa Rica, otros rebeldes aún estaban escondidos. A mis seis años no podía comprender mucho, pero recuerdo la atmósfera de miedo de esos días, las caras graves, tristes, de los adultos, sus lamentaciones porque otro intento de derrocar a la dictadura hubiera fracasado.

Creo que fue por esa época cuando nos trasladamos al barrio San Sebastián, porque ya habían nacido mis hermanos, Eduardo y Lucía, y mi mamá quería una casa más grande. Cerca de nosotros vivía la familia Parodi, a la que pertenecían unos muchachos guapos, simpáticos, que frecuentaban a mis primas. Una tarde hubo gran revuelo en el barrio. Mi papá y mi mamá nos prohibieron salir a jugar a la calle. A raíz del clima político en el país los estudiantes habían escenificado grandes protestas demandando el cese de la represión, y ese día, la Guardia Nacional había arremetido contra ellos. En nuestro barrio se habían escuchado disparos esa tarde. Mis padres y otros adultos se veían visiblemente alterados. Algo oí de que habían disparado a uno de los Parodi en la puerta de su casa. Dos o tres días después, restablecida cierta calma, salí con mi niñera a la venta para comprar dulces. Ella me llevaba de la mano. Recuerdo que pasamos por la casa de los Parodi. Sobre la pared al lado de la vereda que, atravesando un jardín conducía a la puerta principal, vi una inmensa mancha de un color cafezusco. Ya sabía que la Guardia había matado a Silvio Parodi. Mis primas habían llorado y rabiado sin consuelo. Me detuve frente a la mancha, con el corazón en vilo. Fue allí, ¿verdad?, pregunté a la niñera, fue allí donde mataron a Silvio. Pero ¿por qué es café la mancha? Yo creía que la sangre era roja, dije. La niñera me tiró del brazo para hacerme cruzar la calle. Yo me resistí. Volví a preguntarle por la sangre, ¿por qué era color café la sangre? «Ya se puso vieja», me dijo por fin tirando de mí, casi arrastrándome. «Vení, que si tu mamá se da cuenta de que la viste me va a regañar.» Los padres de Silvio dejaron esa mancha en la pared mucho tiempo como testimonio del asesinato de su hijo, a sangre fría. La vi muchas veces más. Hasta cuando pintaron la casa meses después la seguí viendo. La veo aún. Es de esos recuerdos imborrables de la infancia que guardan exactamente el olor del día, el soplo del viento, la luz del sol cayendo sobre el arbusto de flores rojas cerca de la puerta, cerca de la mancha de sangre.

Relaciono el fin de mi infancia con el recuerdo de viajar en el asiento trasero del auto de mi papá un día cualquiera, después del colegio, y darme cuenta como si me hubiera partido un rayo, de que estaba y estaría para siempre sola en mi propio cuerpo. Todavía me parece sentir el golpe de la adrenalina, el súbito sobresalto con que tuve esta certidumbre. En un instante comprendí aterrada que nunca nadie estaría dentro de mí, sentiría lo que yo sentía, escucharía mis pensamientos más recónditos. No me podía cambiar por otra persona ni ser otra cosa que esa niña de falda escocesa y blusa blanca de uniforme. Jamás podría ver de frente mi propia cara, sino a través de los espejos. Anduve desconcertada varios días por la enormidad de mi descubrimiento, anonadada por el azar que me llevó a nacer donde nací, pensando en la arbitrariedad que me había hecho entrar al mundo por la puerta grande, en lugar de ser una de las niñas flaquitas y harapientas que corrían a golpear las ventanas del auto pidiendo limosna, y en cuyos ojos me parecía percibir con dolorosa claridad mi propio desconcierto.

4

DE CÓMO UN CATACLISMO BORRÓ EL PAISAJE DE MIS
PRIMERAS MEMORIAS

(Managua, 1972)

Nicaragua está situada en la cintura de América, en el centro de la franja delgada que une la América del norte, con la del sur. Es el país más grande del istmo centroamericano y su geografía está cruzada por volcanes. Las plataformas oceánicas que empujan la masa continental del norte hacia el Atlántico y la del sur hacia el Pacífico chocan bajo mi país. De ese choque nacen los hermosos y amenazantes conos volcánicos. A eso debemos los frecuentes terremotos.

Las memorias que guardo de mi infancia y adolescencia ocurrieron en una ciudad que ya no existe, una ciudad que se desplomó en una noche de polvareda e incendios.

Serían tres minutos en total, quizá menos, lo que tomó al terremoto desbaratarlo todo; caminar sobre la ciudad como una bestia machacando edificios, postes de alumbrado, casas, las esquinas, las calles de mis recuerdos. La tierra traicionera se sacudió todas las fallas como cabellera de Medusa, y edades geológicas se vinieron al suelo en un derrumbe subterráneo que sepultó en su seno veinte mil vidas. Esa noche de vísperas de Navidad los trineos, los renos y los Santa Claus acostumbrados al Polo Norte ardieron en un incendio descomunal que arrasó seiscientas manzanas de mi pobre ciudad, engalanada para la Nochebuena. Eran las 00.28 del 23 de diciembre de 1972. Parpadeaban los arbolitos y sus bolas de colores brillantes en las ventanas. La sacudida bestial nos arrojó de las camas y nos sumió en la oscuridad abismal de un pánico animal y sin consuelo.

Con mi instinto de bruja había intuido que algo malo sucedería. Mucho calor hacía para un día de diciembre. Tomé la previsión de dejar la llave del pasador de seguridad junto a la puerta de la casa. Hasta quité los adornos de las mesas. Hipnotizado frente al televisor, como todas las noches, mi esposo me miró burlón haciendo caso omiso de mi miedo. Me dormí angustiada, apretando una almohada contra el estómago que empezaba a ensancharse con mi segundo embarazo. Estaba convencida de que algo siniestro flotaba en el ambiente. Un puño gigantesco se escondía entre las sombras. Pasé la cuna de mi hija Maryam —tenía cuatro años entonces— a mi habitación. Pero a la hora del terremoto, cuando la sacudida me expulsó de la cama y me desperté arrodillada en el suelo, no podía cargar a la niña en los brazos para salir corriendo. El suelo se zarandeaba de tal manera que era imposible conservar el equilibrio. Desesperada, le grité a mi esposo —más asustado que yo— para que me ayudara a sacar a la niña y al fin él logró cargarla. Salimos corriendo como quien atraviesa un campo de batalla en la noche más profunda. Toda mi casa crujía y lanzaba pedazos por el aire. Las plantas interiores se hacían trizas unas contra las otras. Llovía tierra, barro, vidrio. Zigzagueando alcanzamos la puerta. La llave estaba allí donde yo la había dejado pero la puerta desplomada no se abría. Mi marido la agarró a patadas. Frenético. Alicia, la niñera, gritaba jaculatorias como alma en pena, «Virgen Santísima, Las Tres Divinas Personas, Dios mío, mi lindo, sálvanos». Cuando por fin logramos salir por una hendija, nos recibió la visión apocalíptica de un cielo rojo, denso. La ciudad sumergida en una nube de polvo. Un meteorito, pensé. El Juicio Final. Seguro que era un cataclismo mundial. La luna llena brillaba siniestra con un fulgor espectral.

Nuestros vecinos se abrazaban, abrazaban a sus niños. El pavimento hacía olas convertido en una serpiente negra y sinuosa. Súbitamente la tierra se aquietó. Nos quedamos inmóviles. Temerosos de movernos. No fuera a ser que el monstruo despertara de nuevo.

—Se está quemando Managua —gritó alguien.

No había pasado ni media hora cuando, otra vez, el ruido inició un *crescendo* ensordecedor y todo empezó a tambalearse con la misma fuerza que antes. El pánico se desbocó. Gritos. Llantos. Ya no teníamos el consuelo de estar medio dormidos y tener que ocuparnos de salir de las casas. El sentimiento de indefensión era intolerable. Primitivo, animal. Eran las cavernas otra vez. La humanidad prehistórica presenciando un planeta convulsionado por innumerables cataclismos. Nos castañeteaban los dientes, gruñíamos, nos agarrábamos unos de otros. Las casas saltaban. El concreto parecía haberse convertido en una sustancia dúctil, blanda. Los postes del tendido eléctrico se balanceaban como palmeras en un huracán. Los alambres se mecían sobre nuestras cabezas cual gigantescas cuerdas de saltar. Se doblaban los tubos de metal por donde entraban los cables a las casas. Se quebraban vidrios. Explotaban ventanas. En la distancia aullaban sirenas de incendio. La ciudad se hundía, se bamboleaba como barco en un mar furioso. Abracé a mi hija. La apreté contra mí para que no oyera el rugido espantoso. Recé. Mi esposo gritaba: «Vámonos, vámonos.» Lo calmé como pude, controlando mi propio pánico. De nada servía correr. No había adónde ir, dónde refugiarse. Ninguna otra tierra que pudiera sostenernos. Era inútil pensar en encontrar un lugar seguro. Yo temía espantada que la tierra nos tragara, que un volcán se alzara en medio de la calle, que todo se hundiera, pero me sacudí como pude el terror de esos pensamientos. Uno de los dos tenía que mantener la serenidad.

El ruido fue decreciendo hasta apagarse. La tierra retornó a una calma pasajera, interrumpida constantemente por pequeñas sacudidas. Pero ya no confiábamos en que aquietaría su violencia. Cada pequeño temblor nos tensaba de espanto.

Una o dos horas después, Alicia se fue a buscar a su familia. Mi esposo y yo decidimos pasar el resto de la noche dentro del auto que nos parecía el lugar más seguro. A dos cuadras de nuestra casa, al lado de un patio baldío nos estacionamos. Apenas hablamos que yo recuerde. Esa noche, no tuve ánimos para intentar sacarlo de su mutismo. No sé si hacía frío o si los dientes me castañeteaban de miedo. Envolví a Maryam en el mantel del comedor y la apreté contra mí hasta que se durmió. Mi esposo trataba de oír algo en la radio, pero todas las estaciones estaban en silencio. Hacia la madrugada logró sintonizar una estación de Costa Rica. Así nos enteramos que el resto del mundo seguía existiendo. Sólo Managua había sido destruida.

Al amanecer, tras asegurarnos de que mis padres y hermanos se hallaban a salvo en su casa, a poca distancia de la nuestra, hicimos un recorrido por la ciudad. De esa mañana extraña me queda la incredulidad. No podía creer lo que veía. Del lugar de mi niñez, mi adolescencia, mis escasos años de vida adulta, sólo quedaban las ruinas. El edificio donde tomaba clases de ballet cuando era niña parecía una castillo de naipes desplomado sobre la calle, sus cinco o seis pisos, uno sobre otro. Las revelaciones de la destrucción causada por el sismo se sucedían como imágenes fuera de foco en el aire tenue y soleado de la mañana de diciembre. Sin los puntos de referencia con que acostumbrábamos guiarnos, Managua era un amasijo de calles destrozadas. Un mar de cenizas y escombros. La memoria se esforzaba por reconstruir contornos, esquinas. Yo cerraba los ojos para superponer imágenes a la destrucción pero los perfiles se borraban ante las visiones de la catástrofe. Mi esposo parecía un niño a punto de echarse a llorar. Intentamos adentrarnos en el centro de la ciudad, pero era imposible. Cadáveres de edificios yacían sobre las calles, quebrantados y humeantes. Después de nuestro lúgubre recorrido, regresamos a la casa paterna. Recuerdo a mi madre sentada en una silla playera en el terreno baldío al lado de su casa, la doméstica llevándole el desayuno en una bandeja impecable sobre un mantelito almidonado.

Terribles historias escuchamos en las largas filas ante las estaciones de gasolina. Sin energía eléctrica, los operarios tenían que bombear el combustible manualmente. La desgracia común hermanaba a los desconocidos. Cada quién contaba su historia. Lloraba en cualquier hombro solidario. Era un duelo inmenso, un naufragio colectivo. La ciudad entera se ahogaba en dolores y nostalgia. La gente alineaba toscos ataúdes sobre las aceras en los barrios más pobres —la mayoría— en ruinas, para enterrar a familias enteras. Los puentes estaban cortados, el pavimento, levantado. Miles de personas con la cara ausente y enloquecida iniciaron esa misma mañana un éxodo multitudinario en camionetas y camiones destartalados llevándose enseres domésticos, muebles; saliendo desesperadas de la ciudad sin agua y sin luz como si alguien hubiese dado la orden de evacuar. Abundaban rumores sobre las epidemias que se desatarían dados los cientos de cadáveres atrapados en las ruinas. Circulaban historias sobre el pillaje que empezaba a extenderse por la ciudad y que iniciaron los soldados de la Guardia Nacional. El celador del centro comercial donde mi papá tenía una sucursal de su almacén los había visto cargar aparatos de aire acondicionado en camiones militares poco antes de que la multitud se abalanzara sobre lo que quedó. Los adornos de Navidad, los Santa Claus, los renos, los abetos, prestaban al ambiente un tono de sarcasmo, como la broma de un dios cruel y sanguinario.

Nosotros nos unimos al éxodo que esa misma tarde atascó las carreteras con largas caravanas de vehículos recargados. En el camión de un tío de mi esposo acomodamos nuestras cosas en una apresurada mudanza y partimos hacia Granada a casa de mis suegros. Nos despedimos de mis padres que saldrían al otro día a su casa de la playa, cerca de León. Habría preferido irme con ellos pero no me atreví ni a insinuarlo. Sabía que mi madre argumentaría que mi deber era estar al lado de mi esposo.

En el viaje a Granada iba con una prisa terrible por alejarme de Managua. Dejarla atrás. Olvidarla. No volver a posar los pies allí, en esa gran herida supurante. Huir. No me sentía capaz de vivir un temblor más. Las piernas me dolían del esfuerzo por exigirle a la tierra la estabilidad acostumbrada. ¿Qué hace un ser humano condenado a la gravedad, si le falla el punto de apoyo? El tío de mi esposo no paraba de hablar, y yo oía la conversación como un ruido molesto. Tenía los oídos hipersensibles tras haber escuchado los rugidos del infierno. Maryam, acurrucada contra mí, se aferraba a la idea de la Navidad. ¿Qué pasaría con la Navidad? ¿Todavía llegaría el Niño Dios con los regalos? Por ella, yo había robado una muñeca en una tienda. Esa mañana acompañé a mi papá a sacar la mercadería de la única sucursal de su almacén que quedó en pie y, al pasar por una tienda de camas con una promoción de muñecas gigantes, tomé una diciéndome que no importaba. De todas maneras se perdería en el pillaje. Por lo menos mi hija tendría un juguete en Navidad. Pensar que tendría la muñeca esa noche me reconfortaba. La ilusión de un niño era frágil y preciosa. Yo quería conservar la ilusión de mi hija.

Por la otra niña, la que aleteaba en mi vientre, apenas me preocupé en las horas que siguieron al cataclismo. Estaba embarazada de tres meses, pero en esos momentos mi estado apenas ocupaba lugar en mis preocupaciones.

—No hagás fuerzas —había repetido mi marido, cuando subíamos las cosas al camión. Pero yo encogía los hombros. Confiaba en la tenacidad de aquella niña pegada a mí. Pensar en perder esa criatura habría sido como imaginar que un brazo o una pierna se despegarían de mi cuerpo. Imposible. En la finca del tío, cerca de Granada, descargamos los muebles. Los dejamos en una bodega de cualquier modo, con una indiferencia absoluta por los bienes materiales, que, estaba visto, tan rápidamente podían desaparecer. Eran un estorbo. Sólo queríamos olvidarnos de ellos.

La casa de mis suegros era una amplia casa triste, de ladrillos oscuros, habitaciones altas y sombrías como cavernas llenas de cosas raídas y antiguas. Cuando imaginaba a mi marido de niño en esa casa se me oprimía el pecho. Creía comprender por qué, a pesar de su juventud, estaba ya tan fatigado de la vida. Sólo el patio interior donde había una pecera rota en forma de pagoda china era soleado. Allí crecía un árbol de malinche cuyas vainas explotaban haciendo un ruido seco de petardo vegetal.

Tampoco en Granada hubo energía eléctrica hasta al día siguiente —me puse a llorar cuando se hizo la luz, como si la electricidad fuera comienzo de vida—. A la casa habían arribado otros parientes, tíos, primos, la abuela de mi esposo, doña Antonina, una joven octogenaria que era, de todos los miembros de su familia, mi personaje favorito. Por la noche nos acomodamos en los pasillos, sobre colchones. Mi suegra disponiéndolo todo como mariscal de campo y nosotros —sobrevivientes del cataclismo— acatando las órdenes, azorados, atolondrados, preguntándonos qué vida sería ahora nuestra vida.

Sólo los niños gozaban del campamento improvisado. Maryam con su muñeca enorme, feliz de que el terremoto no hubiese destruido el taller de juguetes de Santa Claus.

❧

5

DE OTRO TERREMOTO QUE VIVÍ Y DONDE EMPIEZA
LA HISTORIA DE CÓMO LLEGUÉ A PARAR A CALIFORNIA

(Santa Mónica, 1994)

Un terremoto es más que suficiente para la memoria de cualquier persona. Por eso cuando la madrugada del 17 de enero de 1994, la tierra sacudiéndose embravecida me despertó con violencia en mi casa de Santa Mónica, en Los Ángeles, lo primero que sentí fue rabia. ¿Cómo era que había terminado viviendo en otra zona sísmica del mundo? ¿Por qué habría pecado sobreadvertida, conociendo las oscuras predicciones de destrucción que pesan sobre California? Desde hacía más de una semana apenas dormía, temblando con la premonición. Había bastado un pequeño sismo el domingo anterior para que yo adquiriera la absoluta certeza de que se avecinaba un terremoto. Mi hijo Camilo y Carlos, mi marido, se habían reído de mis preparativos, de la maleta llena de chocolates y enlatados que acomodé en el valijero del auto junto con las mantas y el agua, de la linterna que llevaba en mi bolso, de que durmiera con sudaderas por una semana. Aunque bien me hubiera resignado a que mi pronóstico fuera erróneo, el hecho de que se cumpliera, alivió al menos la angustia que sentí toda la semana ante la certeza de que algo terrible sucedería. La capacidad premonitoria es una cualidad de doble filo. Hasta que suceden las cosas, nadie simpatiza con uno. Hay que sobrellevar a solas el miedo.

El terremoto de Los Ángeles no destruyó nuestra casa ni fue apocalíptico como el de Managua. La tierra se sacudió con igual fuerza. Libros, objetos, el televisor, los platos, todo se vino al suelo. Bajamos las escaleras en una densa oscuridad, alumbrados por la linterna que, mujer precavida, guardaba en mi bolso. Caminamos descalzos sobre espejos quebrados y vidrios, pero en la calle no nos esperaba la ciudad destruida, sólo los vecinos asustados, el olor a gas de las cañerías rotas y una relativa, tensa, calma. Cuando amaneció y con Camilo y un amiguito de Nicaragua que pasaba vacaciones con nosotros, fuimos a buscar a María, mi amiga, y su hija Ana para cerciorarnos de que estaban bien, me sorprendió ver en la avenida San Vicente corredores y caminantes que hacían sus ejercicios cotidianos como si nada. El correo llegó esa mañana y almorzamos sándwiches preparados en una cafetería cercana que abrió sus puertas a los clientes.

Yo no cabía en mí de asombro. La disonancia entre mi aterrorizado estado de ánimo y el ambiente que me circundaba me hizo pensar que estaba enloqueciendo. Lo único que la gente quería hacer era olvidar la noche anterior y volver a la cotidianidad. Yo los veía entrar en sus casas para ducharse y no podía creer que no temieran las sacudidas que seguían produciéndose. No me explicaba cómo podían estar tan confiados de que lo peor ya hubiese pasado. En nada se parecía esta experiencia a la de Nicaragua donde la gente, cuando hay temblores, sólo de eso habla y uno se siente acompañado porque sabe que todos los demás también tienen miedo. Al único que yo logré contagiar mi pavor fue a Carlos. Esta vez, en lugar del éxodo de la ciudad, sólo dejamos el barrio para pasar esa noche en casa de un productor de cine amigo, en una zona donde los daños fueron muy leves y ni los adornos cayeron de las mesas. Allí estaba refugiado también el actor Jeff Bridges con su familia. A la hora de la cena, nos tomamos las manos e improvisamos una sencilla acción de gracias. Dos días después todos nuestros vecinos dormían en sus camas. Ninguno salía a la calle tras las sacudidas que siguen a un terremoto de gran magnitud. En cambio, Carlos y yo acampábamos en la sala, listos para salir corriendo y apenas lográbamos dormir. A mí el aislamiento me tenía totalmente desconcertada. Los vecinos habían sido todos muy amables. Unos a otros nos ayudamos a cerrar las llaves del gas, revisar las chimeneas que se desplomaron. Bob, el arquitecto que construyó nuestra casa y que es ahora un gran amigo, recogió con Lorri, su novia, los platos rotos y los vasos quebrados que saltaron de las alacenas, así como la leche y los huevos quebrados del refrigerador. Me percaté que ellos, igual que los demás en el barrio, tenían un grado de confianza en la vida y en su seguridad de que yo carecía por completo. Yo venía de un lugar donde la vida es muy frágil y donde generalmente, en una tragedia, uno no cuenta con otra cosa que la solidaridad y compañía de los demás. Aquí, en cambio, mis vecinos confiaban en que sus casas estaban bien construidas, que el gobierno se haría cargo, que los bomberos acudirían a su llamado y la policía los protegería. En contraste, yo temía la anarquía, el caos, y todos mis sentidos estaban alertas y tensos al máximo para defender mi vida y la de mi familia sin el apoyo de nadie. La mía era una reacción primitiva, producto de años de guerra, de incertidumbre, y desamparo. El único que me comprendía era Carlos, porque a él también le tocó vivir tiempos así conmigo.

A Charlie —Carlos para mí— lo conocí un mediodía de 1983 en el patio trasero de la casa de Ángela Saballos en Chevy Chase. Ángela era la agregada de prensa de la embajada de Nicaragua en Washington D.C. y la ocasión era una barbacoa que ella organizó para que tres funcionarios sandinistas de visita en la ciudad —yo entre ellos— se encontraran con periodistas norteamericanos. Él trabajaba entonces para la radio pública, National Public Radio. No sólo me llamó la atención porque es un hombre muy bello con la cara viril de un galán de cine italiano, un cuerpo mediano de sólida construcción y unas manos fuertes, de dedos anchos, sino porque conversamos como viejos amigos desde el principio. Su apellido es Castaldi, y también desciende de italianos. Reconoció mis raíces tan pronto le dije mi nombre y le fascinó la historia de mi abuelo Antonio, así como mis relatos sobre los buscadores de oro, la Ruta del Tránsito del comodoro Vanderbilt, el paso de Mark Twain por nuestro río San Juan. Él me contó que había nacido en París donde vivió sus primeros ocho años. Su familia se trasladó luego a Milán y allí permaneció hasta que se mudaron definitivamente a Washington cuando él tenía doce años. Su padre, italiano, había sido partisano en la Segunda Guerra, me dijo. Carlos hablaba un poco de español, pero preferí su inglés impecable porque nunca escuché un hombre acariciar un idioma como lo hace él con su grave y atractivo timbre de voz. Me dijo que su radio recién lo había asignado como corresponsal en Centroamérica, para cubrir sobre todo la guerra en Nicaragua, la llamada guerra de la Contra. Yo era jefe entonces de la Sección de Información para el Exterior del Frente Sandinista de Liberación Nacional. Me dio su tarjeta. Le di la mía.

—Llámame cuando llegués a Nicaragua —le dije.

6

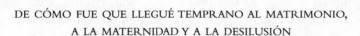

DE CÓMO FUE QUE LLEGUÉ TEMPRANO AL MATRIMONIO,
A LA MATERNIDAD Y A LA DESILUSIÓN

(Managua, 1966-1969)

M e bachilleré en un colegio de monjas en España y luego
viajé a Filadelfia. Estudié publicidad y periodismo en una
escuela de la ciudad y por una concesión especial de las religiosas
de la Asunción con mi madre viví en Ravenhill. Una semana después de regresar de Filadelfia a Nicaragua, terminados mis estudios —tenía diecisiete años—, obtuve mi primer empleo como
ejecutiva de una agencia de publicidad en Managua. La agencia
ocupaba una casona destartalada y yo compartía oficina con otro
ejecutivo locuaz y simpático, que fue asignado para entrenarme
en los aspectos prácticos del oficio. Un mes más tarde en un paseo campestre al que fui invitada, en la hacienda de una amiga
junto a las márgenes verdes y sombreadas del río Tipitapa, conocí al que sería mi esposo. Era un hombre alto, delgado, los ojos pequeños tras las gafas, un poco tímido. Me gustó porque era afi-
cionado a la lectura igual que yo. Hablamos de literatura sentados
sobre la hierba viendo al río. Recuerdo que una de las primeras
cosas que pensé es que a mis padres les agradaría porque estaba
emparentado con familias que pertenecían a nuestro círculo so-

cial, y mi madre insistía mucho en que compartir la misma educación y cultura era requisito esencial para un buen matrimonio. Yo me quería casar lo antes posible. Tenía prisa por vivir, por dejar la casa de mis padres, el bullicio de mis hermanos —con el nacimiento de Lavinia, éramos ya cinco—, y empezar a vivir con plena independencia.

Mi noviazgo empezó poco después de ese día de junio. Mi futuro esposo se sumió conmigo en el torbellino de fiestas y actividades sociales de esos meses de verano en que los jóvenes de la alta sociedad regresaban a Nicaragua de sus estudios en el extranjero. Fue mi pareja en el baile de las debutantes —en el que contravine las normas de vestirse con delicados colores pastel, diseñándome un vestido enmarcado por una especie de capa roja—. El baile se ofreció en mi honor, porque ese año fui designada novia del Nejapa Country Club, especie de *homecoming queen*, y me tocaba a mí inaugurarlo bailando un vals con el presidente del club. Confundido entre mis amigos, viejos conocidos de mi infancia, que eran alegres y parlanchines, la inercia de mi novio desapareció en las olas del entusiasmo circundante. Hasta que nos casamos y nos quedamos solos me di cuenta que la alegría era un estado incómodo para él, que la melancolía con la que se encerraba a tocar armónica en la habitación que ocupaba en casa de una tía, no era producto de tristezas pasajeras sino de un carácter temeroso, solitario y misántropo.

El matrimonio se celebró en febrero de 1967. Tan sólo dos meses atrás yo había cumplido los dieciocho años. Aún era virgen. El traje de novia era sencillo, de satín de seda, con un sobrevestido de tul con aplicaciones de encaje veneciano. Me sentí hermosa hasta que mi madre me puso el velo, el tocado en el pelo y me enfundé unos guantes largos de cabritilla. Entonces me asaltó una sensación de ridículo, de estar empacada como regalo. Había algo humillante en toda aquella ceremonia donde, simbólicamente, mis padres me entregarían a un hombre. El ropaje blanco me asemejaba al cordero de los sacrificios bíblicos cuya sangre correría como ofrenda de castidad. Más tarde, mientras caminaba del brazo de mi padre al altar, tras el rastro de mis dos hermanas menores, Lucía y Lavinia, vestidas de color salmón, con canastitas de flores en la mano, recuerdo el desconcierto que sentí al pensar que los invitados estarían imaginando mi noche de bodas.

La Iglesia del Carmen era una de las más hermosas en Managua. Sobria, moderna. Sus campanas se escuchaban desde mi casa en Bolonia, el barrio de moda en ese tiempo porque las residencias exhibían el estilo moderno y angular de los años sesenta. Se mudaban allí las familias ricas que no querían vivir en el centro de la ciudad, pero tampoco en los suburbios. A pocas cuadras de mi casa, diseñada por un arquitecto panameño de muy buena estampa, empezaban las construcciones más humildes, las pulperías, las vulcanizadoras de llantas, las farmacias, las casas de estilo colonial pueblerino muy juntas unas de otras pintadas en colores brillantes: aguamarino, amarillo, rosado. Coexistíamos con ese mundo sin mezclarnos con él. Sabíamos de su existencia porque nos rodeaba por todas partes, las historias de las necesidades de los pobres aparecían en los periódicos, o las escuchábamos de boca de las empleadas y choferes que trabajaban en nuestras casas. Dentro de la iglesia, sin embargo, ese mundo parecía no existir. Los invitados lucían elegantes. Los hombres de traje, las señoras con sombreros y guantes, sus manos finas bien cuidadas. En el altar el novio me esperaba vestido de esmoquin, nervioso y con cara de ceremonia. Pensé que lo haría feliz, que lo haría reír. Yo sería su hada madrina, su Maga. Fui yo quien lo convenció de que con el salario de los dos podríamos mantenernos, independizarnos. En la agencia de publicidad ganaba tanto como él en su empleo con el Departamento de Carreteras del gobierno. Cuando dijimos que queríamos casarnos, sus padres y los míos trataron de disuadirnos. Éramos tan jóvenes. Pero al final se rindieron ante nuestra terquedad.

La recepción de mi boda fue todo un acontecimiento a media mañana en los salones del Nejapa Country Club. Mi madre, que socialmente quería ser *avantgarde*, dar que hablar por su cultura cosmopolita, sofisticación y elegancia, planificó la celebración de acuerdo a su Biblia social: el libro de etiqueta de Emily Post. Aunque era dada a las formalidades y a respetar los esquemas sociales, en otros aspectos era muy liberada. Poco antes de que yo saliera de la recepción hacia la luna de miel, me llamó aparte.

—Una mujer debe ser una dama en su casa, pero no en la cama. En la cama, con tu marido, podés hacer lo que querrás. Nada está prohibido. Nada —recalcó.

Desde que yo era pequeña, siempre me habló del cuerpo humano con reverencia. Decía cuerpo humano, con la misma entonación que otras señoras, amigas de ella, decían Jesucristo, o sea, como refiriéndose a algo sagrado. Para ella, la mojigatería era provinciana y atrasada. En el viaje que hicimos juntas por Europa, en ruta al internado en Madrid al que mis padres me enviaron a los catorce años para que me educara a la europea, me llevó en París al *Folies Bergère*. Ella misma me maquilló para burlar el requisito que sólo permitía la entrada a personas mayores de dieciséis años. Atolondrada por el derroche de lujosos escenarios, trajes de plumas y lentejuelas, colores y sobre todo por los cuerpos humanos casi desnudos que había visto, yo no sabía qué decir al salir. Acalorada dentro de mi sobrio traje negro, mi collar de perlas, salí al frío nocturno de septiembre. La revista de *vaudeville* había terminado con un montaje de la *Siesta del Fauno*, de Debussy. Un hombre y una mujer con mínimos triángulos dorados sobre los genitales y los pechos al descubierto bailaron una danza erótica, sensual y delicada, sugerente de una cópula apasionada.

—¡Qué maravilla! —exclamaba mi madre mientras caminaba a paso rápido en busca de un taxi—. ¡Qué perfección! Así de hermosos y perfectos deben de haber sido Adán y Eva en el Paraíso Terrenal.

En la adolescencia, cuando se dio cuenta de que la luna, las mareas y las hormonas estaban a punto de revelarme los secretos que la Naturaleza reserva a las mujeres, me llamó a su cuarto una tarde a mi regreso del colegio. Echó llave a la puerta y sentada frente a su tocador me hizo tomar asiento delante de ella para hablarme de los cambios y sorpresas que mi cuerpo preparaba para mí. Hablaba muy bien. Era pequeña, delgada, con el pelo corto teñido de rubio, una mujer elegante que amaba el teatro y la literatura. No recuerdo sus palabras exactas, pero sí la sensación de

maravilla y poder que me invadió. Aunque su intención era seguramente inculcarme las responsabilidades de la maternidad, sus
palabras acerca del poder de la feminidad en una mente joven y
sin prejuicios como la mía, despertaron ecos que trascendían la
mera función biológica. Yo era mujer. En el género humano
la única que podía dar vida, la designada para continuar la especie.
Los cuerpos humanos eran lo más perfecto de la creación, obras
de arte maravillosas y precisas, pero el de la mujer, por su misma
función, era aún más bello y asombroso. Éramos la obra maestra
de la Naturaleza. Por ser esa criatura espléndida todos los meses,
ya pronto, mi cuerpo se prepararía para recibir la semilla germi-
nada, acunarla y hacerla crecer en la oscuridad del vientre. Como
la maternidad no me estaría dada hasta que encontrara alguien
merecedor de compartir conmigo «el acto de comunión y unión
más hermoso» que existía, la semilla sin germinar se disolvería. La
crisálida que mi vientre tejería cada mes para recibir la vida se
descartaría en forma de sangre menstrual. Luego me llevó al baño.
Me enseñó las toallas sanitarias. Me entregó en su pequeña caja
sellada la cinta elástica rosada con que se aseguraban éstas a la cintura, antes de que aparecieran las autoadhesivas. Fue un acto que
tuvo para mí la solemnidad del pase de la antorcha de la feminidad
en una milenaria carrera de relevos.

Recuerdo que salí de allí compadeciendo a mis dos hermanos
que nunca tendrían aquella experiencia maravillosa. Cuando poco
después tuve mi primera menstruación, sentí que la Naturaleza
me había ungido. Me sentí enormemente orgullosa. Sin entrar en
los detalles técnicos del asunto, mi madre me habló también más
adelante de la relación sexual entre el hombre y la mujer. Me presentó la cópula con colores de mito y en términos poéticos. Por
ella deduje que era un acto grandioso, una especie de unión de
titanes forjando con sus cuerpos entrelazados y desnudos no sólo
nueva vida, sino lazos indisolubles de amor e intimidad. «Es el
acto de unión y comunicación más profundo que puede haber
entre dos seres humanos», me dijo gesticulando enfática con sus
dedos largos donde brillaba el solitario que mi padre le regaló.

Consumado mi matrimonio, empecé mi vida de adulta en el

apartamento que mi esposo y yo alquilamos en un edificio que se conocía como «la casa del águila» porque había sido sede de la embajada de Estados Unidos y ostentaba un águila dorada en el último piso. El barrio, tradicional y tranquilo, estaba muy cerca del lago de Managua, en cuyas márgenes se alza la ciudad. Más pequeño en extensión que el gran lago de Granada, es, sin embargo, un cuerpo de agua extenso y hermoso rodeado de altas montañas y volcanes. A un lado del apartamento había un parque pequeño y acogedor donde borboteaba una fuente. Ya instalada en mi nueva vida independiente me pregunté más de una vez por qué mi experiencia de joven casada no se parecía a las palabras de mi madre. Algo no estaba bien, pensaba. En mi relación de pareja no lograba, ni la unión de titanes, ni la comunión e intimidad que la convivencia con un hombre estaba supuesta a producir. Mis sueños románticos empezaron a resquebrajarse desde la luna de miel en la cabaña de mis padres a la orilla del Pacífico. La melancolía de mi esposo resistía mis embates sostenidos. Se cerraba como una ostra en nostalgias tercas, con un pesimismo y una pasividad que yo no conseguía alterar. La vitalidad de la que hizo acopio para cortejarme se extinguió demasiado pronto. De nada servía que le tomara la mano y me lo llevara a la playa por la noche pensando en danzas paganas a la luz de la luna. A él no le gustaban esas aventuras. Era arriesgado. No se sabía quién podía andar por allí, en aquella playa inmensamente desierta, donde la arena plomiza reverberaba como acero incrustado de plata. Mejor regresarnos a la casa. Una semana encerrados los dos solos suponía para mí vivir el romanticismo cinematográfico de las parejas que cuelgan en la puerta de la habitación del hotel el letrero de no molestar y emergen cinco días después con los rostros iluminados y música de Henry Mancini. Pero la vida real no admitía semejantes excesos. De aburridos que estábamos tomamos el automóvil y fuimos a León a comprar novelitas de vaqueros y pasquines de tiras cómicas. De regreso en Managua, se encerraba en largos silencios hipnotizado frente al televisor. No le interesaba salir conmigo, ni con amigos, ni siquiera ir al cine. Saber que yo estaba cerca era suficiente para él. Ni siquiera necesitábamos ha-

46

blar, me decía. Yo iba al baño a llorar. Mis fantasías de cambiarlo y alegrarlo se desvanecían. Rabiaba por la trampa en que por ingenua y romántica me encontraba. En mis prisas por salir hacia la vida, me había aferrado de la mano de un hombre cuyo único deseo era que lo acompañara a la cueva donde se escondía de ella. Cuando me propuso que me quedara en casa y dejara mi empleo como acostumbraban hacer las mujeres casadas armé tal escándalo que tuvo que resignarse a mi independencia. Quizá porque desde niña consideraba mi sexo una ventaja, me concebía libre, soberana de mí misma. No se me ocurría que un hombre tuviera el derecho de impedirme ser quien era. No aceptaba que el matrimonio o la maternidad significaran la renuncia al cúmulo de posibilidades de la vida. Conservé mi empleo hasta que las náuseas y la modorra del primer trimestre de embarazo me hicieron desear quedarme a mí también en la cueva, hibernando.

Tenía diecinueve años cuando nació mi hija Maryam. Recuerdo el árbol de caucho que se alzaba frondoso frente a mi cama en la sección de privados del hospital Bautista. Sus hojas lustrosas, como parpadeos verdes y violetas bajo el sol vespertino, se movían en la brisa haciéndome pensar en las orejas de un animal prehistórico. Cada vez que una contracción me retorcía de dolor trataba de relajarme contando hojas, respirando. Oponerle resistencia al dolor era contraproducente, decían. Quería ser estoica, un árbol soportando los embates del viento y la lluvia. Pero tras doce horas de labor de parto quería liberarme de mi cuerpo, abandonarlo, salir corriendo, no sufrir más. A pesar del dolor, me maravillaba el proceso, la Naturaleza hecha cargo como si ella y mi cuerpo hubiesen concertado un pacto y a mí no me quedara otro papel que el de observadora. El parto no requería mi intervención. Una sabiduría milenaria lo dirigía todo con precisión exacta: las aguas rompiéndose, las contracciones sucediéndose, acelerándose cada cinco, cada dos, cada minuto. Mi corazón era un tambor llevando el ritmo. No había escapatoria. Aquel mecanismo no se detendría hasta que el proceso culminara. Me entregué al doliente erotismo de aquella fuerza abriéndome por dentro.

Nada existía sino mi vientre pulsando.

Los doctores y enfermeras que, de tanto en tanto, venían a rondarme, hacían comentarios sobre lo joven que era. Yo, en cambio, me sentía antigua, parte del múltiple cuerpo femenino que compartía en este rito de pasaje el poder de las convulsiones violentas de las que emergieron el mar, los continentes, la Vida. Aferrándome a pensamientos épicos, sobrellevé el dolor y las vergüenzas a que me sometieron en el hospital. Primero, la enfermera que me afeitó el vello púbico. No sólo me perturbó que una perfecta extraña se ocupara de la más secreta porción de mi anatomía, me dio terror. Su velocidad y determinación pasmosa me hicieron temer una clitoridectomía involuntaria. Me quedé tan quieta como pude, casi sin respirar, con los ojos cerrados. Después la misma enfermera me aplicó un enema haciéndome yacer de costado. Con la bata del hospital abierta por detrás y mi gran barriga, aquella carrera al baño casi acaba con mi dignidad. Cuando pensaba que cesaban mis vergüenzas, empezó una constante procesión de doctores que indagaban sobre el proceso de dilatación de mi cérvix. Uno a uno llegaban y sin más revisaban mis intimidades, asomándose entre mis piernas como si se tratara de un *open house*. Los médicos se referían al bebé como «el producto», como si yo fuera una máquina ensambladora a punto de escupir alguna herramienta de jardín.

Al fin llegó mi médico, el doctor Abaunza. Alto, de anchas espaldas y gruesos bigotes, con su bata blanca impecable, almidonada, y su sonrisa de tener todo bajo control. Era un Dios. Podía confiar en su voz sonora, sus manos fuertes. Sólo verlo me hacía sentir mejor. Mis padres, mi suegra y mi esposo se turnaban para estar a mi lado o hablaban en susurros con el doctor en el balcón. Sus voces como una cadencia distante me anclaban a una realidad que en la madrugada, cuando se acortó el intervalo entre las contracciones, pareció alejarse y ser parte de un mundo sin dolor al que yo jamás regresaría. Mi cuerpo de pronto se tornó en mi atacante: se contraía, se retorcía. Le rogué al doctor Abaunza que llamara al anestesiólogo. Ya no podía más. Finalmente me llevaron al quirófano. Me pusieron la anestesia epidural que me adormeció de la cintura para abajo. Cuando llegó la hora de empujar, apelé al instinto. No sentía nada. Sólo podía adivinar las órdenes que enviaba a mis músculos. El anestesista —un hombre frágil y pequeño— se subió a unas graditas y con las manos me presionaba la barriga como para resucitarla. La escena me pareció tan ridícula que empecé a reír conteniendo el impulso de soltarme en carcajadas. El doctor dijo «ya viene». Sentí algo acuático, un pez, deslizándose entre mis piernas. La sala de operaciones con sus luces de neón brillantes y blancas reflejándose en el cromo de los muebles, se transformó como por encanto. El hombrecito dejó de empujarme la barriga y se trasladó a mi extremo inferior a reunirse con el doctor y las enfermeras sonrientes cuyos movimientos adquirían un ritmo reposado y tranquilo.

—Es una niña. Perfecta —me dijo el doctor Abaunza, mientras el espacio se llenaba de los gritos roncos de mi niña tomando su primera bocanada de aire.

Desde la lejanía que separaba mi cabeza de mis pies, la vi desnuda, cubierta de sebo blanco, moviendo sus piernas y bracitos, el pelo negro mojado, los ojos apretadamente cerrados. Me la mostraron. Abrí sus manos, conté los dedos de las manos y los pies. La revisé. La olfateé como cualquier animal huele a su cría. Me parecía imposible que hubiera salido de mí, de la oscuridad de mi interior. Imaginé la luz roja encendiéndose afuera del quirófano. Una luz roja anunciaba niña; una azul, niño. Mis padres, mi suegra y mi marido estarían contentos. Todos deseábamos que mi primer bebé fuera una niña.

Orgullosa, cansada, temblaba como una hoja.

En la mañana, envuelta en una colcha como un purito, me llevaron a Maryam. La acomodé en mis brazos sobrecogida por su carita pequeña y arrugada, tan mía como si me acunara yo misma. La existencia de ese pequeño ser expandía mis límites llenándome de trascendencia cósmica. Di gracias a la vida por ser mujer y experimentar —igual que cualquier ser vivo, una yegua, una leona— el instinto primitivo de acoger esa criatura en el mundo, protegerla y amamantarla. Su fragilidad me abrió la ternura como una fuente que se derramara. El calor del vientre se trasladaba a mis brazos, a mi pecho. Era el amor.

Los primeros meses de la infancia de mi hija Maryam me encerré con ella en un mundo de las dos, excluyente y delicioso. Me la quería comer. No me cansaba de tocarla, de besarla, de saborear sus gestos. Nos habíamos mudado a una casa pequeña y oscura frente a la de mis padres, pero su habitación era la más soleada. Yo misma había pintado los muebles y cosido el mosquitero primoroso con lazos rosados. Después que su padre se marchaba al trabajo, la pasaba a mi cama y dormíamos las dos hasta media mañana. Por las tardes, empujando el cochecito de bebé, caminaba hasta un pequeño parque cercano, cuyo mayor atractivo eran unos frondosos chilamantes de raíces colgantes. A los otros niños los paseaban las niñeras, pero yo quería a mi hija sólo para mí. Además, sin mi salario, mi marido y yo estábamos pobrísimos. Almorzábamos y cenábamos en casa de mis padres. A los seis u ocho meses de aquel clavado de cabeza en la maternidad que me relevaba de cualquier otra angustia y hasta me compensaba el matrimonio insatisfactorio que sobrellevaba, pensé que debía volver a trabajar. Pasábamos dificultades económicas. Depender de mis padres me daba vergüenza. Además me aburría la domesticidad, las conversaciones con otras amigas recién casadas. Sus temas obsesivos eran los anticonceptivos, la decoración, las cualidades ideales o los peores defectos de las niñeras. Tras el nacimiento de Maryam mi marido se mostró más sociable por un tiempo. Cuando nos reuníamos con amigos, los hombres se quedaban de pie hablando de negocios. Sentadas, las mujeres conversábamos de nuestras cosas. A la hora de cenar se hablaba de política. Mi generación, desencantada, no vislumbraba alternativa. El último intento por oponerse con firmeza a la dictadura se había dado a raíz de la campaña electoral de 1967. La manifestación de campaña del Partido Conservador había culminado en una masacre el 22 de enero de ese año. Los dirigentes conservadores intentaron organizar una protesta multitudinaria y pacífica para que el delfín de la dinastía dimitiera de su candidatura, pero la Guardia Nacional disparó contra la multitud. Más de trescientas personas fueron asesinadas. Mis hermanos Humberto y Eduardo se salvaron de milagro corriendo sobre cientos de zapatos que quedaron dispersos por la avenida principal de Managua. Eduardo llegó a casa con un roce de bala sobre el brazo.

Con la mediación de la embajada americana, los conservadores pactaron con Anastasio Somoza Debayle, después de que éste fue elegido presidente en elecciones fraudulentas. El pacto cerró las posibilidades de la oposición haciéndole perder toda credibilidad frente a las masas. Desde entonces nos poseía a los jóvenes una especie de incómoda resignación. No había surgido más alternativa que los sandinistas, un grupo clandestino que en los años sesenta se dio a conocer tras una serie de acciones militares en las montañas del país y que se decía continuador de la herencia nacionalista del general Sandino. Pero los sandinistas no eran una alternativa para nosotros. Eran guerrilleros. Proponían la lucha armada, la violencia, el socialismo. A menudo se enfrentaban con la dictadura. Los mataban en combates desiguales: aviones y tanques contra muchachos con pistolas. Los cadáveres acribillados a balazos los exhibía la dictadura ante la prensa, las fotos salían en la primera página de los periódicos. El martirio y la tenacidad de los sandinistas inspiraban respeto, pero se les consideraba peligrosos, subversivos, comunistas. Operaban en la clandestinidad. Entre la gente de mi clase no se hablaba de ellos. Se les temía.

La domesticidad me ahogaba. Empecé a tener pesadillas. La mitad del cuerpo se me convertía en electrodoméstico, y me agitaba como lavadora de ropa. Por esa época leí libros feministas. Germaine Greer, Betty Friedan, Simone de Beauvoir. Mientras más leía menos podía tolerar la perspectiva de años y años conversando sobre recetas de cocina, muebles, decoración interior. Me aburrían los sábados en el Country Club repitiendo la vida de nuestros padres: los maridos jugando al golf, los niños en la piscina, mientras nosotras dale otra vez con las niñeras, la píldora, el dispositivo intrauterino de cobre o los ginecólogos de moda. Lo único interesante para mí en ese tiempo fue la llegada de Neil Armstrong a la Luna. Y mi hija, claro, pero conversar con un bebé tenía sus limitaciones.

A través de mi padre conseguí un trabajo en Pepsi-Cola. No era el empleo que quería pero lo tomé. Contestaba teléfonos y asistía al gerente como enlace con la agencia de publicidad. Así conocí a Bosco. Me ofreció trabajo en su agencia como ejecutiva de publicidad. Acepté. Esa decisión cambió el curso de mi vida.

7

DE CÓMO DEJÉ DE SER LA «PERFECTA CASADA»
Y ME INVOLUCRÉ EN ACTIVIDADES PROHIBIDAS

(Managua, 1970)

Mi hija daba ya sus primeros pasos cuando empecé a trabajar en Publisa. Bosco, el Poeta y yo, manejábamos las relaciones con los clientes de la agencia y nos encargábamos del diseño de las campañas, la creatividad, como se le llama en el lenguaje publicitario. El despacho del Poeta quedaba al lado del mío en el pasillo. Eran cubículos separados por delgadas paredes de *plywood* cubiertas de bramante. Sólo la oficina de Bosco tenía paredes hasta el techo. Las nuestras tenían amplios ventanales por donde se veían techos rojos de cinc o tejas, las torres de la catedral, el lago al fondo, el perfil azul de volcanes distantes en la ribera opuesta. Managua era una ciudad de marcados contrastes. En los años cincuenta cuando el país conoció la bonanza económica producida por la exportación de algodón, la fisonomía de la capital empezó a modernizarse. La mayor parte de la ciudad continuaba siendo pobre y provinciana, sin embargo, de casas pintorescas, pintadas en colores subidos, construidas con taquezal o adobe. La población se concentraba en grandes barriadas al lado de las principales vías de comunicación. Estos barrios carecían, en su mayoría, de instalaciones de agua potable, electricidad, o calles pavimentadas. Las diferencias entre las vidas de pobres y ricos eran abismales, pero aceptadas con naturalidad por unos y con resignación cristiana por los otros, como si se tratara de un orden universal que no podía modificarse. Yo recordaba de mi infancia los barrios pobres adonde nos llevaban las monjas del colegio para despertar nuestros instintos caritativos. El barrio de Pescadores quedaba a las orillas del lago. Fue allí donde vi a una viejecita comiendo papel, mojado en un agua sucia, cafezusca, para aplacar su hambre. Era una mujer arrugada, esquelética, con la piel colgándole de los brazos y una sonrisa desdentada que desde entonces quedó asociada en mi mente a la palabra injusticia. La pobreza no era así de patente en el centro de Managua donde se levantaba el edificio que albergaba la agencia de publicidad, un edificio de cinco plantas, simple, moderno, de concreto.

En la agencia trabajábamos mucho pero nos divertíamos mucho también. La publicidad, si bien era una actividad comercial, disfrutaba del prestigio de ser una suerte de arte. La creatividad requería de un ambiente informal, horarios flexibles. Me reía a carcajadas con Bosco y el Poeta, quienes se esforzaban por no tomarse el trabajo demasiado en serio. Según ellos, la solemnidad y la creatividad no eran buena pareja. Formales eran los funcionarios de los bancos, nosotros no. Madison Avenue era nuestro punto de referencia. Seguíamos con atención y queríamos ser tan originales como los creativos que habían diseñado las campañas del escarabajo de la Volkswagen; «Se puede en un Volkswagen»; el *We try harder*» de Avis, las campañas de Alka-Seltzer.

El estilo de trabajo favorecía la camaradería, la intimidad. El Poeta intuyó muy pronto mis conflictos de joven casada aburrida del aire pesado y estancado de su medio social. Se reía de mi buen comportamiento de colegiala de La Asunción, mis tiempos de muchacha de sociedad, novia del Country Club. Él se ufanaba de provenir no sólo de la aristocracia granadina, sino de un ambiente intelectual privilegiado donde desde su infancia se había codeado con los poetas más importantes del país. Éstos se reunían en la casona de su padre, que también era poeta, autor de bellos sonetos y poseedor de una fabulosa pinacoteca de arte e imaginería colonial nicaragüense. El Poeta se autonombró mi tutor intelectual.

—Vamos a tomar un café a la cafetería La India. No te preocupés de que te vean conmigo allí. Sólo artistas frecuentan ese lugar. Pintores. Poetas. Mis amigos. Vamos. Quiero que conozcás gente diferente, la gente que vale la pena en este país.

Me atreví. Con tomar café no ofendía a nadie, pensé. Sus cantos de sirena me resultaron irresistibles. Mucho más irresistibles aun cuando, efectivamente, en la cafetería La India, un cafetín sin pretensiones, siempre lleno de gente y humo, y en otros lugares —rústicas galerías de arte, adonde me llevó en las idas y venidas a visitar clientes— conocí a pintores, escritores y otros personajes y me asomé a otra dimensión. Sencillos, bulliciosos, pobres la mayoría, formaban una comunidad de prestarse libros, materiales, dinero. Leían y discutían con avidez sobre los acontecimientos mundiales; la guerra de Vietnam, el arte pop, la liberación sexual, la responsabilidad de los intelectuales, la rebelión del 68. Nombres como Sartre, Camus, Noam Chomsky, Marx, Giap poblaban sus conversaciones, igual que la literatura del *boom*, las cartas de Van Gogh a Theo, *Los Cantos del Maldoror* del Conde de Lautréamont, los hai-ku japoneses, Carlos Martínez Rivas, poeta sagrado de la literatura nicaragüense. También se emborrachaban, fumaban marihuana, alucinaban con ácido, se enamoraban y contaban sus cuitas y sus euforias. Eran hippies llenos de vitalidad, de curiosidad. Habitaban un espacio al que el Poeta me introdujo y donde me sentí como *Alicia en el País de las Maravillas*. Yo no fumaba, no me atrevía a probar drogas, ni me gustaba el licor, pero a ellos no les importaba. Yo era su audiencia y los oía con admiración.

—¿No has leído a Carlos Martínez? ¿Y a Cortázar, y a García Márquez? Qué barbaridad. Te quedaste en Shakespeare y Lope de Vega. Lee, lee —me decía el Poeta y me prestaba libros. Me acompañaba a comprarlos a una pequeña librería abigarrada donde nos topábamos con otros poetas—. Mirá, allá está Carlitos Alemán Ocampo. Vamos a saludarlo.

Dos minutos después yo también era amiga de Carlitos, escritor, hombre menudo con sonrisa de niño y obsesión por la filología.

Un día de tantos, cerró la puerta de la oficina con expresión de conspirador y detrás de la puerta hacia la que retrocedí, me dio un beso. Le di un bofetón.

—¡Atrevido! No ves que soy una mujer casada.

—Es que estoy enamorado de vos. Me moría por darte un beso —sonrió juguetón, sin darle mayor importancia a mi reacción, lo cual me desconcertó. Se puso a hablar de mi boca, a decir que era sensual, irresistible. No retrocedió ni un milímetro. Aceptó mi bofetón como si se tratara de una caricia.

—Déjame en paz —le dije.

Los avances del Poeta —que me fueron escandalizando cada vez menos— me perturbaban, porque en el fondo, a pesar de mis negativas, quería que continuara, que me hiciera sentir deseable, irresistible. La sensualidad que intuía en él me provocaba una dolorosa curiosidad. No sabía qué pensar de mí misma, si mi reacción era la prueba de alguna falla grave en mi carácter. Algo me decía que si me negaba a conocer esa parte de mí misma nunca me adentraría en los misterios de la vida, ni conocería el amor del que tanto había leído y que no lograba encontrar en mi relación de pareja. No me parecía justo que un contrato social como el matrimonio implicara que yo debía resignarme para siempre a una situación que no era más que el producto de un mal juicio, una equivocación. Y sin embargo yo quería ser una buena esposa. Trataba de incitar en mi marido las respuestas que yo imaginaba en un hombre enamorado pero mis intentos chocaban con su apatía. Decía que me quería pero parecía pensar que no tenía ninguna necesidad de demostrarlo. Vivía como en su propio mundo, lejos de mí. Para hablarle tenía que esperar a que pusieran los anuncios en la televisión porque le contrariaba que le interrumpiera su distracción. La verdad es que éramos tan diferentes como el día de la noche. Yo era toda curiosidad, optimismo, vitalidad. Él en cambio era pesimista, soportaba la vida. Era un hombre mucho mayor que su edad sin otro deseo aparentemente que retirarse lo más pronto posible de un mundo que percibía lleno de peligros y personas dispuestas a hacerle daño sin motivo. Ante mis reclamos, optaba por callarse. Yo me desesperaba ante su silencio, lloraba sin saber qué hacer.

El Poeta continuó su asedio. No podía controlar su «exuberancia vital» decía cuando fingía disculparse. Así llamaba a su *joie de vivre*, el rasgo más atractivo de su personalidad, el que más me seducía dado el tipo de persona con la que me tocaba vivir. El Poeta no era guapo pero se comportaba como si lo fuera, y uno llegaba a ver en él la belleza de su sonrisa, de sus ojos brillantes. A mí no me importaba que no fuera un adonis o que tuviera unas libras de más. Me bastaba oírlo hablar con pasión de un poema, un trozo de historia, un plato delicioso para considerarlo enormemente atractivo y seductor. Para desafiarme, para llamarme «a mí conmigo misma», el Poeta analizaba mis negativas, mi vida, la encrucijada en que me encontraba. Se advertía a la legua que yo no sabía lo que era el amor, afirmaba. Y sin embargo mi sensualidad se notaba a primera vista. Emanaba de mi piel. Hasta sus amigos lo notaban.

—¿Sabés qué me dijeron el otro día? Que me habían visto con esa muchacha «que anda regando su sensualidad por todas partes».

No podía desperdiciar la vida, los dones. Me lo repetía tenaz mientras incansable hablaba de literatura, leía poesía en voz alta y con su manera apasionada me ponía en contacto con la densa, complicada historia de Nicaragua. Siempre digo que al Poeta le debo el haberme puesto en contacto con el alma de mi país. Yo amaba su cuerpo de lagos desmesurados y volcanes erectos, de árboles de copas rebeldes y enmarañadas, de hondonadas húmedas y olorosas a café, nubes como mujeres de Rubens, atardeceres y aguaceros desaforados. Pero fue el Poeta quien me introdujo al conocimiento más profundo de ese lugar de mis raíces, el que me hizo ver cómo el pasado podía iluminar el presente permitiéndome unir las piezas y comprender de dónde procedían los hechos políticos y las miserias que formaban parte de mi vida. Me apasioné por lecturas que me llevaron desde las narraciones asombradas de los españoles al toparse por primera vez con la vegetación y belleza natural de Nicaragua hasta la historia del general

Sandino, su lucha contra la intervención norteamericana y la serie de acontecimientos que condujeron a la génesis de la dictadura de los Somoza.

—Solamente quiero estar con vos en un lugar tranquilo, sin nadie más —me dijo una tarde, rogándome que lo acompañara al apartamento de un amigo—. Que platiquemos en un lugar que no sea esta oficina.

Sospeché que se trataba de un pretexto pero él me juró que era para conversar y yo decidí creerle porque la tentación me atraía como la manzana del árbol del bien y del mal. Me llevó al pequeño estudio de un escritor amigo suyo en un edificio viejo y destartalado. La habitación estaba llena de libros. Había un ancho colchón sobre el suelo, un escritorio y un viejo ropero. Por las ventanas se veían las torres de una iglesia cercana. Al poco rato de estar solos inició su avance. Me resistí por deber, temerosa de dar el mordisco que me dejaría desnuda pero bien sabía que no estaba a punto de perder o ser expulsada de ningún paraíso terrenal. Mi matrimonio se me hacía un desierto sin esperanzas mantenido por miedo y por un penoso sentido del deber. El conocimiento de lo posible, de «lo otro», me incitaba demasiado. Terminé por rendirme. Lo que más me asombró después no fue mi atrevimiento, sino la carencia absoluta de remordimiento. La tarde transcurrió perezosa y sensual. La piel me reveló sus secretos entre risas, historias, el Poeta leyéndome sus poemas. «Te voy a leer mi definición del amor», y me leyó un largo poema suyo sobre las altas montañas nicaragüenses y los sueños, mientras yo lo miraba en la luz amarillenta del atardecer sonriendo, sintiendo que al fin se me daba el goce no sólo de la carne sino de la comunicación íntima, jubilosa, con un hombre. Recuerdo la ternura con que estuvimos juntos disfrutándonos el uno al otro. Ni la imaginación ni la literatura ni mi madre se equivocaban. El amor valía la pena. La verdadera intimidad era lo más hermoso que ofrecía la vida.

Tenía veintiún años. El Poeta tendría veintiséis.

Esa transgresión fue mi Big Bang personal. Me hizo cuestionar mis deberes y considerar mis derechos, lo que era mi vida y lo que podía ser. El deseo de libertad se expandió por todo el universo. De mi vida de joven casada de la clase alta sólo quedó la engañosa y pulida superficie. Dentro de mí empezaron los siete días de la creación, los volcanes, los cataclismos.

8

DONDE HAGO UN ALTO PARA CONTINUAR LA HISTORIA
DE CÓMO LLEGUÉ A CALIFORNIA

(Managua, 1983)

Después de que lo conocí en Washington, Carlos llegó varias
veces a Nicaragua durante el año 1983. Tenía mi tarjeta y me
llamó para invitarme a cenar. Desde la primera cena en un restaurante con ínfulas de francés en un centro comercial de Managua, por más que tratamos de mantener el carácter profesional
de nuestro encuentro —él como periodista y yo como funcionaria sandinista a cargo de las relaciones del partido con la prensa
extranjera—, el tono formal y distante se nos escapaba de las manos. Era como un rebozo con el que nos queríamos cubrir pero
que se nos resbalaba de los hombros. Yo me encontré contándole
cosas de mi vida, de mi infancia, y él me terminó contando recuerdos de su niñez en la bahía de Santa Margarita en Liguria
donde pasaba los veranos con su abuelo en una casa cubierta de
buganvillas, correteando entre olivares retorcidos con su amigo
Alessandro, lanzándose al mar en un barquito de remos o pasando horas sumergido con una máscara y un tubo para respirar, explorando el fondo claro del Mediterráneo azul. Me clavaba los
ojos pretendiendo que le explicara la flagrante pobreza que nos

rodeaba y que no sabía cómo soportábamos. La ciudad era tan oscura, tanta gente al atardecer se alineaba en las carreteras con la esperanza de que alguien le diera un empujón a su destino, un *raid*. Él conversaba con estudiantes, mujeres, hombres, y los recuentos que hacían sobre las dificultades de sus vidas le oprimían el corazón. No entendía por qué los sandinistas habíamos desafiado el poderío de su país ayudando a la guerrilla salvadoreña cuando en el nuestro tantos problemas estaban aún sin solución. Yo negaba lo del apoyo a la guerrilla salvadoreña —que era un secreto a voces— y trataba de explicarle la historia que nos había llevado, como a la mayoría de las naciones del Tercer Mundo, a una pobreza endémica que no se remediaba a corto plazo.

—Tu país ha apoyado los peores tiranos del continente —le decía— y ha atacado violentamente, acusándolos de comunistas, a todos los gobiernos que proponen cambios sociales profundos.

Más de una vez me dijo que de haber nacido en Nicaragua sin duda habría terminado en la guerrilla, como yo. Como la mayoría de los norteamericanos, decía, él daba por descontado su derecho a tener garantizadas ciertas libertades. No podía imaginar vivir sin ellas o tolerar que un dictador las suprimiera arbitrariamente. Criticaba duramente el papel nefasto de su país en Nicaragua, pero hablaba con admiración de la democracia en Estados Unidos, de que tantos millones de personas de razas distintas coexistieran en esa mezcla de culturas que era su país, donde la clase no era obstáculo para labrarse una buena vida, educar a los hijos, destacar en la sociedad.

Desde esa primera salida a cenar nos dimos cuenta de que el tiempo se nos hacía corto para estar juntos y conversar. En los restaurantes éramos los últimos en marcharnos. Nos dábamos cuenta de que sólo nosotros quedábamos cuando los meseros nos miraban impacientes, o ponían las sillas sobre las mesas para indicarnos que estaban a punto de cerrar el establecimiento.

9

DE CÓMO IRRUMPIERON EN MI VIDA
LA POESÍA Y LA REVOLUCIÓN

(Managua, 1970-1971)

No sé en qué orden sucedieron las cosas. Si fue primero la poesía o la conspiración. En mi memoria de ese tiempo las imágenes son luminosas y todas en primer plano. La euforia vital encontró cauce en la poesía. Apropiarme de mis plenos poderes de mujer me llevó a sacudirme la impotencia frente a la dictadura y la miseria. No pude seguir creyendo que cambiar esa realidad era imposible. Me poseyó un estado de ebullición. Mi cuerpo celebraba su afirmación. El simple acto de respirar me daba placer. Me tragaba el mundo por la nariz y la sensación de plenitud era tal que dudaba que mi piel pudiera contenerme. Cualquier día emergería la alegría de mis poros como un ectoplasma y flotaría bailando desnuda por las calles de Managua.

Un día entré en la oficina del Poeta y lo vi con un hombre joven, delgado, larguirucho con cara de Quijote. Ojos pequeños tras las gafas, bigote ralo.

—Camilo Ortega —me dijo el Poeta—. Sentate —añadió—. Camilo me contaba que ayer por poco lo llevan preso.

—Pues —siguió Camilo su historia mientras yo me sentaba—

me iban a meter en la trasera del jeep. Grité con todas mis fuerzas. «Soy Camilo Ortega y me llevan preso.» Vos sabés, lo peor que
puede pasar es que te agarren y nadie se dé cuenta. Entonces yo
grité y grité. La gente salió a las puertas. Los guardias se descon-
certaron. No se esperaban que yo gritara. Uno vino y me dio un
culatazo, me empujó, pero ya no para meterme al jeep sino para
echarme a un lado y no quedarse con las ganas de golpearme. Se
montaron al jeep y se fueron.

—¿Y tu hermano? ¿Cómo está?

—No hay esperanzas de que lo suelten. Ahora en diciembre
haremos una campaña. Pintas, tomas de iglesias. Lo de siempre.
«Navidad sin presos políticos.»

—Daniel, el hermano de Camilo, es uno de los presos del
Frente Sandinista —me dijo el Poeta.

Me pregunté si Camilo también sería sandinista. Su manera de
ser era diferente de la de los artistas y diletantes que conocía; un
reposo tenso, intenso, un aire de concentración, de responsabilidad, superior a sus años. Hablaba en voz baja. Casi en susurros. Me
llamó la atención la invisible autoridad que ejercía sobre el Poeta
que lucía apaciguado, serio, cosa nada común en él. Le dio a Camilo un ejemplar de la revista que él editaba: *Praxis*, vocero del
grupo del mismo nombre, formado por artistas, escritores, pintores. Hablamos de su contenido, del ensayo de Ricardo Morales
Avilés sobre la responsabilidad de los intelectuales, de la galería
Praxis recién inaugurada con recitales, exposiciones. Comenta-
mos sobre el descontento de la población ante las recientes alzas
en los precios del transporte, la leche y el pan. Antes de irse Camilo nos preguntó si habíamos visto la película, *Woodstock*. La música era genial, dijo. Joe Cocker interpretaba magistralmente la
canción de los Beatles, *With a little help from my friends*. Y la guitarra de Jimi Hendrix. Había que verla.

Camilo volvió a llegar otras veces. Nos cruzábamos a tomar re-
frescos al otro lado de la calle, en una refresquería desde donde se
veía el Gran Hotel, clásico hotel tropical de la época con toldos
verdes y un vestíbulo lleno de palmeras y jaulas con loras y lapas.
Las calles de aceras maltrechas con ladrillos levantados aquí y allá

bullían con la actividad de los transeúntes, el tráfico apretado, los taxistas sonando continuamente las bocinas, algunos carretones jalados por caballos. A Managua le caía encima la modernidad y la transformaba en un híbrido desordenado de tradiciones y cambios.

Camilo me pidió que me uniera al Frente Sandinista. Para entonces las siglas clandestinas me eran familiares. El sandinismo se mencionaba a menudo en el medio artístico con respeto y admiración. Ya yo me había leído todos los libros necesarios para llegar a convencerme de que en Nicaragua no quedaba otra salida que la lucha armada y la revolución. Un libro de George Pollitzer me hizo materialista filosófica; Frantz Fanon, en los *Condenados de la Tierra* me aterrizó en el colonialismo y el neocolonialismo, la realidad del Tercer Mundo. Eduardo Galeano, con su libro *Las Venas Abiertas de América Latina*, me reveló la historia triste y sangrienta de mi región del mundo, los resultados nefastos de la doctrina Monroe, la política del Gran Garrote y la Alianza para el Progreso. Además había leído a Marcuse, a Chomsky, a Ernest Fisher, al Che. Me había convertido al socialismo. Unirme al sandinismo era una propuesta muy arriesgada sin embargo. Significaba poner mi vida en la línea de fuego. Tenía dudas: que si la teoría del foco guerrillero sólo había funcionado en Cuba; de qué tipo de sistema se trataba —el modelo soviético restringía excesivamente a mi juicio la libertad individual—; cómo haríamos la revolución sin proletariado. Camilo, que no tenía automóvil, con frecuencia me pedía que de camino a mi casa lo dejara en la universidad. En el trayecto me explicaba que el foco estaba descartado, que la revolución no sería comunista sino sandinista y que aplicaría creativamente varias teorías, incluyendo el marxismo, adaptándolas a nuestra realidad. Tenía respuesta para todo y una paciencia larga para rebatir mis dudas. Cuando me pidió que dejara de andarme por las ramas y le contestara sí o no, le confesé que el miedo me frenaba.

—A todos nos da miedo. Es normal.

—Pero yo tengo una hija...

No me pedía que me fuera clandestina. Podía hacer cosas pequeñas. Nada muy arriesgado, pero poner mi granito de arena.

—Precisamente porque tenés una hija —me dijo—. Por ella deberías hacerlo, para que no le toque a ella hacer lo que vos no hiciste.

Tenía razón. La cobardía no era una opción.

—Bueno pues —le dije, imaginando mentalmente una ducha de agua fría a la que había que meterse sin titubear.

—No se lo digás a nadie —me advirtió—. Ni una palabra. Ni siquiera al Poeta. Esto debe quedar entre vos y yo. Es un asunto de compartimentación, de minimizar los riesgos.

Caía la noche cuando llegamos a la universidad, una serie de galerones sencillos, prefabricados, comunicados entre sí por senderos y escaleras protegidas de la intemperie por techos de cinc. Se bajó en el parqueo. Lo vi perderse por los pasillos. De camino a mi casa iba con el estómago revuelto. Pasé por los barrios pobres, vi los buses destartalados recogiendo en las paradas a los pasajeros que se arremolinaban en las puertas y que todavía colgaban de éstas cuando el vehículo se ponía en marcha. Dentro de mi angustia surgió repentinamente una sensación de alivio casi de alegría. Fue como si de pronto la culpa de mis privilegios dejara de pesarme sobre los hombros. Ya no era solamente una transeúnte contemplando la miseria desde el refugio de un automóvil. Me había convertido en cómplice de quienes querían terminar con ella. Demostraría que el sufrimiento cotidiano de la gente de mi ciudad me importaba haciendo algo por remediarlo. Me sentí menos sola, aliviada por un consuelo íntimo que apaciguó el miedo. Me alegré de estar dejando atrás el paternalismo de la caridad cristiana que sólo me traía a la memoria el ritual de las monjas del colegio, que cada Navidad nos pedían que lleváramos un regalo para las niñas pobres que estudiaban en la escuela en un anexo aparte. El contenido estipulado del regalo era el mismo para todas: una pieza de tela, dulces y un juguete. Para la entrega nos alineaban en parejas. Al llegar frente a la madre superiora, la niña rica le entregaba el regalo a la niña pobre. Mientras esperaba mi turno en la fila, el regalo pesado e informe, empacado simplemente por mi madre, me pesaba en las manos como una flagrante limosna. Sentía pena por la niña a mi lado porque pensaba que debía sentirse expuesta a una bien intencionada humillación. Apenas la miraba, incómoda ante el papel que me tocaba desempeñar. Después de la entrega del regalo, nos dábamos un beso y las filas se separaban. En todo el año escolar no nos volvíamos a ver. Eso era la caridad para mí.

Pero esto era distinto. Me había pasado al otro lado.

En mi vida de hogar todo seguía igual. Absorto en su trabajo, su melancolía, mi esposo no me veía. Algo haríamos juntos pero de mi vida cotidiana con él sólo conservo la noción de su apatía, gestos amodorrados, la pantalla de la televisión como el brillo de la vida que se ve pero no se toca. Yo me ponía mi piel de esposa y madre, jugaba con Maryam en el patio y el verdor de la grama me provocaba frases, versos saltaban en mi cerebro como palomitas de maíz friéndose en el aceite caliente de mi vida secreta. Se me ocurría que golpeaban a mi puerta palabras que querían ser escritas pero no hacía el gesto de levantarme, tomar el papel. Apenas lo hiciera se disolvería el encanto, la emoción se trocaría en artificio. Mejor quedarme inmóvil en la mecedora del corredor, ver a mi hija retozar mientras las frases me pasaban frente a los ojos como los rótulos que arrastran los aviones.

Le conté al Poeta.

—Escribí —me dijo—. Escribí lo que sentís. Tenés una responsabilidad histórica —y me miró muy serio.

Al día siguiente me aparecí en la oficina con seis poemas. Se los mostré tímidamente.

—Los escribí anoche —le dije—. Me salían como conejos del sombrero.

Tomó los papeles. Encendió un cigarrillo. Se recostó en la silla. Puso los pies sobre el escritorio. La cintura del Poeta delataba su gusto por el ron y la cerveza. Usaba camisas de manga larga. Leyó expeliendo volutas de humo.

—Muy bueno —decía pasando una página y luego otra. Su voz grave, redonda, delataba sorpresa. Años más tarde me dijo que nunca se esperó que de primas a primeras yo escribiera así, que bromeaba cuando me dijo lo de la «responsabilidad histórica». Terminó de leer y se puso de pie para llegarse al otro lado del escritorio y sentarse a mi lado. No recuerdo exactamente qué me dijo pero me di cuenta de que sus elogios eran sinceros.

En eso estábamos cuando llegó Carlitos Alemán Ocampo. Se los dio a leer. Carlos tuvo una reacción semejante.

—Tenés que trabajarlos un poco —dijo el Poeta—. Cuando seas como nosotros —sonrió malicioso— ya todo lo que hagás va a ser bueno, pero cuando uno empieza hay que pulir, quitar. El poema debe ser como un nacatamalito, algo cerrado, empacado. No le debe sobrar ni faltar nada. Mirá bien este poema, por ejemplo. Míralo bien. Pensá en lo que le sobra.

—Seguro que Pablo te los publica —dijo Carlitos—. Le van a encantar.

Trabajé duramente midiendo las palabras apartándome de mí misma para mirar el poema sin mí como algo aparte. Era tan difícil. Aquella metáfora tan hermosa sobraba. La tachaba. Nunca pude ser una cirujana despiadada. Me enamoraba de las palabras. Sólo el tiempo me ha permitido hacerlo con menos dolor.

Pablo Antonio Cuadra, director del suplemento literario de *La Prensa*, tenía la altivez de un príncipe náhuatl. Piel canela oscura, pelo blanco abundante. Un hombre alto, alargado como figura del Greco. Me pareció estar frente a un monumento. Era el poeta nicaragüense más reconocido. Su despacho estaba lleno de libros, carpetas, papeles. En la antesala su secretaria, una muchacha gordita, cara redonda, pelo largo, tecleaba frenética en la máquina de escribir. Era Rosario Murillo. Más adelante llegaría a conocerla.

—Me gustaría publicar estos poemas con un retrato tuyo —dijo Pablo Antonio—. ¿Cuándo podés posar para un retrato?

Róger Pérez de la Rocha llegó a mi casa para hacerme un retrato, que realizó en blanco y negro con tinta de imprenta. Nos reímos. Hasta mi esposo se rió. Nos observó como quien observa animales raros en una enciclopedia. Róger era otro personaje de la bohemia de Managua; retratista genial, joven, como éramos todos. Usaba palabrotas en cada frase y tarareaba música ranchera. Era lumpen a mucha honra, pero leído. Se sabía de memoria poemas de Carlos Martínez Rivas.

Menos de quince días después de que escribiera mis primeros poemas, *La Prensa Literaria* me dedicó casi una página entera. «Una nueva voz en la poesía nicaragüense», anunciaba el encabezado al lado del retrato en que Róger me pintó oscura y misteriosa.

—Pobre tu marido —me dijo una tía el domingo, al día siguiente de la publicación—. ¿Cómo es posible que hayas escrito y publicado esos poemas? ¿Cómo se te ocurrió escribir un poema sobre la menstruación? Qué horror. Qué vergüenza.

—¿Cómo? —respondí yo—. ¿Vergüenza? ¿Vergüenza por qué?

Mi tía me miró horrorizada. Con un ¡ay hijita!, se despidió.

El escándalo que causaron mis poemas en la alta sociedad de Managua fue mayúsculo. «Poesía vaginal», decían las señoras. «Pornográfica, desvergonzada.»

—Menos mal que los publicaste con tu nombre de soltera —me dijo mi suegra.

Los hombres me observaban con miradas de lascivia.

—Vos debés de ser muy apasionada —me decían con los ojos vidriosos.

Que una mujer celebrara su sexo no era común en 1970. Mi lenguaje subvertía el orden de las cosas. De objeto la mujer pasaba a sujeto. En los poemas yo nombraba mi sexualidad, me apropiaba de ella, la ejercía con gozo y pleno derecho. Los poemas no eran explícitos, mucho menos pornográficos, pero celebraban mis plenos poderes de mujer. En eso residía el escándalo. Mi esposo me anunció que no quería que volviera a publicar ningún poema si antes él no lo leía y censuraba. Nunca se lo permitiría, le dije. Prefería no volver a publicar jamás. Afortunadamente los monstruos sagrados de la literatura nicaragüense salieron en mi defensa. Los grandes poetas, José Coronel, Pablo Antonio Cuadra, Carlos Martínez Rivas, me aplaudieron. Y en Nicaragua los poetas —quizá porque el único héroe nacional era un poeta: Rubén Darío— son figuras veneradas, célebres. Mi esposo y mis familiares tuvieron que rendirse a la bendición del prestigio. La polémica no me detendría. Al contrario. La reacción de lo más conservador de la sociedad me hizo percatarme de que, sin proponérmelo, había encontrado otra vía para la subversión.

El Poeta construía fabulosos castillos de arena donde viviríamos él y yo felices, escribiéndonos poemas sobre la piel por los siglos de los siglos. Mi amor por él, sin embargo, era el de una compañera de juegos. Pensaba que el Poeta sería una pesadilla como marido. No lo imaginaba compartiendo responsabilidades. Las dejaría caer sobre mi falda y él seguiría proclamando su exuberancia vital.

Pronto me di cuenta que no se rompían las normas sociales sin pagar un precio. Los murmullos subían de tono. Llegaron hasta mi padre. Encerrados en la burbuja de nuestro contento el Poeta y yo nos habíamos creído invulnerables. En vez de comportarnos como amantes furtivos, paseábamos por las calles de la ciudad con los cuerpos olorosos, los cabellos revueltos y las miradas encendidas. Cualquiera notaba que estábamos tocados y poseídos por la pasión y el descalabro que sólo les es dado a los elegidos. Con la arrogancia de seres libres y sin amarras, hicimos el amor en apartamentos prestados, sobre petates, rodeados de lienzos y olor a aguarrás, en los desvencijados y pobres estudios de pintores amigos. Hasta sobre el escritorio de la oficina apartando papeles, conteniendo la respiración, nos habíamos amado muertos de risa, mientras a nuestro alrededor se oía el tecleo de las máquinas de escribir y el ir y venir de los otros. Nuestro desparpajo nos convirtió en el plato fuerte de los corrillos y chismes. Hasta mi esposo abstraído y ausente empezaba a notarlo. Bien pronto no faltaría quien se lo dijera. Yo no podía fingirle inocencia ante lo obvio. Tenía que elegir si me quedaría con el Poeta, cualquiera fueran las consecuencias, o si retornaría a mi matrimonio, a lo conocido. Sabía que ya nada sería igual de todas formas. Las alas me habían crecido. Me sentía capaz de volar sola. El Poeta se me hacía un mar demasiado agitado. Me daba terror tomar la decisión equivocada y arrastrar a mi hija conmigo. Me decidí cuando vi sufrir a mi padre.

Recuerdo el rostro del Poeta al otro lado del escritorio cuando se lo dije, el paisaje desde la ventana, el ronroneo del aire acondicionado: no podíamos continuar. Yo no me iba a ir con él. Ya se lo imaginaba, me dijo. Imaginaba que sería difícil para mí, que me confrontaría con mi familia. Fue una conversación triste pero sin tragedias, casi un entendimiento de que, agotado el límite de lo posible, nos quedaba la amistad, el vínculo del afecto. Me sentí aliviada. La tensión de las semanas anteriores, tener que fingir todo el tiempo, me tenía agotada. Además sabía que aunque el Poeta hubiera detonado mi revolución interior ésta iba más allá de él y no estaba sujeta a una pareja.

—Te habría hecho feliz —me dijo, tomando mis manos entre las suyas.

—Me hiciste feliz —le respondí.

Sonrió. No era dado al melodrama. Tomaba de la vida lo que podía pero sabía perder.

Al poco tiempo de esto —creo que fue a mediados de 1972— cambié de trabajo. Traté como pude de despojarme de aquel amor, mudar de piel como las serpientes. Volví a la vida de casada que mientras duró aquel romance, había continuado como zombi. Fue un choque reconocer a mi esposo ya no como alguien de quien en cualquier momento me despediría, sino como el hombre que compartía mi vida, mi cama, las ceremonias del baño en la mañana. La recompensa fue escasa: perder el miedo a que un día de tantos me dijera «lo sé, tenés un amante»; volver a sentirme honorable. A mi pesar me mortificaban las miradas maliciosas de las amigas de mi madre cuchicheando cuando yo pasaba, los hombres acercándose para decirme frases de doble sentido como si yo anduviera un rótulo especial que les diera permiso a atreverse conmigo. Más adelante dejó de importarme lo que dijeran y hasta encontré gozo en sacudir hipócritas decencias pero no había llegado a ese punto. Todavía me debatía entre el temor al ostracismo, a quedarme en tierra de nadie, y la necesidad de alejarme, de no ser parte de ese ambiente.

Camilo me dio las claves más útiles para tomarme mi vida burguesa con filosofía. Cuanto más tiempo pudiera mantenerme «legal», sin que nadie sospechara de mí, más útil sería a la organización, me dijo. Fingiendo inocencia y curiosidad tendría amplio acceso en mi círculo social para medir el pulso de la burguesía, saber qué planeaban, cómo andaban sus tensiones con la dictadura.

Ser una mujer de la alta sociedad era una excelente cobertura para conspirar. Comprendí que debía calzar en ese espacio para eventualmente dinamitarlo desde dentro. Poco tiempo después Camilo me anunció que haría un viaje largo. Otra persona me llamaría en su nombre y restablecería el contacto. Nos despedimos en una esquina cualquiera.

—Déjame aquí —me dijo y se bajó rápidamente del automóvil.

Nunca más volví a verlo.

I O

⎯⎯⎯⎯✦⎯⎯⎯⎯

DEL JURAMENTO QUE HICE ANTE UNA MUJER EMBARAZADA

(Managua, 1972)

Recibí la llamada a los dos o tres meses, cuando pensaba que no me telefonearían y secretamente me alegraba. Acordé una cita con mi interlocutor pero a última hora me abandonó la convicción. Me quedé sentada en mi escritorio de la oficina, luchando por borrar de mi mente la imagen del hombre impaciente esperándome. Luego me arrepentí de mi cobardía. Me sentí deprimida. Sin embargo, cuando el hombre, molesto, volvió a llamarme, inventé una excusa.

—Fíjate que a última hora me citaron a una reunión de trabajo —le dije—. Y como no tenía cómo avisarte...

—¿Cuándo nos vemos entonces?

Quedamos para otro día. Otro lugar. Recuerdo que era por la tarde. Salí de la oficina pero poco antes de llegar al sitio acordado, di vuelta en redondo en dirección contraria. No puedo, me decía. No debo. Es una locura. Veía en mi memoria las fotos de cadáveres en los periódicos.

Pasaron varios días hasta que el hombre llamó de nuevo. Cada vez que sonaba el teléfono la adrenalina me golpeaba el pecho. Pensé negarme pero al final no pude. Me avergonzaba sen-

72

tirme cobarde. Qué diría de mí Camilo cuando se lo contaran.

—Mirá mamita —dijo el hombre por teléfono, claramente disgustado—. Si no vas a llegar a la cita, decímelo y no vuelvo a llamarte más. Es peligroso para mí estarte esperando.

—No, no, por favor, dame otra oportunidad —le rogué.

Tuve la clara intuición de que estaba a punto de cerrar por temor la única puerta de salida de mi vida hacia la otra realidad. Si no daba el paso ahora me acomodaría cada vez más en la inercia, la falsa sensación de seguridad a la que últimamente me aferraba sin saber por qué. Con la mitad del billete que Camilo me había dado para usar como contraseña —el hombre tendría la otra mitad, me había dicho— salí agitada de la oficina y me encaminé al lugar, una calle cercana al viejo cementerio de Managua. En la esquina acordada un hombre alto, moreno, muy delgado, con expresión de santo, me esperaba. Subió al auto. Me dijo «hola». Qué bueno que no lo había dejado plantado otra vez. Se sacó del bolsillo de atrás del pantalón la otra mitad del billete.

—Soy Martín —me dijo, juntando ambas mitades sobre su regazo—. Camilo te manda muchos saludos. —Y sonrió. Tenía los dientes muy blancos. Su sonrisa me quitó el miedo.

Pocas semanas después supe que había ganado el premio Mariano Fiallos Gil de Poesía, 1972. Era el más importante concedido por la Universidad Nacional Autónoma de Nicaragua. En la ceremonia de entrega en León, cuna de la primera universidad del país, una ciudad colonial menos bella y más dilapidada que Granada, hice mi primera lectura de poemas y me contagié del entusiasmo con que los recibió el público. Por la carretera, camino de regreso a Managua con mi esposo, iba eufórica con mi triunfo sintiendo que después de todo la felicidad era posible. Mirá, discutamos lo nuestro, le dije. No podemos vivir así. Esta apatía tuya es como la muerte. No puede ser que nada te alegre. Somos jóvenes. Por qué no vamos a poder ser felices. Él se quejó de la vida, del trabajo igual todos los días. Hablamos de las posibilidades de otro tipo de vida. Mudarnos a una casita en una isla en el

73

gran lago. Volver a la vida sencilla en una comunidad. Se dejó llevar por la fantasía. Me siguió la corriente. Íbamos en el carro y los dos hablando. Pensé que un milagro podía suceder, que no todo estaba perdido. Me entregué con toda mi alma a la reconciliación, al esfuerzo por reanimar aquel amor apenas combustible que se apagaba.

En un viaje a Europa que hice con mi papá y mi hermana Lavinia semanas más tarde, me di cuenta de que estaba embarazada de mi segunda hija. A pesar de que mi matrimonio seguía a marchas forzadas, el embarazo me llenó de alegría. Hacía meses que en mi cuerpo soplaba un aire de inquieta fertilidad. Sentí únicamente mío aquel embarazo, como si me hubiese fecundado sola.

Martín resultó más constante que Camilo en su intención de educarme y hacerme sentir parte de la organización. Me gustaba la personalidad de Martín, seria y reposada, pero con un discreto y afable sentido del humor. Estudiábamos los documentos clandestinos —el programa, los estatutos del Frente Sandinista de Liberación Nacional— en un gran parque umbroso y arbolado a las afueras de Managua. El fuselaje de un viejo avión y una locomotora en desuso eran los mayores atractivos para los niños. Durante los días de semana, el parque era lugar de reunión de parejas furtivas. Lucía desierto, apenas unos niños aquí o allá, vendedores de paletas, desempleados. Fingíamos ser estudiantes. Llevábamos ocultos dentro de cuadernos universitarios los materiales clandestinos impresos en mimeógrafo. Tras una apariencia tranquila, Managua albergaba incontables e imprevistos peligros. No sólo la rondaban constantemente patrullas policiales sino que en cualquier momento se podían materializar los jeeps de la Brigada Especial contra Actos Terroristas con sus soldados asesinos y brutales armados hasta los dientes. Uno no podía descuidar la vigilancia en ninguna parte. Igual que Camilo, Martín me atrajo al mundo secreto y quijotesco de la guerrilla, brindándome su absoluta confianza. En su comportamiento jamás percibí ningún asomo de duda sobre la seriedad de mi compromiso o mi determinación. Su confianza me retaba a no defraudarlo. No sé si eran las ideas o el peligro que compartíamos pero entre nosotros se estableció un vínculo muy sólido de afecto y familiaridad. Ese sentimiento profundo, especie de pacto implícito y complicidad secreta que experimenté por primera vez con Martín, me asombraría al repetirse casi sin excepción con otros compañeros sandinistas que conocí con el tiempo. Con Martín me despojé de todas las reservas que aún me inspiraba el sandinismo. Me contagié de la visión de un país transformado en un lugar de armonías, y no de abismos entre unos y otros. Le entregué a Martín el importe de mi premio de poesía para la familia de Camilo.

—Eliminar la dictadura es sólo un paso para lograr lo que queremos. Un paso crucial claro, pero de nada serviría si seguimos en la misma situación. Por eso no es un cambio de personas lo que queremos —me decía Martín—. Es un cambio de sistema. Una democracia donde el pueblo sea realmente el dueño de su suerte. No una democracia administrada por los mismos potentados que hasta temen que la gente aprenda a leer porque el conocimiento les daría demasiada autonomía. Por eso una de las primeras cosas que hará la revolución será alfabetizar a los analfabetos.

Habría que redistribuir la tierra también, agregaba, la gente necesitaba tierras para trabajar, préstamos, y la mujer tenía que emanciparse para participar junto al hombre en la construcción de tiempos mejores. Me contaba la anécdota de Carlos Fonseca, el fundador del FSLN, que aconsejaba insistentemente a las compañeras que habitaban las casas de seguridad de que no se pusieran a lavar la ropa de los varones sin que nadie se lo pidiera; que en vez de eso leyeran, se prepararan, escribieran. Martín insistió mucho en que aprendiera de memoria un panfleto que enunciaba algunas medidas de seguridad elementales en la vida clandestina.

—Quiero que te lo aprendás como las lecciones del colegio —me dijo—. Seguir o no seguir estas orientaciones puede ser la diferencia entre vivir o morir.

Me las aprendí, y él me tomó la lección como si se tratara de las tablas de multiplicar. Eran indicaciones sobre cómo detectar por el espejo retrovisor del automóvil si a uno lo seguían; cómo evadir persecuciones a pie, en vehículo; la naturalidad que debía cultivarse como actitud en la guerrilla urbana: no mostrarse nerviosa, adaptarse a las circunstancias como camaleón, observar el ambiente; saber reconocer a los agentes de seguridad. Eran normas que según Martín se convertían en hábitos cuando uno las practicaba a diario. Lo más peligroso era confiarse, creerse seguro. Entonces era cuando se producían los problemas.

—Por ejemplo —me dijo—. Creo que nosotros dos llamamos la atención. Sería mejor que tu enlace fuera una mujer. Ahora que ya pasaste el primer período de instrucción, te pondré a trabajar con una compañera, con mi esposa. Te vas a llevar bien con ella —sonrió con cierta malicia.

Su mujer, Leana, era muy menudita. Desde que la vi de pie esperándome en la esquina donde la recogí supe que nos llevaríamos bien. Estaba embarazada también, aunque me llevaba varios meses de ventaja. La barriga la ocupaba casi toda. Usaba el pelo corto y era muy blanca con pecas en las mejillas. Era apenas un poco mayor que yo pero su aire maternal me venía como agua de mayo porque siempre he necesitado que me maternicen. Nos hicimos amigas, y en nuestras reuniones los análisis políticos conducían a conversaciones personales e intercambios de confidencias. No podíamos dejar de relacionar esos dos ámbitos. No era posible, decía yo, creer en la redención de los oprimidos si uno no se proponía primero la propia redención. Cómo pensar en dar felicidad si uno no la tenía; si era infeliz. Hablábamos de nuestra preocupación por los hijos. Leana tenía un niño de pocos años.

—Si algo nos pasa a nosotros, tendrán a los padres, a la familia. No somos las únicas que podemos criarlos —me decía ella—. Si pensáramos así las mujeres no podríamos participar en nada. Hay que cuidarse para sobrevivir pero uno no puede pasarse la vida con el temor de morir. ¿Quién me dice que no me puedo morir mañana en un accidente? Por lo menos así moriré sabiendo que hice algo por ellos. Y mis hijos lo sabrán.

Fue Leana quien me tomó el juramento sandinista. A mediodía, en el parque Las Piedrecitas, bajo un inmenso árbol de chilamate cuyas raíces colgaban como hebras de una roja melena. Las dos dentro del automóvil ahogándonos de calor. «Juro ante la patria y ante la historia», decía ella y yo repetía sus palabras. El juramento era muy retórico pero hermoso, con palabras grandilocuentes y heroicas. Uno se comprometía con la causa de la libertad, juraba luchar por el pueblo hasta el último aliento. Dije las palabras solemnes deprisa sin mucha ceremonia, intentando suavizar el tono rimbombante pero cuando Leana y yo nos abrazamos para sellar el pacto, me emocioné al sentir su enorme vientre rozarse con el mío; mis testigos habían sido dos niños todavía por nacer.

I I

❦

DE CÓMO SE VIVE TRAS PERDER UNA CIUDAD
Y LO QUE HICE EN GRANADA

(Granada, 1973)

El Poeta y yo nos encontramos de nuevo en el ambiente de campamento gitano que se instaló en Granada con la llegada de tanta gente que huyó de Managua después del terremoto, pero ninguno de los dos intentó revivir el pasado. Yo estaba embarazada, y él tenía un nuevo amor. Dispuestos a no reincidir en la tentación nos instalamos en el territorio de una amistad cómplice y alegre que aún conservamos. La casa esquinera del Poeta, una mansión vetusta de gruesas paredes de taquezal pintadas de un color ocre descascarado por el tiempo, era por dentro un laberinto de cuartos, patios interiores y un oratorio mandado a construir por una tía santa que la familia esperaba sería canonizada más temprano que tarde por el Vaticano. Por todas partes colgaban cuadros valiosos que databan de tiempos inmemoriales, y en estantes cubiertos de polvo se veían piezas insignes de imaginería colonial. En los meses que viví en Granada, esa casa fue el centro de reunión de la bohemia *terremoteada*. Empecé a frecuentarla con la esperanza de restablecer —no sabía cómo— el contacto con el Frente Sandinista perdido en la diáspora del terremoto, y allí me encontré con Róger, mi amigo pintor, a quien acompañé muchas tardes a caminar por la ciudad buscando balcones y esquinas que dibujaba en trazos rápidos sobre un cuaderno. Las señoras murmuraban cuando me veían pasar con aquel hombre flaco, barbudo, con un sombrero alón de fieltro negro y caites de caucho como los que usaban los campesinos.

Fue en el primer viaje que hice para visitar a mis padres en León cuando, por una extraordinaria coincidencia, me topé con Martín y Leana. Los divisé caminando por la calle desde la ventana de la casa de mi tía. Casi no podía creer en mi buena fortuna cuando les salí al paso. Nos abrazamos. Intercambiamos noticias, y Martín me dio la contraseña para la persona que él se encargaría de que estableciera contacto conmigo en Granada.

—¿Quiénes son? —me preguntó mi mamá con suspicacia—. ¿De dónde los conocés?

—Son unos amigos del trabajo —le contesté.

—Nunca te he visto saludar a nadie con esa efusividad —comentó mirándome largamente para ver si le confiaba algo más. Me hice la desentendida.

La persona que me contactó siguiendo orientaciones de Martín fue Andrea. La había conocido semanas atrás en casa del Poeta mientras organizábamos voluntarios para trabajar con los refugiados trasladados a Granada por el gobierno. Andrea había sido compañera de mi hermana Lucía en el colegio de monjas de Managua. En Londres ambas se hospedaban en la misma casa de señoritas mientras aprendían inglés. Delgada, de piel muy blanca y delicada, hacía lo imposible por verse sencilla. No se maquillaba. Usaba jeans, camisas tipo Lacoste y mocasines, el uniforme de los *preppies*. Peinaba su pelo castaño, corto, hacia atrás sin trazas de vanidad.

—Si me hubieras visto antes, recién llegada de Londres —me dijo un día—. Fumaba cigarrillos en una larga boquilla y una vez hasta una boa me puse al cuello en Managua. ¡Imagínate vos, con el calor! ¡No sé en qué estaba pensando!

Su transformación era radical. No sólo en el vestuario sino en su actitud. Se tomaba la vida muy en serio como si no le quedara tiempo que perder en bromas u ocupaciones placenteras. Tenía la actitud de una suiza eficiente que se las tiene que ver con un grupo bullicioso de latinos.

Por ser hijas de la burguesía andábamos juntas sin despertar sospechas. Mi esposo partía hacia su trabajo en Managua todos los días, Maryam acudía a una escuelita de párvulos, y yo salía con Andrea. Cuando se aparecía por la casa, mi suegra la recibía con gusto, la invitaba a tomar café, a almorzar, le preguntaba por su familia. Las dos fingíamos ocuparnos en brindar ayuda humanitaria a los damnificados del terremoto, pero en realidad se trataba de un trabajo político. En el Colegio Centroamérica reclutábamos nuevos miembros para el sandinismo entre los refugiados y los organizábamos para que reclamaran al gobierno la ayuda que Somoza se estaba robando a la vista y paciencia de todo el mundo. El dictador se había autonombrado presidente del Comité de Emergencia Nacional, había impuesto el estado de sitio y la ley marcial y tenía centralizada bajo su mando toda la ayuda que desde la mañana de la catástrofe empezó a llegar al país. El mundo entero, conmovido por la tragedia en plena Navidad, se volcó generoso. Llegaban aviones con alimentos, tiendas de campaña, medicinas, agua, pero las tiendas de campaña para los refugiados aparecían en los jardines de los militares de mayor graduación, la ropa y las latas de conservas las vendían sus esposas en tiendas que abrieron por todas partes. Mientras los damnificados estaban hacinados en escuelas y edificios abandonados, sin las mínimas condiciones sanitarias y alimentándose de papas, Somoza se dedicaba a comprar tierras para luego revenderlas a su propio gobierno y adjudicaba a sus empresas y a las de sus allegados los jugosos contratos para reconstruir carreteras y la infraestructura de la ciudad. En Granada se veían las señales del desfalco de la ayuda humanitaria en estancos y almacenes que vendían linternas, estufas portátiles y otros artículos donados. Los allegados al régimen hacían alarde de nuevos recursos y hasta regalaban tiendas de campaña a sus amistades. Las críticas y denuncias fueron silenciadas. Somoza obligó a las radios a sumarse a una cadena nacional y estableció una censura estricta en los medios. Pero eran demasiados los testigos de aquel atropello, y éste fue un abuso que nadie perdonó al dictador. Fue la gota que llenó casi a rebosar la copa de la iniquidad. «No hay mal que por bien no venga», reza un dicho. El terremoto abonó generosamente las semillas de la rebelión.

Andrea y yo íbamos todos los días al cascarón del colegio abandonado que servía de refugio a dos mil personas desplazadas por el terremoto. Situado sobre un farallón en las márgenes del gran lago de Nicaragua, el Colegio Centroamérica había sido un edificio blanco, grácil; la proa del barco del saber bañada por la brisa lacustre. Yo recordaba mi expectativa los fines de semana cuando era adolescente y visitábamos a mis hermanos internos allí. Ir al Centroamérica era andar por los anchos pasillos donde pululaban los jóvenes con quienes mis amigas y yo nos casaríamos; era entrar legalmente en el mundo misterioso, atlético y competitivo de los hombres: las aulas donde estudiaban, la piscina olímpica donde los Tiburones del Centroamérica, el equipo de natación del colegio, se preparaban para sus proezas acuáticas. Decir Centroamérica era decir vigor y rigor. La escuela era famosa por su exigencia académica. Los profesores eran estrictos y bien preparados, jesuitas españoles de sotanas negras, sacerdotes jóvenes de barbas cerradas y ojos expresivos, que yo miraba preguntándome cómo se las arreglarían para aceptar mansamente su condena al celibato eterno. Envidiaba a mis hermanos que podían estudiar allí, en aquel ambiente reverentemente dedicado al aprendizaje, en aquel edificio majestuoso con la vista magnífica del lago y el rumor de las olas en la distancia.

Cuando regresé, ese mítico barco de lujo donde los muchachos emprendían su viaje a la sapiencia era una ruina. Desvencijado, sucio, con los patios áridos y sin plantas, el colegio era un esqueleto de telarañas y olvido. A lo largo y ancho de su decrepitud se alojaban dos mil personas como una gigantesca tribu nómada acampada allí en la ruta de un viaje sin rumbo. Pobres, apretujados, amontonados, con cara de sonámbulos, hombres y mujeres marcaban su territorio acumulando sus bártulos en los pasillos por donde apenas se podía transitar. Familias enteras se hacinaban en aulas oscuras de ventanas selladas con tablones de madera. Aquí y allá, sobre el enladrillado del piso, la gente utilizaba ollas negras y abolladas para cocinar en primitivos fogones de leña. La ropa mojada se secaba entre los gráciles pilares que separaban el ancho corredor del patio interior que se extendía a todo lo largo del edificio. Una bandada de niños harapientos correteaba entre las famosas estatuas precolombinas del Patio de los Ídolos, en el que los sacerdotes exhibían el producto de años de exploraciones arqueológicas en las islas del lago. Tiendas de campaña de plástico negro o telas militares florecían como hongos en el ancho traspatio donde antes los muchachos jugaban a *base-ball*. La piscina seca y agrietada era un criadero de larvas y monte.

Los refugiados tenían que estar en fila durante varias horas para recibir las provisiones que un personal displicente les entregaba desde la trasera de un furgón. Las mujeres ponían en sacos, en cajas de cartón o canastas de plástico, magras raciones de arroz, frijoles, papas, azúcar, alejándose después con su triste botín, arrastrando los pies. La atmósfera olía a comida, a demasiada gente amontonada, a humedad. «Por lo menos tenemos un techo», me dijo una señora sentada en una banqueta encogiendo los hombros filosóficamente. Se quejaban de que los hubieran dejado allí como ganado, pero exhibían una resignación estoica. Triste, sin ánimo, deambulando por los corredores, la gente se marchitaba. Nuestras visitas los alegraban. Nos contaban sus cuentos. Andrea marchaba imperturbable por los pasillos. Ya tenía algunas amistades, como la mujer embarazada a quien preguntó quién era el padre del niño y ella le contestó desfachatada.

—¿Y qué crees, amor, que soy adivina?

Yo me ocupaba de atender mínimas peticiones de los refugiados. Había una viejecita a quien llevé un día un remedio para la tos. Vivía hacinada con quince o más personas de su familia en una de las aulas oscuras, malolientes, donde también guardaba un gallo y gallinas de su propiedad. Una semana después de que le llevara las medicinas me llamó con aire de conspiradora y me hizo entrega, en una arrugada bolsa plástica, de seis huevos de color rosado puestos por sus gallinas.

—Estos huevos son buenos para usted que está embarazada —me dijo—. Son huevos de amor.

Estuve a punto de decirle que no, que cómo me iba a dar ella que nada tenía una ofrenda de esa naturaleza, pero su mirada me indicó que no podía rehusarlos. Sería una ofensa. A través de los años he recordado muchas veces ese rostro, ese gesto, esa lección de dignidad.

Poco antes de marcharme de Granada conocí en la casa del Poeta a Ricardo Morales Avilés. Nos encontramos cuando yo entraba y él salía. Cuando el Poeta me lo presentó y oí su nombre reconocí su rostro vagamente familiar. Había estado preso. Era profesor universitario. Sandinista. Dirigente. El único que conservaba cierto margen de legalidad por su vinculación con las luchas universitarias. Calculé que tendría a lo sumo treinta y cinco años. De mediana estatura, tenía los hombros anchos y un rostro de nariz larga ligeramente achatada donde sobresalían bajo la frente amplia un par de ojos verdes contrastando con la piel morena. Me impresionaron sus ojos tranquilos. Ricardo irradiaba la rara vibración de una persona perfectamente centrada. Apoyados en la balaustrada mientras la lejana brisa del lago se filtraba por las calles en el atardecer, conversamos un rato. No recuerdo bien el tema de conversación, pero creo que hablamos de la poesía. Él también era poeta. Quizá porque uno se impresiona cuando conoce a alguien famoso a quien admira, los ojos de Ricardo, la emanación de su presencia se quedaron conmigo.

Meses más tarde, Ricardo fue asesinado, y por razones que en su momento explicaré, tras su muerte llegué a tener un íntimo conocimiento de su vida.

12

❦

(Managua, 1984)

Carlos aparecía cada tantos meses. Me invitaba a cenar. Creo
que la sintonía entre los dos le intrigaba más que mi crítica
a la política norteamericana en Nicaragua. En una de esas cenas
en un restaurante construido en la parte alta del cráter apagado de
Tiscapa me dijo que la radio le había pedido que permaneciera
en Managua. Sería su base de operaciones para la cobertura del
conflicto centroamericano que incluía la guerra en El Salvador,
las bases de la Contra en Honduras, las guerrillas en Guatemala.
En el fondo del cráter la luna se reflejaba en el agua quieta de la
laguna volcánica.

—Qué bueno —le dije, preguntándome qué iría a suceder entre nosotros al vernos con más frecuencia.

Desde enero de 1984 yo era secretaria ejecutiva de la Comisión Electoral del FSLN y representante del FSLN ante la Asamblea y el Consejo Nacional de Partidos Políticos. Tenía mi despacho en la Secretaría de la Dirección Nacional, la sede del máximo
organismo sandinista. Estaba a cargo de supervisar el cumplimiento de las orientaciones de la comisión electoral a lo interno

del partido y de asegurar que las estructuras partidarias se prepararan adecuadamente para las elecciones. Además era portavoz del FSLN para la prensa extranjera. Me gustaba el trabajo. Mi jefe era uno de los comandantes de la Dirección Sandinista, Bayardo Arce. Nos entendíamos bien. La oficina donde me instaló era inmensa.

—Se hizo para un miembro de la Dirección —me dijo—. No sé si vos vas a llegar a ser algún día dirigente pero por lo menos ya tenés la oficina —bromeó.

Pocos días después de la cena junto a la laguna Carlos me hizo una entrevista. Llegó a mi despacho y sacó su grabadora, sus micrófonos, sus audífonos, toda la parafernalia de su oficio. Contesté sus preguntas imaginando su audiencia: los norteamericanos manejando sus trabajos con la radio encendida, los que se duchaban, desayunaban. La oposición amenazaba con retirarse de las elecciones. Se aferraban a cualquier argumento para ponerlas en entredicho. Sabían que la administración Reagan los apoyaba. Cualquier cosa que restara legitimidad al sandinismo era bien recibida en Washington. Me resultaba difícil simplificar una realidad tan compleja para que cupiera en las citas breves que perseguían los periodistas y que desprovistas de contexto podían sonar como simple discurso antinorteamericano. Hice cuanto pude considerando lo poco que él usaría de mi larga explicación. Todos los corresponsales operaban de la misma manera.

No me hacía ilusiones ni pretendía que Carlos fuera diferente. Aunque estuviera en desacuerdo con la política de la administración republicana, su comprensión de la revolución estaba tamizada por la visión norteamericana del mundo. Teníamos largas y polémicas discusiones. La democracia en Nicaragua no podía medirse con la misma vara de medir que se aplicaba en Estados Unidos. Después de cuarenta y cinco años de dictadura, la democracia era un lento aprendizaje que la guerra financiada por la administración Reagan constreñía aún más.

A pesar de sus prejuicios Carlos tenía un innato sentido de justicia. Los grandes sueños de la revolución le atraían. La pobreza le resultaba flagrante e intolerable. Por encima de nacionalidades, humanamente, coincidíamos en lo esencial. Detrás de los parapetos formales y profesionales de cada uno cavábamos el túnel para encontrarnos. Yo pensé que se trataría de un flirteo agradable e inconsecuente. Él me invitaba a salir y yo aceptaba sus invitaciones. Como teníamos vidas tan distintas no se me ocurrió pensar que aun si el flirteo desembocaba en amorío éste pudiera tener ninguna trascendencia. Nos encantaba conversar. Durante meses estuvimos saliendo al cine, a cenar. Nada más. Nos despedíamos en la puerta de mi casa.

—Fue muy agradable, como de costumbre —me decía.

Las circunstancias de nuestros dos países no eran razón para que no fuéramos amigos o compartiéramos los efluvios de una noche lluviosa de mayo conversando sobre literatura o contándonos historias de la infancia. Eso pensábamos. O no pensábamos. Nos dejábamos llevar por los impulsos. Yo todavía me lamía las cicatrices de una relación anterior que me dejó maltrecha. Dudaba de si podría o querría volver a enamorarme con semejante abandono. Carlos no me amenazaba. Era pasajero, un barco en la niebla sonando su ronco llamado, un hombre hermoso con rostro de muchacho romano, manos expresivas de dedos anchos, varoniles. Era un cambio bienaventurado entre todos los machos que me rondaban atraídos por el olor de mi soledad.

En la atmósfera de fin del mundo que se vivía en Nicaragua, extranjeros y nacionales intimábamos sin preocuparnos demasiado por conflictos de intereses u otros frenos. Un día de tantos, tras muchas salidas y cenas y conversaciones sucedió lo inevitable. Sin pensar en las consecuencias nos besamos. Toda la represión y formalidad se vino al suelo. A partir de esa noche Carlos se quedó a dormir en mi casa con frecuencia.

❧

13

DE CÓMO RETORNÉ A MI QUEBRANTADA CIUDAD,
AL PARTO Y A UNA MUERTE INESPERADA

(Managua, 1973)

Poco antes de la fecha de mi parto regresamos a Managua. Las ruinas se veían por todas partes. Letreros toscos sobre las casas caídas notificaban el paradero de los sobrevivientes: «Estamos en la casa de la tía Lola en Masaya.» En medio de un ambiente caótico y a la deriva la ciudad se ponía en pie desplazándose hacia la periferia. Alquilamos una casa en Altamira, un reparto nuevo, recién estrenado cuando el terremoto. Muchas de las viviendas de su calle principal se habían transformado en locales comerciales. Era una ventaja. Se podía ir caminando a comprar provisiones. Por la noche los serenos vigilaban las calles haciendo sonar sus silbatos. Los muebles que sacamos de la bodega del tío los mandé a pintar en colores brillantes, psicodélicos. Quería colores alegres. Estaba harta de oscuridades. La casa era pequeñita pero luminosa, con un patio minúsculo.

Al acercarse la fecha del parto me fui con Maryam a León donde mis padres. En Managua los hospitales eran una ruina. En la casa de mis padres en la playa, junto al mar de mi infancia esperé.

Melissa nació plácidamente el 13 de junio de 1973. Desde que vi su cara redonda y su mirada de ojos muy abiertos y curiosos fue como si aquella niña me hiciera cosquillas en los brazos o tocara campanas o me removiera por dentro alegrías dormidas. Tenía la carita tan simpática y dulce que la llamé Melissa que significa miel.

A los pocos días se puso amarilla como canario. El pediatra de la clínica en León, un hombre joven con cejas espesas, pelo muy negro y una tristeza profunda en los ojos —volvía a ejercer la profesión después de un largo tiempo recuperándose de la amputación de una pierna— mandó hacerle análisis de sangre. La pincharon. Melissa lloraba a gritos y yo sentía que odiaba al doctor.

—Tiene alta la bilirrubina —dijo. Si no le bajaba habría que cambiarle la sangre. En unos pocos días lo sabríamos. La niña tenía incompatibilidad ABO, o sea incompatibilidad entre el grupo sanguíneo del padre y la madre. Producía el mismo efecto que el factor RH.

Hasta en la sangre éramos incompatibles mi esposo y yo, pensé. La espera fue un calvario. Cada pinchazo para sacarle sangre me dolía a mí. Gruñía como leona porque a una niña tan pequeña había que pincharle la ingle, la femoral o la yugular del cuello. Todos los días aquello. Y se ponía más y más amarilla. Mis pechos dolorosos y enormes mientras tanto, porque la lactancia materna estaba contraindicada. La misma noche en que a Melissa hubo que hacerle una exanguinotransfusión me pusieron una inyección para interrumpir la secreción de leche, que me ardió en el alma y el cuerpo. Analizaron la sangre de no sé cuántos donantes sin encontrar el adecuado. Yo cargaba a mi hija en brazos en casa de mi tía en León, una casona afable como ella que era pelirroja y madre de diez hijos, mientras por la sala desfilaban primos, sobrinos y sus amigos ofreciendo su sangre. Por fin a medianoche un vecino, bombero voluntario, a quien despertaron del sueño golpeando a su puerta, resultó ser el donante indicado. Yader Avilés. No olvido su nombre. Como tampoco el del médico, Carlos Icaza, que esa noche, pálido y sudoroso, salió del quirófano para decirme que todo estaba bien. Melissa tenía sangre nueva y se recuperaba.

Agotada y maravillada a la vez por la fuerza del instinto maternal que experimenté como un maremoto, regresé a Managua con mi hija fuera de peligro.

Durante mi estancia en Granada hice una amistad entrañable con una mujer con quien me ligaban parentescos por el lado de mi esposo. El Poeta, Róger, y yo la llamábamos Justine porque tenía el aire misterioso de ese personaje de Durrell, unos ojos grandes negros, y la delicadeza y pasión de una gata siamesa. Justine y yo éramos confidentes de amores prohibidos y compartíamos la incomodidad de no calzar en el ambiente conservador y autocomplaciente de nuestra clase. Cuando regresé a Managua reanudamos nuestra amistad y nos veíamos a menudo. Me alegraba verla aparecer por las tardes en mi casa, en esos primeros meses de la vida de Melissa quien hasta los cinco meses sufrió de cólicos. Justine y yo salíamos en el automóvil a dar vueltas con la bebita pues era lo único que calmaba su llanto.

Andrea apareció en Managua un día de tantos transformada en una persona alegre. Conservaba su aire de andar siempre ocupada en asuntos trascendentales y misteriosos, pero su expresión y hasta sus ademanes se habían dulcificado.

—Estoy enamorada —me confesó. Su amor era un compañero. No podía darme los detalles porque era información «compartimentada», pero me contó lo mucho que se querían, lo bueno y dulce que era, que nunca había querido a nadie así.

Con esta nueva Andrea me llevé mejor que con la anterior que siempre sentí lejana, ausente e impenetrable. Andrea era en el fondo muy vulnerable y necesitada de cariño. Se había inventado la personalidad que pensaba debía tener una persona de oficios secretos y arriesgados, pero al enamorarse se atrevió a ser ella misma, permitió que emergiera el lado juguetón, amable, de su personalidad.

El trabajo clandestino se intensificó en esos meses. La avaricia de la dictadura desbocada a raíz del terremoto rompió el equilibrio precario que hasta entonces había permitido el enriquecimiento tanto de los empresarios como del dictador. Al aumentar la oposición a Somoza, opciones extremas para derrocarlo como la lucha armada propuesta por el sandinismo, cobraban validez. En los barrios se organizaban redes secretas y en todos los estratos sociales lográbamos hacernos de nuevos colaboradores que ofrecían dinero, albergue para cuadros clandestinos y cedían sus automóviles para movilizar compañeros.

Andrea me entregaba panfletos y documentos de análisis que yo escondía de mi marido entre los paneles aislantes del cielo raso en el baño de mi casa. Me subía a la tapa del inodoro, levantaba el panel, sacaba mis papeles y leía. Luego los volvía a colocar. No se notaba absolutamente nada. Mi marido era tan poco observador que no se percataba de que las mujeres no solemos encerrarnos a leer en el baño, como es costumbre masculina. Pasarían varios años aún antes de que él supiera de mis andanzas. Y eso porque se lo dije.

A menudo Andrea usaba mi carro. El compromiso era que lo dejara en el estacionamiento antes de que llegara mi esposo. Varias veces, sin embargo, lo dejó, sin que él se enterara, mientras él y yo almorzábamos. Era sigilosa como un gato.

Por ese tiempo hice mi primer reclutamiento: Alfredo, el esposo de mi prima Pía. Serio, reflexivo, era economista graduado en Francia. Hablábamos mucho de política. Cuando mis sondeos revelaron que era un buen candidato se lo propuse. Luego de pensarlo aceptó. Poco después me visitó mi prima. Sospechaba que nos traíamos algo entre manos me dijo, y quería saber de qué se trataba. Se lo dije. Para mí fue un asunto de solidaridad femenina. ¿Por qué él y no ella? Todavía las dos nos reímos de su reacción. Pía era hedonista a más no poder. Tenía mucho corazón pero de política apenas entendía.

—¿Así que cuando venga la revolución —me dijo— seremos todos iguales?

—Tomará mucho tiempo —sonreí—, pero ésa es la idea; que nadie explote a nadie, que cada quien reciba lo justo por su trabajo, que seamos solidarios unos con otros, que se terminen las enormes desigualdades.

—Perdóname esta pregunta tan burguesa —me dijo— pero ¿creés que yo me voy a poder seguir bañando con mis jabones de olor, o eso es muy burgués?

Me lancé una carcajada.

—Creo que no hay nada que diga que no te podás seguir bañando con tus jabones de olor —le dije—. La idea no es que todos seamos pobres, sino que otros tengan lo que tenemos nosotros.

—Es que para mí es importante eso —me dijo—. Pero bueno, contá conmigo. Yo también quiero colaborar.

También Justine colaboraba con muchas reservas dándome dinero. No quería tratos con nadie más que conmigo, me dijo. Ella guardaría la distancia. Le daba demasiado miedo.

Rodeada del olor a pañales y el llanto de los cólicos de Melissa, apaciguando los celos de Maryam quien ya iba a la escuela, armé mi primera pequeña red de colaboradores. Estudiaba con ellos los documentos que guardaba escondidos en el techo del baño. Leer, estudiar, era una exigencia militante que me tomaba a pecho. Devoraba la literatura rebelde de América Latina en esa época: libros del Che, de los tupamaros, la teoría de la dependencia de Ruy Mauro Marini, y también Lucáks y sus tesis sobre la ética, los debates sobre el compromiso del arte, las propuestas de Freire sobre educación para la liberación. Con el método de Freire me propuse reclutar a Anita, la nana de las niñas, una muchacha joven, delgadita, que era mi mano derecha en las tareas domésticas y me sacaba de apuros en la cocina. Yo no sabía cocinar. Era digna heredera de mi madre quien siempre odió la domesticidad y soñaba con el día en que pudiéramos alimentarnos con píldoras como, según ella, se alimentaban los astronautas.

La tarde del 18 de septiembre de 1973, Anita entró en mi habitación con la radio de pilas que no apagaba más que para dormir. Yo leía en la cama. Me senté extrañada.

—Oiga, oiga —me dijo—, parece que acaban de matar a unos sandinistas.

Sentadas las dos en la cama, oímos el flash informativo. Con la voz esa de los locutores de radio, que nunca se sabe si celebran o deploran las noticias que reportan, escuché el reportaje sobre el enfrentamiento entre guerrilleros del Frente Sandinista y la Guardia Nacional en Nandaime, pueblecito cerca de Granada. Las manos se me pusieron frías. Eran cuatro los sandinistas muertos. Se conocía la identidad de dos: Ricardo Morales Avilés y Óscar Turcios.

Vi a Ricardo apoyado en la balaustrada de la casa del Poeta el día que lo conocí. Recordé el encuentro casual, fugaz, y su rostro apareció nítidamente esbozado en mi memoria. Los ojos verdes, profundos. La sonrisa. Como una pompa brillante de jabón que explota súbitamente. Cruzaron por mi mente cosas de él que había leído, poemas, las multitudinarias manifestaciones de los universitarios para exigir su libertad, el Poeta diciéndome lo extraordinario que era, tan centrado, inteligente, noble. Y joven, pensé, tan joven. Una vida entera por delante. A Óscar Turcios no lo conocía bien. Lo vi una vez, de lejos en el Colegio Centroamérica esperando a Andrea. Le decían el Ronco y ella me hablaba de él, de su sentido del humor, de los chistes que contaba.

Anita, de pie, me miraba.

—Le voy a dejar la radio —me dijo, y salió. Atiné a darle las gracias, pero apenas podía pensar. Tenía ganas de hacer algo. Retroceder el tiempo. Algo para impedir que sucediera aquello, borrar las muertes. *Rewind, rewind*, como si fuera cuestión de apretar una tecla y parar lo inevitable. Por primera vez en mis veintitrés años experimentaba la impotencia absoluta ante muertes cercanas, violentas y repentinas. No sabía qué hacer. Olas chocaban dentro de mí. Y algo más también. Una certeza que me venía subiendo lentamente por la sangre. Andrea, pensé. Ataba cabos sueltos. Un gran viento unía las piezas del rompecabezas. Fragmentos de conversaciones. No quería estar segura pero sentí ganas de vomitar cuando no me quedaron ya más dudas: Ricardo era el hombre que Andrea amaba. Su Andrés.

No supe en qué momento empecé a llorar, los ojos se abrieron como grifos. Me asombré de la intensidad de la pena que experimentaba. Como si llorara las muertes de hermanos, seres muy queridos y no de personas que apenas conocía. Me di cuenta de la fuerza del vínculo que nos unía y que nos hacía formar un solo cuerpo. Comprendí también que mi afecto por Camilo y Martín fuera tan profundo. El dolor era como el de una amputación brutal que me dejara incompleta, como si al morir uno también muriéramos los demás. Pensé en los periódicos del día siguiente. Las fotos de los cadáveres desplegadas en la primera página. Y Andrea. No podía dejar de pensar en Andrea.

No logro recordar si llegó a buscarme esa misma tarde o al día siguiente. No tuvo que decir nada para que yo supiera que mi intuición no era equivocada. Temblorosa, frágil, se acurrucó en mis brazos. «Andrés» dijo solamente, y lloró. Le acaricié maternal la cabeza. La sostuve mucho rato, llorando yo también. A mí me corrían las lágrimas por las mejillas y a ella los sollozos la sacudían toda mientras yo la sostenía. Imaginarme lo que estaría sintiendo me ahogaba. Me ardían las palmas de las manos —los dolores del alma siempre los siento en la piel de las manos—; después nos sentamos en la cama con la caja de kleenex.

—¿Cómo supiste? —me preguntó.

—No sé. Una intuición.

—¿Qué voy a hacer? —preguntó gimiendo, frotando sus manos rítmicamente contra sus jeans en un gesto mecánico sin propósito—. En mi casa no saben nada. Tengo que fingir que no pasa nada, entendés. Es horrible. Y mi mamá hoy me preguntó por Andrés. Me llamaba a diario. Le dije que era un compañero de la universidad. Tengo que fingir que Andrés sigue vivo. Voy a tener que venir a llorar donde vos. ¿No te importa, verdad, que venga a llorar aquí? A Andrés lo agarraron vivo, sabés. Cuando se dieron cuenta quién era lo mataron. Y después le cayeron a la casa. Dos compañeras escaparon. A los otros dos los capturaron y los mataron mientras trataban de huir. Pobre el Ronco. Juan José. Qué horror.

Andrea no rehuyó el periódico. La recuerdo sentada en mi cama al otro día con el diario abierto, diciendo «pobrecito, mirá cómo le dejaron la cara; pobrecito mi Andrés». A mí el corazón se me caía a pedazos, pero sabía que no podía ofrecerle consuelo, que cuanto dijera sería superfluo, inútil; que no había consuelo posible. Poco a poco, con el paso de los días, las semanas, fui conociendo todos los detalles del cortejo de ambos, los recorridos bajo los aguaceros, Ricardo diciéndole que la lluvia tenía un sentido vital para todas las cosas. La canción que les gustaba de un conjunto español. Andrea transportándome con ellos a los viajes a Nandaime, a la casa fatídica que a ella siempre le dio mala espina; a la despedida del último día cuando lo dejó sin pensar que nunca más lo volvería a ver. Una y otra vez me describía las escenas como cuadros inmóviles de su memoria. Era como si hablar fuera para ella la única manera de retener el recuerdo. Mientras pudiera hablar de él, sus palabras no dejarían que se diluyeran las imágenes, entonces me repetía las anécdotas una y otra vez, como un encantamiento para conservar vivo a Ricardo, varios meses así y yo viéndola apagarse, perder peso. Ya no se maquillaba.

Un día llegó y me dijo que se iba. La organización consideraba que ya no era seguro para ella permanecer en Nicaragua y la mandaban a México donde trabajaría en las redes de solidaridad.

—Le dije a mi papá que quería estudiar allá. Vas a tener otro contacto —me dijo.

Nos despedimos con tristeza. Habría querido pensar que le haría bien alejarse pero la imaginaba instalándose en México, viviendo sola, cuidando amorosamente a su fantasma.

I 4

⚜

DE CÓMO CONOCÍ A ROBERTO Y MARCOS Y ME CONVERTÍ
EN CORREO DE LA RESISTENCIA CLANDESTINA

(Managua, 1973)

Mi nuevo contacto se llamaba Roberto. Noté sus rasgos de pájaro apenas entró en mi oficina, se sentó frente al escritorio y se quitó los anteojos oscuros. Tenía la cabeza pequeña, la frente abombada, los ojos enormes muy juntos, la nariz curvada hacia abajo y los labios delgados sobre la pequeña mandíbula. La oficina era pequeña con dos sillas de cuero y madera para los visitantes. Mi escritorio la ocupaba casi toda.

—¿Se te comió la lengua el ratón? —me preguntó con una sonrisa que lo humanizó.

La simpatía fue inmediata. Era difícil resistirse a su mirada, sus gestos. Podía fácilmente imaginarlo de niño en su barrio, chavalo ágil, despierto, negociando con figuritas, conquistando a las maestras, liderando a los demás en travesuras, compensando con su seductor encanto el ser más bien pequeño, fornido, y la carita extraña, de pájaro. Miró los cuadros que tenía en la pared, el retrato que me había hecho Róger, mi diploma de la escuela Charles Morris Price de Filadelfia, la alfombra gruesa de un extraño color durazno. Me dijo que le explicara «cómo era mi arreglo allí», en la oficina. ¿Podía aparecerse a cualquier hora? ¿Tenía que anunciarse? ¿Era jefa o tenía jefe? Le conté que recién volvía a trabajar luego del nacimiento de mi hija. ¿Cuántas tenés? Dos. OK. Que me habían dado la gerencia de una rotuladora medio en quiebra que con el capital de dos nuevos socios aspiraba a convertirse, gracias a mis contactos y confiando en mis habilidades de publicista, en una pequeña pero rentable agencia publicitaria. ¿Cuánta gente trabaja aquí? Somos cuatro por el momento: la contadora, el director de arte, la secretaria y yo. ¿Tu casa queda muy cerca de aquí, verdad? A dos cuadras, lo cual me facilita todo. Puedo estar yendo a ver a mi bebita. Perfecto, dijo. Ya tengo clara la película. ¿Tu marido? Ingeniero. No sabe nada de esto, sonreí.

—Vos y yo vamos a ser los enlaces de dos compañeros —explicó—. Uno es Martín a quien ya conocés y el otro es Marcos, que vas a conocer. Como Marcos es clandestino se comunican por correspondencia. Martín te va a llamar para que recojás el correo de él. Luego me lo vas a dar a mí y yo se lo pasaré a Marcos. Martín te va a estar llamando para que le entregués el correo que Marcos envíe conmigo. Eso es lo que vamos hacer por el momento. Si nos agarran a cualquiera de nosotros con ese correo...

Y se pasó el pulgar por la garganta.

Martín me llamó al día siguiente. Yo feliz de oírlo, pero me dijo que estaba en la oficina. No podía hablar. A las cinco me esperaba en tal esquina.

—Llegás puntual —recalcó—. Cinco en punto. Hora de Radio Minuto.

Radio Minuto. Llegué a odiar esa radio. «La hora minuto a minuto.» Toda la programación, música, locución, lo que fuera, tenía como fondo constante el tictac de un reloj y una voz mecánica, femenina, que decía la hora, los minutos y segundos. Por querer ser puntual yo siempre llegaba demasiado temprano. Tenía que dar vueltas y vueltas. Larguísimos son los minutos si se cuentan los segundos.

Martín era el mismo. Igual de delgado. Leana había dado a luz un varoncito. Ambos se hallaban muy bien me dijo. Me preguntó si sería posible realizar reuniones en mi casa durante el día, cuando mi marido estuviera en el trabajo. Sí, claro que sí. Me dio un sobre grueso, pesado, para Roberto. Como tendríamos que concertar las citas por teléfono, le pondríamos nombre a los lugares donde nos encontraríamos. La esquina tal, sería «la tía Rosa»; la calle tal, «donde el doctor». Me dio varios lugares más con sus nombres. ¿No se te olvidarán? No se me olvidarían, le aseguré. Déjame aquí, pues.

Y nos despedimos.

Antes de viajar a México, Andrea me comentó alguna vez de un compañero que tenía la costumbre de enviar a los colaboradores que facilitaban sus casas para reuniones clandestinas el menú de lo que le gustaría comer. Me lo dijo muy seria, pero imaginé que se trataría de una broma. Lo recordé cuando Roberto y yo repasábamos los detalles para una reunión que tendría lugar en la mía.

—Me dijeron que te diera este menú para el desayuno —me dijo, sacándose un papel arrugado de la bolsa y entregándomelo con una sonrisa maliciosa.

Casi a diario se presentaba en mi oficina. Entraba y salía con gran naturalidad, haciéndose pasar por un cliente potencial.

Leí el menú. Huevos fritos, tostadas con jamón y una rodaja de piña al horno. Lo miré divertida.

—Si podés —dijo—. No es obligatorio. Uno de estos compas es muerto de hambre. Vive en la casa de una pareja que lleva una dieta macrobiótica. Sueña con comida.

—Yo no sé cocinar te advierto pero, bueno, haré lo posible. Suena espantoso esto.

Nos reímos.

Más tarde Marcos me juraría que jamás mandó ningún menú, pero estoy segura que la idea era suya. Era su manera de disfrutar del dulce encanto de la burguesía. En esa reunión lo vi por primera vez junto a Bayardo Arce, periodista que conocía y, Luis Carrión, niño bien como yo. Así me enteré de que ellos también eran sandinistas.

Después de la reunión me tocó llevar a Marcos en mi automóvil a un barrio de Managua, surcando el tráfico desordenado de mediodía con un calor de los mil demonios. Era más alto que la norma y tenía los ojos verdes por lo que pensé que sería de Matagalpa, una región del norte de Nicaragua donde se instalaron a principios de siglo inmigrantes alemanes que engendraron hijos rubios y altos, un fenotipo nada común en Nicaragua. Me fijé en su nariz que terminaba en una punta ligeramente pronunciada, con aletas alargadas como pequeñas ojivas. Durante el trayecto guardó silencio un buen rato, mientras nos introducíamos en unas barriadas populosas sorteando los taxis que se paraban en cualquier parte sin hacer ninguna señal.

—Nunca te pegués mucho a los carros cuando llevés un clandestino —dijo de pronto cuando me acerqué al vehículo que me precedía—. Hay que dejar espacio para maniobrar en caso de cualquier problema. ¿Ya chequeaste el espejo retrovisor? No te olvidés de hacerlo. Y sería bueno que exploraras la ciudad. Hay que conocer bien las calles, saber dónde hay callejones sin salida, rotondas, atajos que permitan evadir una persecución. Todo eso es importante para transportar cuadros clandestinos por la ciudad.

No era como los demás. Se le notaba la costumbre de la autoridad.

Manejé con extremo cuidado. De pronto, como si al fin se percatara de mí o terminara un pensamiento, se volvió en el asiento. Me miró. Se puso a conversar sobre los artistas. Yo había pertenecido al Grupo Gradas, ¿verdad? Asentí. Pero el grupo se dispersó cuando el terremoto, le dije, porque no se podían hacer reuniones públicas bajo el estado de sitio vigente. Me preguntó luego por Praxis, el grupo que había dirigido el Poeta. La galería se había derrumbado. Seguramente no habría dinero para la revista. Habría que reanimar la actividad artística, me dijo, la cultura, vos sabés, es muy importante para movilizar a la gente.

Lo dejé cerca del cementerio oriental donde se enterraba a la gente más pobre, el vasto camposanto separado con toscos bloques de concreto del barrio bullicioso que crecía a su alrededor. Se alejó caminando por la calle con paso rápido, la espalda un poco encorvada como para disimular su estatura. Me pregunté cómo se las arreglaría para pasar desapercibido. ¿Quién sería? Su único disfraz era una gorra de béisbol. Según Roberto, era muy culto, sabía cuatro idiomas.

Busqué la salida hacia la carretera entre el laberinto de calles estrechas del barrio de clase media baja, populoso, en el que aún se reparaban los daños del terremoto. No era una zona que yo frecuentara, pero había estado en una iglesia por allí acompañando al Grupo Gradas, formado por cantantes, poetas, pintores, y dirigido por Rosario Murillo, la poeta, secretaria de Pedro Joaquín Chamorro, director de *La Prensa*. El Grupo Gradas organizaba recitales, conciertos en las iglesias de los barrios. La gente llegaba en masa atraída sobre todo por la música de protesta de Carlos Mejía Godoy, el cantautor nicaragüense más talentoso. Cantaban a coro sus canciones. «Yo no puedo callar. No puedo quedar indiferente. Ante el dolor de tanta gente, yo no puedo callar.» El grupo llegó a ser tan popular que la Guardia empezó a cercar las reuniones, amedrentando al público para que se dispersara. Los curas progresistas animados por la Teología de la Liberación ofrecieron refugio a los artistas. De las gradas de las iglesias se pasó a los interiores. Apenas tomé parte en unos cuantos recitales —el terremoto truncó mi participación— pero conservaba la imagen inolvidable de los pequeños templos llenos de bote en bote, el calor, las caras de la gente cantando con los puños alzados.

En la carretera vi delante de mí uno de los jeeps con que la Guardia Nacional patrullaba la ciudad día y noche. Los BECAT (Brigada Especial contra Actos Terroristas). En los jeeps viajaban dos soldados delante y dos atrás. Estos últimos portaban fusiles con los que apuntaban descuidadamente a los peatones o a los otros vehículos. Di gracias al cielo porque Marcos ya no estuviese conmigo.

I5

❦

DE LAS FRAGILIDADES DE VIVIR EN TIEMPO PRESENTE

(Managua, 1984)

Me entregué al amor de Carlos con los ojos cerrados y sin pensar. Para entonces ya era experta en descartar el futuro y vivir el presente. Mi vida entera me parecía un largo aprendizaje sobre la calidad efímera y frágil de la existencia. Entre compañeros, en esos tiempos, construíamos ridículos escenarios sobre lo que sucedería si Ronald Reagan decidía lanzar sobre Nicaragua la 82 División Aerotransportada. Nos dio por hablar jocosamente de los *Johnnys,* los marines que llegarían a matarnos. Bastaba, decíamos, que antes de dejarse caer en paracaídas lanzaran una lluvia de *Milky Ways* para que todos nos dispersáramos mareados por el olor a chocolate que no veíamos en meses de escasez y embargo económico. Con esa misma liviandad me deslicé en los brazos de Carlos. Qué importaba el futuro, que él se fuera a marchar algún día rumbo a su país del norte, si podía pasarle la mano por la cabeza, acurrucarme contra él e imaginarme que éramos una pareja como cualquier otra en cualquier parte del mundo. Carlos vivía en la habitación del fondo de una casa que compartía con John y María, un periodista y una fotógrafa, con quienes más tarde hice una larga amistad. La casa la habían rentado completamente equipada. Carlos dormía en la cama unipersonal del hijo de la pareja. Hacíamos el amor sobre unas sábanas infantiles, con estampados de Raggedy Ann, Goofy y Mickey Mouse. El viejo acondicionador de aire hacía temblar todo el cuarto al encenderse y sonaba como un avión a punto de despegar. En una esquina, sobre el escritorio, estaba todo su aparataje de periodista: las grabadoras, los casetes, los micrófonos. Nos reíamos mucho de aquel arreglo disparatado, tan diferente, me decía, de su casa en Washington, cerca de Dupont Circle, o la finca que su familia tenía cerca de Virginia y que él amaba y extrañaba. Cada semana llamaba a su padre y le preguntaba por los árboles de la finca como si se tratara de animales domésticos.

Al principio iba poco a la casa de Carlos. Me recibía en la cancela y nos deslizábamos por el pasillo hacia el fondo, a su cuarto. Con el tiempo fui perdiendo las reservas y uniéndome a las conversaciones en la sala con John y María. A menudo ellos organizaban cenas para confraternizar con otros periodistas o personajes que llegaban a Nicaragua, norteamericanos en su mayoría. Allí conocí a Pete Hamill, cuyo rostro amable e inteligente me hizo pensar en Hemingway, a Jacobo Timmerman, periodista argentino, y volví a encontrar a Bianca Jagger, a quien vi varias veces en viajes esporádicos que ella hacía a Nicaragua.

De vez en cuando me asaltaba la inquietud sobre el conflicto de intereses que podía surgir de mi relación con un periodista norteamericano, pero me aferraba a la noción de libertad e independencia soberana de mi vida personal. Cuidarse los pantalones o las faldas era cuestión de cada cual, no función del partido, como decía Bayardo, mi jefe, que era miembro del directorio sandinista. Mi trabajo era delicado, pero yo era muy consciente del valor de la discreción. Tras muchos años de conspirar, confiaba en mi habilidad para guardar secretos. Por otra parte ya conocía lo suficiente a Carlos como para saber que no trataría de valerse de mí, que nos respetaríamos.

16

❧

DE CÓMO SE PUBLICÓ MI PRIMER LIBRO DE POEMAS Y ME VI PERSEGUIDA POR LA POLICÍA SECRETA DE LA DICTADURA

(Managua, 1974)

Desde que la admití en mi vida y le di rienda suelta, la poesía se me desencadenaba a menudo por dentro como una tormenta eléctrica. Las descargas me dejaban las manos llenas de nuevos poemas. Reuní los poemas en un libro y, a falta de editoriales en Nicaragua, uno de mis clientes publicitarios, Jaime Morales Carazo, patrón de las artes, ofreció financiar la publicación a cambio de que le entregara la mayor parte de la edición para enviarla como regalo de Navidad de su institución. Así fue como se editó *Sobre la Grama*. Róger hizo el diseño de la portada. El título era mi homenaje a Walt Whitman, el primero en celebrar la maravilla de su cuerpo, la geografía y las multitudes de su tierra. José Coronel Urtecho, poeta mayor, mentor y amigo mío, escribió un largo y elogioso prólogo. «La mujer que se revela, se rebela», dijo refiriéndose a mi celebración del erotismo. La frase no podía ser más acertada considerando la secreta dimensión de mi rebeldía que él sin embargo desconocía.

El libro se presentó en la pequeña Galería Tague, dirigida por Mercedes Gordillo, mujer de ideas avanzadas que luchaba por poner a Nicaragua en el panorama del arte latinoamericano. En un corredor de la galería junto a un jardín donde crecían cientos de rosales, rodeada por mis amigos pintores, escritores y gran cantidad de público, tuvo lugar el recital donde leí mis poemas. Era una noche con olor a tierra mojada de la que me queda el recuerdo de las caras arrobadas de mi generoso público y la felicidad enorme que sentí al tener en mis manos el ejemplar de portada azul. Era como tener un hijo. También quería olerlo y dormir abrazada con él.

A mis veinticuatro años, habitante de un país arruinado y terrible, ninguna desgracia se me hacía perdurable. Lo cambiaríamos todo, estaba segura. La felicidad sería pronto colectiva. No me sentía pues culpable de gozar mi libertad, mis amigos, mi oficina pequeña con gente que reía y corría para cumplir los compromisos, mis hijas, mi pequeño universo de mujer, de poeta celebrada. Recuerdo la alegría del viento despeinándome la melena larga en el carro mientras andaba por Managua oyendo por la radio a Carole King, The Mamas and the Papas, Mocedades.

Nada me preparó para la tarde cuando de regreso del almuerzo tranquilo con mis hijas, me encontré a dos de los tres socios de la agencia esperándome en mi despacho. Qué sorpresa, les dije, entrando como tromba, acomodándome en la silla. Cómo era que no dormían la siesta. Qué los traía por allí. Uno de ellos, el más expansivo, sonrió levemente como para restarle seriedad al asunto y dijo que desafortunadamente tenían algo serio que tratar.

—Te lo voy a decir sin mucha vuelta —me dijo—. Nos llamó Samuel Genie. —Era el jefe de la Oficina de Seguridad somocista, la Gestapo criolla—. Nos dijo que vos sos del Frente Sandinista. Que no te deberíamos tener aquí. Claramente, nos «sugirió» que te despidiéramos.

Tuve una experiencia de desdoblamiento. Una Gioconda fría, racional, tomó el control mientras la otra, acurrucada dentro de mí, temblaba en un rincón. Seguramente me había denunciado el hombre de filiación somocista que con frecuencia visitaba a la administradora de la agencia. Sería él sin duda. Habría notado algo.

—¿Yo? —dijo la de cuerpo presente, con la cara de asombro

más genuina del mundo—. ¿Que yo soy del Frente Sandinista? ¿Tania, la guerrillera? —Imagínense, me reí—. ¿Están locos ustedes? Mírenme bien, por favor, ¿se dan cuenta a quién se lo están diciendo?

Miraron mi blusa ajustada, los jeans desteñidos, la gorra coqueta de azulón colocada de medio lado sobre mi cabeza, dejando ver el pelo recogido en una cola de caballo hacia la izquierda. Sabía que me verían como lo que parecía: una muchachita burguesa vestida a lo hippie.

—Es Genie quien lo dice. No somos nosotros. Nosotros te creemos a vos, pero no tengo que decirte lo que significa la advertencia de Genie —dijo uno de ellos.

No. No tenía que decírmelo. Era providencial que ambos socios tuvieran buenas relaciones con la dictadura. Las «advertencias» no eran usuales. Claro, por tratarse de una persona pública y encima burguesa, la dictadura prefería amedrentarme y no capturarme. Capturar personas como yo era aceptar que el sandinismo no era una secta oscura de delincuentes.

—Pero no es cierto. Es absolutamente falso —dije con expresión asombrada, dolida—. Debe haber un error. Ustedes tienen que decirle a Genie que está cometiendo un grave error... Ya sé —dije de pronto, con súbita inspiración—. Debe ser porque soy poeta, porque ando con peludos, pintores, hippies. Siempre sospechan de los artistas. Tenemos mala fama. Ustedes bien saben que soy antisomocista, pero de eso a ser sandinista... —Volví al tono de mofa, al humor, a reírme segura de mí misma—. Ni quiera Dios. Si yo soy una gran cobarde. Hasta a las triquitracas les tengo miedo.

¿Qué voy a hacer?, pensaba. Esa tarde Marcos, Martín, Bayardo, Luis se reunirían en mi casa. No tenía forma de comunicarme con ellos. Ninguna manera de ponerlos sobre aviso.

Noté que uno de los socios sonreía. Se relajaba, miraba al otro. Empezaba a dudar, a pensar en otra alternativa: ¿hablar con Genie, pedirle que reconsiderara, comunicarle mis explicaciones?

—Bueno —dijo—. Lo vamos a dejar así. Esto es muy incómodo para nosotros. No habríamos querido hacerlo, pero sea lo que sea en lo que andés tené mucho cuidado. No te vayás a enredar con sandinistas. Es muy peligroso. Y estate clara que te tienen vigilada, que tu teléfono está intervenido, que los de la Seguridad no andan jugando.

—Yo lamento esto más que ustedes, créanme —les dije, sinceramente compungida—, pero aclárenle por favor a ese señor que conmigo se equivocó.

Los acompañé a la puerta.

A la niña que fui, educada en colegio católico, la dejaba pasmada ver a la mujer que era decir mentiras con el aplomo de quien dice la más absoluta verdad. La imaginación me venía muy a mano y la naturalidad de la conspiración se me dio muy bien desde el principio. Pero aquella situación fue mi prueba de fuego. Estaba segura de haberlos despistado como aprendí a hacerlo con mi marido, con el que no me crecía la nariz ni me ruborizaba o apartaba los ojos cuando inventaba menesteres o itinerarios falsos. Pero después que se marcharon mi sangre fría se tornó en pánico. Tenía que pensar rápidamente en una solución.

Hacía apenas una o dos semanas me había separado de mi esposo. El cansancio que me producían los constantes actos de malabarismo para falsificarme frente a él, me llevó al fin a preguntarme cuál era el afán de conservar andando el cadáver de nuestra relación. Seis años de casada. ¿Por mis hijas? ¿Por mis padres? ¿Porque aquel hombre —por quien sentía afecto fraternal— no tenía más vida que el trabajo y la casa, la casa y el trabajo? ¿Temía que su atroz melancolía lo devorara entero si se quedaba solo? Un poco de todo eso. No sabría repetir qué dijo, qué le dije cuando al fin decidimos separarnos. Sólo recuerdo lo liviana que me sentí. Se marchó con sus cosas. Alquiló un apartamento, y yo me quedé en casa con mis hijas. Les expliqué que el amor se acababa. Ellas siempre tendrían a su papá pero ya él y yo no viviríamos juntos. Maryam, la mayor, a sus seis años lo sintió más. Melissa acababa de cumplir un año y no comprendía mucho. Mi madre aceptó la noticia mejor que mi padre. Ser divorciada no era fácil en una sociedad como la nuestra, me advirtió él. Sin embargo terminó por resignarse. Creo que hasta sintió que me recuperaba, que ahora le tocaría a él ocuparse de mí. Pero mi padre no era a quien recurrir en el atolladero en que me hallaba. Devanándome los sesos, apartando a manotazos las imágenes terribles que se me cruzaban por la mente: mi casa rodeada de guardias disparando sin cesar, matándonos a todos; pude concebir un plan para dispersar rápidamente la reunión. Llamé a Justine. Cuando llegó le narré lo sucedido. Ella y yo sacaríamos a los muchachos en nuestros automóviles, le dije. Dividiríamos el grupo y tomaríamos diferentes rumbos. Su presencia me calmó. No se alteró, ni reaccionó asustada. Justine era mucho más fuerte de lo que se admitía a sí misma. Juntas llevamos a las niñas con Anita a casa de mi hermano Humberto.

—No te movás de aquí —le dije a Anita— hasta que yo venga a recogerlas. De ninguna manera regresés a la casa sin mí.

A las cinco en punto llegaron los muchachos. Bayardo, Luis, Marcos y Martín, sin Roberto. Los puse al tanto. Desconcertados inicialmente por la presencia de Justine, Bayardo y Luis se sentaron en la sala y se pusieron a conversar con ella. Marcos y Martín me llamaron a la habitación. Marcos sentado en la cama, tranquilo, se quitó la gorra de béisbol y se pasó la mano por la cabeza. Yo no entendía qué esperaban. Me preocupó estar más alarmada que ellos. Hasta me dio la impresión de que Marcos seguía pensando que se quedarían allí toda la noche según el plan original. Miraba a Martín.

—¿Qué crees vos? —le preguntó.

—Hombre, pues yo creo que la compañera tiene razón; que cuanto antes nos marchemos de aquí, mejor. Si la tienen vigilada...

—¿Cómo te sentís? —me preguntó Marcos.

Le dije que bien. Un poco nerviosa pero bien. Era por ellos por quien temía. Por eso había llamado a Justine, para poder disponer de dos vehículos.

—Bueno —dijo Marcos, poniéndose de pie—. Mejor prevenir que lamentar. Saldremos en los dos carros como que vamos para una fiesta. Vos —se dirigió a mí— seguí tu vida normal. Ya veremos qué pasa. Roberto te llamará. Suspenderemos de momento cualquier contacto directo.

Salimos. No me tranquilicé sino hasta regresar a mi casa y cerciorarme de que Justine se hallaba en la suya. Me reconfortó comprobar que disponía de la presencia de ánimo para hacer frente a imprevistos y sorpresas.

Recordé a la adivina a la que Justine me llevó para distraerme poco después que me separé de mi esposo. Fue mi primera incursión en el terreno de la magia. Ver el futuro para lidiar con el presente. En la habitación pobre, en penumbra, la mujer me profetizó un gran amor, un hijo, problemas con la justicia y tras dar vuelta a las cartas, me dijo: «Con luchas, habrá triunfos», apenas terminaba yo de formular mentalmente la pregunta de si triunfaría la revolución. Éstos debían de ser los problemas con la justicia que me pronosticó, pensé asustada.

No había echado de menos la presencia masculina tras el vacío de los primeros días de soledad. Al contrario, había disfrutado la lectura sin el ruido constante de la televisión, me había sentido como una yegua fuera del corral, en una pradera verde, recién llovida. Salía a cualquier hora; Martín o Roberto me llamaban a casa; podía hacer trabajos con los artistas, atender colaboradores, asistir a reuniones por la noche, frecuentar mis amigos. Hasta la vida con mis hijas se me hizo más placentera. Los fines de semana íbamos al mar con mis hermanos, que tenían niños pequeños y con los que me divertía mucho. Mi hermano Humberto, sobre todo, tenía amigos de conversaciones interesantes, gente que exploraba las ondas de esa época: el zen, Carlos Castaneda. Pero ahora no tenía ni idea de lo que podría pasar, de los peligros que tendríamos que enfrentar mis hijas y yo, solas.

Esa noche tenía entradas para una función en el teatro, donde acordé encontrarme con mi hermano y su esposa. Apenas si recuerdo qué vimos. Aproveché la oscuridad, sentirme acompañada y segura para calmar la paranoia que hacía presa de mí. Los privilegios de mi clase —recién caía en la cuenta— incluían un sentido de invulnerabilidad inconsciente. Las cosas malas les pasaban a otros. Uno, en cambio, tenía una visión más amable del mundo desde la cuna, confiaba en ella. Pasarse al otro lado traía consigo la pérdida de ese sentido interiorizado de seguridad. Las ventajas no se perdían del todo —a otro no le hubieran «advertido»— pero se perderían algún día. En el fondo, me alegraba de pasar a ser una más, perder los privilegios que me separaban de los otros; los privilegios que me perseguían y me hacían dudar de que alguna vez los demás me considerarían tan parte de ellos como yo quería serlo.

Terminó la función. Se encendieron las luces. Caminando hacia la salida, viendo la gente engalanada, sentí rechazo por aquel exhibicionismo colectivo. Se asistía al teatro no sólo para ver, sino para mostrarse. Era un desfile de trajes de moda, zapatos. Al vestirse, la gente imaginaría los comentarios que suscitarían: qué elegante se veía la fulana; está delgada; viste cómo le brillaba el pelo. A mí, en cambio, me complacía pensar que se engañarían conmigo, que no sospecharían que había dejado de pertenecerles, que ya no me importaba todo eso. Ignoran que los desprecio, pensaba, que desprecio esta vacía, vanidosa ostentación, el sentido de superioridad basado en posesiones, en un ilustre apellido.

En el estacionamiento, me despedí de mis hermanos. El teatro, un edificio cuadrado recubierto de mármol blanco, era un sobreviviente del terremoto. Se alzaba en la margen del lago de Managua atrapado en la zona oscura que antes ocupara el centro de la ciudad. Para regresar a casa debía atravesar las ruinas. Siempre me daba aprensión pasar por allí. Eran cuadras y cuadras de escombros, los edificios derruidos parecían gigantes; sus ventanas como cuencas vacías de ojos innumerables. Ráfagas de viento cruzaban el descampado como lamentos de los enterrados vivos. Tomé por una avenida donde aún funcionaban aquí y allá luminarias del alumbrado público. Me detuve ante el semáforo rojo al lado del esqueleto desvencijado del edificio de la Corte Suprema de Justicia. Miré mi espejo retrovisor. Tardé unos pocos segundos en darme cuenta de que la oscuridad albergaba una forma. Como en las películas de ciencia ficción en que las naves enemigas se materializan de la nada, distinguí la silueta de un jeep militar sin luces, camuflado en las sombras, vi la silueta de dos pasajeros: el chofer y alguien más. Mi sangre se hizo agua y se derramó silenciosa hacia mis pies, dejándome como una muñeca de trapo desmadejada y sin fuerzas. Mi corazón bombeaba enloquecido para recuperar el caudal que se le escapaba pecho abajo. El semáforo se puso verde. Aceleré, rodeé la estatua ecuestre de Somoza frente al estadio. El jeep detrás de mí. Sin luces. Seguí acelerando para llegar lo antes posible a la zona donde la vida se restablecía y eran otra vez los barrios, las luces de neón de los bares, las panaderías. A punto estuve de bajarme en casa de mis padres, meterme en la cama con mi papá, esconder la cabeza bajo las almohadas, pedirle que me protegiera. Miraba el espejo retrovisor una y otra vez, rezando por que aquello no fuera cierto, por que fuera sólo producto de mi paranoia. Di vueltas sin ton ni son, saliéndome de la ruta para convencerme de que era una casualidad, pero no. El jeep, como sombra cosida a mis tobillos, me seguía, tenaz y amenazador, imitando mis maniobras, doblando donde yo doblaba. Decidí dirigirme a casa. Cuando giré hacia mi calle para aparcar, el jeep continuó circulando sobre la avenida, pero oí el motor apagarse en la esquina. Me bajé tan rápido como pude. Cerré la puerta de mi casa y, sigilosa, sin encender las luces, me asomé por la ventana del comedor: el jeep estaba estacionado al otro lado de la calle. Ya no me cupo duda: me perseguían.

Temblando en mi pequeña casa, sentía que los colores alegres de los muebles se burlaban de mí. Me deslicé desde la sala a la puerta abierta del cuarto de mis hijas. No sé cuánto tiempo pasé de pie mirando sus caras tranquilas mientras dormían. Melissa con su chupete, Maryam con los bracitos abiertos, en sus camas color naranja. ¡Si hubiera podido guardarlas de nuevo en mi vientre! Quería un vientre donde esconderme con ellas. La tibia seguridad del líquido amniótico. Al menos Nicaragua no era como Argentina, o Chile donde las dictaduras torturaban y mataban a los hijos junto con sus padres. No temía por la vida de mis hijas, sino por su desamparo. ¿Tenía derecho, como madre, a correr esos riesgos? La pregunta me perseguiría por años como un dedo acusador, el gesto de mi madre reprendiéndome. La suerte estaba echada sin embargo. Dentro de mí no encontraba ningún impulso para retroceder. Al contrario, la amenaza acrecentó mi rabia contra la dictadura, contra aquel sistema ante el cual los ciudadanos no teníamos ninguna defensa. El estado de sitio que suspendía las garantías constitucionales continuaba vigente desde el terremoto. Nadie protestaba porque de hecho habíamos vivido en un virtual estado de sitio antes de que se decretara. Me juré que por miedo no volvería a ser una pasiva observadora de cuanto era fallido y miserable a mi alrededor. Me haría bien, pensé, sentir en carne propia lo que significaba la vulnerabilidad de la mayoría de mis conciudadanos. La esencia de toda lucha era soportar los obstáculos, continuar. De otra manera nunca sería posible alcanzar los sueños. Si me entregaba al miedo, terminaría matando mi alma por salvar el cuerpo.

Apenas dormí esa noche. No me quité la ropa. Temía oír los golpes en la puerta. Los hombres obligándome a salir, golpeándome frente a mis hijas.

Por la mañana fui a desayunar a casa de Humberto, mi hermano. Podía confiar en él. Por mis hijas, pensé, alguien de la familia debía estar al tanto de lo que pasaba. Humberto tenía una larga trayectoria política. Como dirigente estudiantil lideró en la universidad numerosas luchas. A fines de los años sesenta, él y un grupo de estudiantes hicieron historia al lanzarse al engramado del estadio en el partido inaugural de la liga nacional, desplegando frente a la tribuna presidencial donde se hallaba el tirano, una manta donde se leía: «Basta Ya. No más Somoza.» En el trayecto a su casa, no vi el jeep. A Humberto no le sorprendió mi confesión ni hizo nada por disuadirme. Esporádicamente él también colaboraba con los sandinistas.

—Vamos a Las Colinas —me dijo—, quiero ver qué pasa.

Las Colinas era una urbanización exclusiva a varios kilómetros de Managua.

—Ya no es un jeep el que te sigue —me dijo, mientras dábamos vueltas por allí—. ¿Ves esos dos hombres en ese carro Chevy?

Los había visto sin darles demasiada importancia, obsesionada como estaba esperando el jeep de la noche anterior.

—Nada tienen que hacer esos hombres aquí —me dijo—. Desentonan en este reparto, ¿te fijás?

Efectivamente, era obvio que estaban fuera de su elemento.

—Procurá no andar sola —me dijo Humberto—. Pienso que te andan siguiendo para amedrentarte pero, por cualquier cosa, procurá no andar sola.

Desde ese día el automóvil Chevy Nova marrón, los dos hombres vestidos con guayabera blanca, anteojos oscuros, fueron como un enorme insecto volando tras de mí, horadando mi espalda con dos pares de ojos fijos. Uno era fornido; el otro, delgado. No se molestaban en ocultarse. Frente a mi casa estacionaban el carro y caminaban por la acera esperando que saliera. Yo fingía no verlos, jugaba a la imperturbable siguiendo mi vida como si nada, pero la incertidumbre me consumía. Conjeturaba cuáles serían sus intenciones. Cada abrazo de despedida a mis hijas me angustiaba como si fuera el último. ¿Y si los hombres sólo esperaban el momento propicio para secuestrarme y hacerme desaparecer? Incapaz de soportar las dudas, salí un medio día en mi automóvil hacia las afueras de Managua. En un reparto residencial en construcción me interné por laberintos de calles deshabitadas, ofreciéndoles la oportunidad perfecta. Exponiéndome así, me cercioré de que, por lo pronto, el general Genie y sus matones sólo pretendían atemorizarme para que abandonara mis relaciones peligrosas. Aunque debía hacerles creer que escarmentaba, la violación de mi libertad, de mi espacio, de mi seguridad, me radicalizó mucho más.

Dos meses duró la persecución. Animal de costumbres, me habitué a la sombra y hasta me hice ducha en burlarla. Siempre ingenioso, Roberto urdía estratagemas para que siguiéramos en contacto. Había captado sin ninguna dificultad, desde el inicio, lo que había detrás de mis evasivas.

—Es que fíjate que estoy ocupadísima —le había dicho—. Tengo unos clientes que andan detrás de mí todo el día para que les entregue una campaña de publicidad. No me puedo despegar del trabajo...

—Deberías distraerte —me dijo—, mucho trabajás. ¿Por qué no vas al cine hoy en la noche? Presentan una película muy buena en el teatro Cabrera.

—¿Vos vas a ir? —le pregunté.

—No. Yo no. Ya la vi. Yo voy a ir a ver una película de chinos y patadas. Kung Fu. Ésas son las que gustan a mí.

Convencí a mi esposo, que llegó esa noche a casa para ver a las niñas, de que fuéramos al cine. Tal como lo imaginé, en el teatro Cabrera, una sala de cine recién estrenada, con una marquesina luminosa fijada sobre una lámina de metal color aguamarina, vi a Roberto en el *foyer*, mientras comprábamos las entradas. Mis perseguidores habían descendido de su automóvil y se apoyaban contra los cartelones que anunciaban nuevas películas cerca de la taquilla. Me miraban con una risita sardónica. Que no entren, Dios mío, que no entren, rezaba yo. Pasé junto a ellos, pero no me siguieron al interior. A mitad de la película me levanté para ir al baño. Llevaba una carta para Roberto, a quien divisé nada más levantarme, sentado en un asiento al lado del pasillo. Al pasar le dejé caer sobre el regazo el cuadrito de papel doblado. Poco después, cuando volví a mi asiento, él se acercó, fingió dar un traspiés, y dejó en el suelo junto a mis pies una bolita de papel que disimuladamente recogí y metí en mi bolso. Mi esposo no se enteró de nada, ni se percató de que nos seguían. Más tarde, sola en mi habitación, leí la misiva. Era de Marcos. Me felicitaba por mi coraje. Me daba ánimos. No dudaba de que me conservaría firme.

Se me salieron las lágrimas. Me alegró su fe en mí.

Con la ayuda de Justine conseguí encontrarme con Roberto en varias ocasiones. La persecución era un reto que desafiábamos apelando al humor y usando varias artimañas: disfraces, pelucas. Salía por la puerta lateral de mi casa y subía al carro de Justine, quien me trasladaba a otro lugar donde Roberto me recogía. Yo me escondía en el suelo del vehículo, mientras nos dirigíamos a una carretera donde se alineaban los moteles que, en Nicaragua, son refugios anónimos de amantes furtivos. Roberto se reía diciendo que a esa carretera le decían la de los locos porque, como las pasajeras viajaban ocultas, era común ver a los conductores conversando alegre y animadamente con sus invisibles acompañantes. Los moteles eran toscos en su mayoría, habitaciones dispersas alrededor de un jardín, cada una con su propio estacionamiento. Uno aparcaba y corría la cortina de lona para ocultar el vehículo. Ya en el cuarto amoblado con una cama, una mesa y una silla, se esperaba al empleado que cobraba el alquiler a través de una abertura en la parte inferior de la puerta. Así nadie se veía las caras. El empleado entregaba, a cambio del dinero, una bolsa plástica con un rollo de papel higiénico y una pastilla de jabón. Eran lugares sórdidos, pero perfectos para ocultarse. Recuerdo uno donde los muebles estaban fijados al suelo con un candado. Roberto me contó que en varias ocasiones la organización se había llevado muebles de esos lugares para amoblar casas de seguridad. Tomábamos coca-colas y Roberto me ponía al tanto de la situación política; leíamos documentos de la organización, conversábamos, nos reíamos. No recuerdo haber estado triste en ese período. Dentro de mi soledad, me sentía acompañada, contenta de haber traspuesto los límites de mi propio miedo. Fue entonces cuando me sentí por primera vez plenamente parte del grupo. Marcos me escribía. Sus cartas eran dulces, animosas, solemnes en sus invocaciones de la patria, la historia, la justicia. En una de ellas me comunicó que mi valentía y persistencia me habían ganado la militancia en el Frente Sandinista. La leí muchas veces, conmovida, sintiendo que era un gran honor. Ningún premio me ha brindado tanta satisfacción como recibir, en esas circunstancias, la militancia sandinista.

Durante ese tiempo se interrumpió mi labor de correo, pero continué recaudando dinero, ampliando la red de colaboradores, consiguiendo medicinas para enviar a las guerrillas de la montaña. También escribía artículos de opinión que publicaba en *La Prensa* bajo el seudónimo Eva Salvatierra. Con el tono de la primera Eva, criticaba sutilmente el estado del país. Para ocupar mis noches, asistí con Justine a un curso en la universidad organizado por un grupo de mujeres. Era un seminario, en inglés, de *Parent Effectiveness Training*, impartido por una norteamericana. Las asistentes éramos madres jóvenes de la clase alta. Nunca olvidaré la experiencia surrealista de esas largas discusiones sobre cómo hacer frente a los berrinches infantiles, las preguntas de los hijos o las limitaciones de tiempo. Trataba de concentrarme, de ser una más de aquellas mujeres finas, bien vestidas, preocupadas por su eficiencia como madres, mientras fuera del aula, sin que ninguna de ellas tuviera la menor sospecha o se percatara, se paseaban mis perseguidores una y otra vez, mirándome torvos, amenazadores, por la ventana.

Los perseguidores me pusieron en contacto con el odio. Nunca pensé que sería capaz de matar hasta que ellos rondaron mis días como sabuesos.

Poco antes de que aparecieran, recién separada de mi esposo, había aprendido a disparar. Fue un día de agosto de 1974. En Managua se celebraban las fiestas patronales de Santo Domingo; Roberto sugirió que fuéramos a la playa. No habría nadie.

—Te voy a dar tu primera instrucción militar —anunció.

Llegamos a una de las playas del Pacífico. Estaba desierta. El mar acerado se alzaba en olas de crestas altas y blancas que reventaban con retumbos de bajo sobre la arena plomiza. El sol perpendicular caía sobre nuestras cabezas, inclemente. Nos estacionamos frente a un rancho derruido con los horcones inclinados y la paja reseca. Roberto se levantó la camisa y sacó de la cintura casi encima de la nalga, una pistola enorme.

—No se nota que la ando, ¿verdad? Te apuesto que nunca te habías fijado. —Sonrió ante mi cara de asombro.

Era una P-38, dijo. Me enseñaría a armarla y desarmarla, a disparar. En un instante la desarmó. Me enseñó los elementos. Los puso sobre su camisa en un tronco ancho que yacía en la arena. Sus manos de dedos cortos, regordetes, tocaban cada mecanismo con gran delicadeza. Armar y desarmarla parecía fácil pero cuando me tocó hacerlo me costó. Sobre todo el final. Ajustar la parte superior para que la pistola quedara montada, lista para disparar. «No te va a morder», me decía él. Rara fascinación la que sentían los hombres por las armas, pensé. Le brillaban los ojos. En cambio yo tuve que superar el rechazo instintivo que me producía. Para mí la pistola era un tigre, una serpiente. Roberto colocó un par de latas viejas sobre la arena. Me indicó cómo sostener el arma, cómo poner los pies para que el impacto no me desestabilizara. Cerré los ojos instintivamente cuando apreté el gatillo. No esperaba el silbido agudo horadándome el cráneo después de la detonación. Pensé que me quedaría sorda para siempre.

—Así es —me dijo él muy tranquilo—, se te pasará.

Tenía buena puntería, en cambio yo no acertaba una. Sólo años más tarde llegué de segunda en un concurso de tiro, después de que un instructor en Cuba me mostró cómo tomar puntería con el ojo izquierdo a pesar de ser derecha, pues era allí que residía mi visión rectora. Aquel día en la playa, sin embargo, las sacudidas de las detonaciones me desestabilizaban no sólo el cuerpo sino el espíritu. ¿Cómo podía alguien en su sano juicio disfrutar realmente esa sensación? ¿Cómo separar la acción de matar de la fascinación por las armas? En nuestro caso no se empuñaban las armas por deporte sino para utilizarla en la lucha armada, que en Nicaragua era una especie de defensa propia, la única opción que nos dejaba la dictadura. Con el arma en la mano me di cuenta que debía ser capaz de transformar mi convicción intelectual de que la lucha era necesaria, en decisión de hacer uso de la fuerza. De eso se trataba la instrucción militar. Aunque ese día, disparando, comprendí el oscuro poder de vida o muerte que se siente al apretar el gatillo, fue después al verme perseguida cuando me supe capaz de matar. Llegaron a inspirarme tanto odio aquellos hombres torvos que me vigilaban, que más de una vez pensé que, de ser necesario, podría torcerles el cuello a manos limpias. Después de que triunfó la Revolución vi a uno de ellos. Entró al salón de protocolo del aeropuerto donde me hallaba por casualidad. Se me heló la sangre. Sentí un miedo irracional. Como otros muchos somocistas en esos primeros tiempos, el hombre se había infiltrado en el Ministerio de Relaciones Exteriores, haciéndose pasar por un simple chofer. Desvió la mirada cuando me vio. Temblando incontrolablemente me acerqué a un compañero del Ministerio del Interior. «Ese hombre era empleado de la Seguridad Somocista», le dije. «Lo sé porque me persiguió diariamente. Jamás olvidé su rostro.» Días después me informaron de que encontraron su expediente. Lo encarcelaron. Supongo que saldría después. La mayoría salió gracias a numerosas amnistías. Seguramente terminó en la Contra matando sandinistas.

De regreso de mi lección en la playa le pregunté a Roberto si él había tenido que matar. Me dijo que no. Quienes habían matado decían que la primera vez era terrible. Venían las pesadillas. No podían apartar de la cabeza el impacto, el cuerpo desplomándose.

—Un compañero me contó que el dedo con que apretó el gatillo se le quedó congelado en un espasmo por varios días. No podía moverlo sin dolor.

Él preferiría que le tocara hacerlo en un combate, dijo. Entonces uno no estaba muy seguro de quién había acertado a quién.

A mediados de octubre de 1974 los perseguidores se esfumaron. Durante casi dos meses me había sentido como animal de zoológico, enjaulada por un par de miradas. Me costó creer que ya no veía en el espejo retrovisor el reflejo perenne del Chevy, los rostros con las gafas oscuras. Durante días aguardé la aparición de otra clase de vehículo. Vagué por la ciudad para cerciorarme de que no me estaban controlando con una persecución más sofisticada, utilizando varios carros, pero no había nada. No volví a verlos ni a ellos ni a otros. Estaba limpia. Limpia. Pero la persecución me quedó interiorizada. Padezco de alerta crónica desde entonces, de la manía de mirar constantemente el espejo retrovisor.

17

DE LAS COMPLICACIONES DEL AMOR EN TIEMPOS DE GUERRA

(Managua, 1984)

No recuerdo cuántos meses transcurrieron. Creo que dos o tres, porque se acercaba el 19 de julio, quinto aniversario de la Revolución, cuando Tomás Borge, ministro del Interior, me llamó a su despacho.

—Vení a mi oficina, hija. Necesito hablar con vos —me dijo al teléfono, con su voz de barítono.

A Tomás lo conocía de muchos años atrás, antes de que triunfara la Revolución, cuando yo operaba como cuadro legal de la resistencia sandinista en Managua. Más tarde, en el exilio, también lo vi con frecuencia en Panamá y Costa Rica. Éramos buenos amigos. Tomás es un hombre menudo, el único sobreviviente entre quienes fundaron el FSLN, un personaje carismático que ama la literatura y puede ser con la misma facilidad arrogante y autoritario, tierno y sentimental. Tomás profesaba entonces un afecto especial por ciertas personas a quienes trataba con deferencia. Yo era una de ellas. Me tenía gran confianza y me demostraba un cariño casi paternal.

Llegué a la oficina que tenía al lado de su casa en una urbanización de clase media de Managua, compuesta por pequeñas viviendas construidas en serie. Se había trasladado allí cuando el modo de vida de los dirigentes sandinistas empezó a ser criticado por la población. El complejo donde vivía y atendía ciertas funciones de su trabajo lo formaban una serie de estas casas intercomunicadas entre sí.

Me saludó afectuosamente como siempre y luego me condujo a un despacho pequeño donde había un escritorio tras el cual se sentó mientras yo hacía lo propio frente a él.

—Ve, hija —me dijo—. ¿Es verdad que estás saliendo con un periodista norteamericano?

—Sí —le dije. Su pregunta me tomó desprevenida. No la esperaba. Me asustó su expresión seria y preocupada. Dios mío, pensé, que no me diga ahora que Carlos trabaja para la CIA. La agencia de inteligencia norteamericana dirigía la guerra encubierta contra Nicaragua.

—¿Y estás enamorada de él? —Me miraba recostado en la silla, fumando.

—Me gusta —le dije—. Creo que no hemos estado juntos el tiempo suficiente para decirte si estoy enamorada de él o no. ¿Cuál es el problema, Tomás? ¿Hay algún problema?

—El problema es que tu trabajo es muy delicado. Vos estás manejando toda la información de las elecciones. Los periodistas andan detrás de eso. Sería preferible que dejaras de verlo. Él tiene amistades... gente que pasa información a servicios de inteligencia... Yo tengo absoluta confianza en vos —me dijo—. Vos sabés eso, pero no le puedo pedir lo mismo a otra gente. Te puede perjudicar.

Lo miré sin saber qué decir. Volví a preguntar si tenían alguna certeza de que Carlos trabajara directamente para algún servicio de inteligencia. Me repitió que no estaban seguros. Me quedé callada mucho rato. Sentía las mejillas calientes y un sentimiento que no sabía si era vergüenza.

No podía creer que me estuviera sucediendo aquello. Tantos años en el sandinismo. Desde 1970. Y que desconfiaran de mí. Entendía su preocupación, pero la sola sospecha me dolía.

—Está bien, Tomás —le dije—. No te preocupés. No lo voy a ver más.

Me abrazó. Me repitió que confiaba en mí. No sentí resentimiento contra Tomás. Era la maldita situación aquella. La guerra hacía que la desconfianza se colara por todas partes. Otros perdían brazos, piernas, seres amados. Yo perdía a Carlos.

Salí de la oficina de mi amigo-ministro del Interior, Tomás Borge, con la sensación amarga en la boca de una muerte, una pérdida más de la guerra. ¿Por qué pinche mala suerte tenía que ser periodista y para colmo gringo el hombre que yo presentía guardaba en su magnífica cabeza llena de rizos negros el equilibrio justo que yo soñaba encontrar en mis errabundas búsquedas del corazón? Yo, que hacía tantos años guerreaba por la libertad ahora tendría que sacrificar la mía para que no me cayeran encima las sospechas de que en las noches de lluvia, sobre las almohadas, iba a soltar a mi amado periodista secretos de Estado. Me daba rabia y angustia. La idea de que dudaran de mi lealtad me resultaba intolerable y dolorosa. Entendía que el papel de los organismos de seguridad de la Revolución era velar por que se preservaran los secretos, y me preocupaban las consecuencias que aquella advertencia podría tener para mi trabajo, mi posición y la confianza que, hasta entonces, se me había otorgado. No podía concebir que la Revolución me marginara. El sandinismo era parte fundamental de mi identidad. Afectivamente era mi familia, tan parte de mí como mi apellido. No podía tolerar la idea de un posible ostracismo o de que se me tratara con desconfianza. La cabeza me daba vueltas. Me rebelaba contra las dudas inmerecidas pero también me abrumaba el temor de que me rechazaran mis amigos, mis compañeros.

Regresé a mi hermosa oficina. Me senté tras el escritorio sin dejar de pensar qué actitud debía tomar. Parecía casi una disyuntiva de manual: lo público o lo privado. ¿Qué escoge usted? ¿Es feliz o es revolucionaria? ¿Se portará como mujer emotiva, o escogerá ser «hombre nuevo», ese constructo utópico, paradigma de nuestros sueños, capaz de sacrificar cualquier cosa por la patria? Quizá Tomás tiene razón, me decía. Quizá lo supe desde el principio y me negué a verlo. Carlos personalmente no era el enemigo pero Nicaragua estaba siendo agredida por su país. Mis aspiraciones, mis ilusiones fantásticas de libertad, igualdad, fraternidad, cada día se iban diluyendo, desvirtuando en medio de la guerra. Era a la gente más pobre a quienes la Revolución exigía los mayores sacrificios: la vida de sus hijos para empezar; que los obreros cedieran su derecho a la huelga; que se dieran cuenta de que no se podía aumentar el salario mínimo en un país en crisis. Todos los grandes planes habían tenido que supeditarse a la guerra. En las concentraciones políticas gritábamos la consigna: «Un solo ejército, un solo ejército.» Y la otra que jamás me gustó, ni siquiera antes de conocer a Carlos: «Aquí, allá, el yanki morirá.» Y yo, efectivamente, tenía sobre mi escritorio, en mi archivador, en mis gavetas, la estrategia sandinista para las elecciones de 1984. Yo era quien supervisaba la ejecución por las estructuras del partido de las decisiones que tomaba la Comisión Ejecutiva, quien había diseñado la estrategia de comunicación inicial que serviría de base para la campaña electoral. Yo había estado presente en las negociaciones con los otros partidos y me encargaba de responder ante la prensa extranjera a los cuestionamientos de Washington sobre la validez del proceso electoral, que sin ningún escrúpulo la CIA intentaba sabotear. Por todo esto, tenía plena conciencia del valor de mi discreción y me preciaba de mi hermetismo, de que ninguna palabra irreflexiva o reveladora saliera de mi boca. Por otro lado nunca había pillado a Carlos intentando sacarme información. Pero, ¿cómo convencer a los demás, a los que juzgaban por las apariencias y medían a los demás de acuerdo a sus prejuicios?

Llamé a Carlos. Necesitaba verlo, le dije. Era urgente. Lo pasaría a recoger por su casa. Dimos vueltas en el carro. No le mencioné las sospechas de que él, inadvertidamente, podría estar pasando información. Para mí eso podía decirse de cualquier periodista. Las relaciones sociales con periodistas eran parte del modus operandi de los diplomáticos. Más bien le expliqué que por razones de mi trabajo, de la discrecionalidad requerida por mi trabajo, seguir viéndolo me perjudicaría. Quizá a él también, le dije. Quizá su gente no tardaría mucho en llamarle la atención desde otro ángulo, pero con el mismo efecto.

No sé qué magia ejerce lo prohibido, pero los dos la sentimos.

Nos miramos como debieron mirarse Romeo y Julieta o Tristán e Isolda. Las caras compungidas, tristes y desesperanzadas y los ojos encendidos de amor imposible. Estacioné en una calle a pocas cuadras de su casa. Conversamos mucho rato en el carro. Nos despedimos una y otra vez sin que ninguno hiciera ademán de marcharse. Me pareció vivir un *déjà vu*. Otra vez estar sosteniendo conversaciones clandestinas dentro de vehículos aparcados en la calle, como en tiempos de la dictadura. Sólo que ahora no era la dictadura sino el sandinismo quien estaba en el poder.

—De ninguna manera querría hacerte daño —me dijo Carlos—. Haré lo que me digas. Siento muchísimo haberte puesto en esta situación.

—Podemos hablar por teléfono —le dije a mi pesar—, pero será mejor que no nos veamos más.

Se bajó del carro. Caminó hacia su casa.

Tuve ganas de salir corriendo tras él. Lo vi caminar despacio, triste, y maldije con todo mi corazón a Ronald Reagan.

18

decorative flourish

DE CÓMO VOLVÍ A VER A MARCOS Y PARTICIPÉ
EN LA PREPARACIÓN DE UNA OPERACIÓN COMANDO

(Managua, 1974)

Al sur de Managua se alzan las sierras del mismo nombre. Uno deja la ciudad y a los pocos kilómetros cambia el clima y la vegetación se torna espesa. La carretera serpentea subiendo entre hondas cañadas desde las que surgen árboles monumentales. Caminos de tierra que se desprenden de la carretera Panamericana, conducen a las haciendas cafetaleras que pueblan toda esa zona. Desde que era niña entrar en esos caminos me transportaba a un mundo primigenio, de naturaleza virgen e indomable.

Mi prima Pía y Alfredo vivían en Mazatlán, la hacienda de café de mi abuelo. Para llegar allí, uno se internaba por las cañadas de la sierra, en un ámbito vegetal y húmedo donde olía a café tostado, a humus y soplaba un viento afilado ululando entre los espadillos. Allí tuvo lugar la reunión en que me encontré con Marcos después que cesara la vigilancia de los agentes de seguridad. Antes de encaminarme a Mazatlán, obedeciendo instrucciones de Roberto, vagué dos horas por la ciudad hasta cerciorarme de que nadie me seguía la pista.

El lugar no podía ser más hermoso y romántico. La pintoresca casa de madera, de estilo caribeño, tenía los aleros labrados como encaje. Las puertas y ventanas con cedazo la dotaban de un aire antiguo y acogedor. Parecía flotar en un jardín sobre el camino de entrada, rodeada por el aire templado, liviano y limpio, y los troncos de árboles enormes creciendo entre mil flores e hibiscos. Envidiaba la suerte de mi prima de que el abuelo paterno —adusto y distante— le concediera vivir allí.

Llegué puntual, aburrida e impaciente tras las dos horas de ronda. No lo esperaba y me sorprendió cuando Marcos salió a recibirme y me abrazó fuertemente como si yo fuera una vieja amiga que regresara después de un largo viaje lleno de peligros. Me pareció más hermoso quizá porque ahora me miraba de manera más íntima y afectuosa. Yo estaba un poco azorada. El aire de autoridad natural de Marcos me inhibía a mi pesar. No sabía cómo recuperar la espontaneidad ante él. Pensé en sus cartas llenas de dulzura y palabras de ánimo. Con su brazo sobre mis hombros entré en la casa. Bromeé, fingí introducirme sin esfuerzo en la atmósfera de alegre recibimiento y reencuentro, pero cada vez que la mirada de Marcos se cruzaba con la mía, la rehuía perturbada. Creo que esa noche me enamoré de él. No sé si a él le pasaría lo mismo, pero me miraba como si me viera por primera vez. Parecía otro. Del ser abstraído hasta hosco que había conocido no quedaba ni la gorra de béisbol. En la cena rió, estuvo hablador y extrovertido.

Pía era una excelente cocinera. Organizaba aquellas cenas de trabajo y estudio en Mazatlán —que se repitieron desde entonces una vez a la semana— con todo el discreto encanto de que la dotaba su clase. No sé cuándo habló Marcos por primera vez de su estancia en París, pero apenas ella supo que admiraba la cocina de Francia se esmeró en preparar comidas francesas, en servir alcachofas al vapor con mayonesa casera, café con pan de jengibre y hasta consiguió cigarrillos Gitanes para él. Mimaba a Marcos con una dedicación que yo admiraba y secretamente envidiaba. Ese lado femenino celebratorio del hogar, de la cocina, preocupado por delicadezas, me era ajeno. Nunca lo había apreciado por considerarlo un símbolo de la servidumbre femenina a los deseos de los hombres. Viendo a mi prima comprendí cuán seductoras podían ser estas artes, lo agradable que hacían la vida de los demás y las satisfacciones que una podía derivar del placer ajeno.

Marcos era hombre de pasiones. La historia, por ejemplo. La conocía a fondo. Si sabíamos leerla, nos decía, encontraríamos en ella todas las claves. Debíamos profundizar en nuestra propia experiencia, recalcaba —recuerdo sus dedos largos jugando con las páginas amarillentas de los libros—, era importante conocer el marxismo, estudiar filosofía —él había aprendido alemán para leer *El Capital* en el idioma original—, pero si no conocíamos nuestra historia al derecho y al revés, nunca podríamos entender nuestra realidad, mucho menos hacer la Revolución. Armada con los conocimientos que me permitían apreciar la dinámica de las fuerzas sociales y los intereses económicos, la lectura de la historia con él fue un ejercicio que me apasionó y que me hizo desarrollar una intuición política bastante acertada.

Cada semana Marcos nos encomendaba a Alfredo y a mí una variedad de tareas. Mi trabajo en la publicidad me daba acceso a informaciones importantes sobre las vinculaciones de la dictadura con sectores económicos de peso. Algunas de mis cuentas, incluso, eran negocios de la familia Somoza, tales como la empresa de carne, la empresa naviera, la importadora de autos Mercedes-Benz, una compañía aseguradora y otra financiera. De todas ellas sustraía documentos que consideraba podían tener alguna relevancia, datos sobre su funcionamiento, sus balances, sus vinculaciones en el exterior o con sectores de la empresa privada. También elaboraba perfiles detallados de sus principales ejecutivos, sus salarios, los dispositivos de seguridad. Así acumulábamos datos para documentar la corrupción, conocer el grado de complicidad de ciertas personas, las contradicciones y ambiciones personales del grupo de poder que rodeaba al tirano. Yo había realizado esta labor lenta y paciente desde hacía varios años, pero las informaciones que Marcos solicitaba eran más específicas, detalladas, y obtenerlas era más arriesgado. A partir de cierto momento, también nos encargó a Alfredo y a mí de conseguir algunos objetos; por ejemplo, quince relojes de pulsera, ropas de fiesta para hombres y mujeres, material de primeros auxilios, cápsulas para purificar el agua. Hasta nos encargó conseguir máscaras antigás, lo cual resultó imposible. No se necesitaba ser muy astuto para comprender que la organización tramaba un golpe grande. En las reuniones, mientras Pía preparaba la cena, Marcos, que mordisqueaba hojas de alcachofa untadas de mayonesa, empezó a hacer vagas alusiones a una acción de «gran envergadura». ¿Qué nos parecía la idea de hacer algo grande? Alfredo y yo intercambiábamos miradas. Sin saber de qué se trataba era difícil emitir una opinión, pero como no nos atrevíamos a preguntar nos íbamos por las ramas, contestábamos con generalidades. Alfredo se tocaba la barba. ¿Una acción como qué?, preguntaba yo.

—Un golpe contundente, con repercusión internacional, que haga noticia. Ya va llegando la hora de que rompamos el silencio, de que demostremos que no es cierto que Somoza haya destruido al sandinismo como anunció en el setenta, cuando aniquiló la guerrilla en Pancasán.

—Pues sí. Sería bueno que la gente supiera que el sandinismo no ha desaparecido —decía yo.

—Les daré detalles más adelante —sonreía, mofándose con buen humor de nuestras vagas respuestas—. No se preocupen. Sólo estoy pensando en voz alta.

Ya tarde en la noche llevaba a Marcos a su casa de seguridad. Era un trayecto corto. Como no regresábamos a la ciudad, no corría demasiado peligro conmigo. El sitio donde lo dejaba era la carretera a Las Nubes, cerca de El Crucero, el punto más alto de las sierras de Managua. La carretera era brumosa, fría, con casonas de recreo —oscuras en su mayoría— separadas por largos trechos. Me recordaba el escenario de *Cumbres borrascosas* por su atmósfera de páramo desolado. El viento cortante zarandeaba los árboles y aflojaba el esqueleto de las casas.

Sólo mucho después supe que en la casa donde lo dejaba, y cuya exacta ubicación nunca precisé, empezaban a concentrarse ya para ese tiempo, los trece miembros del comando que en diciembre de ese año llevarían a cabo la operación comando a la que Marcos se refería.

Él sin embargo me hacía preguntas extrañas. Un día aparecieron en el diario fotos de Bianca y Mick Jagger llegando a Nicaragua. Esa noche se giró hacia mí en el carro.

—¿No crees que Bianca se dejaría secuestrar? —me preguntó—. Sería publicidad para ella. Incluso se lo podríamos proponer; que se deje secuestrar, que su marido nos dé un poco de dinero... —Se quedó en silencio un instante—. No. La gente no verá con buenos ojos que secuestremos a una mujer.

Me reí de que pensara de manera tan tradicional. La gente ya no consideraba a las mujeres seres aparte, flores delicadas, dije. La liberación femenina nos situaba en plano de igualdad. Bianca no era una quinceañera endeble.

—El pueblo sigue siendo muy tradicional —me dijo—. No. Olvidémoslo mejor.

Marcos habitaba un cenote, un mundo sumergido en el que nadie entraba. De allí emergía a ratos a caminar por los bordes, la orilla, sin alejarse nunca del cenote sagrado en el que se sumía. Al salir a la superficie me veía, reparaba en mí. Era como si de pronto viera un pájaro de brillantes colores y quisiera tocarlo con cuidado, con curiosidad. Así fue la primera vez que me tomó la mano en el automóvil. Como si hasta entonces viera mi mano sobre la palanca de cambios y le pareciera un objeto curioso. El gesto me tomó por sorpresa. Veníamos por la carretera. Encerró mi mano en las suyas y empezó a tantearla dedo por dedo, a reconocerla en la oscuridad.

—Vos me gustás, ¿sabés? —me dijo.

Asentí con la cabeza. Se me secó la boca. El carro, la noche entraron en un espacio donde la gravedad pesaba como en Júpiter. Aquel hombre era un ser mítico para mí, lejano y cercano a la vez. Con él no funcionaban las mismas fórmulas aplicadas al común de los mortales. Me era imposible definir mis propios sentimientos. Creo que en algún momento pensé que no funcionaría aquello si yo me dejaba llevar por la adoración adolescente que me inspiraba. Él salía de su mundo, sus ojos me asediaban, buscaban algo más allá de mi piel y yo no podía hacer más que abrir mis puertas, dejarlo entrar, verlo mirarme, tratar de adivinarlo. Ni sé qué me dijo o qué le dije, o si fue toda una ceremonia sin palabras, pero a los pocos días de eso, camino a su casa en las borrascosas cumbres donde soplaba el viento, me dijo que doblara en un callejón entre la hierba alta; un callejón extraño, trunco, que no llevaba a ninguna parte. Apagué el motor, los faros. Quedamos ocultos en la oscuridad, rodeados por la maleza que las ráfagas de viento restregaban contra la carrocería. Era como estar sobre una plataforma, listos para ser lanzados hacia la noche estrellada. El ulular del viento y el canto sostenido de los grillos resonaban dentro del auto como sonidos del espacio sideral. Marcos me llevaría con él a su mundo y yo jamás regresaría. El día jamás volvería a ser día. Cerré los ojos para volver en mí misma y poder lanzarme al vacío no en un trance hipnótico sino en pleno uso de mi voluntad. Marcos se movió en el asiento. Metió la mano bajo su camisa. Sacó su pistola, la puso entre ambos, en el espacio entre los asientos.

—¿Y allí qué andás? —le pregunté tratando de mantener contacto con la realidad, señalando una pequeña bolsa negra de mano de la que nunca se despegaba.

—Una granada de fragmentación —dijo poniéndola a sus pies—. El día que me vaya me quiero ir acompañado. Costarles caro.

Tragué saliva. Tantas veces había tenido la bolsa cerca de mí, en el carro, sobre la mesa, sin imaginar lo que contenía.

—No se puede detonar sola, no te preocupés —me dijo, sonriendo. Su cara dulce, quieta, fuera del cenote. Me miraba. Nos tocamos los rostros, el pelo. Cerré los ojos y puse mi oído en su pecho. Sentí ganas de llorar. Era tan fácil detener un corazón. La pistola. La granada. Marcos me besó. Me bebía el alma a través de los dientes. Sus manos un poco torpes buscaban los cierres de mi blusa. En el confinado espacio de mi pequeño Alfa Sud —color pezón, como decía Róger— tropezábamos y golpeábamos con el timón, el freno de mano, todos los condenados artefactos de la automovilística. Busqué el mecanismo para reclinar los asientos. Un disco manual. Lento. Duro. Maldije a los italianos. Marcos se puso a darle vueltas durante lo que me pareció una eternidad. Medio vestidos, medio asustados en el espacio constreñido, hicimos el amor. Logré concentrarme en estar allí, en ser simplemente una mujer hechizada y enamorada a la vez. Sería por el peligro, el riesgo perenne, no saber si sería la última vez, pero fue hermoso, con la intensidad de una pasión que no encontraba palabras o que no tenía otra manera de explicarse. No hablamos mucho después, pero desde entonces, el callejón, los gemidos en la oscuridad fueron nuestro ritual de despedida.

La única noche que bajamos a la ciudad fuimos a un barrio de clase media. Dejamos el auto aparcado y caminamos por calles sembradas de almendros bajos. Era la hora de la cena. Desde la acera a través de las ventanas iluminadas vimos las familias: una mujer con su bebé en brazos, un hombre en pantuflas y camiseta viendo la televisión.

—Te confieso que a menudo envidio sus vidas —me dijo Marcos, melancólico.

La casa donde él pasaría la noche esperaba inquilinos. Era un cascarón. Sin muebles, sin electricidad. Una casa diminuta, una pequeña isla árida y desierta. Nos sentamos en el suelo. Marcos puso la pistola y la bolsa con la granada contra la pared. Nos acurrucamos el uno junto al otro.

—No te vayas —me dijo, bajito—, quédate conmigo.

—No puedo. Mis hijas...

El piso frío y duro fue más incómodo, más hostil que la palanca de cambios y el timón. Cuando me despedí de Marcos en la puerta de la casa, me sentí como una madre que deja a su hijo en un internado lúgubre e inhóspito. Ni una manta siquiera. Estaba acostumbrado, me dijo. En la clandestinidad se dormía con los zapatos puestos. No tenía de qué preocuparme, insistió.

De regreso a mi casa, en la soledad de mi cama, recordé fragmentos de un poema del Poeta.

¿Qué hace que un hombre deje a su mujer?
Todo lo que es acurruco y tibio.

¿Estaríamos dementes todos nosotros? ¿Qué misterio genético hacía que la especie humana trascendiera el mandato de la supervivencia individual cuando la tribu, el colectivo estaba en peligro? ¿Qué hacía que las personas fueran capaces de dar su vida por una idea, por la libertad de otros? ¿Por qué era tan fuerte el impulso heroico? Para mí lo que resultaba más extraordinario era la felicidad, la plenitud que acompañaba al compromiso. La vida adquiría rotundo sentido, propósito, norte. Se experimentaba una absoluta complicidad, un vínculo entrañable con cientos de rostros anónimos, una intimidad multitudinaria en la que desaparecía cualquier sentimiento de soledad o aislamiento. En la lucha por la felicidad de todos la primera felicidad que uno encontraba era la propia.

A principios de noviembre Marcos nos reveló a Alfredo y a mí los detalles esenciales del operativo. El comando penetraría en alguna de las fiestas de Navidad que contara con la presencia de personajes importantes del régimen somocista, los mantendría como rehenes hasta que la dictadura aceptara negociar su rescate. Era todo lo que necesitábamos saber. A partir de ese momento, dijo, pasábamos a formar parte del equipo de información y logística del comando.

—Es esencial recabar inteligencia sobre fiestas navideñas en embajadas, en casas de banqueros, de ministros. No sabremos con precisión cuándo ni dónde llevaremos a cabo el operativo hasta que tengamos esta información.

Imposible que no lo supiera aún, pensé. Estaría tratando de despistarnos, pero Marcos insistía. A diario hacía la misma pregunta: ¿No han oído nada? Luego me enteré de que el comando se preparó sin saber exactamente el local donde tendría lugar el operativo. Lo supieron a las nueve de la mañana del propio día. Haciéndose pasar por técnicos de acondicionadores de aire, Roberto y otro compañero penetraron en la casa y levantaron el croquis del interior apenas unas horas antes.

Mientras careció de datos específicos Marcos decidió, en un gesto muy latinoamericano, enviarnos a levantar croquis de todos los lugares donde era previsible que se celebrara una fiesta navideña como la que tenía en mente.

La idea de entrar en una embajada a hacer un croquis del interior me llevaba a una asociación inmediata con la música y las imágenes de *Misión Imposible* —que era, al igual que *Star Trek,* mi serie favorita de televisión—. Sin contar con Martin Landau ni ningún otro miembro del equipo de apoyo, decidí recurrir a la poesía. Para no sentir ningún escrúpulo moral escogí la embajada de Pinochet, la de Chile.

Pedí una cita con el agregado cultural. Deseaba información sobre editoriales que pudieran interesarse en publicar mi libro de poemas, dije.

Llegué vestida con un traje pantalón de lino blanco a lo Diana Bain. El funcionario me hizo pasar a su despacho deshaciéndose en cortesías. De su cara sólo recuerdo las cejas hirsutas y el bigote espeso. Era un hombre anodino con la actitud servil y pusilánime que es epidémica entre los empleados públicos de las dictaduras. En la pared, el general Pinochet con pose de Napoleón Bonaparte miraba al infinito. El agregado cultural, por su parte, se alisaba los bigotes negros mirándome con una mirada viscosa que me daba gana de sacudirme la ropa y salir corriendo de allí. La embajada era una casona residencial adaptada para servir de oficina. Reparé en puertas, ventanas, mientras hablábamos de la ausencia de editoriales en Nicaragua. Sacudiendo la melena para atrás y sorbiendo el café, asumí mi papel de poeta y mujer refinada que ve sus horizontes limitados por el atraso de su país. En cambio, ¡Chile! Qué país más culto, suspiraba. No me extrañaba que hubiera sido allí donde Rubén Darío escribiera su *Azul.* Escogí un intervalo de silencio para bajar los ojos, tímida y modosamente, y preguntarle al funcionario si podría ser tan amable de mostrarme el baño de señoras. Con una sonrisa benévola y pícara, el hombre me condujo a la puerta que daba a un pasillo y me indicó el camino. Cuando salí del baño tomé la dirección opuesta a la de su oficina. Caminé rápidamente tratando de cubrir tanto terreno como me permitían mis piernas. Crucé un jardín interior, seguí por otro pasillo hasta que, en una de las oficinas cuya puerta abrí disculpándome, alguien se ofreció a llevarme de vuelta al despacho del agregado.

—Es fácil perderse en este laberinto. ¿Cuántas habitaciones tiene esta casa? Parece muy grande —comenté a mi guía.

Salí de la embajada. Misión cumplida. Me alejé unas cuantas cuadras. Dentro de mi automóvil estacionado bajo unos árboles frondosos, dibujé el croquis.

—Magnífico —me dijo Marcos con una gran sonrisa cuando se lo entregué. Era su máximo elogio, el que usaba cada vez que quería sonar exageradamente impresionado.

Mi libro de poesía lo utilicé de la misma forma en varias embajadas.

Una tarde, entrado noviembre, Marcos quiso que lo llevara a unos senderos apartados. Quería explorar rutas de escape para el comando. Recorrimos caminos de tierra que bajaban de las sierras y terminaban al fondo de un enorme asentamiento de precaristas llamado el Open. Era cerca de las cinco de la tarde. Hora del crepúsculo tropical. Tras la lluvia a mediodía, el aire limpio olía a tierra mojada. Salimos de un bosquecillo de árboles medianos a un descampado. A lo lejos se veía el comienzo del barrio, las casas de cinc y bloques, el humo de los fogones de leña. Me indicó que siguiera de largo bajando hacia Managua por un camino paralelo pero distante de la carretera, a cuyas orillas se apreciaban altos túmulos de tierra removida, camiones de construcción y el esqueleto metálico de un edificio muy grande, alzándose solitario en medio de los terrenos agrícolas. Raro despliegue. ¿Qué irían a construir allí? ¿El galerón central de una fábrica? La hora crepuscular amarillenta y tenue delineaba el conjunto con trazos surrealistas. De la nada surgió de pronto un soldado de la Guardia Nacional con su Garand de reglamento. Mi corazón se desprendió como fruto pesado de una rama. Instintivamente aceleré un poco la velocidad fingiendo que no lo había visto levantar el brazo, hacer la señal de alto. Quería salir corriendo.

—Escondé la pistola, escondé la pistola —logré decir a Marcos, ahogada del susto.

—¿Qué pasa? ¿Qué pasa?

El guardia corría con el Garand en alto. Aparté los ojos de él para cerciorarme de que Marcos escondía la pistola. En ese preciso instante el aire se hizo trizas a mi alrededor con la detonación de un disparo.

—Frená, frená —me gritó Marcos. El guardia disparó de nuevo. Oímos el proyectil zumbar milímetros arriba de la capota del vehículo. Pisé el freno con todas mis fuerzas. El carro se detuvo con un chirrido, levantando polvo. Me agarré al volante. La única idea clara que tuve fue que Marcos no podía morir, no en ese momento.

Los disparos cesaron. El soldado corrió hacia nosotros.

—Decile cuando venga que andamos paseando —me dijo Marcos—. Cálmate y decile que andamos paseando.

Me recompuse. Me pasé la mano por la cabeza. El guardia con su casco de soldado asomó la cabeza por la ventanilla. Nos miró.

—¡No vio que le di el alto! —gritó—. ¿Qué andan haciendo aquí? Éstos son terrenos del general Somoza.

—Andábamos paseando —le dije toda humilde, con cara de niña buena. En Nicaragua no se discutía con un soldado armado—. Nos asustó —sonreí modosa.

—A pasear a otra parte —dijo levantando el brazo, señalando la salida a la carretera imperiosamente.

Arranqué despacio. Marcos apretaba entre las manos la bolsa negra con la granada de fragmentación.

—¿Jalaste la espoleta? —le pregunté, casi sin respirar.

—No. No hice nada. No te preocupés —me dijo, tocándome el brazo, acariciándome como quien apacigua a un niño o a un gato—. ¿Estás bien? ¿Te sentís bien? ¿Podés manejar?

Llegamos al empalme con la carretera. Cerca de allí se construía una nueva urbanización de lujo: Residencial Satélite Asososca. Un semáforo intermitente relampagueaba amarillo a pocos metros de donde retomamos la autopista.

—Estoy bien —le dije, sorprendida de lo bien que estaba considerando que casi nos matan. Sólo el corazón me latía a rebate, las manos me sudaban. En un barrio residencial cercano, de clase media, estacioné el vehículo ante la insistencia de Marcos. Allí esperamos a que me dejaran de temblar las piernas. Me abrazó. A él ni el corazón se le oía alterado.

—Nos salvamos por poquito —dijo sonriendo, pasándome la mano por la cabeza.

Dos años después, el 7 de noviembre de 1976, bajo la luz del semáforo de entrada al reparto Residencial Satélite Asososca, Marcos fue interceptado por jeeps de la Brigada Especial contra Actos Terroristas mientras era perseguido por agentes de la Oficina Nacional de Seguridad. Los soldados acribillaron a los dos compañeros que iban con él, no bien se bajaron del vehículo. Marcos se batió a balazos desde el asiento trasero del auto pero lo ametrallaron. Luego lo arrojaron al pavimento y, a pesar de que ya estaba muerto, le descargaron encima el fuego de sus ametralladoras. Su cadáver saltaba roto y sangrante bajo el impacto de los disparos. Mi amigo Fernando Cardenal, un sacerdote jesuita, lo vio todo. Me lo contó después. Me contó cómo brillaba la luz sobre Marcos. La luz ámbar intermitente del semáforo sobre su sangre.

—Era como si aun muerto le tuviesen miedo —me dijo.

Pensé que la muerte lo había aguardado agazapada en el lugar donde pudimos morir juntos. Quizá la primera vez no me tocaba a mí y por eso él logró burlarla. Siempre que paso por ese sitio siento, a la par del dolor, la presencia insondable del destino, del misterio de la existencia. Me pregunto si esta coincidencia se le cruzaría a Marcos por la mente. Por largo tiempo me persiguió la obsesión de reconstruir su último instante. ¿Habría tenido miedo? ¿Qué pasaría con la granada que llevaba siempre consigo? Tan solitaria la muerte. Imposible el consuelo de comentarla juntos. Lo único que nos queda a los vivos es la angustia de imaginar esa honda impotencia final.

19

DE CÓMO LA SOLIDARIDAD FEMENINA ME LLEVÓ
A RECUPERAR A CARLOS

(Managua, 1984)

Todos los años al acercarse la fecha del aniversario de la Revolución, me contagiaba del ánimo celebratorio. Me poseía la geografía de mi país como un cuerpo amado recuperado a sangre y fuego. No cualquiera vive la experiencia de cumplir sus sueños y en esos días sentía el deslumbramiento de vivir, aunque fuera de manera incompleta, la realización de los míos.

Nicaragua. Nicaragüita. Patria libre. Y yo había sobrevivido para verlo. Pero en aquel quinto aniversario, los nubarrones se acumulaban en el horizonte. Se endurecía la guerra de la Contra. El servicio militar, voluntario al principio, era ahora obligatorio. Muchos jóvenes se presentaban libremente pero a otros el ejército los recogía en redadas para que cumplieran con la defensa de la patria. Los campesinos resentían las medidas económicas que les impedían la venta libre de sus cosechas. El Estado las compraba para distribuir los granos equitativamente a la población, pero ellos no lo veían así. Añoraban su manera tradicional de hacer las cosas: el intermediario que los explotaba, pero que también suplía sus necesidades: baterías para sus radios, botas de hule, machetes. Ahora ya no había quien les abasteciera. Se sentían desamparados y en su desamparo a menudo se unían a la Contra. A los «empresarios patrióticos», a los grandes productores, la Revolución les hacía concesiones extraordinarias. Como representante sandinista en el Consejo de Partidos Políticos yo conversaba con dirigentes del partido de la extrema izquierda, el MAP (Movimiento de Acción Popular Marxista-Leninista). Consideraban traidor al sandinismo por las concesiones que hacían a la burguesía. «Ustedes nos están haciendo pagar el costo de una revolución marxista-leninista por una revolución que ni siquiera alcanza a ser socialdemócrata», me decían. No les faltaba razón. La retórica inflamada del sandinismo no era congruente con la realidad, pero le servía convenientemente a Reagan para satanizar la Revolución.

En los discursos de la dirección sandinista el pueblo era el protagonista de su historia, pero también quien pagaba los costos más altos en la defensa de un futuro que parecía no llegar nunca. En la carrera hacia los ríos de leche y miel de las promesas revolucionarias, se alzaban cada vez mayores obstáculos y se empobrecía aún más la pobreza.

Los mítines para celebrar los aniversarios eran multitudinarios. La plaza de la Revolución, al lado de la catedral que el terremoto resquebrajó, se llenaba de bote en bote. Igual sucedía con el parque en uno de sus costados que albergaba el quiosco donde tocaba una orquesta los domingos cuando yo era niña. El mitin era una fiesta. Volvía a sonar la música de protesta que acompañara las grandes campañas contra el somocismo. La euforia inicial revivía y por unas horas la guerra, la escasez, se olvidaban mirando a los jóvenes con sus pañoletas rojinegras formando torres humanas, riendo y haciendo jolgorios en el centro de la plaza. En la aglomeración, nos juntábamos los viejos compañeros, los amigos. Los ánimos se alzaban desafiantes contra la adversidad y uno se contagiaba de la fuerza, el calor de miles decididos a no dejar que la Revolución se frustrara. Ardía otra vez la fe en que el amanecer dejaría de ser una tentación; de nuevo David vencería a Goliat. Como Sandino, con su pequeño ejército loco en las montañas del norte de Nicaragua en 1933, así nosotros derrotaríamos a la Contra, a Estados Unidos, si acaso nos invadían.

En la tribuna con los otros periodistas que cubrían el aniversario, vi a Carlos. Apenas unos metros nos separaban pero cuánta distancia era ésa. Habitábamos mundos tan distintos. Y sin embargo la nostalgia por estar con él me consumía. La noción de nacionalidad era tan relativa cuando recordaba sus ojos, la manera profunda, sincera, con que mirándome dijo: «Creo que me estoy enamorando de vos.»

Después del mitin, asoleada y cansada, me fui a casa de mi prima Pía. Necesitaba un cariño como el suyo. Muchas muertes, separaciones y también alegrías teníamos en común. Su mamá cultivaba rosales y la casa tenía una terraza desde la que se divisaba a lo lejos el lago de Managua y la cordillera chontaleña al fondo, apenas perfilada en azul. Pía y Alfredo se habían separado hacía varios años. De ese matrimonio nacieron dos niñas y un niño. Las niñas corrían descalzas por la casa. Eran mínimas y frágiles, una de ellas siempre me hacía pensar en Campanita, el hada de Peter Pan. Mientras Pía con su habitual afecto y hospitalidad me daba de comer y beber, hablando sin cesar, delgada, práctica y maternal, le conté del episodio con Tomás. Fue como darle cuerda. Habló sin parar. ¿Cómo aceptaba yo con mansedumbre esos argumentos? ¿Acaso no me había percatado de que a ningún compañero le ponían trabas sobre sus compañías femeninas? ¿No me daba cuenta que ellos se permitían acostarse con extranjeras, con periodistas, con quienes se les venía la gana, aun teniendo cargos más sensibles que el mío? ¿Que acaso el jefe de no sé qué organismo de inteligencia no estaba casado con una gringa, y fulanito, y zutanito? ¿Me vas a decir que después de tantos años de andar en esto, vas a aceptar mansamente que desconfíen de vos, que crean que porque sos mujer no podés distinguir la cola de la cabeza? Lo que pasa es que son unos machistas empedernidos. Ellos pueden hacer lo que quieran, pero que Dios nos guarde si nos atrevemos a hacer lo mismo.

Me quedé mirándola avergonzada de que no se me hubiera ocurrido a mí, que militaba activamente en las luchas feministas, ver las cosas desde esa perspectiva. Pía tenía razón. Yo había respondido de manera tradicional asumiendo sin rechistar el prejuicio engendrado desde que Adán mordió la manzana. ¡Vivan las mujeres!, pensé. Sólo juntas podíamos evitar que las nociones masculinas del deber, de lo que era incorrecto o correcto, nos nublaran el entendimiento. No podía pasarse por alto que el poder —aun el revolucionario— era un oficio hecho a la medida de los hombres. Me puse a reír. Abracé a Pía, la besé. Le diría a Tomás que si no podían confiar en mí, me despidieran. Le diría que yo misma me encargaría de Carlos si me enteraba de que era agente de la CIA.

Por la noche llamé a Carlos. Llegó a la casa de Pía. Cenamos los tres en la terraza viendo las luces de Managua en el horizonte.

Tomás no me despidió. Me quedé en mi trabajo hasta que tuvieron lugar las elecciones de noviembre de 1984. No faltaron quienes desconfiaron de mí porque sospechar era su oficio, su particular desviación profesional. No me gustó, pero sabía que era imposible calzar en todos los moldes. No se puede moldear la propia vida de acuerdo con los prejuicios infundados de los demás.

A Carlos bien pronto le llegó su turno de enfrentarse al hecho de que la libertad —aun en el país que se precia de ser el más libre del mundo— no siempre es lo que parece. Lo llamaron a Washington para una reunión. En presencia del consejo editorial de la radio, Otto Reich, funcionario del Departamento de Estado, lo acusó de hacer «propaganda sandinista» en sus reportajes. Reich trabajaba en realidad en una unidad secreta de la Casa Blanca que se encargaba de la propaganda negra contra la Revolución. Ante los jefes de Carlos desmenuzó e intentó desmentir sus reportajes. Más tarde filtró el rumor de que los sandinistas pasaban dinero a Carlos para que les sirviera de agente y que esto explicaba nuestra relación.

En noviembre el Frente Sandinista ganó las primeras elecciones realizadas después de la Revolución. La Casa Blanca no aceptó los resultados. A los pocos días Reagan apareció en televisión durante el Superbowl —el juego de fútbol americano con mayor audiencia televisiva— y acusó al sandinismo de recibir Migs soviéticos. A la mañana siguiente, mientras desayunábamos, una explosión hizo temblar las ventanas y los vasos, y nos dio un susto mayúsculo. Era un avión supersónico F-16 —Pájaro Negro— de Estados Unidos rompiendo la barrera del sonido sobre el espacio aéreo nicaragüense. Por varios días, todas las mañanas, ocurrió lo mismo.

—¿Qué vamos a hacer si hay una invasión? —me preguntaba Carlos—. ¿Te vendrías conmigo a Estados Unidos?

—Por supuesto que no —le respondía yo.

—¿Y qué haría yo? —se preguntaba—. ¿De qué lado de las trincheras estaría?

20

(Managua-Europa, 1974)

Durante seis meses estuve separada de mi marido, soberana-
mente libre en mi casa pequeña, entrando y saliendo de mi
vida secreta a mi vida normal, pero no era fácil ser madre soltera
en una sociedad como la nuestra. Mis padres se lamentaban, mis
hijas resentían la ausencia de la figura masculina. Mi esposo prometió sacudirse la apatía, salir de la cueva. Cuando decidí hacer
un nuevo intento por conservar el matrimonio, no entró en mis
consideraciones ni mi vida clandestina ni mi amor por Marcos
porque eran parte de una vida paralela, aparte, que yo adminis-
traba en otra carpeta de mi cerebro. Igual que lo hacían los hombres en mi país, que tenían amantes sin menoscabo de su matrimonio, yo había aprendido a compartimentarme magistralmente.
Supongo que pensé como cualquiera de ellos cuando acepté probar otra vez la vida de casada. Marcos y todo lo demás existían en
su propio universo con otras leyes físicas y químicas. Mi acepta-
ción no pudo darse en mejor momento. No acababan de instalarse otra vez en las gavetas de mi closet los calzoncillos, las camisetas, los calcetines masculinos, cuando Marcos sugirió que saliera

de Nicaragua, que me fuera a otra parte por unos meses. Después del operativo, me dijo, era de prever que la dictadura desatara una ola represiva inimaginable.

—Los primeros capturados serán aquellas personas fichadas como colaboradores sandinistas. A vos te detendrían en la primera redada —me dijo—. Será mejor que esperés en el exterior a que pase la tormenta. Después que evaluemos la situación, nosotros te avisaremos cuándo regresar. Tendremos que cerciorarnos de que nadie te delate entre los que detengan.

No recuerdo si al sugerir el viaje a Europa puse sobre aviso a mi esposo de que, además de una segunda luna de miel, se trataba de sacarme a mí de un apuro político sobre el cual nada podía explicarle. Algo debo haber dicho para justificar que tendríamos que dejar a las niñas con mis padres para Navidad. Sin embargo, la revelación exacta de mis vinculaciones peligrosas vino después, cuando le anuncié que no regresaría con él a Nicaragua, sino que esperaría en casa de mi hermana Lucía, cerca de Barcelona, el aviso de que la costa estaba despejada de riesgos para mí.

Me despedí de Marcos en el camino de las brumas. «Hasta la victoria siempre», me dijo citando al Che. Sonreí con una sonrisa liviana, alegre, para transmitirle mi confianza de que todo saldría bien. Ninguno de los dos necesitaba el recordatorio de que bien podía suceder que nunca volviéramos a vernos. Casi supersticiosamente evitamos el drama. Después de bajar del auto, se acercó a la ventanilla y me dio otro beso.

—No hagás nada que yo no haría —me dijo guiñando un ojo.

Lo vi alejarse, volver la cabeza una y otra vez, sonreír con la mano en alto. Las líneas de un poema de Joaquín Pasos, uno de mis favoritos, vinieron a mi memoria: «Es preciso que levantes la mano para llevarme de ti un recuerdo de árbol.» No tuve malos presentimientos. Eso me tranquilizó. Rara vez me equivoco cuando tengo malos presentimientos. Le había preguntado cómo me enteraría del operativo.

—Lo verás en las noticias —me dijo.

Los recuerdos del viaje son imágenes borrosas, ocupaciones de turistas, recorridos en autobuses altos de grandes ventanas por avenidas umbrosas. Los canales en Amsterdam. Multitudes en la Gran Vía en Madrid. Una cena en la Coupole con el primo Bernard, radicado en París; Lucía, y Antonio, su marido, en su pequeño apartamento. La Navidad con ellos. La salida hacia Italia. Mi esposo, pesimista consecuente, estaba seguro que era su primera y última visita a Europa. Quería verlo todo como pesada obligación aunque la mente ya saturada no supiera distinguir la nacionalidad de paisajes, museos, imágenes callejeras, aeropuertos. Yo leía los periódicos con mi mal francés, mi escaso italiano, buscando Nicaragua como palabra mágica, pensando que los compañeros no habrían encontrado la fiesta indicada, que algo fallaría porque se aproximaba el día de Año Nuevo y nada de noticias.

Regresábamos de Pompeya bajo el imponente Vesubio, sobre el camino árido con capas de lava que me recordaron las orillas del Volcán Santiago en Nicaragua. El autocar turístico se detuvo en un bar rústico a la orilla del camino. Teníamos quince minutos para correr al baño, tomar un café. De pie frente al bar tomaba un capuchino mirando distraída el noticiero de la eterna televisión de esos bares, cuando el mapa de Nicaragua apareció en la pantalla. El locutor dijo *guerrilleri sandinisti,* y el tiempo se detuvo para mí. Sentí que mi vida colgaba de las palabras del periodista que me esforzaba desesperadamente por entender. En eso, nos llamó el guía del autocar. Teníamos que reanudar la marcha. A mi lado, quieto, mi esposo también miraba el reportaje que acabó demasiado pronto, justo cuando el guía regresaba a llamarnos porque éramos los últimos. Atrasábamos.

—¿Qué pasó? ¿Entendiste algo? —me preguntó mi marido camino al autobús—. ¿Qué hicieron los guerrilleros?

—Algo grande parece —le dije— pero no entendí bien. Tendremos que esperar a leerlo en el periódico cuando lleguemos al hotel.

A partir de ese momento tuve dificultades para hablar. Un frío glacial se me extendió desde la espina dorsal hacia las extremidades. Tenía las manos y los pies helados y me castañeteaban los dientes. Me habría resfriado le dije a mi esposo, acurrucándome en el asiento, abrazándome las piernas contra el pecho, buscando sin proponérmelo la posición fetal. Con los ojos cerrados, sólo atiné a rezar las oraciones de mi infancia: Ángel de mi guarda, dulce compañía, no nos desampares ni de noche, ni de día; Padre nuestro, que estás en los cielos… líbranos del mal, amén. Las repetí todo el camino para que la imaginación no se me saliera de cauce; para no pensar en ninguna desgracia. Marcos, Marquitos que te pase nada, por el amor de Dios, repetía entre las oraciones, preguntándome cómo iba hacer yo para visitar el Panteón, el Vaticano, el Foro romano, cuando lo único que quería era estar acurrucada con los ojos cerrados, como quien espera que pase un bombardeo.

Durante los cuatro días que duró el operativo recé en todas las iglesias adonde fui. Imaginaba que Dios estaría de parte nuestra, no de Somoza, aunque no se me escapó la ironía de estar rezando en el Vaticano por el éxito de una operación guerrillera. Mi esposo se mostraba muy impresionado por el coraje de los sandinistas. «¿Quiénes serán?», se preguntaba haciendo conjeturas sobre la identidad de los guerrilleros, mientras desentrañábamos los periódicos intentando entender los reportajes en italiano. Hasta que volvimos a España no pudimos leer los pormenores.

El 27 de diciembre de 1974, el comando Juan José Quezada —nombre de uno de los compañeros que murieron en la misma fecha que Ricardo Morales— penetró en la casa del presidente del Banco Central de Nicaragua, José María, «Chema» Castillo, mientras se celebraba allí una fiesta. El comando lo componían cinco mujeres y nueve hombres numerados del cero al trece. Cero era el jefe. Tras liberar a mujeres, músicos y meseros, los guerrilleros conservaron como rehenes a Guillermo Sevilla Sacasa, cuñado de Somoza, a su primo Noel Pallais, a varios embajadores, al gerente de la compañía petrolera ESSO, así como a otros líderes políticos y empresarios.

El arzobispo de Managua, monseñor Obando y Bravo, fue nombrado mediador en las negociaciones entre el presidente Somoza y el jefe de los guerrilleros, el Comandante Cero, a quien las personas liberadas describieron como un hombre alto, blanco, bien parecido.

Casi un año más tarde Marcos me contaría los detalles: cómo se enteró de la famosa fiesta el mismo día por la mañana en *El Clarín*, programa radial de chismografía política de Lazlo Pataky, un polaco gordo, somocista pero con gran sentido del humor. Me contó las dificultades que tuvieron para detener a los taxistas —cuyos vehículos utilizó el comando para movilizarse—, porque al ver a los compañeros disfrazados de soldados de la Guardia Nacional, en vez de pararse, aceleraban la velocidad. Me habló de las armas, que sólo probaron una vez a medianoche del día de Navidad, aprovechando la pólvora de los fuegos artificiales que se encienden en Managua; la desafortunada resistencia del señor Castillo, el dueño de la casa, que intentó atrincherarse en su dormitorio y hacer uso del arsenal que guardaba allí, hasta que perdió la vida en un tiroteo en medio de un pasillo.

—De no haber sido por esto, nadie habría muerto. La acción habría sido perfecta —dijo.

Yo recordé que los rehenes elogiaron incluso la «cortesía» de los guerrilleros.

—Una de las señoras —sonrió Marcos— creyó que éramos ladrones y se tragó su anillo de brillantes. ¿Te imaginás pensar en eso en un momento así?

La población se desbordó a las carreteras a ver pasar los autobuses que llevaron a los guerrilleros al aeropuerto cuando al fin Somoza aceptó las condiciones tres días después.

—Nos vitoreaban. Fue muy emocionante. Pedimos que retiraran al ejército de las calles y la gente salió con pañuelos. Cientos de personas a lo largo del camino.

En el aeropuerto, el comando se reunió con los prisioneros políticos. La liberación de éstos, un millón de dólares, la publicación irrestricta de una serie de comunicados sobre la situación del país y las intenciones políticas del FSLN fueron algunas de las exigencias que aceptó la dictadura.

—Ver libres a los compañeros, los abrazos, el reencuentro con ellos fue lo mejor —dijo Marcos—. Contamos el dinero en el avión, rumbo a Cuba. Después de eso —añadió—, el Comandante Cero durmió casi tres días sin parar.

Nada como el éxito, la sensación de triunfo para que uno se sienta capaz de todo. Bañada en el resplandor de la audacia de mis compañeros, revelé a mi marido mi parte en la operación del 27 de diciembre. Por eso no podía regresar a Nicaragua aún, le dije. Tenía que pasar unas semanas con mi hermana. Volar a Barcelona y esperar allí que me avisaran. ¿Todos esos años y nunca le había dicho nada?, me reclamó. Ya decía él que yo acabaría metiéndome en problemas. Qué barbaridad. Pero era claro que una parte suya me admiraba, me respetaba. Hasta orgulloso se sintió de mí porque me acompañó a Barcelona, me dejó en casa de mi hermana con aire protector, como si al hacerlo él también participara de las glorias guerrilleras del sandinismo. Mi hermana Lucía me miró con sus ojos marrones agrandados de asombro. Pequeña, con la contextura física esbelta y delicada de mi madre, se casó también muy jovencita con su primer novio. En su mundo de inocencia y bondad, mis andanzas siempre le parecieron descabelladas pero muy diplomática, optaba por no opinar. Yo era su hermana y si necesitaba refugio, pues, hale, ella me lo daría. Me introduje entonces en su vida doméstica, paseándome como leona enjaulada por el apartamento y las calles grises de esa ciudad industrial, en la periferia de la gran urbe catalana. Después de mi vida de los últimos años me sentía fuera de lugar entre la mansedumbre afanosa de las mujeres de Martorell, que fregaban pisos, preparaban cenas y mogos para los niños mientras a los maridos se los tragaba el día lejos de allí. Buscaba en los periódicos inútilmente noticias sobre Nicaragua. Cuando regresaba Antonio del trabajo mis energías acumuladas salían en las acaloradas discusiones que él disfrutaba provocando. Su espíritu de contradicción más que sus convicciones políticas lo llevaban a retarme sobre cualquier cosa. En la cena, mientras él y yo desenvainábamos nuestra más acerada cuchillería verbal, Lucía nos miraba en vilo. Mediaba cuando yo despotricaba contra la barbarie española de la conquista, mientras Antonio se burlaba de mi romanticismo revolucionario. Con las lágrimas de Lucía llegaba la tregua. Como niños revoltosos nos retirábamos a dormir, detestándonos en silencio. Con el tiempo Antonio y yo hemos aprendido a respetarnos y querernos, pero en esos días éramos antagonistas fogosos y creo que, en el fondo, los dos disfrutábamos esos enfrentamientos como un espacio de pasión intelectual en la tranquila rutina de la vida.

Tras dos meses de este ejercicio, sin embargo, angustiada por mis hijas, sin recibir ningún mensaje de Marcos, consideré que era hora de decidir por mi cuenta. Llamé a Alfredo. Él no tenía la agilidad de Roberto para descifrar mis frases en clave. Deduje que aun si carecía de instrucciones precisas, su opinión era que bien podía volver a casa; que en las redadas de la dictadura, no había caído nadie que pudiera delatarme.

Salí, pues, de Barcelona rumbo a Panamá. Allí me esperaba mi madre para acompañarme en el vuelo de regreso a Nicaragua.

21

DE CÓMO MI MADRE ME AYUDÓ A PREPARARME PARA
UN INTERROGATORIO Y DE LO QUE SUCEDIÓ
A MI REGRESO A NICARAGUA

(Panamá-Managua, 1975)

Al llegar a Panamá habría deseado que mi mamá fuera gorda y amplia para hundírmele en el pecho y que el antiguo olor de la leche materna me devolviera a los días tranquilos de una infancia segura. Pero mi madre ni era gorda ni era mujer de grandes abrazos, apretones y mimos. Su amor era juicioso, preocupado. Desde que la vi en el aeropuerto supe que le costaba perdonarme la angustia que la hacía pasar, que no aprobaba mis enredos pero que tampoco se perdonaría abandonarme cuando más la necesitaba.

Panamá era el puerto de salida y llegada en la ruta de vuelo de Europa a Nicaragua. Mi mamá conocía el territorio y lo dominaba: los taxis, los hoteles, las tiendas. Ciudad de Panamá es un híbrido de Miami, Centroamérica y el Caribe; una ciudad de bancos, tiendas enormes, hoteles de lujo, viejas ruinas a la orilla del mar y un centro poblado por asiáticos, negros, indios en una amalgama de culturas ruidosas y coloridas pacíficamente entremezcladas. Volver de España a Panamá era, desde mis tiempos del internado en Madrid, un regalo. No porque la ciudad me gustara, sino por la luz, el verdor, la visión del Pacífico. Nada más bajar del avión sentía la energía del Nuevo Continente, el país joven, la actitud barroca de la gente con sus ropas de colores encendidos, su mezcla de razas, su español suave y melodioso. Los panameños padecían de una nacionalidad confusa, de un destino marcado por el Canal que los partía en dos y los abría hacia todas las latitudes, las razas y los comercios exóticos de la India, de China, de Indonesia; los puertos libres, el contrabando.

Nos quedamos en el hotel Continental en la zona llamada La Cresta. La desaprobación de mi madre hacia mis transgresiones se la noté en la manera de instalarse en la habitación, de sacar la ropa de la maleta y luego sentarse con la espalda recta sobre la silla, las piernas con las medias nailon cruzadas impecablemente, mientras fumaba sus infaltables Benson and Hedges largos. Pobrecita, pensé. Nada tenía que hacer en enredos de guerrillas y persecuciones esa mujer elegante, vestida con un traje sastre de verano, el pelo rubio corto peinado cuidadosamente, las uñas largas con esmalte pálido. Mi esposo la había puesto al tanto del problema pero ella quería que le contara los detalles. Se los conté. A pesar de su rostro tenso, en el fondo le gustaba estar en la posición de ser quien me tendiera la soga que me salvaría del precipicio. Suavemente, pausada, me interrogó. Contestó mis preguntas sobre lo que sucedía en el país. Se aseguró de que yo no quedara exenta de culpa: ah, mis pobres hijas, cómo me habían extrañado, cómo lloraba Melissa por mí. Mi pobre padre no dormía de la angustia; mi marido era una sombra consumida por la preocupación.

—Culpa tuya, mamá —le dije rebelándome—. Vos me enseñaste a sentirme responsable; a que me importaran los demás.

Ella no estaba allí para discutir conmigo, sino para ayudarme, me dijo. Cada cual entendía la responsabilidad a su manera. Me callé. No podía privarla de su desahogo. Era su distancia lo que más me dolía. La usaba muy bien. Yo rara vez lograba trasponerla. Al final me resignaba a jugar a su manera. Sin emotividad.

Nada de exaltaciones, exabruptos o perder la compostura si quería resolver el problema. Ya lo sabía yo. No bien acataba sus reglas, mi madre se ponía cómoda, se convertía en mi aliada formidable.

A la mañana siguiente, tras el desayuno en la habitación —parte esencial del encanto que los hoteles tenían para mi madre— entre las tazas de café, el pan con mantequilla, los pequeños frascos de mermelada, nos pusimos a trabajar. Le expliqué que debía prepararme para la eventualidad de que me detuvieran en el aeropuerto en Managua. Para salir airosa del probable interrogatorio necesitaba urdir lo que en argot guerrillero llamábamos una «leyenda», o sea la justificación de mis acciones antes y después del operativo de diciembre, incluyendo mis contactos con Marcos, Roberto o cualquier otro sandinista buscado por la dictadura. Escribí una versión congruente con la imagen de una muchacha romántica, inocentona que apenas había coqueteado con la rebelión política. Buscamos lagunas, nos aseguramos de que calzaran las fechas. Luego, memoricé todo. Entonces mi madre —que amaba el teatro y había actuado en varias obras puestas en escena en Managua—, asumió el rol del interrogador. Creo que revivió todas las películas sobre espías, torturas y lavados de cerebro que viera en su vida, porque no me dio respiro. Una y otra vez trataba de que me contradijera. Me acorralaba. Me provocaba. En medio de la tensión, no faltaron las risas. Su amor franqueó fronteras que jamás pensó alcanzarían en su maternidad. Pero ella lo hizo con suprema elegancia. Era pequeña mi mamá, difícil, se negaba las emociones, pero en momentos como aquél se revelaba como la mujer extraordinaria que fue. A veces pienso que nos parecíamos demasiado en querer trascender los límites, que resentía que fuera yo, no ella quien osara saltarse las trancas. Ella había escogido el deber. Yo, los sueños. En su propio flujo y reflujo me atraía o rechazaba, me frenaba o empujaba. Quería imaginar que las aguas de su vientre aún podrían fijarme un rumbo seguro pero yo me ahogaba en esas aguas. Quería nadar lejos. Ser otro océano. Creo que nunca lo entendió, que nunca supo muy bien qué hacer conmigo.

Imagino el temor que sentiría —todo el vuelo hacia Nicaragua iba rígida en su asiento con los ojos cerrados, rezando el rosario, las cuentas de cristal moviéndose a ritmo de las avemarías en sus dedos—, pero el hecho de que no intentara detenerme, que aceptara mi decisión, fue una señal para mí: me dejaba correr el peligro porque confiaba que yo tenía el poder para resistirlo.

22

~~~~~~~~~~~~~~~~~~~

DE CÓMO SOBREVIVÍ UN AÑO MÁS DE DICTADURA ENFURECIDA
Y DE CÓMO SE MULTIPLICÓ Y DIVIDIÓ EL SANDINISMO

(Managua, 1975)

No sé qué azar me salvó de ser capturada. Privilegios quizá; la Oficina de Seguridad tendría mejores prospectos o se les traspapelaría mi expediente. Desembarqué del avión, y pasé la aduana con el alma en vilo. Ya en la carretera atravesando la incipiente y fea zona industrial de Managua camino de la casa de mis padres, fue el gran suspiro, el gracias a Dios. Mi madre no se permitió más que una mirada severa en mi dirección. Pasada la angustia y el peligro, el reproche renació. En la casa, sobre la cama de mis padres —toda la familia amontonada en la habitación de grandes ventanales con persianas de madera, mis hijas subiéndose encima de mí— me ocupé de la pila de diarios que mi padre guardó para mí. Tan pronto empecé a leer los ejemplares todo el alivio de sentirme otra vez con los míos, en el hogar de mi infancia, se desvaneció. Pensé que los de la Seguridad me habrían dejado pasar para usarme como señuelo porque allí, periódico tras periódico, estaban las fotos de Roberto, de Martín, de la casa misteriosa del Crucero que por fin conocía —tan cerca del camino hundido entre los pastizales donde Marcos y yo nos ocultábamos—. Mi alegría de regresar se trocó en pánico. Mi padre me vio la cara de espanto. Ordenó que salieran de la habitación las niñas y mi hermana pequeña.

—Me van a capturar —dije—. Estoy segura. Conozco a esta gente —señalé el periódico—. Estoy segura de que la Seguridad lo sabe. ¡Qué voy a hacer! ¡No debí haber vuelto!

Las caras de mi padre, mi madre, mi esposo, graves, circunspectas. Ellos tenían menos idea que yo de lo que convenía en aquellas circunstancias.

—Quizá deba asilarme —dije—. Meterme en una embajada.

Estaba anonadada por lo que leía en los periódicos. Por teléfono y sólo con la información de los diarios de España, no me percaté del nivel de represión que se había desatado a partir del operativo de diciembre. Pero ahora la evidencia estaba frente a mis ojos. Redadas. Las cárceles atiborradas de todo aquel que sospechaban tenía vinculaciones con el sandinismo. Somoza había formado un tribunal especial —inconstitucional— integrado por militares que juzgarían a los civiles acusados de conspiración. El tribunal había empezado a ejercer sus funciones y a tomar declaración a los presos.

—¿Cómo es que no me dijeron nada de esto por teléfono? Me hubieran escrito —repetía yo.

Me vine a meter en una trampa por ignorante. Si yo creía que debía asilarme, él me llevaría a una embajada, dijo mi papá. Pero por qué no hablar antes con el médico que fuera mi pediatra, el doctor Carlos Baez, amigo de la familia. Él había estado asilado. Sabría qué hacer, cómo funcionaba el asilo, dónde me convenía solicitarlo. El doctor Baez, el mismo que me vacunó, que lavó mis heridas infantiles y que luego fue el pediatra de mis hijas, logró tranquilizarnos. Me aconsejó que no me asilara. Mejor esperar. Que no me hubiesen detenido en el aeropuerto era una buena señal. Asilarse era entrar en un mundo de incertidumbres. Podían pasar años antes de que se procesara el asilo. Viviría en una especie de tierra de nadie, sin poder salir.

Volví a mi casa. Las primeras dos semanas apenas quería salir a la calle. Me sumí en un estado de profunda paranoia en que hasta los vehículos estacionados en las aceras se metamorfoseaban en mi imaginación en figuras amenazadoras que se me echarían encima al menor descuido. Quería solamente estar en mi cama, ponerme en posición fetal y dormir chupándome el dedo. Me dio por desear vehementemente la presencia de mi padre. Ansiaba que llegara, me tomara en sus brazos y me meciera en una silla de balancines, cantándome canciones y diciéndome: ya, mi muchachita, ya. En mi niñez, los brazos de mi padre fueron la muralla contra la que se estrellaban todos mis miedos. Desde la adolescencia tuve con él una relación de complicidad que nació en el momento en que tomé la decisión de no temerle, ni verlo como la figura justiciera y autoritaria que mi madre invocaba cuando nos portábamos mal. Al principio me costó bromear con él y no callarme lo que pensaba, pero el efecto de mi actitud fue mágico. Nos hicimos amigos. Nadie ha sido más solidario conmigo en la vida, ni me ha brindado una confianza tan absoluta. La fe de mi padre en mí me hizo creer en mí misma, me permitió atreverme a ser quien era. Mi padre siempre ha iluminado mis sombras. Desde niña lo asociaba con la luz, porque eran sus brazos fuertes los que echaban a andar el motor diésel que alumbraba las noches en la casa donde veraneábamos; era él quien encendía las linternas en los frecuentes cortes de energía en la ciudad. Habría dado cualquier cosa por pedirle que me acunara hasta que pasara el peligro que me rodeaba, pero yo ya era una mujer adulta y debía asumir las consecuencias de mis actos.

Afortunadamente la vida resistió mis intentos de esconderme. Mis hijas necesitaban a su madre. Las finanzas de la casa me llevaron a buscar un nuevo empleo porque había renunciado al anterior antes de marcharme a Europa. Preocupada por mi estado de ánimo, Justine me invitaba a tomar café, a almorzar. Volví a ver a Róger. Conocí a su amigo José, historiador, flemático, que tenía hacia lo cotidiano actitudes de conspirador como si toda su vida fuese un continuo escapar de peligros innombrables. Los monstruos que lo perseguían lo llevaron años después a suicidarse. Mi hermano Humberto también me ayudó a recuperar el buen humor, el optimismo. Desde niño tuvo la facultad de inventar juegos en los que la fantasía se incorporaba a nuestra existencia. Inventó un país gigantesco del cual era presidente vitalicio, escribió su constitución, su geografía, hidrografía y etnia, en unos libros de contabilidad que mi papá le dio. Mis hermanos y yo habitábamos ese país, nos guiábamos por sus leyes y teníamos allí otro nombre. El mío era María Elena Shirley. Ya de adultos, seguía jugando a ser mi presidente, a darme órdenes. Me hacía reír a carcajadas exagerando sentencias de culpabilidad, tomando en broma mis miedos, metiéndose a mi casa subrepticiamente para simular un ataque. Recuerdo la vez que sabiendo cómo me hartaba que mi esposo viera televisión, saltó la cancela de mi casa y fingió un robo. Al llegar encontré la ropa tirada por el suelo, las gavetas abiertas. Estaba segura de que nos habían robado. Sobre todo cuando vi que faltaba la televisión. Desafortunadamente Humberto no pudo aguantar la risa. Encontramos el aparato oculto en el jardín.

Con el tiempo, mi hermano y yo llegamos a tener profundas diferencias políticas y nos ubicamos en polos antagónicos. La infancia es lo que nos salva del distanciamiento. Cuando estamos juntos, tratamos de ser niños otra vez. Si nos olvidamos de serlo y discutimos, saltan las contradicciones e inevitablemente nos herimos. Hasta ahora, sin embargo, las heridas no han sido lo suficientemente hondas como para separarnos.

Poco después de mi regreso a Nicaragua me reuní en Mazatlán —en la casa de Alfredo y Pía— con Pedro Araúz Palacios, la persona que al ausentarse Marcos quedó a cargo de la resistencia urbana. La atmósfera de aquel encuentro no pudo ser más distante de las memorias que me llenaban de nostalgia. Pedro —«Federico» era su nombre de guerra— era un hombre duro, tosco, con una mandíbula prominente que daba a su rostro una expresión autoritaria y poco amigable. Sin quitarse ni un instante las gafas de sol cuyos cristales de espejo me impedían siquiera adivinar sus ojos, me reprendió severamente por haber regresado al país sin esperar instrucciones. «Usted, compañera, estaba supuesta a viajar a Cuba. No debió haber vuelto. Desobedeció sus órdenes.» De nada sirvió que mencionara mis hijas, los dos meses que aguardé noticias. «De haberlo sabido, me habría ido a Cuba sin rechistar», le dije, por una parte sintiéndome halagada por lo que supuse eran instrucciones de Marcos; pero por otra, aliviada de no haber tenido que abandonar a mis criaturas. A Federico no le interesaban mis justificaciones. Su castigo consistió en mantenerme al margen, haciendo pequeños trabajos de traducción durante varios meses. A pesar de todo, tuve suerte y salí ganando porque me asignó de responsable a Jacobo Marcos, psiquiatra de familia palestina, un hombre dulcísimo que reía quedito, como tragándose la risa y tenía una mirada tolerante y escéptica a la vez, para lo humano o lo divino. Jacobo fue clave para mí en ese año de zozobras.

Jacobo y yo nos hacíamos pasar por terapeuta y paciente. Era una cobertura perfecta. Yo acudía a su consultorio todas las semanas, y en su despacho, que en mi memoria está siempre en penumbra y decorado de tonos rojos oscuros mezcla de español y árabe, contábamos con la privacidad que necesitábamos. Desde que lo vi por primera vez me encantaron su falta de solemnidad y su ironía. Tenía buen café en su consultorio. Pequeñas tazas de porcelana. Lo quise más cuando supe que fue él quien reclutó a Marcos para el FSLN, en París. Marcos adoptó ese seudónimo en honor a Jacobo. Éste conocía los entretelones del sandinismo mucho mejor que yo; a sus dirigentes y sus limitaciones. Esto resultó ser clave aquel año, porque hacia finales de 1975 el FSLN se vio envuelto en una crisis interna que culminó en 1976 con la división de la organización en tres facciones. Paradójicamente, la crisis se originó en el crecimiento del sandinismo después del operativo del 27 de diciembre, con el ingreso en la organización de una gran cantidad de nuevos cuadros que aportaban ideas y propuestas para hacer más efectiva y generalizada la lucha antisomocista. Esto puso a prueba la mentalidad tradicional de Federico y Tomás Borge que habían quedado al frente en Nicaragua mientras Marcos, Carlos Fonseca y otros dirigentes se preparaban en Cuba. La crisis marcó el momento donde chocaron tres concepciones dentro del sandinismo: Federico y Tomás sostenían que las columnas guerrilleras que operaban trabajosamente en las montañas del norte de Nicaragua eran el bastión esencial del sandinismo. Según ellos, el somocismo sería derrotado en operaciones militares irregulares en las zonas donde la guerrilla contaba con la ventaja del terreno, la selva, la movilidad. Por otro lado, el éxito innegable del operativo del 27 de diciembre, que rasgó el velo de miedo que pesaba sobre la población animándola a sumarse a la resistencia, reforzaba la teoría de Marcos de que las acciones en las ciudades serían más efectivas para poner en jaque a la dictadura. En su estudio de la historia de Nicaragua, Marcos llegó a la conclusión de que las insurrecciones eran la forma de lucha histórica en el país. Sería una insurrección generalizada, afirmaba, la que derrocaría a la dictadura. Otra tesis, la del grupo que se separó primero, argumentaba que la lucha se generalizaría sólo cuando se organizara al proletariado agrícola e industrial para convertirlo en el eje de la resistencia.

Estas tres concepciones dieron origen con el tiempo a tres tendencias: la de la Guerra Popular Prolongada (GPP), la Insurreccional o Tercerista, por haber surgido como tercera posición y la tendencia Proletaria. En los primeros meses de la crisis sin embargo las definiciones y diferencias no eran muy claras. Unos acusaban a otros. Y muchos nos sentíamos en tierra de nadie.

Para octubre de 1975 mi período de «castigo» había terminado. No volví a ver a Federico pero empecé a ver con frecuencia a Tomás Borge. La personalidad de Tomás combinaba el heroísmo más exaltado con las debilidades humanas más frívolas: la vanidad y la charlatanería sobre todo. Era pequeño, lo cual le atormentaba, con un rostro de guerrero mongol y la pose de alguien acostumbrado a imaginarse al frente de numerosas tropas. Poco refinado pero seductor, su corazón se conmovía con facilidad. Cuando se emocionaba era capaz de gestos deslumbrantes y generosos y de decir las cosas más sencillas de la manera más hermosa. Al ser un personaje mítico dentro del FSLN se comportaba como leyenda. Le encantaba impresionar, y uno no sabía cuánto de lo que decía era producto de su fértil imaginación. Yo admiraba sus largos años de clandestinidad, su experiencia de viejo zorro conspirador y la nobleza esencial que percibía tras su teatralidad. Para mí era como un niño grande al que era necesario cuidar para que no se metiera en problemas por andarse pavoneando como gallito de pelea por las calles.

Yo llevaba a Tomás a reuniones con sus contactos en la ciudad. Con él estas operaciones sencillas se tornaban complicadas, pues tenía la manía de desafiar el peligro: bajarse a comprar lotería en una esquina, por ejemplo, o ir en el carro como si en vez de ocultarse, querría que la gente lo viera. Dado que era una persona muy buscada por la dictadura, su temeridad no sólo me ponía nerviosa sino que me daba rabia. No le veía sentido a que nos arriesgáramos para que él pudiera sentirse muy macho. Nos hicimos amigos porque yo lo regañaba o contrariaba sus órdenes cuando las consideraba impulsivas o irracionales. Le gustaba que no me quedara callada. Aceptaba mis críticas riéndose de sí mismo y haciéndome confidencias sobre sus dificultades para adaptarse a un modo de vida que no iba con su personalidad.

El día en que Tomás me dijo que Roberto quizá me llamaría, en cuyo caso debía avisarle inmediatamente porque «el compañero se nos salió de una casa de seguridad», supe inmediatamente que algo no andaba bien. El preámbulo «ve, hija» de Tomás —que por ser cuarentón a menudo se situaba como figura paternal— me olió a nube negra, sobre todo porque le noté el esfuerzo por no darle mucho peso a sus palabras, como si pretendiera que no me diera cuenta de que me estaba pidiendo que le entregara a mi amigo, que antepusiera la lealtad a la organización a la amistad. Le seguí el juego y fingí no ver nada extraño en el asunto. Claro que sí, dije, si me llamaba le avisaría. No podía imaginar que podría haber llevado a Roberto a «salirse de una casa de seguridad», sobre todo a él, uno de los fugitivos más buscados del somocismo.

Me alegró oír la voz de Roberto al teléfono, imaginar su cara de pájaro, los anteojos sobre la cabeza, pero me alarmó la urgencia de su tono.

—Ve —me dijo—, estoy en problemas con una mujer celosa, serios problemas. El marido me anda buscando para matarme, así que necesito que me hagás un favor, pero que no le digás a nadie, a nadie, que me vas a ver. ¿Me entendiste?

Lo recogí en una esquina y durante varias horas dimos vueltas conversando dentro del automóvil. Por él me enteré de la división, de que Tomás y Federico habían llevado encañonados a Luis Carrión y Jaime Wheelock —los líderes del grupo disidente— a una embajada con la intención de obligarlos a asilarse. Luis y Jaime habían logrado salir de la embajada, Roberto de la casa de seguridad, y ahora el grupo, disidente y prófugo, necesitaba apoyo para salir del país y ponerse en contacto con Marcos y los demás dirigentes para informarles de lo que sucedía y exponerles sus juicios. Las diferencias de opinión debían resolverse discutiendo no a mano armada ni por coerción. Coincidí con él sobre todo en cuanto al derecho que tenían de que se escucharan y debatieran sus opiniones.

A partir de ese día y durante dos semanas me vi envuelta en una conspiración dentro de otra. Me cuidaba no sólo de la seguridad, sino de que Tomás no se enterara de mis nexos con los «replegados», como se les llamó a los disidentes. Busqué a Rosario Murillo, la poeta del Grupo Gradas. En su casa en un barrio popular de Managua se escondieron Roberto y los demás. Rosario y yo muy nerviosas al correr doble peligro.

En la universidad y diversos círculos se difundían las discusiones, los cuestionamientos a los métodos de dirección del sector más duro del sandinismo. La división empezaba a extenderse. Rosario se mordía las uñas mientras conversábamos en su casa decorada con afiches de grupos de rock, cojines en el suelo, cortinas de cuentas. Vestida muy a la moda hippie, con pulseras, anillos, ropa floja, con el pelo largo y los ojos grandes de venado perseguido, Rosario me contaba los entretelones de las disputas internas. Nos desilusionábamos juntas, asombrándonos de lo mal que andaban las cosas dentro de la organización. Tomábamos té de zacate, limón con miel, comparando notas sobre lo que cada una sentía porque nos parecía que todo se derrumbaba como en un nuevo terremoto. La imagen ideal, romántica del Frente Sandinista, se nos resquebrajaba. ¿Cómo era posible que no se les permitiera a los compañeros opinar? ¿Cómo tomaríamos el poder si la participación de la gente se reducía al apoyo clandestino de los grupos de combatientes de la montaña? Si el Frente se dividía, decía Rosario, no habría nada que hacer, sería mejor renunciar, dejarlo. Sí, decía yo, porque seguramente nos sucedería lo que a tantos movimientos en América Latina que se dividían en mil pedazos y luego se mataban entre sí. Ya ves lo que le pasó a Roque Dalton en El Salvador. Asesinado por sus propios compañeros.

Rosario cortó sus vínculos con Tomás que, según me contó, tenía la manía de aparecerse por su casa sin avisar. A mí, en cambio, Tomás seguía convocándome a reuniones, llegando a mi casa, pidiéndome que lo recogiera en diversos lugares en Managua. Cuando lo recogí, una de esas tardes, lo acompañaba una mujer menuda, bonita, con una blusa escotada y un aire de actriz de Vadim, entre sensual e inocente. La reconocí por las fotos del periódico. Era Charlotte Baltodano. Otra compañera muy buscada por la Seguridad. Ella y su esposo habían alquilado la casa donde se concentró el comando del operativo de diciembre.

—¿Crees que la compañera se puede quedar a dormir esta noche en tu casa? —me preguntó Tomás.

Le dije que sí, pero que considerara los riesgos. Mi casa no era el lugar más seguro.

—Yo sé. Yo sé. Es sólo por hoy.

A mi regreso de Europa, para congraciarse conmigo, mi marido me había dado una pistola, dinero y había aceptado reunirse una vez con Tomás. Ese único encuentro fue suficiente para disuadirlo de sus tímidas intenciones y de cualquier otro contacto con el sandinismo. Desafortunadamente, oyó cuando Tomás me dijo —al intentar yo mostrarle las rutas de salida de la casa en caso de emergencia— «No te preocupés por eso, hija, si viene la guardia, aquí morimos todos». El histriónico desprecio de Tomás por la vida fue demasiado para él. Por eso, cuando me vio entrar a la casa con Charlotte, cuya foto de fugitiva aparecía a menudo en los periódicos, se demudó.

—Es sólo por hoy —le dije para tranquilizarlo. Charlotte desapareció dentro de la habitación hasta el día siguiente. Al atardecer ambas salimos hacia Managua.

Criada en California, Charlotte hablaba el español con un leve acento. Tenía una hija, que desde que ella era clandestina, vivía con sus abuelos. Sólo de vez en cuando la veía, se lamentó apesadumbrada. Doblamos una curva. Un automóvil rojo, pequeño, estacionado al borde de la carretera, arrancó apenas pasamos y empezó a seguirnos. Vi cuatro pasajeros por el espejo retrovisor. Ese día más temprano había reparado en el mismo carro rojo. Lo vi dos o tres veces en el tráfico a mi alrededor pero después de hacer algunas maniobras para comprobar si me seguía, descarté mi temor. Ahora era ya demasiado tarde.

—Nos vienen siguiendo —le dije a mi pasajera.

Le tomó un instante comprobarlo. Después se inclinó sobre su mochila. Sacó unas zapatillas y se cambió los zapatos de tacón. Volvió a hurgar en la mochila y extrajo dos pistolas.

—¿Sabés disparar?

Asentí con la cabeza y ella me puso una sobre el regazo, bala en boca y sin el seguro. A las cinco de la tarde había un tráfico denso en la angosta carretera de dos carriles. Mientras avanzábamos despacio, mi mente barajaba probabilidades a toda velocidad. En un enfrentamiento nos matarían a ambas. Cuatro contra dos y ellos con más experiencia y mejor puntería. Imposible acelerar para eludirlos. El tráfico tan nutrido de alguna manera nos protegía, pero en cualquier momento los hombres saltarían del carro, nos cortarían el paso, abrirían fuego.

—No nos vamos a dejar capturar, ¿estás de acuerdo? —me dijo Charlotte.

Asentí.

Recuerdo claramente que me poseyó una impávida frialdad. Me pregunté si más adelante jeeps militares nos interceptarían. ¿Cuántos guardias podríamos eliminar antes de que nos mataran? Imaginé los jeeps rodeándonos. No tenía miedo, pero sí una sobresaturación de adrenalina. El tiempo se movía en cámara lenta pero mi mente funcionaba con aguda lucidez. Vi a pocos metros la entrada de una urbanización cuyas calles eran un laberinto de esquinas, rotondas y callejuelas que se trocaban en caminos vecinales. Impulsivamente, sin que mediara distancia entre la concepción del plan y su ejecución, aceleré mi Alfa Sud. Me desvié hacia la izquierda abriéndome paso a toda velocidad en medio de las dos líneas opuestas del tráfico. Los conductores nos gritaban; se apartaban azorados hacia un lado sin tiempo de reaccionar de otra manera. Partiendo las aguas de aquel mar Rojo de carrocerías alcancé la intersección y con un súbito giro a la derecha me introduje en el laberinto de calles hasta dar con un camino de tierra que sabía conducía al otro lado del valle de Ticomo, en medio de un barrio popular. Fue una maniobra audaz cuyos riesgos ni siquiera calculé. Lo cierto es que funcionó. Le perdimos la pista al carro rojo y pude llevar a Charlotte sana y salva a su destino.

En el trayecto de vuelta a mi casa, las piernas me temblaban violentamente. No le comenté nada a mi esposo. Temí que me capturaran ese día y nunca entendí muy bien aquella persecución que no tuvo mayores repercusiones para mí. Supongo que los de la Seguridad me seguían considerando un señuelo y esperaban atraparme con un pez gordo.

Cada día sentía más miedo. La situación interna de la organización se volvía más confusa. No sabía en quién confiar. Anhelaba creer que el sandinismo no se disolvería, que las gestiones de Roberto y los demás tendrían éxito, pero me aterrorizaba que me tocara enfrentar cárcel o peligros cuando me flaqueaba la fe, cuando temía que los esfuerzos de tantos años se vinieran abajo.

El cerco de la dictadura se estrechaba alrededor de mí. En diciembre capturaron a Jacobo. Días antes yo había detectado un automóvil con cuatro agentes de Seguridad vigilando su clínica. Falté a mi cita con él y le mandé un mensaje en que lo alertaba y le rogaba que tomara precauciones. Jacobo se confió demasiado.

Alfredo me transmitió las instrucciones de Federico de que abandonara el país de inmediato. Era de esperar que Jacobo mantuviera silencio bajo tortura durante una semana como estipulaba el código de honor sandinista, para dar tiempo a que nos pusiéramos a salvo aquellos a los que pudiera delatar. Pero sabíamos que después de la semana tendría que hablar y revelar algunos nombres para salvar su vida. No tuve dudas de que debía acatar la orden, aun si provenía de Federico. En menos de una semana tuve que prepararme para abandonar el país. Otra vez diciembre me traía separaciones y desastres. Mis pobres hijas y nuestros planes de Navidad. Ese año hasta había decorado para ellas el famoso arbolito con luces de colores.

Desolada y temerosa vagué por mi ciudad. Managua era como una niña desfigurada en un terrible accidente. Quemada, quebrada, pero sobreviviente. La resistencia de sus habitantes se transmutaba para mí en belleza, una belleza que trascendía cualquier consideración estética. Recorrí las calles, la carretera a Masaya con el gran volcán Momotombo al centro, como telón de fondo. El volcán parece un viajero más avanzando hacia el horizonte con una flotante estola de nubes. Visité mis árboles favoritos para recordar sus troncos y el verde brillante de sus hojas. Me llené el olfato de los olores que los vientos desparramaban. Entre el tráfico y el bullicio de los mercados fijé en mi mente las caras redondas morenas, nobles, toscas o delicadas de tanta gente sufrida que se negaba a perder la esperanza. Ojalá el sandinismo no los defraudara, pensaba. Ojalá no los defraudáramos.

El 20 de diciembre de 1975 con el pretexto de un viaje de vacaciones salí sola en un vuelo hacia México. Mientras, temiendo lo peor, esperaba en el aeropuerto que me llamaran para abordar el avión, acurrucaba a mis hijas para que el calor de sus cuerpecitos se me grabara en los flancos. Me sentía como un venado asediado por los cazadores.

—Acaban de llamarte por los parlantes —me dijo mi esposo inclinándose hacia mí.

Me puse de pie, tensa como resorte. Me demudé. Sentí pánico. Total y ciego, incontrolable pánico.

—Sentate, mujer. Es una broma —se mofó mi marido jalándome del vestido. Le perdoné muchas cosas, pero no ésa.

A la semana siguiente de mi partida, agentes de la Seguridad somocista se presentaron a mi oficina en la agencia de publicidad y se llevaron mis papeles. Pocos meses después mi nombre se añadió al de cientos de personas juzgadas por el tribunal militar especial. Mis padres contrataron un abogado defensor que leyó al-

gunos de mis poemas como prueba de mi amor por la patria. Me
condenaron a prisión en ausencia. A Jacobo los agentes de la Seguridad somocista lo enterraron de pie, en un patio bajo el sol inclemente, durante una semana dejando fuera sólo su cabeza. Sus
carceleros lo patearon y le vaciaron encima desperdicios y orines.
Pero no habló. Su silencio permitió que yo nunca cumpliera mi
condena.

23

DE LAS ANGUSTIAS QUE PASÉ EN OTROS AEROPUERTOS
Y LAS SORPRESAS QUE PUEDEN SOBREVENIR CUANDO
UNO DESCUBRE EL PODER DE LA IMAGINACIÓN

(Estados Unidos, 1985)

Mientras esperaba mi turno en Miami frente a los cubículos de inmigración, otra vez experimenté el mismo desasosiego que sintiera en el aeropuerto al abandonar Managua en 1976. Vivir bajo una dictadura condiciona los reflejos y desarrolla un temor instintivo e irracional hacia los uniformes. De nada servía que me repitiera que no corría mayor peligro en Miami. Viajar a Estados Unidos se había convertido en una verdadera tortura para mí desde 1983, cuando me di cuenta de que algo extraño sucedía con los trámites de mi visado. El consulado de Estados Unidos se demoraba varias semanas en otorgármelo y me lo daba restringida a una entrada y un mes. El visado llevaba una serie de números misteriosos en la parte inferior. Al llegar mi turno en la fila, los oficiales en Miami me miraban con ojos de sospecha, me hacían preguntas insólitas, como si era comunista. Varias veces me hicieron pasar a un recinto con el rótulo: «Secondary Immigration Inspection», un salón donde hombres morenos, árabes o asiáticos y mujeres sencillas se removían nerviosos en sus asientos.

Tras una serie de preguntas hostiles y horas de espera, finalmente me estampaban el pasaporte y podía proceder a reclamar mi equipaje. Sufría estas demoras y humillaciones pensando que eran expresiones de hostilidad hacia mi país. Tiempo después una abogada de inmigración nos aclaró a Carlos y a mí que los símbolos en la parte inferior del visado me clasificaba como una *excludable alien*, una extranjera sin derecho a ingresar en Estados Unidos de acuerdo a las previsiones de la sección 28 del *Mc Carren-Walters Act*, un documento de la época del macartismo. A los sandinistas se nos catalogaba como comunistas. Cada vez que yo solicitaba un visado, el Departamento de Estado debía aprobar la suspensión temporal de la exclusión ideológica mediante una exención especial. Sólo podía entrar en Estados Unidos si me invitaba algún organismo o universidad esgrimiendo su derecho constitucional a la libre información. Aquellas trabas y esperas en Estados Unidos me hacían recordar vívidamente las angustias contra las que había luchado y que pensé no tendría que soportar nunca más.

La primera vez que me encontré con Carlos en Estados Unidos yo había viajado a Nueva York, invitada por el *Nation Institute* a un encuentro que llamaron «Diálogo de Las Américas». Tras participar en interesantes debates con Susan Sontag, Luisa Valenzuela, E.L. Doktorow, Luis Armando Fernández, Kurt Vonnegut, Rose Styron, entre otros, me reuní con él. Quería que lo acompañara a Washington, D.C. y a la casa de campo de su familia en Virginia.

Nunca deja de impresionarme el contraste entre mi mundo y Estados Unidos. Bastan tres horas de vuelo para que la pobreza, el paisaje rural y rústico desaparezcan y surja junto al agua turquesa del Caribe, el *skyline* de la Florida, blanco, refulgente y opulento. En Nueva York ya no hay comparación posible. Es como ser Gulliver en el país de los gigantes. En Penn Station tomamos el tren a Washington, y luego un taxi hasta Hyllier Place, cerca de Dupont Circle. El *brownstone* donde vivía el padre de Carlos era una hermosa casa de tres plantas amueblada con bellas antigüedades italianas, porcelanas en estantes iluminados, alfombras *kilim*. Había un piano en el segundo piso y en la pared del comedor una increíble colección de platos esmaltados chinos, *cloiseonné*, con delicados dibujos. Su abuelo los coleccionaba, me dijo Carlos. El parquet de los pisos relucía y un ama de llaves delgada, con voz de niña y el acento francés de las islas Seychelles, nos sirvió muy formal la cena en una elegante vajilla de porcelana blanca.

La decoración, el ambiente de la casa, los cuadros con estampas de Venecia eran muy europeos. Más que en Washington me parecía estar en Milán. La habitación de Carlos en el tercer piso estaba llena de libros y conservaba aún el desorden de objetos y papeles acumulados desde la adolescencia. Era una versión de lujo de su cuarto en Managua. Comprendí por qué le divertía tanto su cuartito infernal, el *hell-hole* como le llamaba, con la cama angosta y las sábanas de Pluto y Mickey Mouse. No conocía muchos detalles de la familia de Carlos. En ese viaje me enteré de que su padre había sido presidente de la IBM en Europa, y su abuelo, un magnate italiano.

El carro en que salimos al atardecer hacia la casa de campo donde nos esperaba su padre era un viejo Chevette destartalado. Tomamos la ruta 66 hacia Virginia. Tras atravesar un pueblo llamado Warrenton entramos en un mundo rural, con un paisaje umbrío, boscoso, en cuyo horizonte se delineaba el perfil azul de las montañas Blue Ridge. Dejamos la autopista y nos internamos en un camino estrecho, bordeado por casitas pintorescas con el estilo típico de las viviendas del este de Estados Unidos. Era a principios del verano. Un verdor manso más profundo que el brillante escándalo del trópico nos rodeaba. Entre ondulantes colinas verdes se alzaban, aquí y allá, pequeñas y bien cuidadas iglesias bautistas, metodistas y de otras denominaciones. Pasamos graneros pintados de rojo, nítidas cercas blancas, pequeños estanques, laguitos artificiales. El tacto de mi memoria reconocía a tientas la escena como en un juego de múltiples imágenes. ¿Dónde vi esto?, me pregunté. ¿Dónde? ¿Era un *déjà vu,* o la premonición de que habría de transitar ese camino muchas veces? Trataba de explicarme la curiosa sensación cuando en mi mente perpleja se produjo la súbita claridad. Aquel paisaje era casi exactamente el mismo que servía de trasfondo para mi fantasía de otra vida en una casa de campo en la campiña inglesa.

Antes de conocer a Carlos hubo una época durante la Revolución, cuando exhausta por el exceso de trabajo y frustrada por las dificultades, me acostaba en la cama suspirando y diciéndome que si volvía a nacer tendría que buscarme una vida cómoda y sin preocupaciones. En mi fantasía me visualizaba siendo la esposa mimada de un hombre bello, artista, interesante, heredero de una cabaña antigua y acogedora en la campiña inglesa. Por la tarde él y yo saldríamos a caballo por senderos bordeados de setos a recorrer los bosques de pinos. Regresaríamos en el crepúsculo a sentarnos junto a la chimenea, entregándonos al simple placer de contemplar el fuego crepitante. Soy de las personas que creen que la mente tiene poderes insospechados, pero ir con Carlos por un paisaje así, y darme cuenta de lo mucho que él y todo eso se parecían a mi fantasía, se me hizo casi como un episodio de Rod Serling en *The Twilight Zone*.

—¿Hay caballos en tu finca? —le pregunté.

—Sí —me dijo.

—¿Podés creer que yo me imaginé en un lugar así? —le dije—. Cuando ni siquiera te conocía me imaginé viviendo en una casa de campo con un hombre parecido a vos.

Sonrió. Yo también sonreí. Ninguno de los dos vislumbraba en ese entonces un futuro compartido. Se lo conté como un sueño surrealista y fantasioso que jamás sucedería, que no tenía cabida en mi existencia de mujer nicaragüense, sandinista.

SEGUNDA PARTE

En el exilio

Vientos del pueblo me llevan
Vientos del pueblo me arrastran
Me esparcen el corazón
Y me aventan la garganta.

Miguel Hernández

24

DONDE LLEGO A MÉXICO EN VÍSPERAS DE NAVIDAD Y
COMIENZO MI EXILIO REENCONTRÁNDOME CON VIEJOS AMIGOS

(México, 1975)

Llegué a México despistada y jadeando, con la sensación de haber corrido desde Nicaragua dando zancadas por las nubes. El miedo me ayudó a no pensar en lo que dejaba atrás e impidió que me preocupara demasiado por el futuro. El viaje se me hacía una repetición de aquel del año anterior: salir corriendo en Navidad, esperar el desenlace de los acontecimientos, regresar. Róger, que tomaba en México un curso de grabado en el Taller de Gráfica Popular, me consiguió un hotel al que llegué en taxi desde el aeropuerto. Atravesé la ciudad iluminada para las fiestas; ciudad densa, interminable, la gente caminando apurada por las aceras con paquetes, los lazos asomados al borde de las bolsas rojas de los grandes almacenes Liverpool, el Palacio de Hierro.

Me instalé en el cuarto sobrio, con muebles modernos estilo *art déco*, me acosté en la cama a respirar hondo tratando de relajarme con los ejercicios que me enseñara Jacobo en su consultorio. Pobre Jacobo. Cómo estaría. Cuando me quejaba de paranoia, siempre me decía que un grado de paranoia en nuestro oficio era saludable.

A las diez de la noche llegó Róger —chaqueta de jean, barba, bigotes y su cara de beduino tropical—. Tomamos una cerveza. Notaría mi angustia, mi expresión de estar en otra parte, porque dijo que me llevaría a su taller. Quedaba muy cerca, me haría bien, me distraería. Caminamos por la calle. El edificio, que era mitad imprenta mitad estudios para grabadores, semejaba por fuera una casona destartalada de estilo colonial parecida a las casas de Granada en Nicaragua. Dentro las máquinas trabajaban haciendo un ruidaje monótono. Róger me presentó a los trabajadores con su modo escandaloso, diciéndoles que acababa de escapar del somocismo y era necesario que me alegraran. A la media hora, los hombres pararon las máquinas con las que se afanaban imprimiendo tarjetas de Navidad y decidieron hacerme un homenaje de bienvenida. Terminamos amontonados en un ático con olor a tinta, bebiendo tequila y cantando rancheras mexicanas; el mejor pretexto inventado por una cultura para gritar cualquier angustia que uno ande encima. Terapia baratísima y cálida que, en compañía de aquellos obreros desconocidos, fue el mejor regalo que pude recibir aquel día. Regresé contenta y conmovida al hotel.

—No estás sola, amor. No te preocupés. Yo les voy a avisar a los compañeros que estás aquí. Mañana vuelvo a desayunar con vos —me dijo Róger.

Supuse que a través de Róger establecería contacto con las redes sandinistas en el exilio. Por seguridad, no llevaba conmigo ningún número de teléfono. Pensé que localizar a Andrea y al Poeta que vivían en México sería fácil. Desde la mañana siguiente y mientras estuve en el hotel, no paró de sonar el teléfono. A mediodía mi habitación se llenó de gente. Con Róger llegaron William, Mary Jane, el Poeta. Grandes abrazos. Risotadas. Exuberancia vital. Pidieron Tecates y Coronas al cuarto, hablando sin parar, queriendo saber qué pasaba con el sandinismo, cómo estaban las cosas. La división había dado al traste con la compartimentación y la secretividad. La energía de los compañeros me reanimó. Ante el optimismo de ellos, reconsideré mi pesimismo. Decían que al fin se discutirían abiertamente los temas relegados y se abriría el debate entre la dirigencia y las bases. Nada estaba perdido. Al contrario, la amenaza de división era una oportunidad de liberarse de la rígida disciplina e intervenir en las estrategias y planes de la organización. Hasta entonces, el antisomocismo, el programa del FSLN habían permitido una cohesión básica, pero ya no eran suficiente. Era necesario discutir los métodos de lucha, evaluar la estrategia guerrillera, las alianzas con otras fuerzas. En mi opinión, les dije, la insistencia de los «replegados» de dar la lucha desde dentro había quebrado la noción de autoridad absoluta de los dirigentes más dogmáticos y ortodoxos, que se negaban a considerar las alternativas y posibilidades abiertas por el operativo de diciembre. El Poeta resultó ser el único que hizo una cerrada defensa de la estrategia de la Guerra Popular Prolongada. Descalificaba a los «replegados» calificándolos de intelectualoides, lo que animó el debate. No sé quién mencionó un libro que debía leer. «Vamos a la librería», dijo alguien y después iríamos a almorzar.

Las librerías de México eran el paraíso terrenal. Los libros prohibidos, inaccesibles en Nicaragua, estaban allí, pero eran caros y yo tenía que administrar bien los mil dólares que llevaba. No sabía cuánto tiempo tendría que vivir con esa cantidad.

—No te preocupés —me dijo uno de ellos echando una mirada de soslayo a mi bolso.

Al poco rato sentí que me deslizaba dentro uno, dos, tres libros. Miré la cara del culpable que fingía inocencia frente a un estante. Me puse nerviosa. No sabía qué hacer. Me hicieron señas de que saliera. Me pesaba el bolso cuando llegué a la acera. Me ardía la cara. Los miraba pero ellos como si nada. Cruzamos la calle. Pocas cuadras después llegamos a un parque. Sacaron los libros muertos de risa. Tres o cuatro.

—Primera ley revolucionaria —dijo uno—: el capitalismo nos ha usurpado. Los libros no se compran, se recuperan.

—Eso es robo —les dije—, no nos enredemos. A mí no me vuelvan a meter en esta situación. Me muero de miedo.

—No es robo. Los libros son ideas. Deberían circular libremente en la sociedad. Ser gratis o costar centavos. Cómo vas a creer que el saber sólo sea para quienes pueden comprarlo. El saber es universal. Nos pertenece a todos.

Estaban convencidos de sus argumentos. No pude disuadirlos. Pero si me ponía nerviosa no tenía caso que yo lo hiciera, dijeron. Para «recuperar», se requería sangre fría, de lo contrario uno se ponía en evidencia. Por lo pronto ya tenía libros que leer.

Andrea llegó con Felipe por la tarde, gesticulando excitada. Se alegraba de verme pero no era feliz. Lo advertí en su mirada ausente, misteriosa como siempre. Muy de ella compensar con gestos y palabras el tono opaco de sus ojos. Felipe parecía un universitario. Sencillo, serio, con una sonrisa de niño que se ha propuesto ser adulto. Conocía a su familia. Su hermana había sido una de mis compañeras de colegio. Andrea y él eran «profesionales» de la organización en México. A través de ellos me enteré de que Marcos y otros miembros de la dirección no aprobaban la actuación de Federico y Tomás en Nicaragua. Negociaban con ellos la reincorporación de los «replegados» a la organización. Era necesario impedir el fraccionamiento, pero no a costa de estancar el desarrollo. La táctica y estrategia sandinistas requerían ajustes, modernidad. Accedí a sumarme al grupo que apoyaba la mediación. Más tarde éste se convertiría en la tercera tendencia, la que promovió la estrategia insurreccional. Andrea se marchó y Felipe se quedó un rato más conversando conmigo en la cafetería del hotel. Mis temores de naufragar en una ciudad desconocida se esfumaban. Aquello era más bien como llegar al seno de una familia que me quería y se preocupaba por mí: la fraternidad, el calor de los compañeros me puso otra vez en contacto con esa extraña felicidad que sentí tan a menudo de forma inesperada en esos años de lucha. Era una felicidad al borde del precipicio y, sin embargo, tangible, profunda.

—Hoy en la noche va a venir alguien que conocés a buscarte —me dijo Felipe bajando la voz, inclinándose conspirativo hacia mí—. No necesitás contraseña. Bajá al lobby a las ocho en punto. Esa persona te podrá explicar mejor la situación. Y luego arreglaremos lo demás, dónde vas a vivir, todo eso.

Se fue. Subí a mi habitación como autómata siguiendo una orden. ¿Quién otro sino Marcos se anunciaría así? Muy de él mandarme un recado. ¿Quién más podía ser sino él? Pero si está en Cuba, me dije. Pero ¿qué sabía yo? Podía estar en cualquier lugar, el sigilo era su oficio.

Tenía el corazón agitado. Me costaba respirar. Me sudaban las manos. Necesito una pastilla de las que tomo para subir a los aviones, me dije. Si no, no podría ni vestirme, ni moverme. Me bañé, me peiné. A las ocho en punto bajé al lobby. No lo vi. Me acerqué a las vidrieras del hotel. Un hombre alto, de pelo oscuro, con una chaqueta gris, se aproximaba deprisa. Al llegar frente al hotel miró hacia dentro. Los ojos verdes. Salí con paso rápido. Un minuto después tenía la nariz contra su pecho y él me abrazaba fuerte, me soltaba, me miraba y me volvía a abrazar. Bromeé para disimular mi turbación. Caminamos alejándonos del hotel.

—Sabía que eras vos —le dije—. Lo sospeché desde un principio.

Se rió. El pelo oscuro realzaba el verde intenso de sus ojos, un verdor como el de los campos en Nicaragua cuando tras el verano, llegan las lluvias torrenciales. Ni la ropa opaca y desteñida lograba disimular su estampa. Noté la seguridad con que andaba por la ciudad. Hacía frío. La noche de diciembre iluminada por el reflejo de las luces, vibrante y despierta, transcurría a nuestro alrededor sin prestarnos atención. Éramos una pareja más. Aquí la muerte no nos acechaba. Era como salir al aire libre tras vivir mucho tiempo en las catacumbas. En la gran urbe éramos invisibles, la calle era un escondite acogedor. Tomé su brazo envalentonada por el anonimato. No sé cuántos semáforos cruzamos, cuántas calles, como si no tuviéramos más oficio en el mundo que caminar. Yo hablaba de cuanto suponía le interesaba saber. Me dejaba guiar por él intentando absorber su presencia. Su imagen llenaba tanto espacio dentro de mí que me costaba creer que hacía un año no lo veía, era como si ese vacío en el tiempo se hubiese cerrado tragándose todo rastro de ausencia.

Un mes después, la delicada dulzura de esa noche me haría llorar. Fuimos al Sanborns de Reforma a tomar café y pasteles.

—Comé, comé, que estás delgada —me dijo—. Tenés carita de

venado lampareado. Ya pasó, ya estás aquí. No tenés nada que temer.

Me tomaba la mano entre las suyas, acariciándola.

Hablamos largamente de la división. Él confiaba en que la mediación resultaría. Viajaría pronto a una reunión de toda la dirigencia. Mientras tanto el trabajo debía continuar. Qué bueno que ya no tendría que preocuparse por mi suerte, dijo. Desde hacía tiempo pensaba que yo corría demasiados riesgos quedándome en Nicaragua.

—Pero quizá pueda volver —le dije—. Si Jacobo no me menciona...

—Jacobo supondrá que saliste del país. Pensará que no corrés peligro. Algo tiene que decir para que lo dejen de torturar. Creo que no debés pensar en volver. Yo quisiera que te trasladaras a Costa Rica. Aquí ya tenemos suficiente gente. Allá hacen falta compañeros.

Hablamos de Jacobo. Le tenía mucho afecto.

—Yo me fui a Europa a los diecisiete años en un barco mercante, ¿sabés? Viví en Alemania, en Francia. En París conocí a Jacobo. Él hizo el contacto que nos permitió a varios sandinistas entrenarnos con los palestinos.

Muy de él confiarse, me dijo. Sin duda lo harían sufrir mucho y Jacobo era una persona delicada, muy sensible.

En el camino de regreso al hotel me narró anécdotas del operativo de diciembre. Le asombraba que la Oficina de Seguridad aún no diera con su identidad.

Esa noche, Marcos se quedó conmigo en el hotel. Abrigados y seguros recorrimos nuestras pieles como expedicionarios que al salir el sol descubren la isla misteriosa que exploraron en la oscuridad. Me impresionó su cuerpo fuerte, bien construido, cubierto de pelusa suave. Me recordó al *Discóbolo* de Mirón. Él me susurró al oído que era más bella de lo que imaginara. «Vos también», le dije yo. Fue solemne y jubilosa la noche, llena de ternura y de cierta timidez como si cautelosos tocáramos la imagen de un espejo que podría disolverse, desaparecer en cualquier momento, o fuéramos dos ciegos que recuperan súbitamente la visión y ávidos aprenden de memoria sus rostros temiendo que retorne la cegue-ra. Yo no pude dormir en toda la noche. Me senté en la cama a observarlo y lloré. Me dio una gran tristeza verlo dormido, tan hermoso, como un guerrero espartano bello, vulnerable y mortal. Fue entonces cuando tuve la exacta premonición de su muerte, de que no podría protegerlo. La certeza no me abandonó más. Luchaba contra el mal presagio, lo espantaba a manotazos, pero cuando Marcos dormía a mi lado, no podía mirarlo sin que los ojos se me llenaran de lágrimas. También me sucedía en otros momentos. Parpadeaba frenética para que él no viera mis ojos nu-blados de tristeza.

En las semanas siguientes nos vimos varias veces más. Me mudé a una habitación de alquiler en un edificio de apartamen-tos gris y sombrío, pero ubicado muy cerca de Insurgentes, la gran avenida que cruza la ciudad. Era un cuarto simple, como de ho-tel, amueblado con una cama, un gavetero y un sillón. Tenía cuar-to de baño y un closet. Las ventanas daban al patio de ventilación del edificio. No tenía teléfono pero había uno público en el pa-sillo. Marcos me ordenó que no le diera el número a nadie. In-cluso en México la dictadura nos vigilaba, me dijo. No era segu-ro dar el número ni siquiera a mi familia. Todas las semanas llamaba a casa de mis padres. En mi ausencia se habían hecho car-go de mis hijas porque mi marido consideró que no podía ha-cerlo solo. En el pasillo oscuro y húmedo del edificio me tembla-ban las manos antes de cada llamada. Me sentía como el centro de control de Houston restableciendo comunicación con la nave es-pacial después de cruzar la atmósfera. ¿Están bien las niñas? pre-guntaba. Después de que mi madre o mi padre me decían que sí, la sangre se me descongelaba en las venas. Sufría mucho por mis hijas. Oír sus vocecitas en el teléfono preguntándome cuándo volvería y no poder consolar el inocente desconcierto de aquellas niñas que no entendían la ausencia de su madre, me provocaba náuseas. El esternón se me hundía como un acerado puñal en el estómago. El aire de los pulmones me quemaba. Les hablaba de los niños pobres necesitados de ayuda, sonaba como monja mi-sionera cuando intentaba explicarles un compromiso que nos trascendía, un amor que obligaba a la renuncia de la familia inmediata por una felicidad futura que abarcara a otros. Sabía que no podían comprenderlo aún. Algún día lo entenderán, pensaba, «Algún día, hijo mío, todo será distinto», como decía el poema de Edwin Castro, asesinado por la dictadura. Por desgracia, el consuelo de esa esperanza estaba reservado sólo para mí. Para ellas lo único palpable era la ausencia. «¿Sos mi mamá del avión?», preguntaba Melissa. Maryam, vocera involuntaria de mi madre, me escarbaba la culpa con su tono de resentimiento. Mi pobre muchachita me escribió una carta con su letra infantil en la que me decía que si bien era cierto que había niños pobres en el mundo, los niños pobres tenían a sus mamás. Después de mis hijas se ponía al teléfono mi papá y terminábamos llorando. Mi mamá se dedicaba a lo práctico, a preguntarme si comía, si estaba segura, cosas así.

Al mes de estar en México, fui indiciada por el tribunal militar. Ya no podría volver a mi país hasta que cayera la dictadura. Fue el Poeta quien me mostró el periódico de Nicaragua donde apareció la noticia. No fue una sorpresa, pero recuerdo con precisión el vacío bajo mis pies, el vértigo de perder la remota esperanza a la que me aferraba. Tendría que rehacer mi vida en otra parte, ganarme el sustento para poder reunirme con mis hijas, definir mil cosas, decidir la suerte de mi matrimonio. Se abría un hueco oscuro, incierto. Mi única ancla eran los compañeros, las convicciones.

Siempre optimista, el Poeta me abrazó, me animó. Conservaba intacta su vitalidad, sus gestos amplios. Se había casado con una mujer extraordinaria que llegué a querer y respetar mucho, tenían un bebé. El Poeta era amigo de los poetas y pintores más importantes de México. Lo veía de vez en cuando en reuniones del Comité de Solidaridad o en casas de amigos.

Paradójicamente el exilio geográfico significó el fin del exilio de mí misma. Me liberó de tener que falsificarme para despistar y me permitió expresar libremente cuanto estaba amurallado en mí. En los primeros tres meses en México escribí el libro de poemas *Línea de fuego* que ganó en Cuba el premio Casa de las Américas de 1978. Ya no tenía que preocuparme por ocultar mis inclinaciones políticas. Los poemas me asaltaban todo el día. Abiertos los diques, emociones que creía olvidadas emergían a la superficie desde mis profundidades. Vertí la nostalgia en un torrente de palabras. Mis versos eran las boyas donde anudaba los recuerdos para que la marea no se los llevara. A falta de Nicaragua escribí sus nubes monumentales paseándose por el cielo azul como caravana de torres livianas transportadas por el viento; sus atardeceres despampanantes, su olor a lluvia, el verdor. El amor por ese paisaje me comprometía con mi pequeño país tanto como las ideas, el honor, el deseo de libertad.

En el cuarto, metida en la cama para calentarme, leí y escribí. En mi vida adulta nunca tuve tanto tiempo disponible sin interrupciones para hacerlo. Días hubo que no salí a la calle ni siquiera para comer. Sobre el muro de la ventana, usando la temperatura ambiente como refrigeración, tenía mantequilla, leche, mermelada, pan. De eso me alimentaba.

Algunas noches mi soledad se llenaba de Marcos. Llamaba o simplemente se aparecía. Mi oído reconocía el sonido de sus pasos encaminándose hacia el ascensor y aproximándose luego a mi puerta. Como nunca sabía con certeza cuándo llegaría, escuchar los sonidos del edificio se convirtió en mi obsesión nocturna. Durante esos meses Marcos afinó y terminó de formular su estrategia para tomar el poder: la insurrección. Ya no tenía dudas de que sólo las acciones militares en las ciudades permitirían al sandinismo movilizar al pueblo para derrocar a la dictadura. Habría que planificar tomas de cuarteles. El «cuartelazo» era la forma de lucha histórica en Nicaragua.

Otro asunto que le quitaba el sueño era la necesidad de alianzas amplias con otras tendencias políticas. El sandinismo no podía seguir comportándose como secta de guerrilleros, decía. Debía perder el miedo a la negociación, abrirse, sacudirse el infantilismo de izquierda, el dogmatismo que padecía. Hasta altas horas de la noche me hablaba de estas cosas, me leía fragmentos de historia. Era fascinante verlo urdir escenarios con pasión inagotable, lanzar hipótesis para que le diera mi opinión o simplemente para ver qué reacción me provocaban sus palabras. Creo que me usaba como público experimental. Valoraba mi insistencia en imaginar todas las consecuencias que se podían derivar de sus ideas, cierto escepticismo de mi parte. Me encantaba acompañarlo en estas largas disquisiciones. A veces me parecía que hablaba para oírse a sí mismo y explorar su propia convicción, pero otras intuía que quería asegurarse de que sus ideas serían comprendidas por los demás. Pienso que se percataba claramente de los peligros de una organización política que no reproducía a sus intelectuales y cuyos líderes morían tan frecuentemente como en nuestro caso. Las conversaciones con Marcos, la libertad de movimientos que significó el exilio, afianzaron mi sentido de pertenencia al sandinismo. Fueron meses intensos de reuniones frecuentes con otros compañeros para discutir los alcances de nuestro trabajo en México, y acordar una posición unificada para sumarnos al debate sobre el futuro del sandinismo. Como poeta e intelectual me correspondía relacionarme con artistas, escritores y periodistas mexicanos para asegurar su apoyo en la labor de aislar internacionalmente a la dictadura de Somoza. La tarea de mantenerlos informados sobre lo que realmente pasaba en Nicaragua era constante. Puesto que los medios de comunicación del país estaban censurados, dependíamos de los medios internacionales y de personas de prestigio que elevaran su voz, para dar a conocer las incontables y cada vez más cruentas violaciones de los derechos humanos por parte de la dictadura somocista. A través de artistas e intelectuales mexicanos se nos abrieron las puertas de importantes instituciones culturales, de las universidades y de centros de investigación. Así logramos llamar la atención sobre el caso de Nicaragua y generar un amplio movimiento de respaldo al sandinismo y de rechazo a la dictadura somocista. Me conmovía mucho la generosidad y la decisión con que nos apoyaban personas de enorme prestigio en México, como José Emilio Pacheco, Jaime Labastida, Pablo González Casanova, Elena Poniatowska, Efraín Huerta, entre otros muchos. Carlos Pellicer era presidente honorario del Comité de Solidaridad con Nicaragua, Thelma Nava era la incansable presidente en funciones. También nos apoyaban pintores como Arnold Belkin y José Luis Cuevas. Visité una vez a Cuevas en su casa de San Ángel con una amiga mexicana. El pintor se reponía de una dolencia cardíaca pero nos recibió en su habitación. Era una estancia hermosísima que servía también de estudio y biblioteca. Con su cara de seductor *enfant terrible*, Cuevas estaba acostado en una cama que, si mal no recuerdo, era roja con una especie de baldaquín. Charlamos un buen rato y nos regaló una de sus pinturas para que las subastáramos y obtuviéramos fondos para la lucha.

Los domingos, Andrea y yo nos convertíamos en vendedoras de *La Gaceta Sandinista* en el parque de Chapultepec. Montábamos una mesa, recorríamos las alamedas y acudíamos a los eventos musicales al aire libre, con una pila de revistas bajo el brazo. *La Gaceta Sandinista,* compañero, solidaridad con Nicaragua, pregonábamos. Nunca faltaba quien comprara la revista. México era el refugio oficial del numeroso exilio latinoamericano provocado por las dictaduras militares. Los idealistas y soñadores del continente iban a parar allí. Cada quién transformaba la dura realidad de su país de origen en plataforma de lanzamiento para las utopías más descabelladas. Cantando, hablando, escribiendo, pintando, nos entregábamos sin reservas a la mística del heroísmo. Pasara lo que pasase, teníamos que parir una vida mejor que aquella que nos forzaban a vivir. Éramos muchos deseando lo mismo. Demasiados. Y con tantas ganas. Las visiones se hacían tangibles hablándolas con otros.

—¿Cuándo te vas a ir a Costa Rica? —me preguntaba Marcos.

—¿No creés que podría pasar a la clandestinidad? Preferiría irme con vos de regreso a Nicaragua.

Sonreía. Me tocaba el pelo.

—Cada quién debe estar en el lugar donde es más útil. No te podrías esconder en ninguna parte. Sos muy vistosa. Te harías notar. No, no. Tu lugar es el exterior. El trabajo en el exterior es muy importante. Va a ser crucial a medida que echemos a andar los planes en el país.

Después de que fui encausada por el tribunal militar, mi marido anunció que viajaría a México para que habláramos. Sabía lo que tendría que decirle. Ya no más doble vida para mí. No quería tibiezas ni nadie que me jalara las riendas y no me dejara galopar junto a aquella manada de caballos en estampida que cambiarían la historia. Mis hijas y yo nos las arreglaríamos. Desde los diecisiete años me ganaba la vida. Ya conseguiría trabajo en Costa Rica.

Mi esposo llegó. Durante tres días apenas salimos de la habitación del hotel. Él se resistía a aceptar mi decisión. Se mudaría a Costa Rica conmigo, me dijo, cambiaría. Los dos lloramos mucho. Yo sentía que se me agotaban las lágrimas. Me dolía hacerlo sufrir. De nada servía ya que él cambiara. Hacía tanto no lo amaba, que apenas podía creer que algún día lo hubiese querido, que fuera el padre de mis hijas. Yo ya no era la misma. Huyendo de él para que no me consumieran su tristeza, su falta de entusiasmo, el temor pavoroso que tenía de vivir, terminé siendo otra persona. Él no era un mal hombre. Me daba pena dejarlo solo, enfrentado consigo mismo, pero no sería mi compasión lo que lo salvaría. Ocho años eran muchos días de estar juntos, sin embargo. Arrancar los recuerdos era también perder lo que de cada uno existía en la suma de los dos. Aunque la amputación fuera necesaria, el dolor era intenso. Varias veces estuve a punto de flaquear y ceder sólo para no ver más su angustia, pero hice de tripas corazón. No tenía caso prolongar una muerte anunciada. Me mantuve firme, repitiéndole una y otra vez que no podíamos seguir. Cuando comprendió que mi decisión era irrevocable, se enfureció. No recuerdo siquiera qué me dijo, pero verlo rabiar me liberó de la lástima que sentía. La rabia le sería más productiva, pensé, le ayudaría a reconstruir su vida, lo pondría en contacto con la furia soterrada que ardía en el fuego lento de su ácida melancolía.

Lo acompañé al vestíbulo del hotel. Subió a un taxi, rumbo al aeropuerto, sin decirme adiós, sin siquiera volver la cabeza.

Caminé triste pero aliviada hacia el apartamento de Andrea, preguntándome si existía una frontera ética entre las aspiraciones y las obligaciones. ¿Era un hogar lo que rompía? ¿Se recuperaría mi esposo? ¿Qué efectos tendría el divorcio en mis hijas? No tenía las respuestas. Sólo sabía que no podía actuar de otra manera. Me sentía desgastada emocionalmente, exhausta, pero los acontecimientos de la vida tenían su misteriosa razón de ser. El exilio me había forzado a tomar la tan postergada decisión.

Cuando detuvieron a un compañero con una libreta con direcciones en México, Marcos me indicó que debía cambiarme de casa. De mi cuartito gris y triste, me trasladé a una residencia de estudiantes en Coyoacán. Mi ventana se abría sobre el parque central y el aroma a pan recién horneado subía desde la panadería en la planta baja. En México me sorprendía constantemente el calor y la solidaridad de la gente. Para evitar los autobuses atestados, pedía *raid* a todas partes —todavía era seguro hacerlo—. Para mi asombro, los conductores, todo tipo de gente, sabían en su mayoría quién era Sandino. Los grandes muralistas mexicanos y los intelectuales de ese tiempo se encargaron de dejar historias y testimonios, pero también la acción de diciembre estaba fresca en el recuerdo de los mexicanos. Con Andrea —mi constante compañera en esos meses—, iba a universidades y colegios. Nos metíamos como la pobreza en todo rincón donde pudiéramos hablar del sandinismo y obtener cualquier tipo de colaboración. Andrea conservaba un aire de tristeza, pero en México se recuperaba y volvía a intentar el amor. Su devoción a la causa revolucionaria era una dinamo de energía que la mantenía activa y le infundía esa alegría interior, resistente a los infortunios, que existía entre nosotros como un plasma que nos alimentaba a todos. Formábamos una pequeña comunidad de sueños compartidos en la que no existía la soledad, ni la futilidad, ni el hastío. La familia de Andrea llegaba a México y me adoptaba como una hija más. Rodrigo, su hermano —que ahora es general y comandante en jefe del ejército de Nicaragua—, había participado en el operativo de diciembre. A través de él yo mandaba mensajes a Marcos a quien, después de que regresara de un viaje misterioso, apenas veía. Me cansaba de esperarlo, de la tensión de no saber nunca cuándo llegaría, de temer que quizá tocaría a mi puerta justo en el momento en que yo decidiera salir. Algo andaba mal. Estaba segura. Finalmente le mandé una carta donde le reprochaba que su lucha contra el sufrimiento ajeno no incluyera la pena que hacía pasar a una compañera. «No creo en el revolucionario que es capaz de amar al pueblo y no a los seres que tiene más cerca», como dijo Sartre alguna vez. Sólo quería saber qué pasaba, le decía, a qué atribuir sus ausencias.

Llegó a los pocos días. Me senté sobre sus piernas. Tomó una larga bocanada de aire y me confesó que había otra persona en su vida, una mujer muy buena que lo quería mucho y que recién se había reunido con él en México. Su tono parecía querer sugerirme que su dedicación a ella, su decisión de dejarme por ella, era casi un acto compasivo de su parte, como si de las dos yo fuera la más capaz de vivir sin él. «Vos sabés que siempre te voy a querer», me dijo con una sonrisa apesadumbrada, pidiéndome con la mirada que lo comprendiera, que siguiera siendo su amiga —la camaradería sobre todas las cosas—. «Vos sos fuerte», me dijo. «Vos podés superarlo.» Le seguí el hilo. Lo abracé, puse mi cabeza en su pecho y le agradecí su confianza. Sí que podría vivir con eso, le dije. Prefería que me dijera la verdad, a continuar conjeturando y esperándolo en vano. Y claro que sería su amiga, siempre sería su amiga.

Nunca las desgracias vienen solas, pero tampoco llegan sin consuelo. De mis penas de amor me rescató el poeta Efraín Huerta, que estaba casado con Thelma Nava. Efraín me ofreció trabajo. Tenía unos sesenta años. Había perdido sus cuerdas vocales por un cáncer en la laringe y hablaba con voz de ventrílocuo. A mucha gente le costaba entenderle, pero yo no lo encontraba tan difícil. Desde el principio hicimos buenas migas. «Te parecés a Sofía Loren», me dijo. ¿Cómo no amarlo tras semejante piropo? Más tarde me di cuenta de que su amor por Sofía Loren no era ninguna broma. La admiraba como un niño a Superman. Sofía era su ídolo. Soñaba con ella. Me enterneció esta reverencia suya por una celebridad porque no era hombre que se dejara impresionar fácilmente. Era más bien desconfiado, retraído, ácido a veces. Su poesía penetrante, cortante, lacerada, era urbana, implacable hacia la modernidad alienante y deshumanizadora, pero con una ternura muy suya hacia la condición humana. Entristecido por su enfermedad, Efraín se las arreglaba para conservar un feroz y pendenciero amor a la vida. Su signo era el cocodrilo y conmigo fue un cocodrilo manso que más que hacerme trabajar —me contrató para que le mecanografiara un libro de poemas—, me hacía pasar horas felices. Me daba dinero para trasladarme en taxi. A media mañana íbamos por Polanco del brazo a tomar un café. Cada día me dejaba al lado de la máquina de escribir, un paquete de cigarrillos y confites. Me regalaba libros, revistas. Pronto me di cuenta que me había ofrecido el trabajo, no sólo para ayudarme, sino también para que nos aliviáramos juntos las soledades y nostalgias de los naufragios. Ambos soñábamos con un lugar que aunque sólo existiera en nuestros corazones, nos atraía como un sitio real. Quizá fuera el país del que son originarios y al que quieren regresar todos los poetas, un lugar de equilibrios y armonías; quizá era nada más el lugar donde él recuperaba su voz y su fuerza, y yo veía crecer felices y seguras a mis hijas. Nunca lo hablamos. No era necesario.

Escribíamos poemas.

La confesión de Marcos me sumió en una profunda tristeza. La obsesión de ese amor me duró largo tiempo. Todavía hoy, evocar su figura trae lágrimas a mis ojos. El aura dorada e ideal de los héroes lo envuelve en mi memoria y tiende a soterrar su lado más humano y falible. Creo que nunca pude alcanzar a saber quién era realmente. Se quedó siempre en su cenote, en las profundidades de un mundo submarino que sólo él habitaba. Su amor por la Revolución lo absorbía todo. Apenas podía uno meterse por algún resquicio, ocuparle la atención más allá de un instante. Creo que eso nos sucedió a todas las mujeres que lo amamos. Fuimos varias, como lo descubrí más tarde.

Lo vi por última vez poco antes de marcharme a Costa Rica. Me invitó a almorzar en un viejo restaurante español que ocupaba el segundo piso de un edificio desgalichado, cerca del Zócalo en Ciudad de México. Era el lugar de reunión de viejos republicanos, veteranos de la guerra civil española, anarquistas. Eran hombres enjutos, severos, con rostros empecinados bajo las boinas vascas, como estampas goyescas. Fumaban y tomaban vino en pequeños vasos sentados tras las mesas de manteles blancos.

Marcos, más ausente que de costumbre, me trataba como antigua y querida amiga pero de vez en cuando su mirada se posaba sobre mí, escudriñando el fondo de mis ojos con amorosa preocupación. Hablamos de mis próximas tareas en Costa Rica, de la importancia clave que él atribuía a ese país tan cercano a Nicaragua y que de hecho era la retaguardia natural de nuestra lucha. Me indicó a quiénes debía contactar. Hacia el final de la comida, mientras tomábamos café, tiró la mirada por el salón.

—Son tan tenaces —dijo mirando con dulzura a los viejos de las otras mesas—. Continúan esperando contra toda esperanza que termine el fascismo en España.

Sin dejar de mirarlos siguió hablando. La terquedad de esos hombres era una lección que aprender, dijo; la resistencia de otros pueblos debía servirnos como una fuente de coraje. Eran las convicciones mantenidas contra viento y marea las que obligaban a lo imposible a parir lo posible.

—Si alguna vez vas a París, buscá en los quioscos de los libreros del Sena, libros sobre los maquis —me dijo—, la resistencia francesa contra los nazis. Y pensás en mí —sonrió, travieso.

Me besó suavemente en la boca al despedirnos en la acera. Di media vuelta para alejarme, pero después de unos cuantos pasos me volví para verlo una vez más. Caminaba entre los transeúntes, sus hombros anchos, su chaqueta gris confundida entre la multitud. Me sentí pesada y abandonada. Tuve que contener el deseo de salir corriendo tras él. No importaba si ya no me amaba, quería rogarle que por favor no se arriesgara, que no dejara que la muerte lo alcanzara. Tenía la certeza de que jamás lo volvería a ver.

La siguiente vez que lo vi, sus ojos sin vida me miraron fijos. Su cuerpo acribillado a balazos apareció en las páginas de los periódicos de Nicaragua. La dictadura lo mostró a la prensa como si se tratara de un trofeo de caza. Apenas lo recuerdo muerto, sin embargo. Lo veo caminar entre la gente, veo sus hombros anchos, su cabeza castaña.

Lo veo perderse lentamente en la distancia, bajo el brillo opaco y blanquecino del mediodía mexicano.

25

DE CÓMO ME INVENTÉ UNA NUEVA VIDA EN COSTA RICA
Y DE LAS DIFICULTADES QUE TUVE QUE ATRAVESAR
PARA REUNIRME CON MIS HIJAS

(Costa Rica, 1976)

Los rieles de una vieja vía férrea corrían paralelos a la calle frente a la casa donde viví mis primeros meses en Costa Rica. Me conmueve recordar cómo fui a parar allí, el amor de mis padres y sus intentos por hacerme retroceder a un tiempo ya ido para mí. Para ellos yo era tan sólo una muchacha metida en más problemas de la cuenta. Por eso, solícitos, me esperaron en San José aquel abril de 1976, con alojamiento contratado y arreglado de antemano: una habitación en una residencia para señoritas universitarias, bajo la tutela de una viuda muy formal y de buena familia, como decían ellos. Así fue que con las horas de vuelo que yo llevaba a cuestas, me encontré durmiendo en una suerte de dormitorio colegial. Mi habitación debió haber sido un rincón de lectura de la casona colonial, que doña Luisa transformó en dormitorio colgando una cortina para separarlo del pasillo que conducía al baño. En el reducido espacio apenas cabían la cama y un mueble con gavetas. Mi privacidad era precaria. El ambiente, las comidas con las otras muchachas, todas juntas en el comedor con doña Luisa a la cabecera de la mesa, me recordaban mis años en el colegio de monjas en España. Me sentía como la Madeleine de los cuentos. Sin embargo, mis padres estaban orgullosos de su hallazgo, y ya sin dinero no me quedaba más que agradecérselo y esperar a encontrar un empleo para alquilar un apartamento donde instalarme para recibir a mis hijas.

Después de Ciudad de México, San José parecía caber en un pañuelo. Una ciudad pequeña, verde, pintoresca, rodeada de montañas, flotando en la neblina de un clima húmedo y templado. El recuerdo de mis primeras semanas allí está permeado por la melancolía de largas caminatas. Caminaba bordeando los viejos rieles bajo la llovizna pertinaz, creyendo escuchar el eco de los trenes en la niebla. Como el rumor sigiloso de la lluvia, el significado del exilio me penetraba lentamente en los huesos, inundándome de un sentido de pérdida: mi país, mis hijas, Marcos. La tristeza no era, sin embargo, más fuerte que la convicción, que ponía las carencias en perspectiva y las tornaba pasajeras y manejables. Era el precio de la libertad. ¿Cómo pretender salvarme de lo que nadie se salvaba en mi país? Después de todo, lo mío era poca cosa comparado con la prisión, la muerte, la tortura. Más bien era afortunada. Pero, igual, tantos días de lluvia rala. No los aguaceros torrenciales de Nicaragua sino la lluvia tica, tenue y constante. Era como si la naturaleza se contagiara de mi llanto interior y me cubriera con velos de gasa, haciéndome vivir bajo el agua. Cualquier día me crecería moho bajo las uñas.

Los ticos eran amables, pronunciaban las «r» como «eshe». Siempre se han reído de nosotros los nicas por toscos, y nosotros nos hemos burlado de ellos por afectados.

El mismo día que llegué a San José, Julio Cortázar se presentó en el Teatro Nacional. Lo consideré un buen presagio. Era uno de mis escritores más amados. Leí *Rayuela* no sé cuántas veces. El Poeta me apodó la Maga por lo mucho que me identifiqué con ese personaje. Allí mismo en el teatro me encontré con Sergio Ramírez, uno de los contactos que me indicara Marcos, y acordé visitarlo en su oficina la semana siguiente. Sergio me presentó a Julio. Era altísimo, un niñote grande de ojos enormemente celestes, con un marcado acento francés mezclado con su hablar de argentino sin prisas. Me gustó que el hombre se pareciera a lo que escribía. Me gustó su humildad, su falta de pretensiones. Poco podía imaginar entonces que la vida me depararía la suerte de conocer muy de cerca a este bellísimo ser humano. Lo vi muchas veces en Managua después del triunfo de la Revolución, y en un viaje a París, cuando le dije que desde que leyera *Rayuela*, había tenido la fantasía de caminar con él por ese paisaje de sus ficciones, me acompañó en una larga caminata por las orillas del Sena.

A los pocos días en Costa Rica encontré trabajo en una agencia de publicidad cuyos dueños eran dos hermanos: uno con pinta de actor de telenovelas baratas y el otro apagado y con alma de burócrata. Ambos me hostigaban, el primero con incitaciones sexuales y el segundo, vigilando mis movimientos. No duré ni un mes en ese empleo. Renuncié en un arranque de rabia cuando el «actor» trató de ponerme la mano encima. Ese mismo día, supe por un colega que otra agencia de mucho prestigio buscaba con urgencia una persona para su departamento creativo. Me presenté a la entrevista y fui clara en cuanto a mi situación política, pues lo consideré un asunto de principios. Afortunadamente ser refugiada del somocismo era para los costarricenses, amantes de la democracia, un rasgo de valentía e integridad. Al día siguiente me avisaron que tenía el puesto. La experiencia de trabajar en Garnier fue muy feliz. Arnaldo y Alberto, los dueños; Luis y Hernán, mis jefes, eran personas muy nobles y me acogieron con un calor y una gentileza que siempre agradecí. Fueron solidarios conmigo más allá del deber. En la agencia entré en contacto con el aspecto más jovial y amable del carácter costarricense, el que ha hecho de ese país una isla de paz en la atormentada Centroamérica. Hernán, el director creativo, era un hombre en sus treinta, bien parecido, chispeante, agudo y lo suficientemente seguro de sí como para permitir que su personal diera rienda suelta a su imaginación. Nos llevamos de maravilla desde el inicio. En menos de tres meses recibí un sustantivo aumento de salario. Por fin estaba lista para mudarme y recibir a mis hijas.

En Costa Rica la red sandinista era incipiente como me había advertido Marcos. Me reuní con Jaime Wheelock, el máximo dirigente de los «replegados», en el restaurante Los Antojitos. Joven, bien parecido, tenía un modo peculiar de mirar a través de su interlocutor, como si vislumbrara en un lugar que sólo él podía ver el paisaje de las utopías que proyectaba. Educado en Chile, Jaime había investigado concienzudamente la historia de Nicaragua. Uno de sus libros me fascinó porque documentaba la resistencia indígena en Nicaragua durante la conquista y a mí, desde que era niña, mi abuelo materno, Francisco Pereira, me habló de lo aguerridos que habían sido los indios nicaragüenses. Recordaba la pasión de su voz cuando me contaba la historia de la princesa Xotchitl A Catalt, Flor de Caña. Montada en el caballo que el capitán español que era su amante le regalara, Flor de Caña no vaciló en salir con su arco y flecha a matarlo cuando éste atacó a traición a su padre, el gran cacique de Subtiava, Agateyte. «Muere, traidor de mi pueblo, ladrón de mi honra, asesino de mi padre», gritó la princesa atravesándolo de un certero flechazo para luego lanzarse galopando en medio de las llamas de la casa paterna.

Jaime recopiló en su libro hechos históricos que demostraban la falacia de la historia oficial, que afirmaba que los indios habían convivido mansamente con los españoles. Sus datos y los recuerdos de mi abuelo Pancho me inspiraron el personaje Itzá en mi novela *La mujer habitada*.

Jaime escribió también *Imperialismo y dictadura*. Este libro, prohibido por Somoza, fue una de las cosas que los agentes de la Seguridad incautaron de mi escritorio y usaron en el juicio para inculparme. Pude deducir de nuestra conversación que no compartía con Marcos el optimismo de que la reunificación del sandinismo sería posible. Dudaba de que los dirigentes más dogmáticos cedieran, y tuvo razón. Salimos del restaurante hacia la oficina de Sergio Ramírez. Con él trabajaría yo, me dijo Jaime, editando un suplemento llamado *Solidaridad*, que se publicaba semanalmente en el periódico *Pueblo*. Me asignarían otras tareas más adelante.

Recuerdo que Vanessa —su novia entonces— nos recogió en el estacionamiento.

—¿Crees que te verá? —le pregunté, pues nos ocultaban unas ramas.

—Claro que sí —me dijo con una chispa traviesa en los ojos— «Porque el ojo de la mujer reconoce a su rey / aun cuando las naciones tiemblen / y los cielos lluevan fuego».

La cita era de un famoso poema de Carlos Martínez Rivas. Este hombre tiene mucha seguridad en sí mismo, pensé, y mucha suerte de sentir que lo quieren así.

Sergio Ramírez, escritor, abogado, llegó a ser vicepresidente de Nicaragua. No conocía bien al hombre pero sí sus libros originales, mordaces, construidos como precisas piezas arquitectónicas. Me gustaba como escritor. Además, estaba casado con Tulita, una mujer morena, de pelo negrísimo, que formaba parte de los recuerdos mágicos que yo guardaba de los veranos en la playa durante mi adolescencia. En esas noches de Poneloya, mis hermanos y yo nos paseábamos por la costa y veíamos de lejos la casa de su familia, los Guerrero. Era una casa grande, eternamente a medio terminar, que tenía aspecto de morada de fantasmas. Quedaba fuera de la línea de la acera, casi sobre las rocas de un peñón. Estaba sin pintar, sin algunas paredes, con boquetes por ventanas. Sin embargo, allí se instalaba todos los años la familia, y el interior se veía desde afuera como si se tratara de una casa de muñecas. La Mansión Siniestra la llamábamos nosotros. De allí salían por las noches, bellas y esplendorosas, Tulita y sus hermanas, una de ellas pelirroja encendida, a bailar al club y a ganarse todos los premios de belleza. Asociándolo a estas memorias, Sergio me era familiar y nuestra relación fue desde el principio la de viejos amigos que se reencuentran. Sergio tiene el alma de un poeta romántico dentro de un cuerpo alto y grande que parece estorbarle, pesarle demasiado. Hombre a menudo absorto, es un amigo leal y generoso. Me tomó bajo su protección y fue quien más me ayudó en esos primeros días en Costa Rica cuando me sentí sola y perdida. Trabajaba entonces con un cineasta puertorriqueño en un guión sobre la vida de Sandino y para distraerme, me invitó a sus reuniones que eran muy entretenidas, llenas de anécdotas de la época en que Sandino era un hombrecito con un sombrero Stetson alón, que dirigía la guerra que peleaba una tropa de campesinos en las montañas de Nicaragua contra la marina norteamericana. La primera guerra de guerrillas del continente americano.

Por las tardes, después del trabajo, nos juntábamos en su despacho de director del Consejo Universitario Centroamericano —sede del programa de estudios de sociología más prestigioso de la región— a escribir y planear el suplemento que diagramábamos y armábamos artesanalmente pegando largas tiras sobre papel cuadriculado, como se hacía antes de las computadoras y el *desk top publishing*.

En su casa conocí a Armando Morales, quien es para la pintura nicaragüense lo que Rubén Darío para la poesía. Sus cuadros se exhiben en las grandes galerías del mundo, incluso en el Museo de Arte Moderno de Nueva York. Armando me pidió que fuera su modelo a cambio de retratos y dibujos. Posar para él en su estudio del barrio San Pedro era entrar en un remanso de quietud donde el pintor dibujaba apaciblemente mientras me hablaba de acuarelas, colores, los desafíos de la memoria, sus obsesiones. Traducía en texturas y matices la percepción vital que un escritor intenta que digan las palabras. Los estudios de mi cuerpo eran carboncillos magistrales y la experiencia de estar como detenida en el tiempo, el olor de las pinturas, la desnudez como inocencia y arte, se convirtió en una suerte de activa meditación que lamenté tener que dejar cuando otras responsabilidades me absorbieron.

Algún día espero, Armando me dará los dibujos que siempre olvido pedirle.

Sería mayo o junio. Andaba de compras en el centro de San José, preparándome para el traslado al apartamento que al fin alquilé, cuando oí que alguien me llamaba: «Gío, Gío.» Sólo una persona me llamaba «Gío»: Jimmy, mi novio de adolescencia, el primero. Mi madre lo detestaba. Era el mejor amigo de colegio de mi hermano Humberto; un biólogo precoz fascinado por los ofidios. Se aparecía por mi casa con boas u otros reptiles colgados del cuello y mi mamá no salía de su dormitorio.

—¡Jimmy! —exclamé alegremente viéndolo convertido en un adulto, tipo Jean Paul Belmondo. La cara de facciones dibujadas a grandes trazos correspondía al cuerpo atlético, fuerte. Lo recordaba en el trampolín en la piscina del Country Club, con un biquini diminuto, haciendo unos clavados perfectos.

Nos abrazamos larga y afectuosamente. Nos habíamos amado con la desesperación con que se aman los adolescentes. Yo con catorce años, él con diecisiete. La oposición de mis padres nos llevó a sentirnos como Romeo y Julieta. Sospechaba que él había sido una de las razones por las que mis padres me deportaron al internado en España. Durante unas vacaciones de verano que pasé en Inglaterra sin vigilancia de las monjas, le escribí y me escribió cartas largas y apasionadas que poco a poco se espaciaron hasta que perdimos el contacto. Ambos nos habíamos casado. Él vivía en Estados Unidos y estaba divorciado.

—¿Ya almorzaste? —me preguntó.

Era sábado. El almuerzo se prolongó varias horas en el restaurante que semejaba un granero rojo del Oeste norteamericano. Jimmy investigaba en Costa Rica la relación simbiótica de una mosca que ponía sus huevos en los de una rana. Atribuí su aparición a un milagro de la divina providencia. Desde el abandono de Marcos dudaba de mí misma —terrible debilidad femenina—. La soledad me perseguía en las calles, no bien salía de la oficina. La presencia de Jimmy me iluminó la piel. Sentí su mirada reconocerme mujer despojada ya de las torpezas de la pubertad. Para el postre, nos tomábamos las manos. Teníamos prisa por caer uno en brazos del otro, por culminar lo que empezara muchos años atrás.

Esa noche, después de una romántica cena, nos registramos en un hotel. Me aferré a Jimmy como si de su cuerpo fuera a surgir el tiempo inocente, la página en blanco de la adolescencia. Él me sostuvo apretada contra sí mucho tiempo, pasándome la mano por el pelo, acunándome. Yo me metí en sus brazos como caracol, como tortuga dentro de un cómodo y seguro caparazón.

Al día siguiente, domingo, me ayudó a trasladarme a mi apartamento. Metimos mis pocas pertenencias en su carro y me despedí de doña Luisa. La mudanza que imaginara engorrosa, se convirtió en una fiesta. Allí estaba él para encargarse de que funcionaran el gas, la luz, el teléfono. Nada como tener un hombre para ahuyentar el olor a encierro, a moho, a casa deshabitada. Me acompañó esa noche. El apartamento quedó inaugurado con risas, con los murmullos y gemidos de nuestro imprevisto romance.

Jimmy se quedó dos semanas. Con él me llené no sólo de energías, sino de la belleza del país que sería mi hogar durante varios años. Acompañándolo a buscar sus ranitas verdes, de estómagos transparentes, nos metimos en ríos de cauces umbrosos y vegetación exuberante. Vi insectos iridiscentes y geométricos, pantanos aéreos, nubes atrapadas en túneles de verdor. En el laboratorio de la universidad, bajo el microscopio estereoscópico, Jimmy me introdujo en la diminuta maravilla del musgo, el moho, el sistema circulatorio de sus ranitas.

Después pensé que el cielo me lo había mandado para darme fuerzas. Se marchó pero prometió regresar, llamarme. Terminé de arreglar mi apartamento. Con el nido amorosamente preparado, cumplidas todas las condiciones para recuperar a mis hijas, me desesperaba porque cada día recibía nuevas explicaciones sobre el retraso de su llegada. Una noche —el recuerdo es indeleble— me llamó mi papá.

—Hijita, tu marido se niega a mandarte las niñas. Dice que se quedará con ellas, que te demandará por abandono de hogar.

Aún hoy me marea reconstruir el recuerdo del cráter que se abrió bajo mis pies, dejándome hueca la piel; el alma precipitándose fuera como caballo desbocado. Mi papá siguió hablando. Mi marido consideraba que yo no estaba capacitada para responsabilizarme por el bienestar de mis hijas; que las dejaría abandonadas.

—¡Pero si él las depositó en casa de ustedes cuando me fui! ¡Es él quien no se ha hecho responsable! —exclamé incrédula.

—Sí, hijita, lo sé. ¿Qué te puedo decir?

Llamé a mi esposo. Quise conservar la calma pero no pude. ¿Cómo podía hacerme eso? Él conocía, mejor que nadie, las razones por las que me había marchado y no podía volver. Me contestó con arrogancia, desafiante. La maternidad no era apropiada para mí, dijo. Mis prioridades eran otras. No le interesaba saber qué sentía. Ya lo había decidido. Y colgó.

Creí que me volvía loca, sola en el apartamento, sin nadie con quien hablar. Lloré. Era tanta la furia apretándome el pecho que sentí que me estallaría el corazón. Nunca lo habría imaginado. No pensaba que mi marido fuera la clase de hombre que hace algo así. ¡Si no sabía qué hacer con las niñas solo! Por eso las dejaba con mis padres. Me arrancaba a mis hijas sólo para vengarse de mí. Y mientras tanto yo condenada a prisión, lejos de Nicaragua, ¿qué podía hacer? Tenía que existir una salida. Pensá, me dije, pensá. Necesitaba un abogado.

El abogado confirmó mis temores. Era un caso perdido. Yo era prófuga. No tenía derechos. Podía despedirme de mis hijas. No usó esas palabras, trató de ser cortés. Me pasó unos kleenex. Me llevó a mi casa.

Mi cuerpo se transformó en un penoso manojo de cables tensos y enredados, albergando la rabia ciega de la impotencia. Mi jefe, la secretaria, Sergio, todos me miraban compasivos. Me querían ayudar, pero no sabían cómo.

Mi mente no dejaba de trabajar, ni daba el asunto por perdido. Soy tenaz. Ante los problemas me planto como un boxeador que urde su estrategia para ganar la pelea. Algo me decía que no perdería a mis hijas; en alguna parte estaría la solución y yo debía encontrarla.

La encontré un día de semana, a la hora del almuerzo. Todavía recuerdo el momento, los tejados que divisaba desde mi ventana. Comprendí a Arquímedes saliendo del baño desnudo, gritando «¡Eureka!» por las calles. Quería hacer lo mismo. Había recordado la etapa en que mi esposo, queriendo congraciarse conmigo, me dio una pistola y dinero para colaborar con la lucha. A partir de ese recuerdo ideé una estratagema. Contuve mi excitación para estar totalmente calmada cuando llamara a mi esposo. Fui caminando a la telefónica. No era mi intención retarlo, pero la voz me salió desafiante cuando lo oí al otro lado de la línea.

—Te llamo para decirte que he decidido regresar a Nicaragua

—le dije—. Prefiero que mis hijas sepan que estoy en la cárcel a que piensen que las abandoné.

—Estás loca...

—Desde ya te hago responsable de cualquier cosa que me suceda. Además quiero que sepás que hablaré; les diré del dinero y la pistola que me diste. —Lo oí contener el aliento, atragantarse por la sorpresa, y colgué el teléfono.

Salí a la calle más alta, más fuerte, poderosa, como una diosa antigua, torva, vengativa, que defiende a sus hijos con las armas que sean. Me sentí feliz de ser mujer, de mi instinto, de ser quien era.

A la semana siguiente, una tarde de sábado, en julio de 1976, tras siete meses de separación, llegaron mis dos niñas preciosas. Maryam, feliz, aferrada a mí. Mi hermano Eduardo, sonriendo, me contó las veces que, de camino, le preguntó la hora, cuántos minutos faltaban para llegar. Melissa, con sus dos añitos, preguntaba si yo era su mamá del avión mientras exploraba el apartamento. Les había comprado una litera con escalera por la que subieron y bajaron no sé cuántas veces, fascinadas con la idea de dormir en una cama como ésa. Ya de noche, luego de los pasteles y dulces que quisieron, las acomodé en sus camitas, les conté cuentos. Cuando se durmieron, me fui a la cama agotada. Apenas dormí, sin embargo. Me levanté muchas veces para mirarlas, para comprobar que no imaginaba a mis dos hijitas dormidas tan cerca de mí, por fin.

26

〜∞〜

DE CÓMO CONCILIÉ LA MATERNIDAD CON LA POLÍTICA;
DE LOS AMORES Y AMORÍOS DESPUÉS DEL DESENCANTO
Y DE CÓMO SE CUMPLIÓ UN MAL PRESENTIMIENTO

(San José, 1976)

Mi soledad se llenó de sonidos. Las niñas bajando y subiendo las escaleras corriendo; sus pasitos de potrillos haciendo vibrar la casa. Jugaban en el parque adoquinado al que se subía por una rampa y que era el centro del complejo habitacional sobre el que convergían las puertas y ventanas de los tres apartamentos modernos, de dos pisos.

El barrio Sabanilla, cerca de la universidad, era seguro, tranquilo. Del trajín de la ciudad, se ascendía por la carretera hacia esa zona alta de ambiente campestre con muchos árboles y jardines. Con las niñas llegó de Nicaragua Cristina, una morena guapa que las cuidaba mientras yo trabajaba. Inscribí a Maryam en la escuela. El autobús escolar la llevaba y traía. La nuestra era una casa llena de mujeres. En su pequeño espacio mis hijas y yo recuperamos pronto el roce, el contacto perdido. Con la habilidad propia de los niños se adaptaron en un dos por tres a la novedad. A falta de un automóvil hasta la incomodidad de viajar en los autobuses urbanos les parecía una aventura. Me enterneció ver la rapidez con que me perdonaron la ausencia, la avidez con que me querían. Enrolladas como gatas las tres en la cama, les hablé de las razones que nos separaron, de cuánto las extrañé. No sabía si me entendían, si necesitaban oírlo o era yo quien necesitaba decirlo, pero pensé que les debía una explicación. Estoy convencida de que fue un acierto hacerlas partícipes de las difíciles realidades de esa parte de mi vida. Tuve dudas sobre si debía o no exponerlas a ese conocimiento, pero no hallé ningún motivo que justificara ocultárselo, ni quise obligarlas a vivir en un mundo ficticio. La confianza de los demás me había hecho crecer a mí. Confiaba en que la mía las haría crecer a ellas. Supieron que estábamos en el exilio, que su mamá era perseguida, que yo y muchos como yo trabajábamos para que ellas crecieran en un país donde todos los niños pudieran comer, vestirse, ir a la escuela. Un país sin dictadura, sin Somoza.

Desarrollaron un asombroso sentido de la discreción. Nunca me pusieron en aprietos. Fueron mis diminutas y más fieles compañeras.

Viviendo en Estados Unidos no puedo evitar comparar esta experiencia con la angustia que veo pasar a otras madres ante los pequeños desafíos que la vida les va poniendo a sus hijos e hijas. Aun la entrada de los niños al *kindergarten* la planifican como una arriesgadísima obra de ingeniería maternal, como si se tratara de criaturas de una fragilidad precaria. Me parece que, sin proponérselo, los sobreprotegen y no les brindan el espacio necesario para que entren en contacto con su propia fortaleza y desarrollen la entereza que les sería tan útil en la vida.

Apenas me sentí rodeada de mis hijas, apenas la angustia constante y profunda de tenerlas lejos se levantó de mi esternón y me dejó respirar, una ola de maremoto postergado se me echó encima. No sé si fue que necesité inventarme padeceres —más de una vez me he escamoteado la felicidad—, pero la imagen de Marcos, enorme, idealizada, reventó contra las costas de mi alma y se pasó llevando barcos, puentes, poblaciones enteras. Por esos días regresó Jimmy, el bueno de Jimmy que sólo ternura y mimo me ofrecía, y para colmo se le ocurrió proponer que me fuera con él a Estados Unidos. Cómo nos íbamos a permitir otro desencuentro, me dijo. Desde quién sabe qué hondura emergió de mí una medusa furibunda. Fui dura. Hiriente. ¿Cómo se atrevía siquiera a proponerme que dejara mi compromiso político? ¿Que acaso no se daba cuenta lo esencial, irrenunciable que era para mí? ¿Irme yo a Estados Unidos? ¿A Estados Unidos *of all places*? ¿Dejar lo que me hacía ser quien era para convertirme en la esposa anodina, incolora e insípida de un profesor universitario? Nunca jamás en la vida. Así como él tenía compromisos impostergables con la ciencia, yo los tenía con mi país. Recuerdo claramente que después, sola en la habitación, me hurgaba el pecho buscándome el corazón, preguntándome si no estaría hecho polvo. No me dolía nada. ¿Sería que sólo busqué en él un consuelo?, me interrogaba. Eso sería quizá. Y aquella furia era la constatación de que ningún consuelo era posible, de que el otro seguía plantado, inamovible, en el mismo lugar.

Trabajar era mi antídoto. Entre campañas publicitarias, organizaba por teléfono redes sandinistas de apoyo; escribía comunicados para mantener informada a la prensa de lo que sucedía en Nicaragua, artículos para *Solidaridad*. Por esos días llegó Fernando Cardenal, sacerdote jesuita que iba a Washington a presentar un informe sobre las violaciones de los derechos humanos en Nicaragua, ante la Subcomisión de Organizaciones Internacionales de la Cámara de Representantes, presidida por Donald M. Fraser. En la oficina de Sergio trabajamos noches enteras para ordenar los numerosos y terribles testimonios que Fernando logró sacar de Nicaragua escondidos en su cartapacio. Eran denuncias sobre campesinos lanzados desde helicópteros por la Guardia Nacional, fusilamientos sumarios, campesinas violadas, chozas incendiadas. La dictadura no descansaba. En el campo, en la ciudad, arremetía contra toda protesta, todo intento de rebeldía y contra los sindicatos campesinos y los obreros sindicalistas. El Congreso norteamericano investigaba. Ante ellos Fernando presentaría su informe.

Por esa época, probando antiguas estrategias de seducción, intenté recuperar la noción de mí misma, de mi poder de mujer conmocionado por el abandono de Marcos. Se despertó en mí un instinto casi masculino de conquista. Los hombres dejaron de sorprenderme. Comprobé que bastaban ciertos gestos, cierta tibieza de ojos abiertos, liberar la sensualidad con la adecuada dosis de atrevimiento o delicadeza para que me siguieran tal como si fuera el flautista de Hamelin. Aprendí qué costuras sutiles penetrar para que se tornaran dúctiles y dóciles. Decidí descifrar las mitologías que atribuían a mi género el caos, el fin de la racionalidad, la capacidad de provocar guerras y cataclismos universales con el mordisco a una manzana o el desatarse de una sandalia. La exploración disipó las dudas sobre mi poder pero no ahuyentó la tristeza. Comprendí que el único mecanismo de control del desbordado erotismo femenino es que requiere del amor para desatarse plenamente.

La poesía me abandonó. Apenas un poema ocasional. Sin Nicaragua me secaba. La belleza de Costa Rica no lograba despertarme. Demasiado plácida. Hasta las vacas parecían puestas a propósito en el paisaje bucólico y tranquilo. Echaba de menos los atardeceres furibundos, los árboles enmarañados, las cañadas y los aguaceros. Costa Rica se me hacía un agua mansa, leve como la llovizna interminable de San José.

Un día de esos nublados, apacibles —el 8 de noviembre de 1976—, temprano en la mañana, me llamó Alfredo desde Nicaragua. Su voz sonaba como siempre. «¿Qué tal?» Pero después del saludo, mi alegría al escucharlo «¿Y qué milagro, vos llamándome?», lo oí vacilar, quedarse callado.

—¿Qué pasó? —le pregunté—. ¿Pasó algo malo?

—Sí, Chichí —me dijo usando el nombre afectuoso con que me llamaba—. Rafael tuvo un accidente muy grave. Ayer. Murió. Está muerto. Quería avisarte.

Rafael era el seudónimo de Marcos. Recuerdo que Sergio Ramírez llegó a mi casa poco después. Me abrazó y en un gesto de gran dulzura me dijo que no debía quedarme sola, que me fuera con él a su oficina. Subí a su auto como zombi. Pasé la mañana sentada en un sofá, viéndolo trabajar, preguntándome cómo era posible que el día, la vida siguieran como si nada, que no se detuvieran. Salía y entraba la gente. El teléfono repicaba. Sergio me dio los detalles del jeep que los interceptó, los otros dos compañeros asesinados. Me ofreció casi tímidamente el consuelo de su compañía, su solidaridad. Siempre se lo agradeceré.

Yo no paraba de pensar en que, por la tarde, el repartidor llevaría el diario nicaragüense *La Prensa* a mi casa y tendría que ver la foto de Marcos muerto. Ocho meses habían transcurrido desde el almuerzo en México y otros más desde que él regresara a Nicaragua y fracasaran sus esfuerzos de mediación.

Su estrategia insurreccional, sin embargo, fue llevada a la práctica por la tercera tendencia del FSLN. Como suele suceder, los vivos se quedaron con el mérito. Los dirigentes de esta tendencia, entre ellos Humberto y Daniel Ortega —que llegaron a ser jefe del ejército uno y presidente de Nicaragua el otro— no rindieron a Marcos —su nombre era Eduardo Contreras— el honor que se merecía. Pasó a ser uno más entre los cientos de caídos, entre tantos héroes. Tras la Revolución se le puso su nombre a un mercado de Managua. Fue el único homenaje a este hombre excepcional.

La muerte de Marcos me dejó lloviendo por dentro y con un llanto que no fallaba noche tras noche. Cerraba los ojos y lo veía. Minuciosamente recorría cada memoria suya y no podía hacerme a la idea de que estaba muerto.

El mismo día en que Marcos murió, la Guardia Nacional anunció la muerte —en una emboscada en las montañas del norte de Nicaragua— de Carlos Fonseca, el fundador del FSLN. Ese mismo día también mataron en Managua a otro dirigente, Roberto Huembes, que era de la tendencia Proletaria. A mí me tocó escribir los comunicados de prensa y repartirlos a los medios. Todos los días los periódicos reportaban más muertos. Más sandinistas acribillados a balazos, los cadáveres con los ojos abiertos, la sangre.

ᗒᕐᕐᕐᗕ

27

DE CÓMO SE PUSO EN MARCHA LA INSURRECCIÓN

(San José, 1977)

Desaparecidos Marcos y Carlos Fonseca, no hubo más intentos de unificar al sandinismo. Yo me quedé trabajando con la tendencia que se llamó, indistintamente, Tercerista o Insurreccional. Poco tiempo después de la muerte de Marcos conocí a Humberto Ortega. Aunque se presentó como Alberto, lo reconocí por el parecido con su hermano Camilo. Tenía la mano derecha lesionada por un balazo que recibió al fugarse de la misma cárcel donde estuvo prisionero al fracasar su intento de liberar al jefe del FSLN, Carlos Fonseca. Me tendió, pues, la mano izquierda, flaca y larga. Su cara angulosa, los ojos penetrantes y avispados, la nariz recta rematada por la boca pequeña, el pelo negro corto con la raya al lado, trajo a mi memoria la figura caricaturesca de Peter Sellers en *La Pantera Rosa*. La combinación de sus rasgos físicos con los gestos nerviosos y con su manera presurosa de hablar usando la pregunta «¿me explico?» como muletilla, me hizo pensar que tendría que esforzarme para poder tomar en serio a este personaje. Sin embargo, me obligué a pasar por alto la desconfianza inicial que me inspiró porque estaba predispuesta a respetarlo y admirarlo, no sólo por el afecto que le tenía a su hermano, sino por su larga trayectoria guerrillera.

En uno de nuestros primeros encuentros lo pasé a buscar en un escarabajo Volkswagen de segunda mano que acababa de comprar. Después de meses de andar en transporte colectivo, me sentía en mi Pegaso particular.

—Uno de los faros delanteros está fundido —me dijo cuando subió.

—Pero si me acaban de entregar el carro —refunfuñé contrariada, mientras avanzábamos por una calle angosta del centro de San José hacia la avenida ancha que tenía que atravesar para llegar al lugar a donde nos dirigíamos. Entramos en el tráfico apretado de las cinco de la tarde. Circulábamos ya por la avenida, en medio del embotellamiento de los mil demonios que se producía cada vez que se jugaba fútbol en el estadio, cuando de pronto el automóvil se apagó con un estertor. Intenté ponerlo en marcha una y otra vez.

Mi nerviosismo iba en aumento porque otros conductores empezaban a pitarme, sacaban la cabeza gritándome para que me apartara. Humberto, mientras tanto, miraba a todos lados sin saber qué hacer porque él no sólo era un fugitivo en Nicaragua, sino también en Costa Rica. Si lo reconocían, podría ir a parar a la cárcel. Yo no podía creer la mala suerte de que el maldito escarabajo se negara a andar justo en ese momento. El sonido de los cláxones, el embotellamiento aumentaban. Era una locura.

—Mejor me bajo —dijo Humberto de pronto—. Si viene la policía estoy listo.

Se bajó y empezó a esquivar vehículos como un torero, hasta cruzar a la acera opuesta dando grandes zancadas, y perderse entre los peatones. A mí me tocó salir del auto y buscar entre quienes me hacían blanco de sus frustraciones, unos cuantos buenos samaritanos que me ayudaran a empujarlo. Fue una verdadera pesadilla, pero cuando estuve a salvo junto a la acera me dio un ataque de risa convulsivo. Reí tanto que se me saltaban las lágrimas. ¡Qué escena, Dios mío! Yo tan orgullosa de mi carro nuevo y llevarme ese chasco.

Cuando volví a encontrar a Humberto, nos reímos juntos. El percance nos hizo entrar rápidamente en confianza. Empecé a trabajar estrechamente con él en la organización de las redes clandestinas en Costa Rica. Humberto había asumido el mando y se preparaba para echar a andar las acciones militares y las alianzas políticas que desembocarían en una insurrección popular contra Somoza. Me envió como su delegada a reactivar el Comité Costarricense de Solidaridad con Nicaragua, formado por representantes de varios partidos políticos además de intelectuales y figuras de prestigio. Este comité sería muy importante para encauzar las simpatías del pueblo costarricense en favor del sandinismo. Necesitábamos contar con redes de apoyo sólidas, pues Costa Rica era la retaguardia natural para la lucha de Nicaragua. Honduras y El Salvador tenían regímenes militares aliados de Somoza y operar en esos países era mucho más arriesgado. Por esa época me encomendó que lo pusiera en contacto con Sergio Ramírez. Organicé, en casa de un amigo cineasta, la reunión donde se encontraron por primera vez. Con la ayuda de Sergio, Humberto empezó a poner en práctica otra de las ideas de Marcos: la de reunir a una serie de nicaragüenses notables. Debían ser personas con prestigio profesional, conocidos por su honorabilidad o por oponerse a la dictadura. La idea era que estas personas, en un momento propiciado por las acciones militares, constituyeran un gobierno alternativo incluso en el exilio. Se trataba de constituir el núcleo de lo que sería un gran frente antisomocista que agruparía a partidos, organizaciones, sindicatos y cuantos quisieran unir sus fuerzas contra Somoza. El objetivo era que el sandinismo perdiera su carácter de secta guerrillera y promoviera una alianza nacional para derrocar a la dictadura.

Entre las personas que Sergio propuso estaban los hermanos Fernando y Ernesto Cardenal. Ambos eran sacerdotes católicos. Para hablar con ellos e invitarlos a formar parte de este gobierno provisional, acompañé a César, el hermano de Marcos, a Los Chiles, un pueblecito en la frontera con Nicaragua. La reunión tuvo lugar en la hacienda Las Brisas, un paraje bucólico a orillas del río Frío, pequeño afluente del gran río San Juan. Allí vivían mi amigo el poeta José Coronel Urtecho y su esposa, María.

César, mi compañero de viaje, no tenía la dimensión mítica, el aire de autoridad, o la presencia de su hermano. Era más terrenal y accesible. Fumaba pipa. Usaba camisas estilo Lacoste, pegadas al cuerpo. Era médico. Guapo. Además, me hacía reír —siempre he tenido debilidad por los hombres que me hacen reír—. Temí enamorarme de él para quedarme prendida del fantasma del otro, pero me salvé porque siguió los pasos de su hermano. Poco después se casó con la que fuera su cuñada.

El avión que abordamos para viajar a Los Chiles era un DC-3 antiquísimo y seriamente destartalado. Parecía un bus urbano con la tapicería rota y anuncios de jabón y cerveza sobre los asientos de los pasajeros. En la parte posterior de la cabina, al lado de una pareja de comerciantes, viajaba un cerdo grandote en una jaula. César y yo nos reíamos preguntándonos adónde iríamos a parar en aquel aparato desvencijado.

—Agárrese duro, compañera —me dijo conteniendo la risa cuando las hélices empezaron a girar con un ruido infernal.

Fue un viaje terrorífico. Dejé el brazo de César crucificado de arañazos. El avión daba tumbos, descendía súbitamente cientos de metros por efecto de las bolsas de aire que el piloto parecía no saber o no querer evitar. El cerdo gruñía sin cesar mientras a mí se me saltaban los ojos de sus órbitas y me parecía que veía el mundo por última vez. Menos mal, pensaba, que mi última visión sería el perfil de Nicaragua, el lago tenso y plomizo en el horizonte.

En Los Chiles todo el pueblo se apretujaba a un lado de la pista esperando el aterrizaje. Jamás había estado en un lugar tan pobre y remoto. Me sentí transportada a un pueblo en el Amazonas. El aeropuerto era una pista de tierra, y el equipaje lo tomamos directamente de la panza del avión. En la plaza de Los Chiles, un cuadrilátero rodeado de casitas de tablones de madera sin pintar que flotaba en un aire polvoriento, nos recogió el jeep de la hacienda. La vegetación parecía haber huido espantada de los seres humanos. Sólo cuando dejamos atrás el pueblo empezó el verdor.

A la entrada de la hacienda, el conductor detuvo el jeep frente a un grupo de personas. Querríamos saludar a doña María, dijo. En Nicaragua doña María era un personaje legendario que su marido había inmortalizado en un poema extraordinario titulado «Pequeña biografía de mi mujer». El poeta cantaba allí el carácter fuerte y emprendedor de su esposa quien además de haber tenido y criado diez hijos, era la que dirigía la hacienda. Manejaba el tractor, la lancha, supervisaba las cosechas, el ganado, mientras él llevaba una vida contemplativa dedicada a la literatura. Cuando la vi ese día la identifiqué por los ojos verdes, las pecas, pero parecía un trabajador más, vestida con camisa y pantalón caqui, con el pelo muy corto bajo la gorra y un cigarro en la boca. Hundida en el lodo inspeccionaba un tubo de riego. Me dio un apretón de manos fuerte y varonil, y nos mandó a la casa. Con el tiempo doña María y yo llegamos a querernos, pero ese día sentí que me miraba con hostilidad, como si resintiera mi pelo largo, mi juventud, una parte de ella perdida hacía mucho.

Don José nos recibió en Las Brisas vestido con pantalón oscuro, camisa blanca de manga larga y boina negra. Reconocí el paisaje de sus poemas y prosas: la casa de barandas amarillas con techo a dos aguas y estilo caribeño, en medio de la vegetación abundante, las garzas en la ribera, el pequeño muelle junto al río. Por allí habían pasado incontables viajeros cuyos cuentos poblaban las narraciones de Coronel. El aire de lugar mítico del conjunto quedó grabado en mi imaginación y encontró vida también en mi literatura. Cuando escribí *Waslala*, mi tercera novela, recreé la casa junto al río e hice del poeta y su mujer, personajes de mi saga. El poeta Coronel me llevó a su biblioteca, mientras esperábamos a Ernesto y César hablaba con Fernando. Era una estancia con ventanales. En los toscos anaqueles, se amontonaban los libros alineados en dobles hileras. Había revistas y periódicos en el suelo, papeles sobre el escritorio. Tal como lo imaginara, don José era un hombre feliz. Se notaba en sus ojillos azules, chispeantes, curiosos. Su rostro afable era muy rosado, con la nariz ligeramente curvada. El pelo blanco, ralo en las entradas, era abundante y más bien largo. Entusiasta eterno de las visitas y la conversación, me enseñó su estudio y me habló de Ana Akhmatova, la poeta rusa que leía en esos días.

—Tenés que leerla —me dijo—. Tiene esa pasión que tenés vos, pero la de ella es un fuego hacia dentro. Es atormentada pero extraordinaria.

No olvido la llegada de Ernesto vestido con jeans, cotona blanca y sandalias, que venía de Solentiname en una panga con Laureano. El barquito atracó en el muelle deslizándose sobre el agua sin ruido. Ernesto Cardenal es uno de los poetas más conocidos y traducidos de Nicaragua. Después de ser monje trapense, discípulo de Thomas Merton, había dejado la Trapa para fundar en una isla de nuestro gran lago, una comunidad utópica. En Solentiname, los campesinos escribían poesía y pintaban exquisitos cuadros con un estilo primitivo, *naïf*. Ernesto les enseñaba estas artes y predicaba el Evangelio.

La reunión con Ernesto y Fernando tuvo el resultado esperado. Ambos aceptaron ser miembros del proyectado gobierno provisional. Ernesto era más bien callado, pero cuando hablaba lo hacía con firmeza. Desde que lo conocí me di cuenta de que era una persona que se entregaba sin vacilaciones una vez que comprometía su lealtad. Fernando era dulce, extrovertido, más accesible, pero igualmente decidido. Eran claramente hermanos en su manera de no andar con medias tintas.

Recuerdo esa noche húmeda, llena de olores vegetales, el agua del río, los cantos de los pocoyos, las nubes de luciérnagas y el graznido de las garzas en la mañana. Ernesto se marchó temprano con Laureano Mairena, joven poeta campesino de su comunidad cuyo rostro guardo con la luminosidad que la memoria otorga al recuerdo de los muertos. Nunca volví a verlo. Murió en la guerra. Ernesto le escribió un poema hermosísimo que cada vez que lo oigo me hace llorar.

César y yo hicimos el viaje de vuelta en una avioneta de diez plazas que me hizo añorar con nostalgia el avión destartalado. El piloto llevaba pelo largo y una camisa estilo hawaiano, estampada con flores y pericos. A saltos y tumbos llegamos a San José.

Mis dificultades empezaron cuando finalmente me enteré con

precisión de los planes definitivos para desencadenar la insurrección. A mi manera de ver ésta tendría que ser el resultado de un proceso paulatino en que las acciones militares se acompañaran de un trabajo de organización en barrios y comarcas rurales que indujera a la gente a incorporarse a la lucha armada. Según Humberto Ortega, sin embargo, la insurrección sería el producto de una sola operación militar magistral. Su plan consistía en atacar simultáneamente una serie de cuarteles de la Guardia Nacional. Tras estos ataques, el pueblo se levantaría en masa y tomaríamos el poder. Eso fue lo que expuso una noche en San José a la célula sandinista que se reunía semana a semana en mi casa a estudiar y dar seguimiento a nuestro trabajo clandestino. Las caras alrededor de la mesa expresaron duda e incredulidad. Éramos seis. Tres de ellos eran estudiantes de sociología, Óscar Pérez Cassar, Marcos Valle y Blas Real. Dos eran, como yo, exiliados por sus actividades contra la dictadura, Arnoldo Quant y Rafael Rueda.

—¿O sea que vos crees que, cuando se den los ataques, el pueblo se levantará espontáneamente? —preguntó Óscar, cuyo sobrenombre era Pin. Sus ojos, muy negros bajo las cejas tupidas, lucían preocupados.

—Es que van a ser ataques muy contundentes, ¿me explico? Simultáneos. En varias ciudades. El ejército tendrá que dispersarse. La gente se unirá y se tomará las ciudades. Haremos un llamamiento a la insurrección general, ¿me explico? —dijo Humberto.

—Pero no hay trabajo de base, de masas... —intervino Blas, delgado, con manos de dedos largos.

—El Partido Socialista pondrá las masas. Ya estamos en contacto con ellos. Las masas se van a unir. Cuando vean que hay fuerza militar de respaldo, se van a lanzar a las calles. Además, tendremos al gobierno provisional dentro de Nicaragua llamando a toda la población a no cejar en su resistencia hasta que se vaya el tirano, apelando a todos los sectores.

No recuerdo todos los pormenores de la discusión, pero fue larga, acalorada. Le dijimos que no pensábamos como él, ni éramos tan optimistas. Yo estaba furiosa. Me parecía que aquella concepción reducía toda la estrategia insurreccional a una aventura militar. Marcos no habría estado de acuerdo, pensé. Provocar una insurrección general requería de un largo proceso. Era absurdo creer que se podía obtener la victoria con un solo golpe magistral.

Humberto esquivaba las preguntas polémicas como boxeador, contestando con evasivas. Su argumento fundamental era que, dado el carácter conspirativo del plan, no contábamos con la información necesaria para comprenderlo a cabalidad. Como ésos eran los gajes de nuestro oficio, en última instancia se trataba de un asunto de confianza. Debíamos dar por sentado que la dirigencia calculaba los riesgos y sabía lo que era necesario. Por estar fuera de Nicaragua nosotros tampoco podíamos medir el termómetro político dentro del país. El consenso era que las condiciones en el terreno estaban maduras, dijo.

Cuando Humberto se marchó, los demás nos quedamos discutiendo. Nos sentíamos confundidos, impotentes de frenar lo que considerábamos un plan descabellado.

—Escribamos algo —sugerí—. Al menos dejemos sentada nuestra posición.

—Escribítelo vos, Melissita (mi seudónimo) —dijo Pin— y nosotros lo suscribiremos.

Rodeada de libros —Klausewitz, Giap, Lenin— citando párrafos enteros que ratificaban la importancia decisiva del trabajo político entre las masas para el éxito de cualquier insurrección, esa noche me la pasé tecleteando en mi pequeña Smith-Corona eléctrica hasta que amaneció.

Entre los dirigentes sandinistas que había conocido, Humberto Ortega fue el primero que me desconcertó. Acomodaba la realidad como mejor le convenía sin siquiera parpadear. Lo hacía con tal convicción que a veces yo no sabía si él mismo creía lo que estaba diciendo, o si subestimaba mi inteligencia pensando que yo me lo creería. Era capaz de justificar cualquier cosa. Con el tiempo caí en la cuenta de que para él lo esencial era el fin. Respecto a qué medios usar para lograrlo carecía de escrúpulos. Recuerdo que en una ocasión me quejé de un compañero cuyas mentiras y malos manejos daban mal nombre a la organización. Cómo podía darle responsabilidades a una persona como ésa, le reclamé.

—Yo sé que el compañero es una mierda —me respondió— pero con esa mierda vamos a hacer la Revolución.

Callé y me sentí mal. Pensé que quizá aferrarse excesivamente a los principios era un resabio de mi educación cristiana. Hasta consideré que su tolerancia podía ser el rasgo de una sabiduría política de la que yo carecía. A la postre, sin embargo, la persona que él defendió tuvo que ser retirada de la organización por deshonesta.

La experiencia me enseñó que, ciertamente, se puede ganar una guerra con cualquier clase de personas, pero no se puede construir un sistema justo, con valores éticos, si quienes se proponen hacerlo carecen de ellos o sacrifican esos mismos valores en el camino.

Creo que Humberto jamás se detuvo a reflexionar sobre estas cosas. Los éxitos que obtuvo y la admiración que éstos le procuraron, lo llevaron a creerse un gran estratega y afianzaron en él esta tendencia a no pensar más allá de los resultados inmediatos.

De él lo que más me desconcertaba quizá, era verlo actuar como cualquier político, cuando lo que yo esperaba era que actuara como revolucionario.

Cuando recuerdo las innumerables cartas que le escribí en esos años, me asombra haber tenido tanta fe en el poder de mi palabra, en los argumentos bien fundamentados, en la reflexión. No pensaba que mis palabras caerían en saco roto, pero ni siquiera sé si Humberto las leía. Yo estaba convencida entonces de que éramos un colectivo, que todos éramos responsables, y que las peculiaridades de ciertos dirigentes o sus decisiones no tenían la capacidad de afectar a todo el movimiento. Por esto tampoco se me ocurría abandonar el sandinismo.

Al final las cosas no sucedieron como hubiera querido Humberto, pero la audacia brindó resultados concretos. Fue un método costoso, sin duda, caótico y sangriento, pero los golpes militares incendiaron el país. No se tomó el poder, pero la lucha de liberación nacional inició un proceso irreversible. Quizá de haberse dado un proceso de reflexión más acabado, se habría avanzado más lento pero con menos costos humanos. Por otro lado, quizá se habría frenado el empuje que se requería. No se escribe la historia sobre lo que pudo haber sido, sino sobre lo que fue.

28

DE CÓMO, CON MÚSICA DE SAMBA, LE LLEGÓ CONSUELO
A MI ENLUTADO CORAZÓN

(San José, 1976-1977)

Mal de varón sólo con varón se quita», me dijo una vez un brujo en Nicaragua, respondiendo a mi pedido de una poción mágica para el mal de amores. Pensaba que el fin de año de 1976 me lo pasaría llorando por Marcos en mi casa, pero mi amigo Toño Jarquín se propuso salvarme de mí misma, e insistió que fuera con él y Luisa, su esposa, a una fiesta.

La vida seguía. Yo era joven. Me haría bien.

En esa fiesta conocí a Sergio De Castro. Llegó y me sacó a bailar. Le dije que no, gracias, pero no era hombre que aceptara negativas o rechazos. Me tomó de la mano. Me hizo alzarme del almohadón en el suelo donde estaba sentada y ponerme de pie. Era un hombre alto, bien parecido, con una calvicie prematura que lo hacía interesante. Además se movía como sólo saben hacerlo los brasileños. La samba es capaz de sacudir cualquier tristeza, sobre todo si se baila con alguien que la lleva en la sangre. El apartamento era diminuto, pero la fiesta se derramaba hacia el estacionamiento del complejo. Era un grupo jovial, de gente simpática, con la alegría caudalosa que el Amazonas riega por esos vastos territorios. Por todas partes sonaba el portugués melodioso. Bailé. Bailar es buena medicina, pero cuando a las doce de la noche empezaron los besos y abrazos, lo único que quería era llorar, irme a casa y llorar.

Sergio se ofreció a llevarme, pero dijo que primero lo acompañara un momento a otra fiesta. Me encontré en una casa con gente desconocida, a la orilla de una piscina en la cual se tiró mi acompañante con ropa y todo. Llevaba jeans y se le pegaban al cuerpo. Cuerpo de carioca. El trasero respingado. Desde esa noche noté la terca intensidad con que lo hacía todo, hasta divertirse; su aire de asumir el control hasta lograr lo que se proponía. Una vitalidad nerviosa, sin abandono.

Cuando me llevó a casa, insistió que lo invitara a tomar café. Mis hijas habían viajado a pasar la Navidad con su padre. La casa estaba sola. Triste. Él se quedó conmigo.

Sergio se instaló en mi vida con una dulzura férrea. Su terquedad era encomiable. Vivía muy cerca y venía a buscarme. «Vamos al cine. Vamos a cenar. Vamos a bailar.» Ni cuenta me di cómo pasó. Volvieron mis hijas. Se hizo su amigo. Los fines de semana nos invitaba a pasear. Maryam encantada. Melissa le decía «viejo pelón» y lo miraba con esa refrescante desconfianza de los niños pequeños, sin pelos en la lengua. Maryam quería papá. Quería sentir que tenía familia. Él venía a la casa y nos llevaba de picnic al Bosque de la Hoja, al Monte de la Cruz, sitios verdes, hermosos, cerca de San José. Si por el camino encontrábamos a alguien en problemas —una pareja con la llanta ponchada, el carro que no encendía— Sergio se detenía a ayudarles. Era compulsivamente amable. A menudo los paseos del domingo terminaban en operaciones de rescate. Yo perdía la paciencia, pero Sergio siempre tenía argumentos políticos. La redención del mundo era una obligación cotidiana para él, parte de la Revolución.

Sergio había caído preso por trotskista en Brasil a los catorce años. Después vivió en Chile bajo Allende y tuvo que salir cuando el golpe de Pinochet en 1973. En Costa Rica militaba en el Partido Socialista. Se tomaba la política y la militancia muy en serio. Nada que ver con el estilo nicaragüense dado a las bromas, a la improvisación, a la irreverencia aun en circunstancias difíciles. Pero yo también tenía mi lado solemne, y compulsivamente responsable por la humanidad y en eso éramos afines. Maltrecha y malherida dejé que me lamiera el corazón. Porque era un amante con firme vocación de marido, a menudo —sin saber bien a qué atribuirlo— me sentía cercada y con ganas de escapar. Rechazaba sus invitaciones argumentando reuniones, trabajo. Él no se alteraba. Nunca se alteraba. En política era más letrado que yo. Me daba charlas, explicaciones, ampliaba mi cultura política, analizaba con gran lucidez el sandinismo, la situación de Nicaragua, el continente. Además me hacía el amor con la misma dedicación militante, explorándome de arriba abajo, por dentro y por fuera, con el encanto de alguien acostumbrado a la sensualidad de las playas de Ipanema. También se daba cuenta si era necesario fumigar la casa o si las niñas necesitaban ir al dentista. Me empezó a llevar donde sus amigos. Antes de que yo pudiera decir mi nombre me presentaba como su compañera. Yo aún lloraba por las noches. Le hablaba de Marcos, le decía cuánto lo había querido. Él me consolaba, me comprendía. No se ponía celoso ni le molestaba que entre nosotros todavía durmiera aquel fantasma. Cuando mi sexto sentido me alertaba de que aquel hombre se tomaba mi vida por asalto, mi sentido práctico saltaba argumentando que jamás encontraría otro tan bueno, tan perfecto: padre, amante, compañero, profesor dedicadísimo.

Él actuaba con la convicción de que no podría resistir. Era paciente. Esperaba solamente que yo bajara todas mis defensas.

A los dos meses de estar saliendo juntos me pidió que me casara con él. Me lo dijo en el ascensor de Garnier, después del almuerzo, cuando me acompañaba de vuelta al trabajo. Me reí de sus prisas. Le dije que estaba loco, que apenas terminaba los trámites de mi divorcio y no se me había ocurrido casarme otra vez.

Creo que era febrero o marzo de 1977. En la agencia de publicidad me daban más responsabilidades y mejor sueldo. Tras un nuevo aumento de salario, me trasladé a una casa más grande y compré un auto nuevo. La casa era una belleza arquitectónica de paredes blancas, ladrillos de barro, maderas, muebles empotrados, varios niveles, unas lámparas enormes redondas, revestidas de lona de colores. Me enamoré de la casa que llevaba varios meses vacía porque, según el agente de bienes raíces, era demasiado moderna para el gusto de los costarricenses. La alquilé con rebaja. Sergio me ayudó a mudarme y a los pocos días me anunció que ya era hora de que viviéramos juntos. Yo podía seguir pensando lo del casamiento pero mientras tanto podíamos compartir casa. No reaccioné con demasiado entusiasmo pero a él le dio igual. Trajo sus cosas y se instaló. Yo le dejé hacer porque, después de todo, la verdad, qué más podía pedirle a la vida que un hombre como Sergio.

Por esos días fui a México a un trabajo relacionado con las redes sandinistas de solidaridad. Me quedé donde Andrea. Ella estaba fuera de la ciudad pero tenía de huésped a una francesa. En una de las actividades políticas un pintor que simpatizaba con la causa me hizo entrega de un dibujo de Marcos hecho al carboncillo a partir de una fotografía. Lo puse sobre la mesa de noche al lado de mi cama en el apartamento de Andrea. La francesa lo miró. Esa noche mientras tomábamos café nos enfrascamos en una plática de mujeres, las dos en pijama sobre la alfombra.

Le confesé que llegar a México me removía muchos recuerdos. Fumábamos y le relaté mi historia con Marcos. Me escuchó en silencio. Cuando terminé apoyó la cabeza contra la pared moviéndola de lado a lado en un gesto de incredulidad desolada. Era una mujer mayor que yo, con el pelo y los ojos muy negros. No era especialmente bella pero su personalidad la hacía atractiva.

—No lo puedo creer —dijo de pronto—. ¡Dios mío, no lo puedo creer!

Y me contó su historia. Había conocido a Marcos en París muchos años atrás. Se enamoraron. Él regresó a Nicaragua pero le escribía, le decía que lo esperara, que regresaría. Luego no tenía noticias suyas por un año, dos. Dos veces estuvo a punto de casarse, pero justo antes de la boda llegaba una carta de Marcos reiterándole su amor, rogándole que no se casara, que él la quería, que se casaría con ella. Como él era el amor de su vida, recibir esas cartas la sacaba de quicio. Se volvía loca sin saber qué hacer.

Peleaba con los prometidos. Terminó cancelando las dos bodas cuando estaban a punto de celebrarse, sólo para que Marcos volviera a desaparecer tan súbitamente como había aparecido. Eventualmente ella también se enteró —por declaraciones de varios compañeros que comparecieron ante el tribunal militar especial— de la existencia de la otra. Comprendió que Marcos nunca regresaría, que ella no era la novia eterna de París, la mujer que él amaba y a la que retornaría cuando cumpliera con la patria y con la historia.

La francesa tenía el corazón muy amargo. No se perdonaba haber sido tan ingenua, los años perdidos, su confianza traicionada. Su relato me dejó anonadada, sin entender absolutamente nada. ¿Cómo explicar aquel comportamiento de Marcos? ¿Cómo? ¿Qué perseguiría haciendo eso? ¿Por qué lo haría? ¿Sería verdadera la historia de ella? ¿Pero por qué inventar una cosa así?

Me pasé el vuelo de regreso a San José, a Sergio, a mis hijas, en un largo soliloquio, intentando volver a enjaular las fieras de mi zoológico personal. Marcos, mi guerrillero heroico, ¿nos amaría a todas? ¿O creería que nos amaba? ¿Implicaría la clandestinidad un desdoblamiento, el desarrollo de una real capacidad emotiva para llevar vidas paralelas? Yo misma me daba cuenta de que cuando se empezaba a romper con las normas de la sociedad, las nociones aprendidas del bien y del mal se tornaban difusas. Uno era al final quien inventaba su propia brújula, sus propias reglas éticas, lo cual podía ser resbaladizo. Sobre todo porque la vida, el futuro, eran tan inciertos. Lo que uno quería era atragantarse, beber de todas las copas. «Comamos que mañana no sabemos», decíamos los sandinistas bromeando. Y eso se extendía a otras experiencias. Al final Marcos se decidió por una sola persona. Se casó con ella. Le llegó el momento de optar. Habría comprendido quizá que no podía continuar con su acto de malabarista. Viendo por la ventanilla las nubes desfilar sobre el agua azul y cristalina del Caribe, sentí profunda pena por él. Hasta lo justifiqué. Después de todo estaba muerto. Bien que hubiese probado el sabor de tanta mujer dispuesta a amarlo. Demasiado pronto el tiempo se le terminó.

Sergio me esperaba en el aeropuerto con mis hijas. Aterricé sobre su pecho. Después de ese viaje me entregué a él, a sus cuidados, a su manera de hacerse cargo de todo. Me enrollé como una gata. ¿Por qué no iba a aceptar que me quisiera, que me diera de comer, que me pusiera mi platito de agua, mi platito de comida a los pies de la cama, mientras yo dormía, ronroneaba y lamía mi piel y sus dolores? Marcos me siguió doliendo mucho tiempo. No sé aún qué significados indescifrables tuvo ese amor que ciertamente me devastó. En esa época no vivía mis duelos. Los sepultaba frenéticamente para apartarlos de mí, para que no me restaran energía. No descansaba hasta emerger. Tapaba cuanto me hacía sufrir. Ponía parches, parches, sobre mi corazón. Dejé de llorar por las noches.

«No fui rebelde desde niña. Al contrario. Nada hizo presagiar a mis padres que la criatura modosa, dulce y bien portada de mis fotos infantiles se convertiría en la mujer revoltosa que les quitó el sueño».

«Mi madre era pequeña, delgada, con el pelo corto teñido de rubio, una mujer elegante que amaba el teatro y la literatura».

«El el baile de las debutantes contravine las normas de vestirse con delicados colores pastel, diseñándome un vestido enmarcado por una especie de capa roja».

Con mi padre en el Baile del Club Terraza

«Me sentí hermosa hasta que mi madre me puso el velo, el tocado en el pelo y me enfundé unos guantes largos de cabritilla. Entonces me asaltó una sensación de ridículo, de estar empacada como regalo».

Mientras viajaba por Europa con mi padre y mi hermana Lavinia, supe que estaba embarazada de mi segunda hija.

Con Sergio y Camilo en Costa Rica, 1978

Con la población de Mongallo durante la Cruzada de Alfabetización en 1980. Yo soy la segunda de la izquierda, en el colegio.

En una recepción el la Embajada Cubana en Managua, 1982, rodeada por el vice-presidente de Nicaragua, Sergio Ramírez, a mi izquierda y el Comandante Tomás Borge a mi derecha. Mas a la izquierda y en uniforme, el Comandante Carlos Núñez, presidente de la Asamblea Nacional.

Con el Comandante de la Revolución y Ministro de Asuntos Nacionales Tomás Borge en París durante una entrevista de prensa, 1983

Con Charlie en Managua, 1988

29

DE CÓMO CONTINUARON LOS PREPARATIVOS PARA LOS ATAQUES Y SE ME ENCOMENDÓ, INESPERADAMENTE, UNA MISIÓN PELIGROSA

(Costa Rica, 1977)

Para calmar dudas e inquietudes, Humberto Ortega envió a Marvin a nuestra célula. Era un antiguo combatiente de la guerrilla en la montaña, mayor que nosotros, callado y taciturno, pero con mucha mística revolucionaria. Alto, muy delgado, de hablar suave y reposado, inspiraba respeto. Era fácil creerle, confiar en lo que decía. Su presencia y sobre todo su convicción de que el plan militar funcionaría tuvieron el efecto de tranquilizarnos en alguna medida. Comprendimos que sería inútil y hasta petulante seguirnos oponiendo. Dado que Costa Rica tenía una importancia crucial como retaguardia, urgía preparar el terreno político. Había que garantizar que la población nos apoyara y presionara al gobierno costarricense para que repudiara a Somoza y reconociera la legitimidad del gobierno provisional.

Era necesario organizar también las escuelas militares donde se entrenarían los compañeros que entrarían a combatir en Nicaragua por la frontera sur. Una de estas escuelas tuvo lugar un domingo en mi casa. Cuando Marvin me lo propuso no comprendí cómo podría hacerse un entrenamiento en una casa suburbana. Ya lo comprendería, me dijo. Nos reunimos un grupo de quince personas, entre hombres y mujeres. No conocía a nadie más que a mis compañeros de célula. Empezamos muy temprano en la mañana con nociones teóricas sobre las diferentes unidades de combate: qué era una escuadra, un pelotón, una compañía; pasamos luego a las formaciones: vanguardia, centro, retaguardia, y después al orden de las cadenas de mando y a las voces de mando. Por la tarde, armamos y desarmamos varios tipos de fusiles, entre ellos un M-16 y un Garand, los más usados por el ejército nicaragüense. Aprendimos los diferentes calibres, su alcance, su poder de fuego y el funcionamiento de distintas clases de granadas. Para mí lo más interesante, sin embargo, fue la lección de tiro. Tomábamos el fusil y triangulábamos. O sea, disparábamos tiros imaginarios hasta formar un triángulo en una hoja de papel. Ya no recuerdo cuál es la base teórica de este asunto pero es posible calcular la trayectoria del proyectil con bastante exactitud, cosa que me pareció casi mágica. Atentos, los alumnos confraternizamos y entramos rápidamente en confianza llamándonos por los números que nos asignó Marvin al empezar el ejercicio. Yo suponía que los designados para combatir recibirían entrenamiento práctico. No concebía que aquella instrucción teórica fuera suficiente. Durante todo el día no pude evitar preguntarme si volvería a ver esos rostros.

Cuando Sergio regresó con las niñas por la tarde, los compañeros se habían marchado. Sólo quedaban en la cocina los restos del almuerzo: las cajas vacías de Kentucky Fried Chicken, con la cara sonriente del Coronel Sanders.

Ninguno de nosotros conocía cómo ni dónde tendrían lugar los proyectados ataques. El 12 de octubre hacia las nueve de la noche, Sergio Ramírez y un compañero que yo conocía como Mauricio —Herty Lewites—, se presentaron en mi casa de improviso.

—Necesitamos que llevés unas armas a la frontera —me dijo uno de ellos—. Es muy importante. Nos falló una persona y no nos queda más que recurrir a vos.

—Mañana es la cosa —me dijo Sergio, con cara de circunstancia—; nosotros, el gobierno provisional, vamos a salir más tarde hoy por la noche hacia Rivas. Llegó el momento —me dijo nervioso pero animado—. Si todo sale bien mañana estaremos en Managua.

Me sorprendió que Sergio Ramírez, el ponderado y racional Baltazar, su seudónimo, fuera tan optimista.

—¿Crees que Sergio te pueda acompañar para que no vayas sola? —me preguntó.

Mi Sergio asintió cuando se lo propuse. Claro que me acompañaría, dijo. Yo estaba contrariada. No entendía por qué sólo hasta última hora recurrían a mí. Me parecía una falta de previsión, un preocupante síntoma de improvisación.

—Preferiría haberlo sabido antes —dije—, pero, si ustedes consideran que es necesario no puedo negarme. Pero ¿qué habrían hecho si Sergio y yo hubiéramos estado en el cine? —insistí. Pregunta bizantina. Me cuesta quedarme callada.

Nos dieron las instrucciones. Un jeep nos esperaría en Liberia. Lo seguiríamos hasta un punto de la frontera con Nicaragua. Donde el jeep se detuviera y nos lo indicara, haríamos el trasiego de las armas. Hecho esto volveríamos a San José. Me pareció sencillo hasta que vi la cantidad de armas que estábamos supuestos a cargar en mi pequeño automóvil Toyota amarillo canario.

Eran cuanto menos seis o siete maletas y sacos del ejército repletos de armas.

—Si los detiene la Guardia Rural tica y les pregunta qué llevan, les dicen que van de luna de miel a Nicaragua y que es su equipaje.

—La llanta de repuesto no alcanza —anunció Sergio asomando la cabeza por el maletero—. Habrá que meterla en el asiento de atrás.

Cuando acabaron de cargar las armas no alcanzaba nada más ni en el maletero ni en el asiento trasero, pero todavía faltaba una pequeña maleta de mano.

—Acomódatela a los pies —me dijo Mauricio— pero no fumés. Por precaución. Va llena de granadas de fragmentación.

Pensé en el viaje de cuatro o cinco horas con aquel polvorín en el auto pero de nada servía preocuparse o tener miedo. Me asombra recordar mi sangre fría pero la verdad es que al final hasta me entró una suerte de excitación. Después de todo, desde 1970 me preparaba para hacer cosas como ésa.

Nos despedimos. Abrazos apretados, de gladiadores a punto de entrar en la arena del circo.

—Nos vemos en Managua mañana —me dijo Sergio, Baltazar.

Tal vez, pensé, tal vez soy yo la que esté equivocada. Ojalá sea así.

Sergio y yo entramos a la casa para despedirnos de las niñas y recomendarle a Cristina que durmiera en la habitación con ellas porque no volveríamos hasta el día siguiente.

Hacía una noche clara cuando tomamos el camino. Rótulos indicaban la ruta: Peñas Blancas, frontera con Nicaragua. El optimismo se posesionó de mí. Lo más probable era que por asuntos de compartimentación nos hubiesen desinformado, le dije a Sergio. Algo tan grande tendría que planearse bien. ¿Te imaginás si todo funciona? No creo que Sergio Ramírez no sepa lo que hace. Esperemos que no, decía mi Sergio, pero no me explico cómo se podrá tomar el poder tan rápido. Será la primera vez.

—Pero —argumentaba yo a la defensiva— el Frente lleva años en esta lucha.

La guerrilla en la montaña. El trabajo en los barrios. No quería más dudas.

—Sí hombre, no seas pesimista —decía—. Es que vos no conocés cómo somos los nicas. La gente es increíble. Y ya está harta del somocismo. Han sido cuarenta y tantos años. No te olvidés.

Sergio trabajaba como periodista en el noticiero de una de las radios más importantes de Costa Rica. Dijo que habría sido conveniente poner sobre aviso al director sin revelarle particularidades. Sería una noticia tremenda. Requeriría de todo el personal informativo.

—¿Te das cuenta de que si nos detienen con este arsenal nos deportan? —preguntó.

—Ni pensés en eso —le dije—. Pensar en cosas malas atrae desgracias.

Lo que más me preocupaba a mí era que de tan sobrecargado el vehículo pudiera fallarnos. En las cuestas avanzábamos muy despacio. Sería una proeza que aquel carrito lograra llegar, me decía Sergio. Yo me moría por fumar pero la bolsa de granadas me rozaba la pierna como una culebra enrollada a mis pies, lista para morderme en cualquier momento.

Al acercarnos a la frontera, cuando la carretera bordeaba el Pacífico, el clima cambió y se tornó más cálido. El calor venía inextricablemente ligado a mi tierra. Me expandía. Se me abrían por dentro las sensaciones, como si el cuerpo me floreciera o se volviera capaz de albergar muchos más sentimientos de los que permitía el frío húmedo de San José. Empecé a tararear. Cualquiera diría que iba en un viaje de vacaciones, comentó Sergio.

Eran las dos de la madrugada cuando llegamos a Liberia. En el sitio donde debía estar el jeep no había nadie. Ningún jeep por ninguna parte. Mi sangre fría hirvió.

—¿Y ahora qué vamos a hacer con todas estas armas? —preguntaba en voz alta, maldiciendo calladamente a mis compatriotas. Me avergonzaba que Sergio fuera testigo de tanta informalidad. Esperamos un rato sin hablar, aparcados en el lugar previsto.

—No podemos quedarnos parados aquí —dije por fin—. Aquí hay más vigilancia que en San José.

En un parador de camioneros «Abierto 24 horas», nos sentamos a tomar coca-colas en una terraza que miraba hacia la carretera. No teníamos un plan de contingencia. No habíamos considerado siquiera la posibilidad de que fallara el contacto. Una patrulla de la Guardia Rural se aproximaba. Le sonreí a Sergio, le tomé la mano, me incliné para darle un beso. El vehículo estacionó cerca del nuestro. Los guardas bajaron. El corazón me ahogaba, temía que notaran nuestro equipaje pero nuestra presencia los distrajo. Nos vieron de reojo y pasaron de largo hacia el interior. Poco después volvieron a salir y se marcharon sin percatarse de nada. Pasó una hora y media larguísima. Nerviosa, mecía una pierna sacando y metiendo la sandalia en el pie, jugando a que no se me cayera, cuando por la carretera apareció el jeep. Salimos a su encuentro. Nos hizo señas. Lo seguimos. Se desvió de la carretera principal y anduvo un buen trecho por una vereda angosta y oscura hasta que se detuvo.

—Nos atrasamos, *bróder* —dijo un muchacho con tono de disculpa. Apenas hablamos. Todos estábamos tensos.

Hicimos el trasiego apresuradamente bajo la luz debilucha de la luna menguante. Liberados de nuestra carga, emprendimos el camino de regreso.

30

DE CÓMO UN FRACASO MILITAR SE CONVIRTIÓ
EN UNA VICTORIA POLÍTICA

(San José, 1977)

Sergio y yo suponíamos que a la vuelta de nuestro viaje a la frontera escucharíamos la noticia de los ataques pero hacia las nueve de la mañana no se sabía nada aún. Nerviosa y preocupada, salí hacia la casa de Tito Castillo —uno de los integrantes del gobierno provisional— para indagar qué pasaba. Me abrió uno de sus hijos, Ernesto, quien moriría en combate en la ofensiva de septiembre de 1978, un muchacho joven, muy blanco, casi angelical, a quien le gustaba escribir poesía. Apenas traspuse el umbral supe del fracaso cuando vi en la sala a la mayoría de los integrantes del supuesto gobierno provisional. La atmósfera era de agobio y desconsuelo. En una esquina del salón, Humberto Ortega gesticulaba hablando por teléfono.

Me enteré por Sergio Ramírez y Tito que el plan general había tenido que cancelarse. La sincronización de las acciones militares nunca se produjo. Ellos ni siquiera llegaron a cruzar la frontera debido a una falla mecánica del vehículo. De los ataques planeados, sólo tres se realizaron. Uno, el que llevaron a cabo combatientes miembros de la comunidad de Solentiname, discí-

223

pulos de Ernesto Cardenal, fue contra el cuartel de San Carlos, pequeño puerto lacustre en la boca del río San Juan. Otro fue contra el cuartel de la ciudad de Rivas, en la frontera sur, y otro en la pequeña población de Mozonte, al norte de Nicaragua. Los demás terminaron en una maraña de órdenes a destiempo, armas que nunca llegaron a su destino y malentendidos. En el desorden de esa mañana oí relatos inverosímiles sobre armas que no funcionaron por haber estado «ocultas» en el fondo de riachuelos, jefes que se acobardaron, o se expusieron, como Marvin, y resultaron heridos al inicio de los combates. El grado de improvisación había sido temerario y ya empezaban a conocerse las bajas: Elvis Chavarría, Ernesto Medrano.

La casa de Tito, de anchas ventanas que miraban a un jardín, era un hervidero de gente que entraba y salía como si no supieran qué hacer con las energías acumuladas para la victoria que ese día pensaban acariciar. Estábamos preocupados por la falta de comunicación con varias unidades que se preparaban para atacar dentro del país. Era necesario que desistieran de hacerlo pero no sabíamos cómo avisarles. A falta de mejores alternativas, redactamos en un lenguaje oscuro, con dobles significados, una serie de comunicados de prensa que enviamos a los medios de Costa Rica. Rogábamos que los compañeros los escucharan por radio de onda corta y comprendieran que debían suspender los ataques. El 17 de octubre, sin embargo, una unidad militar atacó el cuartel de Masaya, una ciudad populosa a treinta kilómetros de Managua. Por la radio nos enteramos del desastre. Más muertes de sandinistas, entre ellas la muerte fortuita de Federico, el dirigente de la GPP, que ignorando lo que se avecinaba salió hacia Masaya en el peor momento y fue detenido y asesinado por la Guardia Nacional. Nombres de heridos, muertos y capturados se agregaban a la lista cada día. Mis peores temores se cumplían, entre ellos la falta de multitudes que se unieran espontáneamente a la rebelión.

Parecía un fracaso de grandes proporciones, pero hubo algunos aciertos. Los miembros del gobierno provisional se transformaron en el Grupo de los Doce y suscribieron un comunicado de apoyo al Frente Sandinista, que tuvo gran repercusión en Nicaragua y el mundo.

A todo esto, Humberto Ortega parecía un prestidigitador armando escenarios que dieran a la realidad un giro más optimista. Sin empacho empezó a afirmar que el plan nunca había consistido en tomar el poder, sino en prender la chispa en las ciudades. Terminó creyéndoselo y así quedó registrado en la historia porque —tal como suponía Marcos— los ataques tuvieron enorme impacto, no sólo en la dictadura, sino en la población. La ola rebelde inició un *crescendo* que justificó las vidas perdidas, la improvisación. Suele suceder cuando al final las cosas salen bien, que los empellones del camino se olvidan. Nadie pasa las cuentas. Los muertos ya no tienen voz para reclamar.

Mi casa se llenó de combatientes que habían participado en los ataques fronterizos. Contaban historias espeluznantes. Muchos de ellos apenas si sabían manejar sus armas. Atónitos ante el nivel de improvisación, hacían gala de un asombroso buen humor, bromeando sobre cómo los habían enviado a practicar «en vivo». Con ellos aparecieron más armas ocultas en sacos, hasta bazucas, que escondimos en un pequeño espacio protegido en la azotea de mi casa. Mis hijas miraban con curiosidad a los hombres vestidos de verdeolivo, cansados y sucios, que les sonreían y jugaban con ellas. Dos o tres días después se marcharon.

Fue durante esa época cuando Rosario Murillo, con sus hijos Zoilamérica, Rafael y Tino, y el que era entonces su compañero, Quincho Ibarra, estuvieron viviendo por dos meses en nuestra casa. Zoilamérica cuidaba a su hermanito Tino, que era un niño de meses, con una devoción maternal que me impresionó. Rosario y Quincho se debatían en un mar de confusiones y hablaban de marcharse a París a estudiar cine. Pocos meses después, Rosario conoció a Daniel Ortega y se convirtió en su pareja.

En mi célula acordamos hacer una crítica a Humberto. Aparte de que los hechos nos habían dado la razón, pensamos que la experiencia debía tomarse en cuenta para evitar nuevos fiascos. La reunión, en el comedor de la casa de Blas, fue tensa y llena de recriminaciones. Marvin tenía el brazo enyesado por la herida de bala. Miraba de soslayo a Humberto que se defendía como gato panza arriba. La efervescencia política que se había despertado en Nicaragua era producto del cálculo del momento justo, dijo. Efectivamente, tan sólo un mes antes de los ataques, Somoza había levantado por fin la censura de prensa que silenciaba los medios de comunicación y que había durado, con sólo breves interrupciones, desde el terremoto de 1972 hasta el 17 de septiembre de 1977. Además, el tirano se encontraba en Miami convaleciendo de un infarto. Se rumoreaba que su estado de salud podría obligarlo a renunciar, lo que había desatado luchas intestinas entre quienes aspiraban a sucederlo. Mientras tanto, el poder estaba en manos de un parlamento ineficaz. Las acciones militares habían coincidido con el vacío de poder y con la recuperación de la libertad de prensa. La amenaza de la lucha armada, unida al pronunciamiento del Grupo de los Doce, generó una reacción en cadena. Los empresarios, la iglesia, los partidos, insistían en la necesidad de un diálogo nacional donde la dictadura se comprometiera a respetar la democracia. El coro de protestas crecía, atizado por la aparición en los medios de cuanto la censura había ocultado. Se publicaban denuncias de muertes horrendas. Las familias exhumaban cadáveres para probar la falsedad de los informes forenses de la Guardia Nacional sobre las causas de muerte de los prisioneros políticos. Los supuestos muertos por heridas de bala salían de las fosas destrozados por torturas, con todos los huesos quebrados, incluyendo los cráneos. El país estaba hecho un polvorín. ¿A qué lamentarnos?, dijo Humberto. Siempre se cometerían errores en empresas tan arriesgadas como la que nos habíamos propuesto.

De mala gana, aceptamos sus argumentos.

En los ataques murió un costarricense que se unió al sandinismo: Ernesto Medrano. El pueblo costarricense vengó esa muerte volcándose en apoyo de los sandinistas. Los actos de solidaridad con Nicaragua eran multitudinarios. Me sorprendía comprobar el efecto psicológico movilizador de la lucha armada aun en ese pueblo pacífico. En el Parque Central de San José, miles de personas se congregaban para expresar su repudio a la dictadura somocista y rendir homenaje a los muertos. Los poetas leían sus poemas más combativos. Compañeros intelectuales nicaragüenses que hasta entonces se declaraban escépticos, se unieron decididamente a nuestros esfuerzos por convocar la solidaridad de los costarricenses.

Las contradicciones con los otros grupos sandinistas se agudizaron. Los de la tendencia de la Guerra Popular Prolongada, a la que perteneciera Federico, culparon a los terceristas de su muerte. Los de la tendencia Proletaria argumentaron que la población no estaba organizada adecuadamente para respaldar los golpes militares.

Pero la marea del heroísmo estaba en marcha. Las muertes de los compañeros no habían sido en vano, no podían lamentarse como inútiles, o consecuencia de errores. Nos vimos subidos a la cresta de la marea grandilocuente que enaltecía los ataques de octubre como un golpe magistral del sandinismo. El principio del fin de la dictadura.

Yo quería creerlo con toda mi alma. Me reprochaba mis dudas, el desconcierto. Por primera vez veía puños alzados en las plazas, gente gritando «Viva Sandino», «Viva el FSLN» a voz en cuello. El apoyo y la efervescencia que tantas veces soñara, llegaban justo cuando yo me sentía más distante y crítica, cuando abrigaba más recelos sobre los métodos con que se organizaba la rebelión.

Años más tarde, en una ceremonia solemne, Humberto Ortega, comandante en jefe del Ejército Popular Sandinista, me condecoró por mi participación en los ataques. Con otros compañeros esperaba en la formación a que pasara el comandante, vestido de gala, a ponernos la medalla. Sonreí para mis adentros ante la ironía de ser condecorada por una acción con la que estuve en desacuerdo.

3 1

❦

DE LOS AVANCES DEL AMOR Y LOS DESEOS DE MULTIPLICARSE

(San José, 1977)

Accedí a casarme porque estaba cansada de que mi padre se negara a visitarme porque vivía con un hombre que no era mi marido. Cuando estaba a punto de empezar la ceremonia en la residencia de los padres de Sergio, que vivían en San José, Otto Castro, el abogado que nos casaría y que era nuestro amigo y camarada político, nos llamó aparte y dijo que no podía realizar el matrimonio. Le faltaba un documento. Lo miré incrédula. Sergio, él y yo nos encontrábamos en la oficina de la casa. Otto acababa de llegar en su motocicleta bulliciosa. Iba vestido de negro como siempre y tenía su casco de motorista en la mano. En la sala esperaban los invitados, mis hijas vestidas como damitas de honor, mis suegros, el almuerzo, mis padres y mi mejor amiga que habían llegado de Nicaragua para la ocasión. «Lo siento, Otto, pero no podemos suspender esto ahora», le dije. «Procedamos con la ceremonia, aunque sólo tenga valor simbólico, y luego Sergio y yo llegaremos a tu oficina y legalizaremos este asunto.» No le di lugar a contradecirme. Salimos del despacho del padre de Sergio, y Otto nos casó.

Nunca llenamos las formalidades legales. Nos sentíamos casados y el tiempo se nos fue pasando sin darnos cuenta. Cuando nos separamos varios años después y mi madre se enteró de lo sucedido, me reprendió como si se hubiese tratado de un engaño, se puso furiosa. La verdad es que no fue ningún engaño. Fue un olvido involuntario.

Después del matrimonio me acomodé en el amor plácido de Sergio, que era como una cascarita de nuez cómoda y acogedora flotando en las corrientes tumultuosas que anegaban mi vida. Dormíamos acurrucados el uno en el otro y hacíamos un amor aventurero y explorador, pleno de fantasías eróticas y juegos; intenso y cotidiano. Mis hijas acogieron contentas la figura paternal en la casa. Sergio asumió su paternidad de manera tan responsable y afectuosa que mis amigas me envidiaban. «¿Cómo hiciste para hallarte ese hombre tan bueno, que quiere tanto a tus hijas? Danos la receta», me decían.

Compulsivamente didáctico, mi nuevo marido insistía en ilustrarme sobre cómo debía entender el mundo. Yo me rebelaba porque lo entendía suficientemente bien. Por quién sabe qué vericuetos de mi psiquis, sus críticas hechas con tono de ironía o hasta de dulce recriminación, me alborotaban sentimientos de culpa. Para defenderme sacaba a la leona de mi zoológico. Me volvía contra él dando zarpazos. Nunca he tolerado la tendencia de los machos de adoptarnos a las mujeres, como si al casarse con nosotras adquirieran una hija o un ser desvalido que deben guiar por el mundo. Aunque Sergio era un ejemplar aventajado de su género y usaba métodos más sofisticados, a mí no se me escapaba el paternalismo.

No sé por qué, cada cinco años me poseían deseos maternales incontenibles. El cuerpo me pedía a gritos que usara su fecundidad. El desenfreno carnal se tomaba mi mente y mis fuerzas. Un giro del viento sobre mi piel, cualquier alegría, cualquier cucurucho de helado o postre hacían que mis poros buscaran la fusión, la revolcada, como si mi vientre quisiera absorber el mundo y hacerlo vida. Melissa tenía cuatro años y medio. Por todas esas señales, comprendí que era hora de la maternidad otra vez. El año anterior, tras un resultado ligeramente anormal en el rutinario pa-

panicolau, me habían hecho una operación supuestamente sencilla. El médico me aseguró que no afectaría en nada mis embarazos o partos. Con su bendición, Sergio y yo nos dimos a la tarea de fecundar algún óvulo descuidado que acertara a pasar por la línea de fuego que le montamos con denodada persistencia.

La Patria se nos atravesó en el camino por varios meses. Tareas impostergables, o combates, sucedían en los días de mi ovulación. Aprovechamos un período de relativa calma en diciembre, para hacerle al óvulo un ataque certero y sostenido. Yo me tomaba la temperatura mañana, tarde y noche. Si me ponía acalorada en la oficina y pensaba que podía estar ovulando, llamaba a Sergio por teléfono. Inventando alguna diligencia urgente, salíamos del trabajo para irnos a la casa a hacer el amor, no fuera que el momento se nos pasara.

Así se debía planificar la guerra, pensaba, con ciencia, con previsión.

Los ataques rindieron su fruto. En diciembre concebimos a Camilo.

Mis hijas recibieron gozosas la noticia del hermanito. La sensación física del embarazo me hizo sentir plena, habitada, hermosa. Por primera vez desde 1972, pasé con las niñas una Navidad familiar, feliz.

32

◈

DE UN CID CAMPEADOR NICARAGÜENSE Y CÓMO
PERDÍ A CAMILO Y ARNOLDO

(Managua, San José, 1978)

Durante las cruzadas en la Edad Media al Cid Campeador, ya muerto, lo montaron en su caballo *Babieca*, para que dirigiera su última batalla. Algo similar sucedió en Nicaragua con Pedro Joaquín Chamorro, el director del diario *La Prensa*, cuando la dictadura lo mandó asesinar.

Pedro Joaquín dedicó su vida a la política de oposición. Cuando yo era niña vivíamos en una casa contigua a la suya en la Colonia Mántica, en Managua. Era un hombre serio, de caminar pausado, con la espalda ligeramente encorvada. Un héroe a mis ojos infantiles porque constantemente se lo llevaban preso y, no bien salía de la cárcel, la arremetía otra vez contra Somoza con editoriales fogosos y denuncias sin miedo. Yo jugaba con sus hijas, y mis padres eran muy amigos de él y de su esposa, Violeta. El día del atentado contra el primer Somoza en León, el 21 de septiembre de 1956, Violeta llegó a golpear las puertas de mi casa entrada la noche gritando: «Humberto, Gloria, se llevaron a Pedro.» La Guardia lo había capturado a las puertas de su casa, cuando regresaba con su esposa del cine. Bajé sigilosamente en pijama de-

231

trás de mis padres para averiguar qué sucedía. Por la mañana supimos que Anastasio Somoza García había sido herido de muerte por un poeta.

El sandinismo consideraba a Pedro Joaquín un potencial aliado. Lo que lo distanciaba de nosotros eran sus objeciones a la lucha armada. A partir de los ataques de octubre, sin embargo, se rumoreaba que quizá se convertiría en el número trece del Grupo de los Doce y apoyaría al FSLN. Pero el 10 de enero de 1978, matones a sueldo lo interceptaron en las ruinas de Managua cuando se dirigía a su oficina de *La Prensa* y lo acribillaron sin piedad con una escopeta.

En mi oficina de Garnier, me devanaba los sesos inventando el eslogan de un producto, cuando Sergio telefoneó para darme la noticia. Sergio Ramírez lo hizo poco después. Colgué el auricular y sin saber qué hacer, me quedé mirando el ventanal de mi oficina donde la luz de la mañana brillaba resplandeciente. La pérdida era incalculable. Nicaragua no producía a menudo personas como él. Pedro Joaquín era el símbolo de una libertad personal e intelectual defendida con uñas y dientes. Que Somoza mandara asesinarlo, como se sospechó desde el principio y se comprobó después, significaba que el dictador, desesperado, iniciaba una guerra sin cuartel. Pensé en doña Violeta, en mi amiga Claudia Lucía, en Pedro, Cristiana, Carlos Fernando, sus hijos. Llamé a casa de mis padres y los escuché anonadados. La gente no podía creerlo, me decían. La atmósfera en Managua era muy tensa. Aquello no se quedaría así.

Lo que ocurrió superó lo imaginable. Pedro Joaquín Chamorro se hizo guerrillero después de su muerte, y al paso de su cadáver, como movidos por cuarenta y tres años de rabias contenidas, los nicaragüenses se lanzaron a las calles. Lloraron su asesinato no sólo con lágrimas, sino apedreando, amotinándose e incendiando símbolos de la dictadura. A lo largo de la carretera norte, zona industrial donde estaba ubicado el periódico, así como varios negocios de la familia gobernante y sus aliados, la población se desató en una protesta como nunca antes se viera en el país. El pueblo se ensañó especialmente con Plasmaféresis, empresa de

Somoza comercializadora de plasma sanguíneo. Todos los días la gente más pobre, la que no tenía otro recurso que vender su sangre para comer, hacía cola frente a la empresa. A dos dólares les pagaban el litro de sangre. *La Prensa* había publicado las terribles fotos de las filas de harapientos y famélicos donantes. La gente arremetió contra las instalaciones destrozándolas y lanzando cócteles molotov para incendiarlas. La asonada adquirió tales proporciones que la misma Guardia Nacional se retiró amedrentada ante los demonios sueltos de aquel pueblo dolido.

Siguieron manifestaciones estudiantiles, paros obreros pidiendo la renuncia de Somoza. La empresa privada convocó una huelga general en protesta por el asesinato de Chamorro. El 22 de enero de 1978, aniversario de la masacre de 1967, Managua se paralizó.

En San José, la solidaridad desbordaba nuestra capacidad de organizarla. Llegaban periodistas de todo el mundo a entrevistar sandinistas. Revolucionarios del continente se sumaban a la lucha nicaragüense: chilenos, españoles, argentinos, colombianos, norteamericanos. El auge de la lucha limaba las diferencias entre las tres tendencias del sandinismo. Se hablaba de unidad. Nadie dudaba de que unidos tendríamos mejores posibilidades de derrocar a la dictadura. Supe que Camilo Ortega compartía las armas que obtenía con los compañeros de la Guerra Popular Prolongada (GPP), que contaban con un trabajo de base más amplio y sólido. Me alegró saberlo. Camilo seguía siendo Camilo. La tendencia Insurreccional era la mejor abastecida porque el Grupo de los Doce, con su prestigio personal, profesional e intelectual, obtenía recursos de gobiernos, grupos políticos y partidos. Las otras dos tendencias, más reacias a las alianzas, más puristas, tenían que hacer esfuerzos mayúsculos para conseguir armas y dinero.

Hacer alianzas, lograr el apoyo de personalidades, de gente con medios económicos, era esencial. Esto, sin embargo, no sólo requería moderar el discurso revolucionario, sino acercarse a personas que a menudo accedían a colaborar motivadas por dudosos intereses económicos o políticos. La táctica de Humberto Ortega para comprometerlos con la causa era darles responsabilidades políticamente delicadas. Con frecuencia se ponía a los cuadros en la posición engorrosa de tener que aceptar órdenes de personas claramente oportunistas. Esta suerte de política sin escrúpulos se basaba en el supuesto de Humberto de que, al final, nosotros mantendríamos las riendas y la moral. Argumentaba que todo aquello era necesario para triunfar, para lograr avanzar y abrirnos campo en una sociedad donde muchos espacios nos estaban vedados. Pero yo no me había sumado a una revolución para jugar con las mismas reglas que pretendíamos cambiar. Para mí el fin no justificaba los medios. La revolución perseguía una liberación no sólo política, sino ética.

Mi desconfianza en las tácticas de los dirigentes terceristas crecía a medida que pasaba el tiempo. Si bien Humberto Ortega era astuto, a mi juicio se enredaba en una maraña de la que, aun si resultaba triunfador, difícilmente saldría sin perder su humanidad y sus principios. Me desgastaba escribiéndole airadas cartas de protesta en las que exponía mis preocupaciones sobre la clase de revolución que llegaríamos a hacer si seguíamos acomodando la verdad y acomodándonos nosotros mismos para «vendernos» mejor. Él me tapaba la boca con la realidad del auge revolucionario que se vivía en el país. A veinte años de distancia de los hechos que recuerdo, considero que desde entonces se sembraron las semillas de un método político carente de escrúpulos que contaminó el sandinismo, sus ideales, su mística, y que a la postre, condujo a los Ortega —que usurparon la bandera de la causa— a la derrota no sólo política sino, sobre todo, moral.

Aunque continué con mis trabajos clandestinos a pesar de mi creciente disgusto interior, empecé a plantearme la posibilidad de dejar la tendencia Tercerista. No todos dentro del sandinismo eran iguales. Sumarme a otra de las facciones me permitiría una contribución más efectiva, con menos contradicciones. Me parecía fundamental fortalecer otras posiciones dentro del FSLN, para asegurar algún tipo de equilibrio cuando llegara el final. Después de todo, para entonces las tres tendencias sandinistas trabajaban por la insurrección. Las discrepancias eran sobre todo políticas. Las de los otros grupos se asemejaban a las mías.

En esos tiempos de dudas y preocupaciones, lo que me mantenía animada y me disuadía de claudicar era el heroísmo de la gente sencilla que se unía a la lucha con un entusiasmo y una fe admirables. Algunas actuaciones cuestionables no opacaban el heroísmo de Elías, el compañero correo que se quedó ciego fabricando una bomba casera, pero que volvió de Nicaragua a mi casa con un bastón, y me dijo que este percance facilitaría su trabajo pues la Guardia no sospecharía de un ciego. Tampoco lograban que me olvidara de Ismael, que perdió el brazo en un combate y me llamaba a diario incansable e insistente hasta que le conseguí una prótesis, que no bien pudo manejar le permitió volver a la línea de fuego. Compañeros como éstos me infundían las fuerzas con que me multiplicaba en las tantas tareas que me tocaba hacer para mantener y ampliar la retaguardia de aquella guerra desigual, sin dejar mi empleo en la agencia de publicidad.

Con el embarazo y el cansancio, muchas tardes me quedaba dormida sobre mi escritorio mientras componía *jingles* o guiones comerciales. Me despertaba cabeceando atolondrada, avergonzada de que mi jefe me viera a través de los separadores de vidrio. Como en mis dos embarazos anteriores nunca tuve problemas, suponía que igual pasaría con éste. Mi vientre que conservó un embarazo durante un terremoto, lo haría de nuevo a través del tumulto de la conspiración. El ginecólogo no me advirtió del riesgo que corría mi cérvix debilitada por la operación. A menudo los médicos dan por sentado que las mujeres somos ignorantes y en vez de explicarnos los procesos físicos, nos dan vagas recomendaciones. «No ande por caminos malos. Cuídese», me dijo.

Ya había establecido el contacto con la tendencia GPP (Guerra Popular Prolongada) cuando en febrero de 1978, se planearon desde San José y se llevaron a cabo otra serie de ataques. Otra vez tuve que viajar, con un propósito que nunca entendí, de noche e intempestivamente, a la frontera con Nicaragua. Cuando regresé a la ciudad, supe que la noche anterior unidades sandinistas habían atacado la ciudad de Rivas, y otro cuartel de la Guardia Nacional también cerca de la frontera de Costa Rica.

—Otra vez nos llevaron a practicar «en vivo». No se por qué no nos entrenan en serio —me dijo Arnoldo, un compañero de mi célula que, de regreso, sucio y cansado, se refugió en mi casa. Como muchos otros, era un combatiente portátil. Salía hacia Nicaragua a combatir y regresaba a vivir en San José.

Esa noche tuve un pequeño sangrado, el primer aviso de problemas con el embarazo. Me asusté mucho. No quería perder aquel bebé concebido con tanta dedicación y amor. Todavía sin explicarme lo que sucedía o podía suceder, el médico me mandó guardar cama.

Amable y plácido, Arnoldo se dedicó a ser mi enfermero. Sergio se marchaba al trabajo y él me cuidaba. Desayunábamos juntos, yo en la cama, y él en una mecedora al lado. Tenía los ojos muy negros y rasgados porque era una mezcla de chino e indígena. Sus dientes eran grandes y blancos, y se reía siempre con recato y con un deje de melancolía. Lo recuerdo claramente sentado en posición de loto, en delicado equilibrio sobre la mecedora, con un pijama de rayas blancas y azules que más bien parecía un traje de presidiario.

—¿Cómo le vas a poner al bebé? —me preguntó un día.

—Le pondré el nombre del compañero que haga la acción más valiente en estos meses —le respondí.

Arnoldo me acompañaba la tarde en que Sergio llegó del trabajo con la noticia del alzamiento en el barrio indígena de Monimbó en Masaya. La Guardia Nacional había lanzado bombas lacrimógenas al interior de una iglesia, lo que causó la muerte a un niño. Los indígenas sacaron sus máscaras tradicionales y haciendo sonar sus tambores, se atrincheraron en su barrio de casitas de adobe y paja. Esta vez se trataba de un alzamiento popular espontáneo. Los artesanos monimboseños, fabricantes de juegos pirotécnicos y hamacas, se enfrentaban al ejército con cócteles molotov, bombas caseras y alguna que otra arma de fuego. Las mujeres tiraban agua hirviendo a los soldados desde sus balcones. Somoza se aprestaba a aplastarlos con tanques y aviones.

Ese fin de semana, Arnoldo recibió instrucciones de prepararse para viajar clandestino a Nicaragua. Usualmente parco, estaba feliz de que al fin le tocara unirse a la resistencia dentro del país. Llevando al hombro una pequeña mochila negra, me abrazó en la puerta adonde salimos las niñas, Sergio, Cristina y yo para despedirlo y desearle suerte.

—Te va a ir muy bien, la mala hierba nunca muere —bromeé.

Sonrió. Sus ojos brillantes, el destello de sus dientes blancos fue lo último que vimos de él. Era viernes. Tan sólo dos días después, el domingo por la tarde, la Guardia Nacional rodeó la casa del barrio Los Sabogales de Masaya, donde Arnoldo, recién llegado, se encontró con Camilo Ortega para unirse a la insurrección de los indígenas y combatir contra el ejército. Allí murieron mis dos amigos queridos, acribillados a balazos. Juntos. Por una de esas casualidades siniestras de la vida.

⚭

33

DONDE UN PREMIO LITERARIO ME HACE REFLEXIONAR
SOBRE LA POESÍA

(San José, 1978)

En febrero, poco antes de que muriera Arnoldo, gané el premio Casa de las Américas, en la rama de poesía. Era el premio de más prestigio en América Latina. Su jurado lo integraban, cada año, la flor y nata de la literatura de habla española. Cuando las bases salieron publicadas en el periódico, mandé el conjunto de poemas escritos desde mi salida de Nicaragua. El título me lo sugirió Sergio Ramírez: *Línea de Fuego*.

En la agitación de mi vida, olvidé seguir las noticias sobre el concurso. El premio fue una feliz sorpresa. En aquel momento también lo consideré útil. La visibilidad me venía bien. Me abría puertas y espacios para hablar de la lucha en Nicaragua.

No consideraba mi poesía un mérito. Era agua que brotaba de una fuente interior y que yo encauzaba hacia la página sin esfuerzo. Se me daba de manera natural, como si la emitiera un órgano de mi cuerpo, una especie de antena olfatoria, amatoria, sensorial, que de vez en cuando se cargaba de electricidad y me dejaba ir un relámpago de iluminación. Si tenía a mano papel, una pluma y silencio cuando el primer verso irrumpía en mi conciencia, el relámpago generaba un poema. Sólo tenía que dejarme llevar por la intuición primera, sabiendo que el poema en su totalidad existía en ese peculiar estado de ánimo, en ese momento de posesión. Si no podía escribirlo en ese momento, si iba manejando o estaba ocupada, el poema se perdía. Salía volando por la ventana. La electricidad del rayo se dispersaba y por más que quisiera reconstruirlo más tarde, no podía. Aunque recordara el primer verso, no podía reproducir la totalidad del poema. Una vez que se diluía el estado de gracia, no podía volver a experimentarlo. La calidad espontánea y de acto mágico con que se me manifestaba la poesía me impedía considerarla como el producto meritorio de una labor minuciosa. Yo no sufría la angustia de la página blanca a la que se referían otros. Sólo años más tarde, cuando acepté y asumí la poesía como oficio, comprendí la relación entre el rayo del engendro y el poeta como hacedor y artesano. Pero en ese entonces yo me abandonaba a mi función de pararrayos celeste. Hacía la poesía con mi mano izquierda, y el mérito que realmente me interesaba era el de mi actividad política. Mi identidad fundamental era ser sandinista; ser poeta era un agregado conveniente, un talento valioso y útil para la lucha política. Mis poemas eran, pues, una mezcla —a ratos caótica— de erotismo y patriotismo que reflejaba las vivencias de mi vida cotidiana.

En Costa Rica escribí poca poesía. A pesar de estar en Centroamérica, a pesar de vivir en función de Nicaragua y con Nicaragua como territorio de cuanto me apasionaba, el exilio afectó mi sentido poético. Fue entonces cuando me percaté de la simbiosis entre mi poesía y Nicaragua. Necesitaba sus olores, su viento, su energía, la densidad de sus nubes y el perfil de sus volcanes para que me subiera desde dentro el efluvio que desembocaba en poemas. Los pocos que escribí los hice desde una patria interior, cuando la lluvia, algún olor, un estímulo externo, me transportaban de regreso a Nicaragua. Mi poesía continúa siendo la expresión del cuerpo que toma forma cuando mi alma retorna a sus raíces. Es en mi país donde a los pocos días de llegar me asaltan los poemas. Viviendo fuera, mi idioma, el español, se convierte en mi patria. Me refugio en la prosa para sobrevivir, pero la emanación íntima, el aliento poético, está para mí inextricablemente unido al paisaje nicaragüense.

El premio Casa de las Américas tuvo el mérito de hacerme reflexionar sobre mi ser poeta y la necesidad de asumirme como tal. Pero pasaron muchos años antes de que considerara mi vocación literaria como algo digno de mi empeño. En las entrevistas que me hicieron después de recibir el premio, apenas me detuve en la literatura; hablé de política.

34

DE CÓMO RESOLVÍ MIS ANGUSTIAS Y CONTRADICCIONES
POLÍTICAS

(Panamá, San José, 1978)

Mi separación del Tercerismo la decidí finalmente tras una reunión con José Benito Escobar, dirigente de la GPP, en Panamá. Hablamos toda la tarde en mi habitación del hotel. José Benito tenía facciones rotundamente indígenas pero de ángulos suaves, como si su personalidad reposada y con un aire de vieja sabiduría, hubiera limado los contornos de su rostro. La camisa blanca impecable, los zapatos lustrados, eran el reflejo de sus valores de persona de extracción humilde —José Benito había sido albañil—, para quien el descuido en el vestir es una falta de consideración hacia los demás.

Me gustó José Benito. Contestó mis preguntas con sencillez y claridad y comprendí por qué lo precedía una reputación de persona íntegra. Era fácil creer en su sinceridad. Olía no sólo a limpio, sino a honesto, a persona sin dobleces.

No fue difícil coincidir en lo esencial. Después de tantos meses batallando en mi interior, dudando de si mi criterio era exageradamente romántico, si mis consideraciones éticas no tenían lugar en luchas como la nuestra, me reconfortó que una persona como él compartiera mis preocupaciones. A grandes rasgos me habló del trabajo que habría que organizar en Costa Rica para la GPP. Ellos tenían sólidamente organizado el trabajo de masas en Nicaragua, pero el de retaguardia apenas comenzaba. Habría que montar el suministro de armas y municiones para los frentes de guerra, obtener a través de contactos políticos los medios para comprarlas, organizar escuelas de entrenamiento para combatientes, reclutar gente dentro de la enorme colonia nicaragüense en Costa Rica. Se requería también montar redes de información para dar a conocer la posición política de nuestro grupo y ganar simpatizantes que se convirtieran en la red de apoyo que demandaba una operación de retaguardia. Se trataba esencialmente de hacer lo mismo que hacía para los Terceristas, excepto que en este caso se me dio una visión más clara del conjunto y una mayor responsabilidad porque había que hacerlo casi todo. La GPP no operaba desde Costa Rica, sus redes en el exterior eran mínimas. En San José sólo había una compañera, Dora.

Al final de la tarde, cuando nos despedimos, lo sentí como un viejo amigo. Habría sido sin duda un formidable dirigente de la Revolución, pero no sobrevivió. Él también fue asesinado a los pocos meses en una ciudad del norte de Nicaragua. Su muerte, como muchas otras, significó la pérdida de años de experiencia, de honradez, de integridad personal. El sandinismo sobrevivía, pero cada una de esas muertes apuntaba directo a su corazón. El terrible desangre mermó las fuerzas y capacidades de las que se pudo disponer a la hora de la toma del poder.

Fueron centenares de vidas segadas. En estas páginas apenas he mencionado las que me tocaron más de cerca. Imposible recordar la cantidad de nombres. Del grupo de compañeros de la célula de San José, murieron Pin, Blas, Arnoldo y dos compañeros que se nos unieron por corto tiempo, Ricardo y Gaspar García Laviana, sacerdote español.

Yo ya ni lloraba. Para ese entonces, eran tantas las muertes que no lograba asimilarlas como ciertas, las mitificaba. Eran muertes floridas, ofrendas a un sol voraz que demandaba sangre para volver a brillar sobre las oscuridades de nuestro país. Como en los mitos aztecas en que los guerreros se transforman en colibríes, imaginaba a mis amigos poblando mi jardín, bebiendo miel de las flores, sin más armas que su largo pico. Hasta el día que triunfó la Revolución lloré por sus huesos tristes, las cuencas vacías de sus ojos, la somnolencia ingrata de la que ya nadie podría despertarlos.

De mi reunión con José Benito regresé a San José, a mi máquina de escribir, a redactar una carta para Humberto explicándole las razones por las que abandonaba el Tercerismo. Otra carta incendiaria. Estaría acostumbrado. Ni siquiera me respondió.

Me costó volver a empezar el trabajo casi desde el principio. Dora era una morena de facciones muy finas, bella cuando sonreía, pero en general, seria, callada, díficil de descifrar. Tenía un aneurisma cerebral y vivía con la amenaza perenne de una muerte súbita. Difícilmente podíamos las dos montar una retaguardia. Afortunadamente no estuvimos solas mucho tiempo. De Nicaragua llegó Alfredo, y poco después, Sabino. Nos entregamos a la frenética actividad de preparar condiciones para el arribo de un tercer personaje, Modesto, el máximo jefe de la GPP, una versión nicaragüense del Che Guevara, que había comandado durante siete años la guerrilla sandinista en las montañas del norte del país.

Diríase que nos aprestábamos a realizar un contrabando de diamantes. Las precauciones, los planes alternos, además de un estilo de trabajo que me iba mejor, me dieron la medida de la importancia de aquel personaje misterioso. Habría dado cualquier cosa por conducir el vehículo que esperaría al jefe guerrillero, pero continuaban los problemas con mi embarazo. No pasaba semana sin que me viera forzada a guardar reposo algunos días. Cuando al fin llegó el esperado, me quedé despierta aguardando a que regresaran Alfredo y Sergio de la frontera. Modesto había cruzado clandestino con Sabino, su baquiano de la montaña y ellos lo esperaron en el lado costarricense.

—¿Cómo es? —le pregunté a Sergio, curiosa, una vez que estuvimos solos.

—Venía cansado —me dijo Sergio—. Se durmió todo el camino.

Dora me llamó muy temprano al día siguiente. Salí con ella

por la mañana y viajamos muchos kilómetros ocupándonos de detalles y tratando de asegurar una casa de seguridad para Modesto en San José, pues temporalmente se hallaba alojado en un pueblecito a media hora de la ciudad.

A las cinco de la tarde, cuando me bajé del vehículo para la reunión con Modesto, me costaba caminar. Tantas horas tras el volante me cobrarían su precio.

Recuerdo poco de ese primer encuentro. Quizá por la leyenda que lo precedía, había imaginado encontrarme con otra versión de Marcos, pero Modesto no poseía un físico memorable: de estatura mediana, su piel era muy blanca, y sus rasgos finos. Los ojos negros, penetrantes, y la boca bien delineada eran su atractivo. Poco tiempo necesité, sin embargo, para percatarme de que tenía la cabeza bien puesta sobre los hombros. Me llamó la atención su manera de hablar. Hilvanaba frases complejas entre largas disgresiones. Su manera de expresarse denotaba una persona con un alto nivel reflexivo, que veía la realidad como una trama densa de interacciones, no como un asunto lineal que arrancaba en un punto para llegar a otro sin desviarse. Serían las matemáticas. Sabía que había cursado esa carrera en la Universidad Patricio Lumumba en Moscú. Noté que sus manos no eran toscas, ni parecían las manos de alguien que hubiese vivido entre trochas y selvas. Aquel hombre era, a todas luces, una persona que gozaba el conocimiento, y que lo poseía como producto de un sobresfuerzo personal realizado en condiciones sumamente hostiles. Nos dijo que saldría hacia Cuba en pocos días para reunirse con los dirigentes de las otras tendencias sandinistas con miras a lograr una unidad en la acción. Fidel Castro ofrecía actuar de mediador en las conversaciones y ser testigo de los acuerdos a que llegaran. Nuestra reunión duró una hora quizá. No pensé mucho en aquel encuentro.

Cuando regresé a casa, me dolía el vientre, tenía fuertes contracciones y apenas cinco meses y medio de embarazo.

35

DE CÓMO TERMINÉ EN EL HOSPITAL Y ME ANUNCIARON
LA MUERTE DE MI HIJO

(San José, 1978)

De nada sirvió que me acostara. Mi vientre encabritado siguió contrayéndose. Se ponía duro como una vasija de barro a punto de quebrarse. El doctor me mandó al hospital por una noche para que me administraran un suero que detendría las contracciones. Me preparaba para regresar a casa al día siguiente, cuando el médico residente que me debía dar de alta me aplicó bruscamente el fetoscopio sobre el vientre. Un torrente de agua me bañó las piernas. Se había roto el saco amniótico.

En vez de una noche pasé diez días infernales en aquella sala compartiendo los calores, la displicencia de las enfermeras y el menosprecio de los médicos con mis colegas mujeres, en la sala de las pacientes embarazadas que sufrían amenaza de aborto. Veinte camas o más se alineaban contra la pared, separadas por mesas de noche metálicas, en un espacio rectangular al centro del edificio bajo un ventanal de paletas movibles. Como buenos revolucionarios que queríamos ser, Sergio y yo habíamos decidido que las clínicas privadas eran para la burguesía. El hospital México, donde me encontraba, formaba parte del sistema de Seguridad

245

Social. Me prescribieron total inmovilidad y dosis masivas de antibióticos para controlar la infección. Me inyectaron medicamentos para que maduraran más rápido los pulmones del «producto», por si nacía prematuramente.

Mi estadía en ese centro asistencial fue una dura y aleccionadora experiencia para mí, acostumbrada a tener un médico y un cuarto privado las veces que estuve hospitalizada. Me enfurecía que a las mujeres nos trataran como niñas malcriadas y díscolas, que apenas nos dieran información, que no nos asistieran adecuadamente. La mujer que ocupaba la cama contigua a la mía se quejó un día de que no sentía moverse su bebé. El médico la examinó y comprobó la ausencia de latido fetal. Su bebé había muerto. Ella lloró mucho. Se la llevaron al quirófano y no la vimos más. Me obsesioné con los movimientos de mi niño. Lo sentía revolotear dentro de mí como un pajarito en una jaula sellada. Cuando se quedaba quieto, lo despertaba dándome golpecitos en la panza, rogando a todos los santos no correr la mala suerte de mi vecina de cama, que el mío no se muriera. Mis santos particulares eran Camilo y Arnoldo, mis amigos muertos. «Muchachos, por favor, dénmele vida a esta criatura. Donde quiera que estén, por favor, ayúdenme.» Y le hablaba al bebé. Todo el tiempo le hablaba. Le daba ánimos. Le decía que no cejara, que viviera, por favor. A los ocho días me pidieron que me levantara de la cama para ir a examinarme a otra habitación. Apenas me incorporaba cuando me desvanecí.

—¿Y es que usted no se ha movido en todos estos días? —me preguntó el médico de turno, cuando me recuperé lo suficiente.

—No. Eso fue lo que me dijeron —expliqué—. Que no me moviera.

—Ay, señora —suspiró—. Eso le decimos a todas las mujeres en ese salón para que se estén quietas. Nunca hacen caso de todas formas.

—Si le dieran más crédito a sus inteligencias, quizá les iría mejor —le dije, furiosa.

Esa tarde tuve una larga discusión con el médico a cargo de la sala.

—Hágame el favor de tratarme como persona —le dije—. No soy estúpida. He estudiado. Conozco mi cuerpo. No necesito que me simplifique todo. Me parece un insulto la manera en que tratan ustedes a las mujeres aquí.

La noticia de mi protesta corrió de cama a cama. Se armó una conversación a voces entre todas, no bien salieron el médico y las enfermeras. Tenía razón, decían. Aquello era ofensivo. Todas ellas se quejarían de que las trataran como niñas malcriadas, y no les explicaran ni sus propios padecimientos, como si fueran incapaces de entenderlos.

En la hora de visita que nos permitían, Sergio me miraba con expresión azorada cuando le hablaba de la ineficacia del personal hospitalario. No me creía. Pensaba que eran exageraciones, debilidades burguesas mías. Me hacía sentir culpable, niña mimada. Los doctores eran buenos, decía. Me trataban bien. Si para las demás mujeres era aceptable, por qué no iba a serlo para mí. Resentí que descalificara mis protestas, mis deseos de un tratamiento más humano. No sólo lo deseaba para mí. Lo deseaba para todas. No compartía su actitud religiosa —muy típica en la izquierda— de creer que la esencia revolucionaria consiste en compartir las injusticias que padecen los demás. La revolución perseguía dar al traste con los malos tratos; no democratizarlos.

No tuve tiempo de armar la rebelión que me proponía. A los diez días de estar allí, acumulando rabia y angustia, comenzó el parto. Los antibióticos no lograban detener el avance de la infección; temblaba de fiebre cuando me sacaron rodando sobre la camilla.

Las mujeres me despidieron. Las recuerdo tan bien. Sufridas, resignadas mujeres, levantando sus manos, diciéndome adiós.

Pasé la noche en la sala de partos —con una partera como un sargento—, escuchando los gemidos y gritos de otras parturientas, consciente de que por ser un hospital público, no tendría el beneficio de la anestesia. A las siete de la mañana llegó un médico.

—Hay sufrimiento fetal. Tenemos que hacer una césarea de inmediato —dijo.

Yo ardía de fiebre. Me sentía muy mal. La larga noche anterior de soledad y miedo, cedió paso a una actividad desenfrenada alrededor de mí. Llegaron los camilleros. Me llevaron al quirófano corriendo por los pasillos.

Al entrar vi la lámpara de neón, la cara del médico sobre mí; un rostro de piloto de avión, maduro, tostado por el sol, ojos azules. Cerré los ojos mientras luchaba por tocarme la frente con las rodillas para que me inyectaran la anestesia epidural. Conocía la sensación, sentí la aguja entre mis vértebras, los tres movimientos: dentro, arriba, más arriba. «Lo hizo bien», le dije al anestesista sintiéndome veterana. A la altura de mis pechos corrieron una cortina verde, mi cuerpo dividido en dos como para un *show* de magia. Houdini haciendo desaparecer mi mitad inferior. Sentada a mi lado, una enfermera inusualmente amable y dulce me hablaba con voz reposada. Nada me importaba más que llegar al final de la espera; morirme si tenía que ser pero llegar al final. Estaba tan cansada y febril. Oía a los doctores distantes. Decían que la infección era muy mala y extensa. Sentí cuando sacaron al bebé; el vientre súbitamente vacío, rota la conexión. Se hizo un silencio muy largo.

Ningún sonido salía del bebé. Sólo silencio. «Está muerto», dijo el doctor. «Por lo menos salvaremos a la madre.» Se lo dijo a los otros, como si yo no hubiera estado allí, con tono de lección de anatomía.

—¿Está muerto? —pregunté a la enfermera—. ¿Era niño o niña?

—Lo siento —me dijo, apretándome la mano—. Pero era tan pequeñito. No podía vivir.

—Pero, ¿qué era? —insistí—. ¿Niño o niña?

—Un varoncito —me miró compasiva—. Pero tan pequeñito. ¿Tiene más niños?

—Dos niñas —respondí.

—Cuánto lo siento —me dijo apretándome la mano otra vez.

No importaba, pensé, tendría otros; las lágrimas me rodaban por las mejillas, la enfermera las secaba, me miraba con tristeza. Pensé que me habría gustado tener un hijo varón; tenía la intuición de que el bebé sería varón.

De pronto se produjo un alboroto al otro lado de la cortina. La enfermera se incorporó. Una voz decía «Está vivo, está vivo», mientras una de las asistentes del quirófano salía corriendo con un envoltorio en los brazos.

La mujer a mi lado sonrió. El doctor cerraba la herida y sentía sus manos dentro de mí como si me hubiese convertido en una muñeca de paja. Rogué que mi hijo viviera.

En la sala de cuidados intensivos, retorciéndome de un dolor desgarrante, como jamás he vuelto y espero no volver a sentir, le pregunté a mi médico privado por el niño.

Me miró desconcertado; ¿acaso no me lo habían dicho? El niño no había sobrevivido. A mi lado Ana Quiroz, mi Florence Nightingale en aquel momento de sufrimiento me pasaba la mano por la cabeza.

—No, no —dije entre dientes, haciendo un esfuerzo—. Eso creyeron, pero después resultó que estaba vivo.

—No, Gioconda. No está vivo. No sobrevivió —dijo compasivo el doctor—. Lo siento mucho.

El dolor de la desilusión agravó los de mi cuerpo. Ni siquiera a Sergio quería ver cuando me trasladaron a una habitación séptica de dos camas. En la otra yacía una mujer cuyo bebé tampoco había logrado sobrevivir. Recuerdo que ella trató de consolarme con una voz dulce y resignada. Serían las cuatro de la tarde cuando una enfermera sonriente se paró en la puerta y me dijo con entusiasmo:

—Acabo de ver a su niño. Si viera cómo se mueve.

No podía creer lo que sucedía; como una pesadilla. Vivo, muerto. Pedí a la enfermera que por favor no siguiera diciéndome que mi bebé vivía, que no fuera cruel. Ya era suficiente. «Mi niño está muerto», le dije, restallando el aire con palabras como latigazos.

—Pero le digo que lo vi —repitió—. Su niño es De Castro-Belli, ¿no? Está muy delicado. Pero está vivo.

Le pedí que llamara a la enfermera jefe; eso se tenía que acabar inmediatamente. La enfermera jefe llegó con la cinta negra sobre la cofia blanca.

—Su niño está vivo —me explicó—. Está muy delicado. No

se haga ilusiones. Las próximas veinticuatro horas son cruciales. Pero por el momento vive.

—Tienen que avisarle a mi marido —le dije.

—Fue un error. Lo siento. Le avisaremos.

Me quedé quieta en la cama. Inmóvil. Sin saber qué hacer. Sin saber qué decirle a la otra, mi compañera de cuarto. Quizá su niño también estaba vivo. Nos quedamos en silencio. Ella empezó a llorar bajito. Yo también. Lloramos mucho rato. Nos oíamos sollozar. Poco después oí su voz entrecortada pidiéndome que no llorara. Si mi niño estaba vivo, debía conservarme fuerte, dijo. Cerré los ojos. Qué resistentes somos las mujeres, pensé. Qué increíble, maldita resistencia tenemos las mujeres.

Tres días más tarde me empezó la fiebre. Ni los médicos, ni las enfermeras, respondían a mis preguntas. Era normal, me decían. Pero yo me sentía cada día peor. Le pedí a mi madre que había viajado de Nicaragua a acompañarme que me sacara de allí. No me importaba lo que pensara Sergio, le dije. En aquel hospital, me moriría. La gestión para que me permitieran abandonarlo fue toda una ceremonia. Tuve que firmar no sé cuántos papeles. Liberarlos de toda responsabilidad. Sergio no estuvo de acuerdo. Les pedía disculpas a los doctores. Me miraba con expresión de reproche, pero a mí no me importaba. No quería estar allí ni un día más. Quería a mi médico. Sabía que algo andaba mal. Muy mal. Mis suegros, Valdecir y Celeste, y mi madre, me trasladaron a una clínica privada. Fue un viaje terrible, en el *station wagon* de Valdecir, con el suero colgando de una de las agarraderas que hay en las puertas de los autos y yo sintiendo que me moría con cada movimiento.

Mi médico tomó inmediatamente cartas en el asunto. La infección era terrible. Muy grave, en efecto. Tuvieron que operarme de nuevo la semana siguiente. Casi un mes estuve en la clínica, debatiéndome entre la vida y la muerte. Sergio aún molesto conmigo. Visitándome poco, de mala gana.

Transcurrió más de un mes antes de que pudiera visitar la sala de prematuros del hospital y conocer a mi hijo. Lo vi a través del vidrio. Un bebé frágil, transparente, con una hermosa mata de pelo rojo en la cabeza. «Es un sobreviviente», dijo mi madre. «Está destinado para grandes cosas.» Era lindo mi bebé. Fuerte. Absolutamente decidido a vivir. Di gracias silenciosas a Camilo y Arnoldo, convencida de que su ayuda, su energía invisible, sus vidas jóvenes convocadas por mi deseo, eran la razón misteriosa de las ganas de vivir de mi hijito.

—Es un milagro que esté vivo —me dijo la encargada de la sala-cuna—. Aquí todas le decimos el Milagrito. ¿Qué nombre le pondrá?

—Camilo Arnoldo —le respondí—. Por dos amigos a quienes quise mucho.

36

DONDE VUELVO A NUEVA YORK CON CARLOS
EN UNA TRISTE MISIÓN

(Nicaragua, Nueva York, 1985-1986)

Yo pensaba que él estaría encantado de pasar el fin de año en el mar. En el mar, ¿me entendés? Sobre la playa. ¿Cuándo has podido vos, habitante de inviernos y nieves, acostarte en la arena el 31 de diciembre a ver las estrellas?

La fiesta en casa de amigos a la orilla del Pacífico fue una fiesta sencilla de ron con coca-cola en vasos de papel, los celebrantes vestidos con jeans y camisetas, bailando cumbias y merengues con la música de un estéreo a todo volumen. A las doce de la noche, nos despedimos de 1985, con besos y gritos y consignas patrióticas como «Viva Nicaragua libre», pero Carlos se fue a sentar sobre las dunas de la playa a ver el mar con cara de nostalgia y me dijo que echaba de menos la nieve, el fuego en la chimenea que seguramente su padre y su hermano habrían encendido en la casa de campo en Virginia. Su nostalgia me desconcertó. Yo estaba feliz de que se hubiese quedado en Nicaragua a pasar conmigo Navidad y Año Nuevo. Mis hijas pasaban vacaciones con su padre, que vivía en Guatemala. Camilo estaba durmiendo en el piso de arriba de la casa.

En el frío de la madrugada, le dije a Carlos que me ayudara a hacer una cama sobre la arena. No teníamos sacos de dormir, sino sábanas y almohadas. Al fin dejó su mirada lejana, sus ganas de estar en otra parte. Alisamos la arena, hicimos una pequeña depresión cuadrada donde poner la sábana, una cama frente al mar que mugía como un rumiante satisfecho de rizos blancos, volcando su cabello revuelto sobre un conjunto de rocas bajas. Sobre la arena seca y fresca nos acomodamos bajo las colchas. Apretados el uno contra el otro, oímos hacerse el silencio en la casa. En las costas del Pacífico de Nicaragua, los balnearios son villorrios pequeños, de toscas casas de recreo y viviendas humildes de pescadores. No hay luces de ciudad que opaquen las noches claras —que son la mayoría—. Sobre nuestras cabezas titilaban miríadas de estrellas. La Vía Láctea lucía esplendorosa como el rastro del velo que una mujer dejara caer al descuido. Las constelaciones: la Cruz del Sur, el Arado, el Cinturón de Orión, las Siete Cabritas, mostraban sus contornos como para que un niño jugara a delinear figuras rutilantes. Demasiado bello para dormir. Debajo de la colcha nuestros cuerpos hicieron su propia noche de criaturas anfibias y cálidas, su mar de olas yendo y viniendo, sus gemidos de océano. El cielo se tornaba azul añil cuando al fin nos dormimos.

Empezaba febrero cuando me di cuenta de que estaba embarazada. Susto mayúsculo que no esperaba. Desde el nacimiento de Camilo era muy precavida, pero hubo meses en que por la guerra, la escasez, la falta de medicinas, me quedaba sin anticonceptivos y me guiaba por los cálculos antiguos de los días fértiles. Esta vez los cálculos fallaron. Qué haríamos, qué hacer. En Managua vivíamos juntos, pero el futuro era impreciso. Ni él, ni yo, queríamos renunciar a vivir en nuestros respectivos países; no lográbamos vislumbrar quién cedería, cómo llegar a una solución de compromiso. Fui al médico y me dio una prognosis difícil: tendría un embarazo complicado. Carlos sugirió viajar a Nueva York, escuchar otras opiniones médicas más informadas. Allá dispondríamos de más recursos cualquiera fuera nuestra decisión.

Esperamos por el visado, que demoró menos cuando argumentamos razones de salud. Nueva York en febrero era un laberinto de ventiscas y corrientes gélidas. Es curioso cómo la experiencia proyecta expectativas falsas. Me había imaginado consultorios médicos parecidos a los de Nicaragua, sólo que mejores. Clínicas amplias, soleadas, con plantas y secretarias amables. No estaba preparada para el misterio de los edificios de pasillos indescriptibles, las puertas austeras, las salas de espera mustias o asépticas donde secretarias demasiado atareadas para sonreír nos pedían llenar formularios, y hacían preguntas sobre un seguro médico del que yo carecía. La idea de tener que solventar antes que nada el aspecto financiero —que en Nicaragua se arregla al final, cuando uno sale de la consulta— me pareció extrañamente descortés en un país tan rico. En el consultorio en Park Avenue, donde fuimos, la recepcionista supondría que podríamos pagar porque la doctora nos recibió. Amable y joven, dijo sin ambages después de examinarme, que ella no podría atenderme cualquiera fuera mi decisión. Mi estado era de mucho cuidado debido al maltrato sufrido por mi cérvix. Tanto si decidía tener el bebé, como interrumpir el embarazo, debía recurrir a un especialista en casos de alto riesgo. Lo mío era muy delicado y sin seguro médico, también sería muy costoso. Si no se producía un aborto espontáneo, el bebé sería prematuro. Eso significaba al menos seiscientos dólares diarios calculando sólo la incubadora y la hospitalización del niño que podía ser larga. Bien lo sabía yo. Camilo había estado dos meses en incubadora, excepto que no me había costado ni un peso.

Durante casi dos semanas, la angustia me consumió todo el calor del trópico que aún conservaba. El frío de Nueva York, los días grises, eran la metáfora exacta de mi interior. Los especialistas de alto riesgo nos presentaron un panorama espinoso: tendría que guardar cama todo el embarazo y tener al alcance inmediato un hospital especializado en prematuros. En Estados Unidos, me dijo el doctor, los niños prematuros muchas veces sobrevivían independientemente del daño que sufrieran por nacer tan diminutos. El asunto era que la calidad de sus vidas podía ser muy precaria, con secuelas como la parálisis cerebral, o un severo retardo mental. En el Tercer Mundo, la tasa de sobrevivencia era menor, pero los que lograban sobrevivir generalmente alcanzaban una vida normal como lo probaba la experiencia de mi hijo. El riesgo para mí era también considerable. En el mejor de los casos, se repetiría el cuadro que ya conocía.

No sé cuántas cafeterías recorrimos Carlos y yo. Recuerdo Madison Avenue y sus cafeterías griegas, iguales unas a otras. Tomábamos café y nos preguntábamos qué hacer. ¿Dónde crecería nuestro hijo? ¿Cómo me las arreglaría yo si tenía que guardar cama? ¿Dónde me quedaría? ¿Y qué pasaría con mis otros hijos? ¿Quién los cuidaría si yo tenía que esperar el parto en Estados Unidos? ¿Y si el bebé nacía con problemas? Queríamos ser responsables, tener la sabiduría de Salomón, pero sobre todo queríamos que nos apartaran el cáliz de aquella decisión, la opción de jugar a Dios que la medicina moderna facilitaba. Yo empezaba a desarrollar un vínculo con la pequeña criatura alojada en mi vientre; un vínculo ambiguo que igual era amor que rechazo, dependiendo del día, de la hora, de si había sol o no. Al final me pesaba saber que sería yo y sólo yo quien tendría que decidir. Carlos se batía en un mar de dudas, de angustias, pero tenía el consuelo —todos los hombres lo tienen— de que su cuerpo no albergara el problema. El mío era el que pagaría las consecuencias. Tenía terror de sufrir otra vez, miedo de la cantidad de riesgos que los doctores minuciosamente enumeraron —ignoraba que lo hacían no por sadismo, como pensé, sino para protegerse de litigios—. Las perspectivas eran demasiado ominosas y yo tenía otros hijos, tres más, por quienes debía salvaguardar mi permanencia en el mundo de los vivos. Decidí.

Recuerdo lo vacía que me sentí en el vuelo de regreso a Nicaragua; como las casas demolidas por dentro de las que sólo queda la fachada aparentemente imperturbable. Muchos años lloré por lo que pudo haber sido. Compadecí tanto a mis congéneres, todas las mujeres que nos vemos desgarradas por ese tipo de decisiones de vida o muerte, decisiones que tomamos en pleno ejercicio de nuestra libertad, pero que por siempre nos dejan una zona bombardeada en el corazón, una zona de desastres donde un fantasma pequeño se pasea riendo la risa que jamás rió, mirándonos para siempre con la nostalgia de la vida que le negamos.

Cuando el avión aterrizó en Managua y se deslizaba por la pista, yo que iba con la frente contra la ventanilla, hundida en mis tristes pensamientos, fui la primera que vio los candiles, las miles de pequeñas lámparas de queroseno. Tendidas en dos hileras que se perdían en la distancia, aquellas lamparitas arcaicas habían sido la única iluminación que guió nuestro descenso. ¡El avión se había posado sobre un altar lleno de lámparas votivas! Después de Nueva York con tantas luces y tantas autopistas, era una visión inverosímil. Carlos y yo apenas podíamos creer lo que veíamos. A mí me dio risa y me conmovió. Era una solución tan tiernamente primitiva.

—El aeropuerto se inundó en los últimos aguaceros. Las luces del campo de aterrizaje se anegaron y se fundieron. No hay dinero para reponerlas —nos dijo el oficial de inmigración.

—¿Y qué pasa si llueve? —le preguntó Carlos.

—Cerramos el aeropuerto. No podemos hacer otra cosa. Es el embargo económico de su país lo que nos tiene así —explicó el joven oficial con una sonrisa entre irónica y resignada.

Y en Nueva York, ¡tanto derroche de luminarias! El contraste era para llorar. Cuando salí a la calle, comprendí por qué Carlos decía que Managua era muy oscura. ¡Ah! Pero el calor de la noche del trópico consolaba mis huesos y la oscuridad me parecía íntima, un reposo. Abandonada a su negrura la noche era lo que debía ser. Nada me reconfortó tanto como estar de regreso.

37

DE CÓMO SE GENERALIZÓ LA SITUACIÓN DE GUERRA EN
NICARAGUA Y DE LOS MUCHOS PELIGROS QUE SE INTRODUJERON
EN MI VIDA CON LA LLEGADA DE MODESTO

(San José, 1978)

En Nicaragua la situación se tornaba cada día más explosiva. El 22 de agosto, un comando sandinista —Tercerista—, entró al Palacio Nacional mientras sesionaba el Congreso de la República, y mantuvo de rehenes a todos los diputados hasta que el somocismo accedió a liberar a los cientos de presos políticos encarcelados desde diciembre de 1974. Así obtuvieron su libertad Jacobo y Martín. Los miembros del comando eran muy jóvenes. La número dos, encargada de la negociación con Somoza, tenía veintidós años. Era una muchacha delicada y pequeña que, más tarde, durante la ofensiva final fue una de las combatientes más aguerridas. Dora María Tellez, estudiante de medicina, dirigió las tropas que dominaron la primera ciudad que se liberó en Nicaragua en 1979. Su estado mayor militar estaba integrado casi totalmente por mujeres.

El 9 de septiembre, poco después del asalto al Palacio y en medio del silencio de otra huelga general, se desataron una serie de alzamientos insurreccionales en varias ciudades principales de Nicaragua. Súbitamente despojada de temor o prudencia, la gente se enfrentó a los tanques y la infantería de la dictadura, con cócteles molotov, bombas caseras, revólveres y armas de cacería. Los que no combatían, repartían café y comida a los combatientes en las trincheras. La población levantó barreras de adoquines para atrincherarse en sus barrios. Muchachos jóvenes, las caras cubiertas con pañuelos, tendían emboscadas al ejército causándole numerosas bajas. Era una guerra popular de gente mal armada contra un ejército apertrechado generosamente con armas nuevas norteamericanas e israelíes, tanques y aviones. Somoza y su hijo, que a sus veinte y pico años comandaba las tropas de elite de la dictadura, dirigieron la contraofensiva. Ordenaron lanzar sobre las ciudades alzadas bombas de quinientas libras, fósforo blanco y napalm. Luego las sitiaron con tanques y fuego de artillería, hasta aplastar la sublevación en una carnicería despiadada. Pero ni la crueldad de la dictadura podía ya detener los constantes brotes rebeldes. Somoza se enfrentaba a la alternativa de tener que destruir el país si quería permanecer en el poder. Empresarios, partidos y pueblo se vieron en el mismo bando. Las organizaciones populares formaron el Movimiento Pueblo Unido. A ellas se unieron los demás en un Frente Patriótico Nacional. El repudio del somocismo se generalizó en el ámbito internacional. Dentro de Estados Unidos aumentaron las presiones al gobierno del presidente Carter para que dejara de apoyar a Somoza, suspendiera la ayuda militar y condenara al gobierno nicaragüense por sus innumerables violaciones de los derechos humanos.

Para septiembre, ya me sentía restablecida físicamente. Después de dos meses en incubadora, Camilo fue dado de alta. Cuando lo llevamos a la casa, pesaba apenas cinco libras y era un bebecito delicado y miniatura. Renuncié a mi trabajo en Garnier para cuidarlo. Creo que, desde pequeñitos, yo les transmitía a mis hijos un sentimiento de confianza en sus propias capacidades. Sólo así me explico que cada uno de ellos sobreviviera sin traumas irreparables las agitadas circunstancias de su infancia. Yo era optimista de que se acomodarían al mundo y aprenderían a gozarlo cada uno a su manera; trataba de ser sincera, de no menospreciar su inteligencia y de confiar en que tendrían la sabiduría de comprender las complicaciones de mi existencia. Creía firmemente que desarrollarían las reservas necesarias para ser felices y no pensaba que su felicidad dependía solamente de mí. Sin esta actitud jamás habría juzgado que la maternidad era compatible con el tipo de vida que llevaba. Igual que las niñas, Camilo fue un bebé apacible. No tardó en recuperarse y convertirse en un niño sano y fuerte.

Modesto regresó de Cuba con buenas noticias de acuerdos preliminares entre las tres tendencias sandinistas. Recuerdo la reunión en un cuarto pequeño, de techo bajo, en una casa donde nunca había estado. Asistimos Dora, Paco, él y yo. Ese día conocí a Paco, era un hombre mayor que nosotros, ojos azules, bonachón, sencillo. Modesto hablaba en susurros, con una pasión penetrante que tenía el olor a humus de las selvas de Nicaragua. Nos confió todos los pormenores, sus impresiones de los otros dirigentes, lo que él esperaba de cada cual, los posibles obstáculos. Me miraba entera, no sólo a los ojos. Su mirada era un hilo de agua sobre mis *overalls* de jean, sobre la melena que se me derramaba sobre los hombros, la curva de mi nuca. Como si me estuviera tocando. Quería concentrarme en lo que decía, pero la piel se me erizaba con voluntad propia, arisca ante los peligros que percibía. Empecé a sentir un malestar de estómago, como si la sangre se me agolpara en la cintura, como si dentro de mí se estuviera despertando una mujer dormida que habitara secreta mis entrañas. No podía nombrar la sensación, pero la intensidad era suficiente para saber que lo que empezaba a fluir, invisible y magnético, entre nosotros, me amenazaba con graves riesgos. ¡Santo Dios! Y yo débil como estaba, todavía convaleciente, todavía intentando comprender el vacío que me abrió por dentro la actitud de Sergio en el hospital, y luego en la clínica donde fue mi madre, no él, quien me acompañó mientras soportaba los laberintos de dolor de los que creí no saldría nunca. Y ahora, en ese flanco abierto por el resentimiento, me caían las miradas de éste como una miel pegajosa.

Regresé a mi casa ese día como quien corre a refugiarse de la correntada en un endeble barquito de papel. Me sumí en la seguridad del olor a talco, a pañales limpios, a cuadernos infantiles. En esa época, impartía un taller de poesía para niños en la escuela de mis hijas. Bajo uno de los grandes árboles del patio, nos sentábamos en círculo, jugando a atrapar palabras, a escribir poemas colectivos, a convertirnos en lluvia, en aire, en metáfora. Maryam y Melissa estaban orgullosas y felices de que su mamá fuera la maestra y a mí me daba la oportunidad de estar cerca de ellas. El día de la reunión con Modesto sentí el temor oscuro de que los esfuerzos que hacía para crear un aire de normalidad familiar a mi alrededor se echarían a perder si no apaciguaba los efluvios migratorios que se despertaban en mi corazón.

El trabajo adquirió un ritmo frenético desde que él llegó. La rebelión en Nicaragua avanzaba como uno de esos huracanes que se ven nacer sobre el mar y que acumulan espirales de nubes y vientos hasta precipitarse como colosales proyectiles sobre la tierra. Por ello las exigencias sobre la retaguardia eran cada día más urgentes. Un grupo numeroso de compañeros liberados en agosto por el comando apareció en San José —Paco fue uno de ellos—, y pronto nuestro pequeño núcleo creció lo suficiente para atender la red clandestina que montamos aceleradamente. Olvidé las dificultades de los primeros meses con la GPP, porque me sentía en total armonía con mis nuevos compañeros. Desde el principio Modesto me confió un buen número de responsabilidades. Paco y yo éramos sus colaboradores más cercanos. Yo era la cara pública. Dirigía y coordinaba las tareas políticas con el movimiento de solidaridad, los partidos, los organismos internacionales, las redes de apoyo, y me encargaba de los medios de comunicación. Paco y otros compañeros, entre ellos Alfredo y Dora, se encargaban de la logística clandestina.

Casi a diario veía a Modesto porque siempre había asuntos que resolver, consultas, reuniones a las que había que llevarlo. Una de las tareas más importantes de las que nos ocupábamos en la retaguardia era la de obtener dinero para comprar armas en el mercado negro. Aunque era Paco quien armaba las operaciones de contrabando para introducir las armas a Nicaragua en vehículos con fondos falsos o con la colaboración de camioneros que transportaban mercaderías por Centroamérica, Modesto consideró que yo era la persona ideal para transportar dinero, mensajes y documentos delicados entre Costa Rica, Honduras y Panamá. Pensaba que mi estampa de mujer de cierta clase me libraría de las sospechas de las autoridades en los aeropuertos. Fue así cómo, además de mis otras responsabilidades, empecé a hacer frecuentes viajes transportando papeles secretos, documentos de identidad falsos y correspondencia clandestina. Estos materiales viajaban ocultos en mi equipaje. Al arte de ocultarlos se le llamaba «embutir» y supongo que se inspiraba en las técnicas usadas por los traficantes para el contrabando de drogas. Yo viajaba con juguetes que escondían en su interior casetes diminutos con instrucciones para las guerrillas en Nicaragua, o comunicaciones entre los varios miembros de la dirección. Las cartas, escritas con letras diminutas y enrolladas en tubos, se introducían en las piernas de las muñecas, o en muñecos de peluche abiertos y vueltos a coser. También usábamos maletines de doble fondo, y en éstos llevé a menudo a Honduras pasaportes falsos con los que entraban de nuevo a Nicaragua compañeros que habían estado prisioneros y que se reincorporaban al combate.

Recuerdo una vez que me dieron una muñeca grande con las piernas llenas de «embutidos». Sólo cuando llegué al puesto de chequeo en el aeropuerto, me di cuenta que si la pasaban por rayos X, creerían que llevaba drogas. Como un rayo, tomé la muñeca y crucé con ella en brazos a través del detector de metales, sin ningún problema. Me volví experta en sonreír en los aeropuertos, en vestirme adecuadamente para no despertar sospechas. A menudo estos trasiegos me hacían sentirme como la protagonista de alguna película de espionaje. Recibía, por ejemplo, instrucciones de llegar a un aeropuerto y sentarme en la sala de espera del vuelo. Me ponía a leer una revista y de pronto alguien aparecía a mi lado —generalmente alguien que conocía, pero que llevaba la identificación plástica de los empleados del aeropuerto sobre la camisa— y dejaba a mis pies un maletín que luego yo llevaba conmigo. Jamás se me ocurrió pensar que sería una bomba o que los compañeros me sacrificarían, porque los sandinistas nunca fuimos terroristas, ni estuvimos de acuerdo con que personas inocentes pagaran culpas que no les correspondían.

El momento de pasar la aduana era siempre peligroso. Aunque aparentaba ir muy tranquila, dentro de mí no eran mariposas, sino insectos los que me mordían el estómago todo el tiempo desde que bajaba del avión hasta que al fin salía de allí con mi equipaje.

Sólo una vez me vi en aprietos. Fue cuando Paco se apareció en mi casa con un enorme paquete envuelto en papel *kraft*, lo puso sobre la mesa y me dijo que lo sentía pero que todo el dinero que debía llevar al día siguiente se lo habían entregado en billetes de pequeña denominación. Me asomé a la bolsa. Contenía no menos de cien mil dólares. Imposible, pensé. ¿Dónde los iba a esconder? Eran casi las cinco de la tarde, no disponíamos de maleta de doble fondo y el vuelo a Panamá salía a las siete de la mañana. Me senté en la mesa redonda del comedor en la casita minúscula a la que nos trasladamos después que entraron los ladrones en la casa anterior y ya no nos sentimos seguros. Paco me miraba esperando que saliera del estado de trance en que me sumí. Tenía la cara compungida. Sabía tan bien como yo los riesgos que correría. No sé cómo se me ocurrió la solución. Salí deprisa con Sergio a comprar un vestido nuevo, una gran caja, un lazo enorme y papel de regalo con decoraciones de campanas de boda. Envolví los fajos de billetes en papelillo blanco, luego forré la caja con el papel de regalo y le puse el lazo plateado.

Al día siguiente, tomé el avión vestida como si fuera a ir directamente del aeropuerto a una boda. Iba con el pelo recién lavado y cepillado, maquillada, lista para la fiesta. Comenté con quien pude lo emocionada que estaba por la boda de mi mejor amiga. A nadie le resultó extraño que llevara el regalo del que no me separé.

Toda mi seguridad se derrumbó al llegar a Panamá. Un oficial de inmigración pidió a los nicaragüenses que formáramos una fila aparte. Miré a todos lados, pensando rápidamente qué hacer, imaginando la escena cuando abrieran el regalo. Me llevarían a la cárcel.

Quiso mi buena suerte que apareciera de pronto caminando por el pasillo un asesor del general Torrijos al que conocía porque simpatizaba con el sandinismo. Me salí de la fila y fui a su encuentro, sonriendo como si se tratara de un íntimo amigo.

—¡Hola! ¡Qué alegre verte! —exclamé.

Mientras me acercaba para darle un beso en la mejilla, le susurré con urgencia: «Necesito que me saqués de aquí sin pasar por aduana, por favor. Traigo un dinero.»

Él me miró con sorpresa, pero se repuso con rapidez porque no le costaría mucho imaginar de qué se trataba.

—¿Cuánto dinero traes? —preguntó, también en voz baja.

—Diez mil dólares —dije, con aplomo.

Me tomó del brazo. No sé qué le diría al oficial de inmigración, pero éste me selló el pasaporte sin rechistar. Luego pasé como VIP por aduana. Él sin soltarme.

Cuando llegamos afuera, le agradecí efusivamente.

—Más cuidado la próxima vez —me guiñó el ojo—. Qué suerte la tuya que estuviera yo allí. No todos habrían hecho la vista gorda.

Entregué el dinero a Modesto cuando nos encontramos en la casa de seguridad donde se hospedaba en las afueras de la ciudad. Su anfitrión era un ingeniero que vivía solo. La casa era amplia, pero tenía un aspecto desolado, como si su ocupante jamás hubiese terminado de mudarse. Había cajas en las habitaciones y los muebles más parecían de oficina. Modesto me observaba divertido sentado en una silla de cuero, mientras yo no paraba de hablar de la suerte que había tenido. Me sentía feliz de estar con él, de haber completado con éxito mi misión. Bullía por dentro como una botella llena de burbujas. Me había quitado los zapatos y estaba sentada en un sofá. La falda de mi vestido nuevo, que era amplia y larga hasta los tobillos con un estampado de pequeñas flores, se extendía a mi alrededor como un abanico. De pronto, se levantó y como un tigre que se lanza sobre la presa, vino hacia mí, y me besó en la boca. Le puse las manos sobre el pecho, pero no llegué a empujarlo porque ese momento se venía acumulando desde el día de la reunión. Así que nos besamos medio ahogados por el deseo reprimido que nos había andado mortificando, pero cuando él quiso avanzar sobre mi blusa o la falda y continuar la ofensiva, le detuve las manos. Me abracé contra él y le dije que nos quedáramos así, quietos. «Mejor no seguimos», le dije. «Háblame de lo que has estado haciendo.» El corazón me latía muy fuerte y un calor de infierno me encendía la cara. Él me estuvo acariciando la cabeza largo rato.

Cuando yo era adolescente, mi papá bromeaba sobre la facilidad con que me enamoraba. Mi naturaleza romántica, demasiado ávida por encontrar al «hombre perfecto», se fascinaba fácilmente con el embrujo de las emociones súbitas. Esto me cobró su precio, sobre todo en aquel ambiente en que la cercanía de la muerte y el peligro hacía que las normas establecidas saltaran por la ventana.

En mis viajes aquellos —ya fuera a Honduras o a Panamá— generalmente era Modesto quien recibía o enviaba los paquetes. Con él era con quien me quedaba, uno o dos días, en la casa de personas que colaboraban con la lucha. Aunque dormíamos en habitaciones separadas, pasábamos mucho tiempo juntos. Creo que lo que más me sedujo de él fue la fe que tenía en mis capacidades y habilidades. Sergio era muy crítico conmigo, en cambio Modesto no cesaba de elogiar mi olfato político, mi responsabilidad, y de reconocer y estimular mi creatividad. A Sergio no lograba sacarlo del ámbito de la política; en cambio Modesto me hablaba de su amor por la ópera, la literatura, la física, las matemáticas, y también de su historia personal cuando era niño y vendía tortillas o periódicos en las calles de Jinotepe, su pueblo natal. Así ayudaba a su madre, que era planchadora, a sacar adelante un hogar donde el padre era una figura ausente que desaparecía por largos meses, navegando por el mundo en barcos mercantes. También me relataba anécdotas de sus largos años en la guerrilla; de la época en que anduvo con sólo dos tiros en su carabina; de un tigre que cazó y cuyo colmillo conservaba; del hambre histórica de los guerrilleros y la desolación de los compañeros cuando llegaban cartas de la ciudad en que sus mujeres lamentaban su soledad, o confesaban que se habían enamorado de otro. Yo lo escuchaba embobada.

Aquel hombre se me metía por debajo de la piel como una enfermedad, y no sabía qué hacer para escapar. Empezaba a verle a Sergio más defectos que cualidades. Era como si toda la armazón sobre la que se alzara nuestro matrimonio se hubiera llenado de polillas, y se desmoronara poco a poco. Sergio intuía la amenaza e, irónicamente, como suele suceder cuando se teme perder algo, me cercaba con críticas y reclamos. Queriendo recuperarme, me apartaba cada día más de él.

38

DE CÓMO HICE VARIOS VUELOS CLANDESTINOS
Y DE LA EXPERIENCIA INSÓLITA QUE ME TOCÓ VIVIR
CON EL GENERAL OMAR TORRIJOS

(Costa Rica, Panamá, 1978)

No siempre tomé aviones comerciales para viajar de Costa Rica a Panamá. Algunos viajes los hice en *Antoine*, un Cessna de una hélice, pilotado por Chuchú Martínez. Chuchú era todo un personaje de novela, un hombre de intensas pasiones políticas y literarias, poeta, matemático, filósofo, gran amigo de las causas heroicas por las cuales era capaz de arriesgarse a cualquier cosa. Chuchú salía de Panamá en su avión y, en su ruta, tras burlar la vigilancia de las torres de control, se detenía en pistas abandonadas a recoger y dejar pasajeros clandestinos. Así viajaba Modesto y así viajé yo en varias ocasiones.

La primera vez que vi la pista de aterrizaje donde Chuchú me recogería pensé que se trataba de un error. En las cercanías de Quepos, en el Pacífico costarricense, tras tres o cuatro horas de camino desde San José, me interné con Chepito —que operaba en las estructuras de Paco— por un camino de tierra entre plantaciones de palma africana y potreros para ganado. No vi ninguna pista, pero Chepito detuvo el jeep y me dijo que habíamos llegado.

—Pero si esto es un potrero —exclamé, mirando el tupido montarascal tras el cerco donde se alzaba un letrero tosco de madera con el nombre «Pista Managua».

—Bajémonos, vas a ver —me dijo Chepito.

No se me escapó la ironía del letrero, como tampoco el pasto altísimo por el que penetramos como cazadores en la jungla. Hacía un calor endemoniado y, efectivamente, con suficiente imaginación, uno podía adivinar la pista, la franja de tierra apisonada en medio del pastizal por donde se paseaban varias vacas tranquilas.

—Ayúdame a arriar las vacas —me dijo Chepito, muy serio—. Eso es lo peor de este lugar, lo más peligroso. Las vacas. Apurémonos que ya no debe de tardar Chuchú.

Me parece increíble recordar la sangre fría que tenía entonces, ahora que me da tanto miedo volar, y que sufro imaginando percances en los despegues y aterrizajes. «Síndrome de estrés postraumático», me diagnosticó el psiquiatra cuando, ya viviendo en Estados Unidos, me asaltaron miedos incontrolables y volar se convirtió en una pesadilla para mí. Será eso, sin duda, porque aquel día en la Pista Managua me reí a carcajadas de lo chaplinesco de la escena: Chepito y yo corriendo por el potrero detrás de los animales, golpeándoles las ancas con un palo para que se movieran porque ya se oía en la distancia el ronroneo del avión de Chuchú.

—Soy mejor poeta que vos, te fijás. —Chuchú me abrazó al bajar a tierra, vestido con camisa y pantalones de jean. Era moreno, de pelo gris, y más que sonreír, se reía con el tono de la voz y la constante ironía de sus palabras. Siempre me retaba a competir con él como poeta. Siempre me saludaba diciendo que era mejor que yo.

Dijo que debíamos aprovechar que las vacas se habían marchado para despegar. Me despedí de Chepito y subí al avión.

Antoine se movía como un avioncito de papel a merced de las correntadas de viento. Para conversar había que gritar, el ruido de la hélice ocupaba todo el silencio. Chuchú me decía que el viento era el elemento del avión. Amaba a Antoine de St. Exupéry. Pensaba que volando, quizá él también escribiría una historia inmortal como *El Principito*. Nunca olvidaré aquel Cessna viejo y cascado, con los sillones raídos, ni a Chuchú hablándome de Graham Greene, su gran amigo, que pasaba largas temporadas en Panamá como huésped del general Torrijos.

Realizamos el vuelo sin contratiempos, pero cuando descendíamos hacia la pista donde me bajaría yo, el controlador norteamericano de la zona del Canal empezó a pedirle explicaciones a Chuchú por la radio, en un tono nada amistoso. ¿Qué estaba haciendo fuera del corredor aéreo? ¿Dónde iba? ¿Por qué estaba descendiendo? «Repórtese, repórtese», imprecaba. Chuchú se puso nervioso.

—Apenas me voy a poder posar sobre la pista —me dijo—. Tengo que salir inmediatamente, si no voy a tener problemas. Te vas a tener que lanzar del avión.

Así fue. Literalmente. Las ruedas apenas tocaban tierra cuando abrí la puerta y salté. Por confiar que nada sucedería, calzaba zapatos de tacones bajos, uno de los cuales se quebró cuando caí al suelo. Chuchú alcanzó a lanzarme el maletín con mis cosas y alzó vuelo sin demora. Sólo cuando me levanté y me sacudí el polvo, me di cuenta que no tenía ni idea de en qué parte del territorio panameño me encontraba. Alrededor de la pista, el lugar era totalmente desolado. El campo de aterrizaje estaba sobre una planicie en una especie de hondonada de tierra seca, rojiza, sin más vegetación que arbustos pequeños y espinosos. Al sur se adivinaba un camino de acceso de tierra. Subiendo hacia el este, a lo lejos, vi el perfil de algunos edificios. Se suponía que alguien debía estar allí para recibirme, pero no había nadie. No me quedaba más que esperar. Caminé arrastrando el zapato con el tacón roto hasta unas rocas donde me senté. El calor húmedo, bochornoso, de Panamá me puso a sudar en un instante. Esperar no habría representado mayor problema si una hora más tarde no hubieran aparecido en la distancia dos hombres con mal aspecto avanzando en dirección mía. Para defenderme no contaba más que con una navaja suiza que me diera Modesto. Me escondí detrás de las rocas, sintiéndome como animal acorralado. Quién sabe qué habría sucedido de no haber surgido del cielo de pronto una avioneta que empezó a hacer piruetas sobre la pista. Salí al descampado y saludé con la mano al piloto de la avioneta como si lo conociera, y me encontrara allí para observar sus prácticas. Pero los dos hombres ya estaban cerca y me miraban, con obvias malas intenciones. El más alto sonreía maliciosamente. Decidí que sería mejor marcharme, buscar la carretera, caminar. Era muy arriesgado quedarme allí.

Renqueando, acalorada, alcancé la carretera. No había caminado mucho cuando finalmente divisé un automóvil que se acercaba con el compañero que llegaba a recogerme.

Pero las sorpresas de ese viaje no terminaron allí.

Del 28 de septiembre al primero de octubre de 1978, se celebró en Panamá, con el apoyo del general Torrijos, de Carlos Andrés Pérez y de otros políticos importantes de América Latina que respaldaban al sandinismo, el Congreso Continental de Solidaridad con Nicaragua. Los pasillos de la Universidad de Panamá se hallaban llenos de entusiastas simpatizantes. Era su oportunidad de ver personalmente a algunos de los miembros del comando que había tomado en agosto el Palacio Nacional. Torrijos les había concedido asilo político y eran los héroes del momento en la ciudad. Yo asistía a la conferencia como representante de la tendencia GPP. La división del sandinismo persistía, pero a esas alturas era más formal que real. En esos días anduvimos en grupo: Dora María Tellez, Javier Carrión, Edgard Lang —que más tarde fue asesinado— y su esposa, Marisol Castillo. Marisol era hija de Chema Castillo, el dueño de la casa donde tuvo lugar el operativo de diciembre de 1974 y en el que éste pereció. Al igual que otros jóvenes cuyos padres fueron somocistas, ella tomó su propio camino y se unió al sandinismo. Yo suponía que debía crearle muchas contradicciones internas, pero siempre me pareció muy dueña de sí, una mujer dulce, de voz fina y grandes ojos celestes.

Modesto pensaba que era muy probable que durante la conferencia se me presentara la oportunidad de hablar personalmente con el general Torrijos. De producirse ese encuentro, me dijo, debía solicitarle pasaportes para algunos compañeros, dinero, y una cita para que ambos hablaran sin intermediarios.

Chuchú conocía bien a Torrijos. Casi en broma, el general le otorgó el rango de sargento del ejército panameño. Chuchú actuaba como enlace ocasional de Torrijos con personalidades como Graham Greene, pero a menudo también representaba los intereses del general en pláticas clandestinas con movimientos guerrilleros latinoamericanos. Torrijos vislumbraba la posibilidad de que un día se presentaran problemas con Estados Unidos respecto al cumplimiento de los Tratados Torrijos-Carter. Por esto le interesaba contar con la colaboración de ejércitos guerrilleros en el área, pero no podía establecer estos contactos sino de manera muy secreta. Chuchú era su hombre de confianza en estos andares. Por esa época yo ignoraba las funciones de Chuchú. Sólo sabía que nos ayudaba, que Modesto le tenía mucho aprecio y que era la persona a través de la cual yo podría acercarme al general.

Me encontraba en el amplio salón de la Universidad de Panamá, escuchando las intervenciones de personalidades políticas durante la conferencia, cuando Chuchú apareció por la puerta y me llamó.

—Ven —me dijo, con su modo directo—. El general quiere reunirse con un grupo de los asistentes. Nos vamos a su casa ahora mismo.

Lo seguí a un microbús donde esperaban otras personas: mi amigo el poeta Efraín Huerta de México y su esposa Thelma Nava; Rodolfo Puigross, un viejo exiliado, dirigente de la guerrilla Montonera en Argentina y Jorge Turner, un intelectual panameño.

La casa de Torrijos apenas la recuerdo. Creo que traspusimos un muro coronado por alambradas y que después entramos en una casa grande de una planta, con un espacio separado por espejos y biombos que era una extraña mezcla de dormitorio, oficina, salón de estar y biblioteca. Nos cruzamos con una mujer rubia, muy maquillada, de pantalones apretados que se movía de un lado al otro con ropa sobre el brazo como si empacara para un viaje, bajo la mirada de hombres con uniforme militar.

Torrijos gozaba de gran prestigio en América Latina. Su nacionalismo había sacado a Panamá de una especie de interregno semicolonial, para ponerlo definitivamente en el mapa latinoamericano como país a tenerse en cuenta. Era un hombre apuesto a su manera, carismático. En su cara morena destacaban los ojos claros, verde miel. Nos sentamos en una sala al lado de un gran ventanal. La conversación no fue muy ágil inicialmente. Con jefes de Estado uno se siente como actor sin libreto en un escenario teatral donde hay que adivinar las órdenes de un director con el que uno jamás ha trabajado. Afortunadamente, en esas circunstancias suele haber algún profesional que improvisa el libreto para los más tímidos. En ese caso fue el viejo Puigross —general del tiempo con sus casi ochenta años, argentino además, sobreviviente de numerosos riesgos— que hablaba a sus anchas, contaba anécdotas, y tenía hipnotizado a Torrijos con su erudición y simpatía. Chuchú revoloteaba cerca, hablando con otros militares. Nos sirvieron cócteles. La conversación se animó. En un momento en que Torrijos nos condujo a otra habitación para enseñarnos alguno de sus trofeos, pude acercármele y decirle que necesitaba hablar con él, darle un mensaje de Modesto.

—Sí, claro —me dijo mirándome de arriba abajo.

No pensé que nuestra visita durara más de una hora pero se prolongó gracias al encanto de Puigross y sus comentarios políticos. Torrijos habló de los tratados y sus consecuencias para Panamá y la región. Recostado a sus anchas en el sillón, fumaba un puro cubano y reía a carcajadas con las bromas y comentarios agudos de los huéspedes. Empezó a caer el sol. Se sirvieron más cócteles. De pronto el general se puso de pie. Dijo que nos llevaría a Farallones, su residencia en la playa. Cenaríamos allá con él, anunció. Ordenó.

Se desencadenó un movimiento frenético entre los ayudantes. Un rato después, avisaron que el viaje estaba preparado y salimos de nuevo al microbús. Allí me enteré de que tomaríamos el jet privado del general. Cuando vivía Torrijos, Farallones era parte de su leyenda, su Camp David. El jet era pequeño y cómodo. Sería el mismo, supongo, en el que Torrijos perdió la vida años más tarde cuando se dirigía a otro de sus refugios, Coclecito. El general bromeaba señalando a una joven menudita, pero bien proporcionada que hacía funciones de azafata.

—Está hecha a la medida del avión —dijo riendo con malicia—. Puede caminar por el pasillo sin necesidad de agacharse, como nosotros.

Los invitados reímos con él. La mujer rubia que empacaba cuando llegamos entró en el avión y se situó en la parte posterior, alejada de los demás. Comprendí que estábamos supuestos a fingir que era invisible. A todas luces era la amante de turno. Más adelante en mi vida conviví lo suficiente con el poder para aprender que en los *entourages* que rodean a generales, presidentes, comandantes, existe lo que se oculta sin ocultarse, lo que sucede frente a los ojos de todos pero que todos fingen no ver. Uno sigue hablando, riendo, siendo gentil, por muy incómoda que sea la situación.

No recuerdo bien la casa en Farallones pero sí la enorme terraza techada, con piso de piedras brillantes, pilares de ladrillos y un muro bajo el cual rugía el mar. La brisa soplaba con olor a salitre. Nos sentamos en mecedoras puestas en círculo para continuar la conversación, pero fue difícil recuperar el ritmo. Era el lugar quizá. Y tal vez las muchachas. Aparecieron otras. Todas muy atractivas pululando alrededor del general, llegando a decirle secretos al oído con una familiaridad un poco desconcertante. Uno no sabía si le estaban besando el cuello, las orejas, mientras él les acariciaba la cabeza, acercándolas aún más. Tiene un harén, pensé. La que había viajado con nosotros en el avión debía ser la favorita. Por esa noche al menos. A nadie se le escapaba que las idas y venidas de las jovencitas eran parte de un juego cuyo centro era la sexualidad. ¿Cuál era el juego? ¿Una competencia sorda por el afecto del general? Difícil saberlo, pero como mujer me incomodaba. Torrijos era considerado un hombre del pueblo, querido por los panameños. Me podía imaginar su magnetismo cuando paseaba por las barriadas. Por encima de su porte y los gestos de caudillo, era un nacionalista valiente, y comprometido con la autonomía de Latinoamérica. Personalmente, sin embargo, me disgustaba su talante brusco, de militar autoritario. Chuchú me contó que Torrijos había decidido volar el canal de Panamá si Carter no firmaba los tratados que devolverían a Panamá su soberanía. Las cargas habían sido colocadas incluso. Era cuestión de que el general diera la orden. «Lo iba a hacer, no te quepa duda. Estuvimos absolutamente preparados. Fueron días muy tensos.» No sé si sería verdad, pero entonces le creí, y admiré que estuviera dispuesto a llevar a cabo ese gesto de autoinmolación, un supremo gesto de rebeldía, loco pero valiente.

En Latinoamérica, especialmente durante esos años, oponerse a la política de Washington era una cuestión de principios. Sentíamos que nunca podríamos alcanzar ni la dignidad, ni el progreso, mientras Estados Unidos no cesara de imponernos su voluntad. Éramos una generación nacida y criada bajo las dictaduras nefastas que Washington apoyó sin ningún escrúpulo: Papa Doc, Strossner, Batista, Somoza, Ubico, los militares brasileños. Estados Unidos era el muchacho fuerte y grosero del barrio. Uno soñaba con desafiar su poderío aunque fuera momentáneamente; aun a riesgo de terminar morateado, con las costillas quebradas. El instante de atrevimiento, la afirmación de la propia independencia era suficiente incentivo para arriesgarse al dolor.

Serían aproximadamente las diez de la noche. Fui al baño y cuando regresé los invitados se despedían. Lamenté no haber tenido la oportunidad para transmitirle al general el mensaje de Modesto. Otra vez sería. Estaba cansada y ansiosa por irme de allí.

Torrijos me vio. Alzó la voz:

—Tú te quedas —me dijo, como dando una orden.

Cuando se marcharon los demás, el general se dejó caer sobre una hamaca con un trago de whisky en la mano, y me indicó que me sentara a su lado en una mecedora. Lo hice con buen ánimo mientras formulaba en mi mente las frases para dar comienzo a nuestra conversación política e imaginaba qué clase de preguntas me haría él. Estaba feliz de que se me presentara la oportunidad de hablar largamente y en privado con el general.

—Le traigo un mensaje de Modesto, general —empecé, un poco cohibida ante tan súbita oportunidad.

El general levantó sus ojos de la hamaca. Me miró. Hizo un

gesto con la mano indicando que eso podía esperar. Estaba vestido todo de caqui. Se había quitado los zapatos y llevaba calcetines blancos.

A sugerencia de Chuchú, le había enviado días atrás mi libro de poemas publicado por Casa de las Américas. Pidió a una de las muchachas que se lo trajera.

—Quiero que me leas un poema que escribiste; que me gustó mucho —dijo.

Mi corazón aún no me avisaba de peligros. Cada vez que recuerdo este episodio, me deslumbra mi inocencia. En qué mundo pensaba habitar yo, me pregunto. Pero no se me ocurrió que él pudiera desear otra mujer en aquel serrallo de Sultán. Suponía que la rubia lo estaría esperando para el turno de la noche, que para eso la traía consigo. De modo que me halagó que el general hubiera leído mi libro y quisiera que le leyera un poema. Quizá querría tomarse un descanso. Después seguramente hablaríamos. Abrió el libro y seleccionó un poema.

—Este poema podría ser un himno guerrillero —me dijo—. Léelo anda.

Lo leí todo.

—Qué buena poeta eres, carajo —dijo—. Quiero que le escribas un poema a una hija mía —añadió.

—Pero... —balbuceé—, yo no escribo poemas a voluntad. Jamás me he sentado a escribir un poema determinado. Se me ocurren de pronto.

—Estoy seguro de que se te ocurrirá si te hablo de ella —dijo.

Me revolví incómoda. Hacía calor en Farallones. El viento se había quedado quieto. Estancado. Ya no soplaba la brisa del mar. Intenté otra vez explicarle, pero él continuó insistiendo. Me pregunté si estaría borracho. No podía imaginar que estando en sus cabales, me hiciera aquella ridícula petición. Pero el general, insistente, no cedía. Vi encenderse en sus ojos la terquedad del militar, dura, imperativa. Llamó a una de las muchachas otra vez.

—Tráele papel —le ordenó, con un gesto autoritario. Inútil resistir, pensé. Tendría que tomarme su capricho con humor.

—Está bien —le dije—. Usted gana. Haré lo que pueda.

Me mandó sentar a un extremo de la terraza ante una mesa. El espacio de soledad me reconfortó. El general seguía en su hamaca. Las muchachas revoloteaban a su alrededor. De vez en cuando alguna se sentaba en su regazo. Era tarde. Me sentía cansada, sumamente incómoda. Quería irme de allí. ¿Cómo hacerlo? ¿Cómo convencer a alguien acostumbrado a chasquear los dedos y lograr cuanto se le ocurría de que me dejara en paz? ¿Qué pasaría con mi misión política si se enfurecía? ¿Hasta qué punto jugar su juego? Escribí algunas frases. Hilvanar palabras sobre alguien desconocido era como cualquier otro malabarismo de la imaginación. Terminé y me acerqué para leérselo. Sonrió satisfecho. Se lo mostró a una de las muchachas, que poco después se marchó y nos dejó solos. Volví a la carga. Dije que tenía unas solicitudes muy concretas que hacerle.

—Me gustaría tener un hijo contigo —me dijo mirándome desde la hamaca.

Me reí. No pude evitarlo. Por qué me reía, dijo, serio. Un hijo de ambos sería hermoso. Aguerrido, pero sensible.

—Tú no sabes lo que es la soledad del poder —me dijo—. Uno no sabe nunca a qué atenerse con las personas que lo rodean. Tú eres diferente —y se quedó pensativo.

—Pero yo no estoy disponible —le dije—. Lo siento.

De ese momento en adelante todo intento de disfrazar sus intenciones de seducirme se evaporó. Me lanzó una avalancha verbal de promesas y cumplidos. Que si él me haría feliz, que si me llevaría con él a todas partes, me mostraría los secretos de Panamá, las islas San Blas, Coclecito.

Yo con los pelos de punta. No tenía ni idea de lo que Torrijos era capaz. Para todo propósito práctico, era su prisionera. Podía violarme y nadie me defendería. Él era allí el soberano absoluto. Me levanté y me dirigí al interior de la casa. Buscaba la solidaridad de las otras mujeres pero me evitaron. Me miraban con recelo, como a una rival. Le pregunté a la que más constantemente consolaba al general, por el avión. El general ofreció mandarme de regreso a Ciudad de Panamá esta misma noche, dije.

—El avión regresa mañana —respondió, sin expresión.

Al fin, Torrijos se levantó de la hamaca ayudado por una de las jovencitas. Se metió dentro de la casa. Me quedé sola en la terraza consumida por la rabia. Odié al general y a todas sus huestes, a las mujeres aquellas, empequeñecidas por la servidumbre torva hacia aquel hombre tosco, primitivo, poderoso. Desde la terraza, divisaba un muro alto y un guarda. ¿Me dejaría salir? Quizá había un pueblo cerca de allí, un lugar donde pudiera llamar por teléfono.

En eso estaba, urdiendo tramas de escape cuando apareció de nuevo la muchacha.

—Ven —me dijo—. Te llama el general.

Era una orden. La seguí. Pensé que Torrijos habría reflexionado. Me llamaría a su oficina. Subimos unos escalones. Abrió una puerta y casi que me empujó hacia el interior. No lo olvidaré nunca. De sopetón, me encontré en el dormitorio de Torrijos. Vestido con un pijama naranja oscuro, estaba de pie al lado de la cama. Me señaló un colorido negligé extendido sobre las sábanas.

—Puedes dormir aquí al lado mío. Si tú no quieres, no te tocaré. Te lo juro. Puedes creer en mi palabra.

—No, gracias, general —dije totalmente desconcertada mirando la escena con horror como un venado enfocado de pronto por los faros de los cazadores. Salí de la habitación, corriendo, dando un portazo. Bajé a toda prisa las escaleras, jadeando.

Al llegar abajo, furiosa, sin poder contenerme más, le dije a la muchacha:

—No voy a dormir con el general. ¿Está claro? Hágame el favor de indicarme algún lugar donde pueda pasar la noche. Tiene que haber alguna habitación desocupada por aquí.

Encogió los hombros. Sacó una llaves del escritorio y me dijo que la siguiera. Me llevó a una casa contigua. Abrió una habitación que olía a moho y polvo. Cerré la puerta con llave. Arrastré una mesa y la puse contra la puerta para asegurar que despertaría si alguien intentaba forzar la entrada. La rabia no me dejó dormir. Me pasé la noche en vela pensando en lo estúpida que había sido. En algún momento me pregunté si acostarse con el general no sería el tipo de sacrificio que otra en mi lugar haría por la patria.

Pero yo ni por la patria me acostaría con él, pensé. La sola idea me producía asco.

A la mañana siguiente, cuando salí a la terraza, Torrijos desayunaba sentado tras una mesa muy larga en una habitación con ventanales de cristal, con una cantidad de gente que parecía haber surgido de la nada como por arte de magia. Me sentía como fantasma, como un ser invisible al que nadie veía. Nadie me preguntaba nada. Me senté en la terraza a ver el mar y esperar. Yo era Gregorio Samsa y pronto terminaría mi metamorfosis en cucaracha. Me dio por pensar en Kafka. Era todo tan absurdamente extraño. De pronto oí la voz de Torrijos, que me llamaba. Tenía otro semblante. Más lúcido, pero igualmente impenetrable.

—¿Qué era lo que querías decirme? —me preguntó.

Sin preámbulos o rodeos, le dije lo de los pasaportes, lo de la reunión con Modesto. Asintió con la cabeza.

—¿Estás segura que no quieres quedarte conmigo? Te llevaría a Coclecito. Salgo para allá esta tarde. Estaba desayunando con mis hermanos. Lo hago todos los domingos.

—Quiero que me mande a dejar a Panamá, por favor —rogué, tratando de disimular mi angustia, el temor de que se repitiera lo del día anterior—. Necesito regresar. Tengo que tomar un vuelo hacia San José hoy por la tarde.

Chasqueó los dedos. Apareció un soldado. Finalmente, me llevaron al dichoso avión.

Cuando, por fin, regresé a la casa en la que me hospedaba en Panamá —la casa de Mercedes y Will Graham, quienes siempre me acogieron con afecto y hospitalidad— encontré a Danilo esperándome. Danilo era el responsable de las estructuras sandinistas en Panamá, un compañero de facciones hermosas como esculpidas en caoba, fuerte, muy afectuoso. Lo abracé y me solté a llorar. Él me calmó como pudo. Con la voz cortada por un llanto producto de la tensión y el alivio, le conté lo sucedido.

—¡Qué abuso! —exclamó—. ¡Qué necesidad tenía Torrijos de comportarse como un patán! ¡Hombre! No termina de ver uno cosas inverosímiles.

Meses más tarde Modesto se reunió con Torrijos. Éste le pidió disculpas por haberme puesto en una situación difícil. Me asombró que lo hiciera. Fue una disculpa de jefe a jefe, sobre el maltrato hacia un subordinado, pero se disculpó a fin de cuentas. Chuchú me aseguró que el general estaba verdaderamente avergonzado de su actuación. Me sorprendió. Era más de lo que habría esperado de él.

Aquél fue mi primer roce con esa mezcla explosiva de poder y sexo que se les sube a los hombres a la cabeza. El poder les da la seguridad que quizá no tendrían. Se entregan a esa embriagadora sensación, y con el pecho erguido, sobre el árbol más alto, jefes de la manada, descienden sobre la tribu y sus hembras. Se vengan así de cualquier triste recuerdo de infancia o adolescencia; de las niñas modosas que en patios escolares se atrevieron a rechazarlos, del temor que alguna vez les inspiraron sus madres.

39

DONDE ME ARRIESGO A HACER UNA OFERTA DE MATRIMONIO

(Managua, 1986)

Carlos me hablaba frecuentemente de su vida cuando regresara a Estados Unidos. Habitante del reino de la temporalidad, yo no atribuí al principio mayores peligros a sus nostalgias, pero a medida que nos acoplábamos, que nos metíamos cada cual más hondo en la vida y en el cuerpo del otro, estas referencias se convirtieron en alfileres pinchándome la piel. Me empecé a preguntar si tenía sentido poner tanto amor en un hombre que cualquier día me diría adiós. ¿Cuánto tiempo pasaría antes de que él decidiera reventar la burbuja en la que nos habíamos metido y que desafiando plazos difusos echaba paredes, pisos, se solidificaba para cobijarnos cada día más abrigados? Me preguntaba si otra vez tendría que aceptar simplemente la ausencia de futuro, aceptar que el hombre-pareja era una quimera que tendría que perseguir la vida entera. Después de muchos amores, de búsquedas errabundas, de saltos mortales para atrapar la ilusión de paisajes más verdes y nutritivos, al fin había descubierto que cada geografía humana tiene sus precipicios. El reto no estaba en encontrarse, sino en la colonización del territorio como labor amorosa de dos seres imperfectos que se aceptan y acuerdan trabajarse las tierras, tender puentes, y que no se escapan al primer derrumbe o terremoto. La experiencia me brindaba su sabiduría justo cuando más agrietado y resbaladizo era el terreno.

Con Carlos, como con ningún otro, me despojé del vicio femenino de creerme telépata. La empatía exagerada. «Si hago esto, va a pensar esto; si digo esto, va a creer lo otro.» Oficio desgastante e inútil por demás. Con él me arriesgué a ser exactamente quien era. Decir exactamente lo que sentía. Asumir los riesgos de mis emociones. No sé qué día me prohibí actuar pensando cuál sería su reacción. Lo llamaría cuando quisiera, le revelaría cuanto se me pasara por la cabeza. Como un vértigo, al principio, atreverse a desvelar la verdad de las emociones. A las mujeres nos educan desde niñas para complacer. Nos entrenan para ser camaleones de nuestros hombres, adaptarnos a ellos. Si no nos detenemos a tiempo nos despersonalizamos. Reconocer esto me costó mucho dolor y no quería repetirlo.

—¿Qué es lo que querés? —me preguntó una de mis amigas más sabias. Contesté con frases largas, explicaciones complicadas.

—¿Querés que se case con vos? ¿Eso es lo que querés?

Claramente dicho. Me quedé mirándola un momento.

—Pues sí —le dije—. La verdad, eso es lo que quiero. Quiero que se case conmigo.

—Decíselo. Sólo eso tenés que hacer. ¿Y por qué no? ¿Por qué esperar a que él te lo pida? ¿Por qué no pedírselo vos primero?

Suerte la mía de tener amigas sin miedo. Pero no me quito el mérito: pocas veces rechacé los buenos consejos, o me negué a escuchar a otras mujeres y confiar en ellas.

—¿Te querés casar conmigo? —le pregunté a Carlos.

Todavía me da risa recordar la cara que puso cuando le lancé la pregunta. Estábamos sentados en el sillón de mi minúsculo estudio, al lado de mi cuarto. Un sillón café que aún conservo por las conversaciones memorables de las que fue testigo. Debo decir que para entonces, Carlos prácticamente vivía en mi casa; era amigo de mis hijas, jugaba con ellas, les ayudaba con sus tareas. Camilo lo miraba con arrobamiento. En nuestras conversaciones, sin embargo, no nos poníamos de acuerdo. Ni él ni yo queríamos renunciar a vivir en nuestros respectivos países. Me repetía que no creía que se adaptaría a vivir en Nicaragua, puesto que daba por descartado que yo me adaptara a Estados Unidos.

—¿Qué dijiste? —preguntó—. ¿Me lo decís en serio?

—Sí —sonreí—. ¡Te estoy proponiendo matrimonio!

—Tengo que pensarlo —me dijo.

Reí. Era el primer hombre al que le proponía matrimonio, dije, ¡y me respondía que debía pensarlo! Salimos a cenar. Le expliqué que yo no podía ya continuar viviendo como si el futuro no importara. No quería más incertidumbres, amores con plazo fijo, endebles fabricaciones de la imaginación. Demasiadas veces en mi vida había aceptado esas condiciones y ya la piel no me alcanzaba. Prefería que se acabara todo, hacer borrón y cuenta nueva, antes que vivir con la angustia del día en que me dijera que tenía que marcharse. O nos casábamos o nos íbamos cada cual por su lado. Ésa fue la opción que le planteé, haciendo de tripas corazón. Rogué a la vida que él decidiera quedarse conmigo, porque paradójicamente en aquel hombre, que me tomaba la mano y me miraba sobre el borde del vaso, yo intuía el puerto final de mis tempestades.

～✼～

40

◗◖

DE CÓMO SE DERRUMBARON LAS MURALLAS DE MI JERICÓ

(San José, 1978)

En uno de sus tantos viajes, Modesto se hospedó en San José en un apartamento pequeño, acogedor, lleno de libros que pertenecía a un profesor simpatizante. Cuando fui a verlo, lo encontré solo, escuchando una comunicación grabada enviada por René Vivas, quien lo reemplazara en el mando de las columnas en las selvas de Nicaragua. La voz susurrante de René se oía sobre el trasfondo del canto monótono de innumerables insectos, habitantes de la selva. Hablaba del percance sufrido por el equipo de comunicación por radio que con grandes dificultades, costos y riesgos le habíamos enviado hasta la montaña. En el afán de «embutirlo» ingeniosamente para introducirlo en el país, a alguien se le ocurrió envolver los componentes en plástico y sumergirlos en galones de pintura casera Sherwin Williams. Cuando Modesto se enteró y adivinó lo que sucedería, ya era muy tarde. La pintura disolvió el plástico de manera que, al llegar a manos de los compañeros en la montaña, del equipo, «las loras», como lo llamaba René, no quedaba más que un amasijo inservible. No pudimos evitar reírnos con la descripción que gravemente hacía René de las pobres loras ahogadas en pintura. Era un golpe duro porque la comunicación por radio era esencial para el éxito de la Operación Eureka que Modesto llevaba meses preparando. Se trataba de un suministro aéreo de armas, municiones y combatientes de refuerzo a la guerrilla de la montaña. La operación, que él dirigiría, permitiría apertrechar a las columnas guerrilleras para que éstas abrieran un corredor desde el Atlántico norte hasta el Pacífico de Nicaragua. Se contaba ya con el avión DC-3, con las armas, con los combatientes, pero el equipo de radio era clave para sincronizar la acción y garantizar que las fuerzas de tierra tomarían el aeropuerto en el momento indicado. Modesto terminó de oír la grabación y encogió los hombros con filosófica resignación. Los reveses no eran nada nuevo para él. Habría que intentarlo de nuevo.

Su tenacidad era una de las cualidades que yo más admiraba, aunque creo que lo que nos hacía más afines era nuestra ingenuidad. Los dos necesitábamos creer en la nobleza intrínseca de la especie humana y por eso siempre estábamos dispuestos a concederle a cualquiera el beneficio de la duda —lo cual en política puede ser un grave error—. Éramos optimistas perdidos. No temíamos soñar y el cinismo no nos inspiraba ningún respeto. Creo que ni él ni yo hemos cambiado mucho a pesar de todo. Siempre que lo veo anda ocupado en buscar una luz al final del túnel, una salida para el país. Por mi parte, yo he optado por creer que el futuro está preñado de posibilidades por la sencilla razón de que creer me hace más feliz que descreer. La historia es un largo proceso. Si uno logra adquirir la paciencia para comprenderlo, encuentra satisfacción en seguir luchando por los pequeños cambios que la empujan hacia adelante. No se puede dar por perdido algo sólo porque no sucederá en el tiempo de la propia existencia. No podría vivir si no creyera que la imaginación puede crear nuevas realidades.

Sobre estas ardientes convicciones, sobre un lecho de utopías vislumbradas y musitadas entre los dos, creció entre Modesto y yo un lazo muy fuerte. Fue ese principio ideal, vital, el que hizo del uno alimento del otro; el que nos enceguéció. Sobre todo a mí, la que más tenía que apostar y perder. Después de meses de resistencia casi heroica de mi parte, meses de debatirme entre mis inclinaciones y mis deberes familiares, sucumbí.

—Vení. Tengo algo para vos —me dijo Modesto tomándome de la mano, llevándome al piso de arriba, al dormitorio con muebles de pino y una ventana por la que se veía la bruma sobre las montañas lejanas.

Me senté en la cama, mientras él rebuscaba en su maleta. A pesar del percance de las loras, parecía animado. Un mechón del pelo negro, liso, le caía sobre la frente. Ya habían desaparecido el rizado y el tinte de la identidad falsa con que lo conocí. Al fin sacó un papel. Me lo dio.

—Es para vos —me dijo. Era un poema.

Leerlo sentada sobre la cama, con su mirada expectante sobre mi perfil, fue un lento desvencijarme. Se me aflojaron todas las puertas, los goznes, las ventanas. El poema decía que mi imagen le sería tan inseparable como su carabina o los mapas con que se orientaba en la selva; que su amor era tan cierto como la certidumbre de la victoria. Era un poema hermoso que revelaba inmensa ternura. Lo leí dos o tres veces sin saber qué decir, con ganas de ponerme a llorar. Cuando lo miré supo todo cuanto necesitaba saber para empujarme suavemente para atrás, para que la tarde cayera a pique afuera mientras nosotros descubríamos pieles, senderos y celebrábamos el rito de un hombre y una mujer que se funden y se pierden como dagas en la misma empuñadura. Cuando recuperé el habla y la conciencia, me eché a llorar abrumada de culpa. ¿Qué hacer ahora? ¿Qué pasaría? Me anegó la súbita premonición del descalabro que se avecinaba. Más tarde me sequé las lágrimas, me reprendí por hacer un melodrama, por arrepentirme cuando era demasiado tarde. Me calmó con suavidad. No recuerdo exactamente qué dijo. Creo que mencionó que se iría pronto de regreso a la montaña; que eso era un paréntesis, un paraguas contra la guerra que nos llovía encima. Nada que amenazara permanentemente mi estabilidad. Quizá fuera cierto, pero a pesar de mis problemas con Sergio, a pesar de que lo quería con un amor más plácido, me angustiaba repetir el pasado. Si antes la infidelidad conyugal me había parecido un mal necesario, pero justificado, esta vez la idea me repugnaba. No quería hacer daño a Sergio, no se lo merecía.

El paso de los días, la creciente intimidad con Modesto, desmantelaron sin embargo mis endebles murallas. Ensordecí a los reclamos de mi conciencia. Me refugié en la temporalidad de nuestras vidas, en lo impredecible; ¿cómo negar a aquel hombre una dulzura que quizá desaparecería de su vida para siempre? Era mi regalo a un condenado a muerte. Opté por considerarlo así. Eran las ventajas y trampas de no contar con el futuro. Fue un amor devastador aquel que se apoderó de mí y me hizo romper todas las brújulas.

41

{decorative flourish}

DONDE VIAJO A CUBA POR PRIMERA VEZ Y TENGO UN EXTRAÑO
ENCUENTRO CON FIDEL CASTRO

(Panamá, La Habana, 1978-1979)

Te gustaría ir a Cuba? —me preguntó Modesto una tarde
en Panamá, con una sonrisa seductora de Mago a punto
de conceder su deseo a Aladino. Los cubanos invitaban a un representante de la GPP a la celebración del XX Aniversario de su
Revolución. Si disponía de dos semanas, yo sería la persona indicada para viajar a la isla en los últimos días de diciembre.

Por lo general procuraba no ausentarme de mi casa más que
dos o tres días. Mis niños se sentían ante mis ausencias repentinas.
Mis viajes eran cortos pero frecuentes. Cristina, la compañera que
cubría mi frente doméstico, tuvo que regresar a Nicaragua. En su
lugar llegó María Elsa. Otra nicaragüense. Una mujer joven, fuerte, lista, que se encariñó muy pronto con los niños, especialmente con Camilo. A pesar de que estaría ausente más tiempo del
acostumbrado, acepté la propuesta de Modesto. Cuba era entonces el faro de la revolución en América Latina; el primer territorio libre de América. ¿Qué más podía desear yo que hacer aquel
viaje?

Volví a Panamá a finales de diciembre para tomar el vuelo a La

Habana. A última hora Modesto, quien planeaba viajar conmigo, decidió no ir. No recuerdo bien los motivos. Al día siguiente de llegar tuvimos una discusión irracional e intempestiva en la que me recriminó no sé qué imaginarias lealtades pasadas y antes de sumirse en un silencio amenazador, me dijo que iría sola a La Habana.

Salí, pues, triste y destemplada en el vuelo de *Cubana*. Desde que abordé el avión sentí que entraba en otro mundo. Las azafatas, de cabellos platinados una, y negro azabache la otra —las cubanas tienen verdadera afición a los tintes— se movían por el avión con amable displicencia. El vuelo que estaba programado para partir a las nueve de la noche, salió a las cinco de la mañana. En el desayuno nos sirvieron cerveza y la cena que nos habría correspondido la noche anterior.

La apariencia desteñida, pobre y descascarada de La Habana y la impecable sincronía entre los funcionarios del partido, el personal del hotel, los choferes de los autos oficiales y todos los que nos atendían, fueron mis primeras impresiones del socialismo. Llegué a Cuba dispuesta a sustituir las visiones siniestras de una adolescencia llena de mitos anticomunistas, por la realidad de una utopía en la que el socialismo lograra crear el mejor de los mundos posibles. Vi la ciudad a través del prisma rosado de mis ilusiones. El embargo económico de Estados Unidos explicaba los edificios maltrechos, lo que no funcionaba. Admiré la dignidad, el buen humor infatigable de los cubanos que subían a los buses atestados y tardíos, vestidos con ropas que recordaban las modas de las décadas cincuenta y sesenta.

El hotel Capri, donde me hospedé, con su decoración *art déco* restaurada y vuelta a restaurar me recordó los viejos hoteles de Miami Beach. Comprobé que no había tales de que uno no podía moverse por La Habana, sin un eterno funcionario del partido pegado a los talones. Deambulé por sus avenidas, visité librerías donde los libros costaban centavos, hablé con los pescadores solitarios en el malecón. Me impresionó la cultura política que poseían las personas más sencillas, los jóvenes. Percibí una calidad especial en aquellas gentes alejadas del consumismo y forzadas por las circunstancias a forjar el eje de sus vidas alrededor de valores espirituales como la educación, la solidaridad, el amor a la patria, lo comunitario. Los cubanos lamentaban la escasez, pero se las arreglaban con buen ánimo y un sentido épico de sí mismos.

La estatificación de todos los servicios y la falta de competencia del comercio, se dejaban sentir en papeleos, burocracia, en la lentitud y confusiones con que uno se topaba no bien salía de los hoteles e intentaba comprar un helado, sentarse en un café. El hotel, sin embargo, funcionaba a las mil maravillas. La comida era excelente, el servicio a las habitaciones rápido, el yogur delicioso.

En medio del ambiente festivo de las celebraciones, me deslumbraba toparme cara a cara con guerrilleros de toda América Latina, dirigentes de países socialistas como Vietnam, embajadores de movimientos de liberación palestinos, polisarios, sudafricanos. La atmósfera era de cuento de hadas revolucionario. Fui a un desfile militar donde miles de soldados saludaron en coro multitudinario la memoria del Che Guevara; escuadras de Mig volaron sobre nuestras cabezas dejando estelas de colores en abierto desafío a las protestas de Estados Unidos por la posesión cubana de esos aviones. Visité museos con fotos de Fidel y sus barbudos de la Sierra Maestra; conocí bajo un aguacero a Gabriel García Márquez y nos hicimos inseparables compañeros de autobús yendo por La Habana de un lugar a otro. En la Casa de las Américas conocí al afable y sencillo poeta uruguayo Mario Benedetti, al cubano Roberto Fernández Retamar.

Al acercarse la fecha del aniversario, las recepciones oficiales ocuparon las noches. En la primera de ellas, una fiesta multitudinaria en el imponente y moderno Palacio de los Congresos de La Habana, estreché la mano de Fidel Castro.

—¿Dónde te han tenido escondida los sandinistas? —me preguntó, mirándome de arriba abajo.

Me encontraba al lado de Doris Tijerino, mujer legendaria dentro del sandinismo, que vivía en Cuba en ese tiempo. Bromeaba con Fidel, y él se quedó largo rato conversando con ella y mirándome a mí, que hablé poco, apabullada por el solo hecho de tenerlo cerca.

Fidel es un hombre físicamente imponente. Alto, fuerte. La tela de su uniforme de gala verde olivo impecable tenía un lustre a nuevo, sus zapatos relucían. Todo él emanaba un aire de autoridad, seguridad, conciencia de ser el personaje más importante en el salón. En su rostro de facciones muy españolas, la expresividad de los ojos era Caribe, tropical, penetrante, juguetona. Sin dejar de prestarnos atención, no perdía detalle del ambiente circundante. Al poco rato, más personas se acercaron para escucharlo. Él preguntaba, pontificaba sobre la realidad de tal o cual país. Actuaba como Moisés en el Sinaí con las Tablas de la Ley entre sus brazos: líder de los pueblos en su recorrido a la Tierra Prometida. Finalmente se alejó entre la multitud. Me sentí halagada de que se fijara especialmente en mí.

A la noche siguiente, en una recepción más pequeña para las delegaciones de América Latina, conversaba con Mario Benedetti cuando Fidel se acercó de nuevo a saludarme. Lo acompañaban otros invitados y funcionarios del Partido Comunista de Cuba. Me vi en un círculo de hombres que me sonreían con picardía cómplice debido a la atención que me dispensaba su jefe. Mario lo puso al tanto de que era poeta, reciente ganadora del premio Casa de las Américas.

—¿Y cómo hago yo para leer tu libro? —me preguntó mientras las sonrisas de los demás se hacían más anchas. Me reí también. Sería fácil, le dije. Se lo haría llegar.

—Pero quiero que me escribas una dedicatoria —añadió.

—Claro que sí, comandante, lo haré encantada —le dije.

Fidel continuó la conversación sin dejar de mirarme con sus ojillos penetrantes. Traté de mantenerme calma, segura de mí y de actuar con naturalidad bajo el escrutinio de su mirada.

—¿Y cómo puedo yo verte a ti? —me preguntó—. Llegar a tu hotel sería difícil. Soy demasiado conocido.

Lo miré azorada. Los demás rieron. Supuse que sería una broma.

—Me está viendo, comandante —dije, uniéndome a la broma, disimulando mi incomodidad.

Poco después Fidel continuó su recorrido por la fiesta, saludando antiguos conocidos, caras nuevas. La fiesta se ofrecía en una casa de protocolo grande y blanca. En el jardín de exuberante vegetación tropical las mesas estaban colocadas bajo los árboles, esparcidas aquí y allá. Por todas partes departían amigablemente líderes guerrilleros del MIR chileno, del ERP argentino, de los Tupamaros de Uruguay, salvadoreños, guatemaltecos, fugitivos cuyas cabezas tenían un alto precio en sus países por oponerse a regímenes militares o al status quo. Anduve entre los invitados saludando personas que conocía, conversando. Divertida, me percaté de que Fidel intentaba repetidamente aproximarse a mí. Apenas lo lograba, sin embargo, nos rodeaban de nuevo. No se movía sin que lo siguiera un nutrido grupo o alguien lo detuviera para conversar.

—Te fijas, no me dejan hablar contigo —me dijo en una de ésas con expresión resignada.

Yo disfrutaba la situación. ¿Cómo no disfrutar de la atención nada menos que de Fidel Castro?

A la hora de la cena. Fidel se sentó a la mesa al fondo del jardín. Poco después un movimiento de hombres corriendo, de carros que partían, anunció que el comandante se había marchado. El ambiente se distendió sensiblemente. Los compañeros sandinistas de la mesa bromearon sobre las atenciones del comandante en jefe para conmigo. Nos reímos. Servían el postre cuando se sentó a mi lado Ulises, un alto funcionario del Departamento América del Partido Comunista de Cuba, a quien conocía de Panamá.

—Ven —me dijo—. Fidel quiere hablar contigo.

Sin saber qué otra cosa hacer, me levanté y lo seguí hasta su carro, curiosa y temerosa a la vez.

Fidel me esperaba en una casa que tenía el aire frío de un lugar sólo habitado ocasionalmente; una sala mal iluminada que parecía sacada de un escenario teatral, las paredes tapizadas de verde con cuadros con marcos dorados aquí y allá, ilustrando antiguas escenas de caza. Recordé el incidente con Torrijos. Ojalá Fidel, mi ídolo, no hiciera algo semejante. Me tranquilicé cuando vi que lo acompañaba Manuel Piñeiro, Barbarroja, uno de sus compañeros de la Sierra Maestra, el jefe del Departamento América. Piñeiro era un hombre difícil de descifrar. Sus ojos café eran intensos, maliciosos, ligeramente amenazantes. Parecía saberlo todo o creer que lo sabía. Me senté junto a Fidel en un sofá largo junto a la pared, mientras Piñeiro observaba la escena sentado en otro sillón.

—Perdona que te haya hecho venir —me sonrió Fidel—, pero ya viste, no habría podido hablar contigo de otra forma.

De la primera parte de esa conversación guardo vagos recuerdos. Fidel me preguntó muchas cosas personales; mi origen de clase, mis padres, cuándo me había hecho sandinista, poeta. Hablar de uno mismo es fácil de modo que me explayé, sintiendo que mientras conversáramos estaría segura. Le conté de Marcos, de Sergio, de mis hijos. Fue al abordar el tema de la coyuntura de Nicaragua cuando surgieron las discrepancias. No pude evitar darle mi opinión. No comprendía por qué ellos —Cuba— apoyaban con obvia preferencia a la tendencia Tercerista, los hermanos Ortega, cuyo comportamiento político era a mi parecer arriesgado a largo plazo e inescrupuloso. Fidel se agitó y empezó a gesticular con su dedo índice. Subía y bajaba la voz hasta llegar al susurro. Sus tonos altos sonaban a regaño dulzón, pero afilado.

—¿Cómo puedes dudar tú de mis intenciones? Yo he sido el más decidido defensor de la unidad. Me he pasado noches con tus dirigentes, discutiendo con ellos para lograr la unidad —y me miraba con sus ojos penetrantes.

—Pero entonces ¿por qué apoya a unos más que a otros? —insistía yo que conocía bastante bien por cierto que Fidel favorecía con más armas y equipos a los Terceristas.

—Pero ¿de dónde sacas tú eso? —Y volvía a repetir que él apoyaba la unidad, que él confiaba en los dirigentes de la GPP. No tenía dudas de que Modesto, Tomás y Bayardo eran hombres de principios. Acaso no me daba cuenta de que esas inquietudes que yo expresaba sobre los Ortega justificaban que él quisiera estar cerca de ellos, ayudar a encauzarlos mejor.

—Pero lo que hace es fortalecerlos —argumentaba yo, terca

como una mula. Puesto que me topaba con la oportunidad, quería que Fidel supiera lo que pensábamos las bases. Decírselo era mi manera de demostrar respeto por su inteligencia.

Como me sucedería a menudo en mi vida al tratar con hombres en posiciones de liderazgo, lentamente caí en la cuenta de que no quería oírme, sino que lo oyera. Alzaba la voz. Su tono bordeaba lo iracundo. Era evidente que consideraba mi postura como un desafío y quería convencerme de mi error. Al ver que no lograría nada, que la conversación se había reducido a un enfrentamiento de su verdad contra la mía, desistí de continuar.

—Usted sabe más que yo, comandante —le dije—. Posiblemente me equivoque; obviamente no tengo todos los elementos de juicio que usted tiene. Pero no dudo de sus buenas intenciones. Sé lo que ha trabajado por la unidad. Como sandinista, se lo agradezco.

Para apaciguarlo, le dije más cosas que no recuerdo. Poco a poco retornó a su compostura habitual. Sentado en el sillón, Piñeiro nos miraba. Sus ojos sagaces, impenetrables.

La extraña reunión llegó a su fin. Me despedí de Fidel en la puerta, un poco azorada, sin saber exactamente qué pensar de aquel peculiar encuentro.

Por esos días llegó Modesto a La Habana. Me mandó a buscar. Lo vi la tarde del mismo día en que me reconcilié a medias con mi aversión a las armas en el polígono de tiro. Estaba alojado en las afueras de La Habana, solo, en una casa extraña, grande y con muchas habitaciones. Nerviosa, hablé sin parar de mis impresiones de Cuba, temiendo que cuando callara me dijera que ya no me quería. Pero en menos de una hora nos reconciliamos como si el disgusto hubiera sido sólo el pretexto para reencontrarnos con la intensidad de quienes recuperan un cielo que creían perdido para siempre.

La fiesta del 31 de diciembre fue inolvidable. Cientos de mesas fueron colocadas en la pequeña y empedrada Plaza de la Catedral de La Habana vieja, uno de los sitios históricos más hermosos e íntimos de América. Los edificios coloniales que flan-

quean la plaza en sus cuatro costados, magníficamente iluminados, eran el marco en el que se desarrollaba la fiesta amenizada por
un espectáculo musical de ritmos afrocaribeños: el danzón, la gua-
racha, la Guantanamera. A medianoche, estallaron los brindis.
Brindé con revolucionarios de todo el mundo, cuyas causas no
siempre me eran familiares. Y, claro, con mis compañeros sandinistas. Brindamos por el fin de las tiranías, los triunfos populares,
las revoluciones. Los nicaragüenses nos emocionamos. 1979 sería
el año decisivo para nosotros. Lo sabíamos.

Se acercaba el día de mi regreso al capitalismo y al exilio. Leía
en mi habitación del hotel, por la tarde, cuando me telefoneó un
funcionario del partido para pedirme que no saliera del hotel, por
favor. Ignoraba el motivo de su extraña petición, pero supuse que
sería algo relacionado con Modesto —a quien los cubanos trataban con mucha deferencia—. A las ocho de la noche volvió a llamarme y me indicó que bajara y lo encontrara en el vestíbulo del
hotel. Acostumbrada a los misterios de la vida clandestina ni pregunté, ni di demasiada importancia al asunto. Mi acompañante no
me dijo adónde íbamos cuando partimos en su automóvil, y
no sospeché de qué se trataba ni siquiera cuando vi que nos acer-
cábamos a la sede del Partido Comunista de Cuba, un edificio
alto, moderno, en la Plaza de la Revolución.

Creo que estábamos dentro del edificio cuando finalmente me
informó que Fidel quería verme otra vez.

Subí al ascensor que me conduciría a su oficina. Recordé que
Fidel trabaja de noche; de cuatro de la tarde a cuatro de la mañana. Lo vi no más se abrieron las puertas. Caminanos hacia su despacho que era hermoso, amplio, con muchas plantas, amoblado
sencillamente y donde se respiraba una atmósfera de historia acu-
mulada y viva. Hablamos durante casi cuatro horas, hasta la medianoche. Otra vez Piñeiro rondaba por allí. Entraba y salía. Fidel
iba vestido con su eterno uniforme de comandante, que luego
copiarían los nuestros en Nicaragua. Yo llevaba los jeans y la camisa blanca, holgada, que anduve durante el día. Me dio las gracias por el libro de poemas que le envié con dedicatoria. Conversamos sentados en un sofá blanco al lado de su escritorio.

—Nunca antes estuve con alguien de la base del sandinismo —me dijo—. Usualmente me reúno con los dirigentes. Espero que llegues al final de todo esto. He visto tanta gente morir en el intento. Compañeros. No te imaginas por ejemplo lo que fue para mí la muerte de Camilo, del Che. Yo mismo dirigí la búsqueda del avión de Camilo. Aquel mar que no dio señas de nada nunca. Se perdió Camilo. Nunca lo encontramos. A pesar de todos los esfuerzos. Y el Che. Sus manos las tenemos aquí. ¿Lo sabes? Imagínate. Sus manos. El Che era como mi hermano.

Emotivo. Susurraba. Me tenía que inclinar para oírlo.

Más tarde hablamos de las ideas. Le pregunté si ya era socialista al triunfar la Revolución. Recordaba la cadena con el Cristo en su cuello cuando bajó de la Sierra Maestra.

—Pensé en un sistema semejante por mi cuenta —me dijo—. La repartición de la riqueza. Me sorprendió leer a Marx y ver las coincidencias. Mi conversión al marxismo fue muy rápida.

Me contó la historia de la Revolución Cubana, cómo escribía sus discursos.

—Leo a Martí —me dijo—. Es mi fuente de inspiración.

Y sacó los libros de Martí. Me leyó pasajes. Yo estaba subyugada por sus emanaciones de héroe. No podía creer la suerte que me permitía compartir ese tiempo con Fidel. La tranquilidad, el silencio de aquel edificio dormido.

En medio de todo esto me insinuó que podía ayudarle facilitándole cierta información. Quería saber detalles sobre la reacción de la GPP ante la entrega de un cargamento de armas a los Terceristas. Recordé los exabruptos, la furia de Modesto al salir de la reunión donde se enteró de que, a pesar de las promesas cubanas, las armas no se habían repartido equitativamente entre las tres tendencias.

—Si tú me dices lo que sabes, te puedo explicar —propuso Fidel—. Te lo puedo explicar todo, pero sólo si tú lo sabes porque si no, ¿qué caso tiene darte una explicación?

Aquel día, Modesto me había hecho jurar que pasara lo que pasara jamás comentaría con nadie su reacción. Me pareció extraña tanta insistencia sobre mi silencio, pero no había vuelto a pensar en eso hasta que Fidel empezó a interrogarme. Me pregunté si Modesto habría imaginado que Fidel Castro en persona querría saberlo. ¿Sería algo que ni Fidel debía saber?, me pregunté. Pero no era a mí a quien tocaba decidir. En mi oficio, la discreción era sagrada. Fidel tendría que darle las explicaciones a Modesto, no a mí. A mí no me correspondía revelar nada. Yo era una simple mortal en aquel juego de dirigentes.

Con ceniceros y objetos de su escritorio Fidel me explicó que, según su tesis, conducir una guerra de posiciones clásica en el sur de Nicaragua empantanaría al ejército somocista y facilitaría la toma del poder por los sandinistas. Para ello era clave que el Frente Sur dispusiera de armas para una guerra regular: antiaéreas, antitanques, cañones. Ésa era su idea. Estaba seguro que era la estrategia militar indicada. Era fascinante verlo apasionarse, volver a hacer la revolución otra vez. Sólo que los sandinistas éramos tercos. Respetábamos a los cubanos pero nuestra guerra la queríamos hacer nosotros; ganar por nuestra audacia, nuestras propias ideas. Quizá los Ortega estaban dispuestos a seguirle el juego pero el sandinismo no eran ellos. Me perturbaba que Fidel se resistiera a cederle el turno a otros, que reclamara protagonismo en nuestra revolución. Lo escuché en silencio. No coincidía con su apreciación. Juzgaba que las armas serían más valiosas fortaleciendo las columnas del norte, las ciudades. La guerra del sur no tenía mucho futuro. No éramos un ejército regular. No sabíamos combatir como ejército regular. Se arriesgarían muchas vidas, sería muy costoso. Se lo dije, pero no insistí. Era un caso perdido. A medianoche Piñeiro entró. Insistió también sobre la información que querían.

—No sé nada de lo que ustedes quieren saber —repetí.

Al fin se rindieron. Fidel volvió a sus gestos y actitud tranquila. Me despidió cariñosamente en la puerta.

—Me saludas a Camilo —fue lo último que me dijo. Me asombró que recordara el nombre de mi hijo. Sonreí.

Al regresar al hotel, me asaltó la incertidumbre de si había hecho lo correcto. Llamé un taxi. De memoria, asombrándome de mi propia intuición, lo guié por las calles de La Habana hasta la casa donde se alojaba Modesto. Él se sorprendió de verme aparecer de madrugada, casi a las dos de la mañana.

—Hiciste bien —me dijo—. Ya hablaré yo con ellos. No te preocupés.

Antes de marcharme de Cuba, le escribí una carta a Fidel. Una carta de un compañero a otro. Lo respetaba mucho, le decía, pero él debía comprender la situación imposible en que me había puesto. Yo era una militante. No podía violar mis órdenes. Consideraba incorrecto de su parte que hubiera intentado inducirme a hacerlo valiéndose de su autoridad, de su prestigio. Le hice una crítica, muy revolucionaria, según yo. Bien ingenua, pienso ahora.

Volví a ver a Fidel después del triunfo de la Revolución Sandinista. Me saludó cortés, pero frío. Evidentemente, mi carta, si es que la leyó, no le hizo mucha gracia.

Aunque el significado de esa noche sigue siendo inexplicable para mí, atesoro el recuerdo como una de esas cosas mágicas y ligeramente perversas que le pasan a uno en la vida. A la luz de los años, el episodio en vez de aclararse se ha oscurecido. ¿Necesitaba Fidel que yo le diera esa información? Parece improbable. Contaría con medios suficientes para enterarse sin mi concurso. Modesto se lo habría dicho sin duda. ¿A qué obedecía entonces su insistencia? ¿Quiso simplemente tener un pretexto para justificar su deseo de verme, hablarme, examinarme como mariposa bajo el microscopio, estudiar mi reacción ante el poder que él blandía? ¿Quería seducirme? No lo sé. Supongo que nunca lo sabré. A mí me quedó este recuerdo. Literatura.

42

DE CÓMO TENDIMOS CARLOS Y YO EL PUENTE
SOBRE NUESTRAS DISTANCIAS GEOGRÁFICAS

(Managua, 1986)

Carlos había dejado su trabajo en NPR y escribía sin contrato para otros medios. Viajaba a Washington con frecuencia.
De allí me llamaba por teléfono. Intentaba encontrar la fórmula
mágica para que nuestra relación no terminara. No podía aceptar
que llegara a su fin pero puesto que ambos nos negábamos a renunciar a nuestros entornos, no sabía qué hacer más que llamarme y proponerme diversas opciones, ninguna de las cuales lograba satisfacerme.

No sé qué otro final tendría esta historia si aquel año no se hubiera producido un hecho clave para mí: me poseyó la urgencia de
escribir. Tal vez sucedió cuando me percaté que me convertía en
burócrata, o fue porque un día de tantos me sentí llena hasta rebosar de algo confuso que quería decir. Quizá ambas cosas sucedieron
simultáneamente. Lo cierto es que mi vocación literaria irrumpió
como un surtidor a toda presión en mi conciencia. Aunque no sabía muy bien qué era lo que me pedía ser escrito, lo veía como una
isla en la neblina. Sabía que sus contornos sólo se me revelarían si
construía un puente para alcanzarlo. Después de las elecciones

de 1984, había pasado a dirigir un complejo de empresas estatales de comunicación, pero iba a la oficina y no podía concentrarme. Quería escapar, tener tiempo para pensar, para tender mi puente.

A veces me parecía que lo que emergería sería un poema coral, teatral. Una tarde, descubrí al fin de qué se trataba. Sin saber cómo ni por qué, sin un plan premeditado, me senté a la máquina de escribir y empecé a describir el recorrido que hacía cada mañana, cuando era una joven recién casada, desde mi apartamento hacia el edificio de Publisa, la agencia de publicidad donde conocí al Poeta. De pronto fue como si mis manos tomaran vida propia. Ya no era yo la que caminaba, sino otra mujer. Cinco páginas después, la isla empezaba a delinearse. Una historia que quince años atrás había surgido en mi mente por primera vez, encontraba su voz. Fue el principio de *La Mujer Habitada*, mi primera novela. Desde ese momento cualquier cosa que no fuera escribirla dejó de tener importancia.

Hablé con Bayardo Arce y le pedí que me liberara del cargo que ocupaba. Me ofrecí a seguir colaborando en los diseños de campañas sociales, electorales, lo que fuera necesario, siempre y cuando me pudiera dedicar a ser escritora de tiempo completo. Contaba para entonces con un pequeño ingreso proveniente de los derechos de mis libros de poesía publicados en Alemania, con los que pensaba mantenerme. Bayardo estuvo de acuerdo. Me dijo que era una decisión valiente, me estimuló. Siempre le agradezco que me comprendiera, que no me dijera que dedicarse a escribir en un país que la guerra contrarrevolucionaria desgastaba lentamente era una desviación pequeñoburguesa. En unas cuantas semanas se arregló el traspaso de mi cargo a otra persona.

Trasladar el centro de mi vida de la política a la literatura fue un salto mortal sin red al que sólo pude lanzarme porque me llegó el momento de comprender la cita de Rilke, de que, para seguir viviendo necesitaba escribir. Pienso que de no haberlo hecho, las palabras me habrían asfixiado. Pero aquella decisión me angustió y me hizo sentirme culpable. Cuando alguien me preguntaba dónde trabajaba, responder que escribía una novela me daba vergüenza, como si se tratara de un oficio inútil. Era un costo tolerable, sin embargo. La felicidad y la sensación de libertad que me daba sentarme a teclear frenéticamente todos los días compensaba con creces mis remordimientos.

Esa libertad trajo consigo reflexiones profundas. Pensé que ser feliz era una aspiración tan válida como hacer la revolución; que si no tenía la sabiduría para procurarme mi propia felicidad, mucho menos que pudiera salvar el mundo.

—Hagamos un trato —le dije a Carlos—. Después de las elecciones de 1989, me iré con vos a Estados Unidos. Tomaremos turnos. Pasaremos un tiempo en cada país. Así ninguno de los dos renunciará a lo suyo.

—Pero vos nunca te acostumbrarás a Estados Unidos.

—Claro que sí, hombre. Me hará bien dedicarle tiempo a la literatura, leer, poder ir a bibliotecas, hacer investigaciones.

En Managua, el 10 de abril de 1987, Carlos y yo nos convertimos en marido y mujer. La juez nos casó en nombre de los héroes y mártires de la Revolución.

La primera muestra de los embrollos con que estábamos destinados a toparnos al casarnos en medio del conflicto entre nuestros dos países, la tuvimos en nuestra luna de miel. En ruta a Venecia, nos detuvimos en Granada, España, para que yo asistiera a una semana de celebraciones literarias a la que fui invitada. Una noche participé con los poetas Rafael Alberti, Ernesto Cardenal, Mario Benedetti, Claribel Alegría y Julio Valle en un recital en un teatro atestado de público. Cuando bajamos del escenario, Carlos me esperaba con una sonrisa maliciosa en los labios. Me contó que un hombre se le había acercado creyendo que por ser mi esposo él también era nicaragüense.

—No lo quise desilusionar diciéndole que era gringo —me dijo Carlos, quien habla español perfectamente.

El hombre, un ingeniero, quería ir a Nicaragua para ayudar a la Revolución. Carlos, asumiendo su papel, le dijo que claro que sí, que un ingeniero sería muy útil en Nicaragua.

—Pero es que lo que quiero es ayudar, ayudar de veras —le insistió el hombre.

Carlos continuó con su discurso, hablándole de construir escuelas, caminos. Finalmente, el hombre, impaciente, se sinceró con él. Al oído y con tono de conspirador, le dijo: «Entiende, hombre, lo que yo quiero es ir a Nicaragua a matar unos cuantos gringos.»

—A punto estuve de decirle que allí mismo podía empezar conmigo. Te imaginás el susto que se habría llevado. Pero no te preocupés, le dije que la Revolución no perseguía matar, sino persuadir a los gringos para que dejaran a Nicaragua en paz.

Nos desternillamos de risa con esa historia; la primera de varias de esa clase que acumularíamos en nuestras incursiones por el mundo.

En una góndola a medianoche en Venecia intercambiamos anillos de matrimonio. En los canales casi desiertos sólo se oía el sonido de la pértiga en el agua, y el grave y nostálgico clamor del gondolero anunciándose al doblar las esquinas. Como la niebla flotando sobre los canales, un tiempo incólume y eterno habitaba Venecia. Ese apacible romanticismo era tan ajeno a mi vida. La agitación de Nicaragua me parecía mucho más tolerable y estimulante. En aquella góndola me di cuenta que ya nunca me conformaría con el gozo pasivo o los placeres puramente sensoriales, que para mí ya nada podría competir con la euforia contagiosa de los sueños colectivos.

43

DE OTROS VIAJES, AVENTURAS Y SUCESOS
EN LOS QUE ME VI ENVUELTA

(San José, 1979)

El viaje a La Habana fue el primero de una serie. Casi no paraba en mi casa. Fui a Puerto Rico para participar en mítines de solidaridad con Nicaragua y con la misión secreta de encontrar un piloto para la Operación Eureka. Seguí viajando a Panamá y Honduras, transportando dinero y documentos. Conocí mejor a Modesto. Ya no era todo dulzura. Era un hombre temperamental. Podía sumirse repentinamente en estados de ánimo hostiles y silenciosos. Amarme o rechazarme de un momento al otro. No lograba entenderlo, pero sus rechazos me hacían aferrarme más a él, me dejaban consumida de angustia. Muchas veces regresaba de esos viajes pensando que todo terminaba entre nosotros. A los pocos días él se aparecía en San José y volvía a seducirme con renovada pasión, o me llamaba como si nada hubiese sucedido y me quisiera igual que antes.

En esos meses, con frecuencia lo llevé a la frontera con Panamá, que él cruzaba clandestino. Partíamos de San José antes del amanecer y atravesábamos, en medio de densas neblinas, un agreste y peligroso pasaje de montaña conocido como el Cerro de la

Muerte. Era un viaje de doce horas, ida y vuelta, al que nos acompañaban Paco o Malena. Esta última era una amiga de mi infancia con la que me reencontré en San José, y que se incorporó al sandinismo con la pasión admirable con que hacía todo en su vida, desde tocar piano hasta estudiar sociología, o cuidar a sus tres hijos que eran compañeros de juegos de mis niñas. A ella no pude más que confiarle lo que me sucedía. Tuvimos largas discusiones sobre la fidelidad que ella, no sin tropezones, había llegado a valorar. Perdida la confianza, no se podía reparar una relación, me dijo. Tenía razón. Creo que la pareja sólo sobrevive rara vez cuando se agrieta su impenetrabilidad, pero también creo que sólo se es pareja cuando se tiene la mutua capacidad de prevenir las grietas a tiempo. En esas largas horas de camino y confidencias Malena trató de atajar mi corazón desbocado negándose rotundamente a ninguna complicidad, pero su lealtad hacia mí podía más que su censura. Me acompañaba y mantenía entretenido a Modesto con interminables preguntas e hipótesis hasta que, tras recorrer caminos vecinales atravesando fincas y potreros, lo dejábamos en lugares polvorientos donde otro vehículo lo recogía mientras nosotras emprendíamos el viaje de vuelta a San José.

Aun cuando estuviera en casa jugando con Camilo, acurrucando a mis hijas, mi mente estaba lejos. Mis hijas sólo conservan de ese tiempo el recuerdo de mi ausencia. Años después en su solicitud de ingreso a una universidad de Estados Unidos, Melissa escribió un ensayo en el que se refería a mí con mucho amor, pero que empezaba diciendo: «Otra vez su cepillo de dientes no está.» Quizá ni me despedía. No lo recuerdo y me parece terrible ahora. Leer el escrito de Melissa me sacudió. La vi niña mirando el lavamanos, imaginé su desconsuelo infantil. Me eché a llorar y acabamos llorando las dos. Mis sollozos eran inconsolables, y fue ella quien me calmó dándome golpecitos en la espalda, abrazándome contra su pecho, diciéndome, «ya está, mamá, ya pasó. No te podía salir todo bien».

La relación con Sergio sufría también el desgaste de mi corazón puesto en otra parte. Me distanciaba de él día a día porque hacerlo disminuía mi sentimiento de culpa. En el fondo, me dolía que no advirtiera lo que sucedía. Me preguntaba cómo era posible que no sospechara nada. Pensaba que en su lugar, yo habría olfateado el rastro del viento que borraba su huella de mi cuerpo y lo sustituía por otro. Hasta llegué a hacer conjeturas de que sabía de mi relación paralela y que optaba por callar porque sabía que el fin llegaría pronto, Modesto regresaría a Nicaragua y que yo volvería a él.

Desde finales de 1978 la lucha militar dentro del país iba acompañada de grandes movilizaciones de masas. Mujeres, periodistas, obreros, estudiantes, se pronunciaban contra la dictadura, y exigían respeto a los derechos humanos. La dictadura continuaba su campaña de represión emprendiéndola contra los jóvenes. Prácticamente a diario, en un camino desierto que bordeaba la refinería de petróleo en Managua y desde el que se veía un panorama magnífico, se descubrían cadáveres de jóvenes. Ser joven era ser sospechoso. La Guardia hacía redadas repentinas en los barrios populares y se llevaba preso a quien sospechaba podía ser sandinista. Muchos prisioneros desaparecían sin dejar rastro. La opinión pública, tanto nacional como internacional, condenaba al somocismo y lo aislaba cada vez más. El dictador se vengaba.

El 7 de marzo de 1979 se firmaron los acuerdos de unidad entre las diferentes tendencias del Frente Sandinista. La Dirección Nacional Conjunta, que conduciría la última etapa de la guerra contra el tirano, la componían nueve hombres: Modesto, Tomás Borge y Bayardo Arce por la GPP; Daniel, Humberto Ortega, y Víctor Tirado por los Terceristas; Jaime Wheelock, Luis Carrión y Carlos Núñez, por la tendencia Proletaria.

Dentro de Nicaragua la unidad fue de escuadras y rifles y órdenes de guerra. Me parecía increíble que, de ser pocos, hubiéramos pasado a ser un ejército que se agazapaba por todo el país. Somoza ya no podía controlar la proliferación de combatientes de armas escondidas, que de día andaban en sus oficios de albañiles o dependientes, y de noche tendían emboscadas, organizaban mítines en los barrios o innumerables actos de propaganda armada en las zonas rurales.

El sandinismo se reorganizó en el exterior. Me designaron para formar parte de la Comisión Político-Diplomática del FSLN, especie de embajadora de lo que era ya un prestigioso y reconocido movimiento de liberación.

Avanzaban los preparativos para Eureka. Contábamos con el piloto, las armas, un nuevo equipo de radiocomunicación, y la complicidad del personal de la torre de control del aeropuerto Juan Santamaría de San José para poder despegar desde allí. El Frente Sur —el mimado de Fidel— absorbía gran cantidad de tiempo y energía. Su retaguardia, sus campamentos, se hallaban en territorio tico. De toda América Latina, de Estados Unidos, de Europa, llegaban voluntarios a sumarse a los combatientes de las diferentes tendencias sandinistas. Somoza destinó un batallón de sus mejores tropas para contenerlos. El avance era trabajoso. Se produjo una situación de empantanamiento militar, donde cada ejército no lograba más que defender sus posiciones. A diario había muertos, heridos. Se montaron clínicas clandestinas. La logística era un dolor de cabeza.

Radio Sandino, la emisora clandestina que transmitía desde Costa Rica, difundía las canciones que Carlos Mejía Godoy compuso con la tutela técnica de Modesto. Eran canciones ingeniosas a través de las cuales se impartían instrucciones a la población para armar, desarmar y usar los fusiles capturados a la Guardia de Somoza. La población de Nicaragua se preparaba aceleradamente para el alzamiento definitivo contra la dictadura.

Para la insurrección final que se avecinaba, necesitábamos dinero para armas, municiones, medicinas, equipos de comunicación. En Europa abundaban las ofertas de fondos. Modesto decidió que Malena y yo viajáramos hacia allá. Primero iríamos a España como invitadas de Felipe González al congreso del Partido Socialista Obrero Español. Después a Francia, Holanda, Suecia, Austria, Ginebra.

Partir hacia Europa significaba separarme para siempre de Modesto. Cuando volviera, si todo salía bien, él estaría en Nicaragua comandando otra vez su columna guerrillera. La despedida pesaba entre nosotros. Nos sorprendíamos viéndonos quedamente y con nostalgia. «Este momento lo recordaré siempre. Tu olor. Cuando vea el río Iyas pensaré en vos. Es un río hermosísimo», me decía. Salía de la casa del poeta Joaquín Gutiérrez, donde él se hospedaba, y me echaba a llorar sobre el volante de mi automóvil.

Llegó el día y partí. «En Europa vas a saber por los periódicos si Eureka salió bien.» Otra vez viviría la tensión de esperar noticias en un idioma desconocido. Malena me consoló durante el vuelo. Separarme era sin duda doloroso, decía, pero sería lo mejor. Y me habló todo el vuelo de ideas, proyectos, con una energía admirable; una energía que nunca la abandona. Llegamos a Madrid a las diez de la mañana. Puesto que mi condición de fugitiva me había impedido renovar mi pasaporte nicaragüense, viajé con un documento de apátrida, una carta de identidad y viaje que obtuve de las autoridades de inmigración costarricenses. Segura de la legitimidad de mi documento, se lo extendí al oficial de inmigración en el aeropuerto de Barajas.

—No la puedo dejar pasar —me dijo, severo—. No trae usted visado.

—Pero los nicaragüenses no necesitamos visa para España —contesté—. Me lo dijeron en Iberia, la compañía de aviación.

—Con un pasaporte normal, no. Pero éste es un pasaporte de apátrida. Con este pasaporte usted necesita un visado. Hágase a un lado, por favor.

No hubo manera de convencer a ningún oficial de inmigración del aeropuerto. Malena se fue en un taxi a la sede del PSOE para tratar de gestionar desde allí que me concedieran un permiso para entrar en el país. Pero Felipe González no estaba en el poder aún. El gobierno de Suárez no había desterrado al franquismo. Nuestros anfitriones del PSOE hicieron cuanto pudieron, pero sus esfuerzos se estrellaron contra la rígida burocracia de las autoridades de inmigración. De las diez de la mañana del sábado a las dos de la madrugada del domingo, estuve detenida en Barajas. Un oficial de la guardia civil me escoltó todo el tiempo.

A las dos de la mañana, me obligaron a abordar el vuelo de Iberia con destino a San José.

Llegué agotada y furiosa a mi casa el domingo por la noche.

Me costaba creer que me hubiese tocado volar el Atlántico de ida y vuelta en menos de cuarenta y ocho horas.

—Dame tu pasaporte —me dijo Paco—. Yo te lo voy a renovar.

El martes, con mi viejo pasaporte nicaragüense «renovado» a la manera guerrillera, volé de vuelta a Madrid. Esta vez me dejaron pasar.

Me reí con Malena cuando al fin nos encontramos en el hotel.

—Qué ironía, ¿no? —le dije—. ¡Yo que traté con tanto empeño de hacer las cosas legalmente!

En el congreso del PSOE, el maestro de ceremonias saludó la presencia de una delegación del FSLN. El enorme auditorio atestado contestó mi saludo de puño alzado con una cerrada ovación de pie.

Ese día asistí a un almuerzo con Felipe González. Entre los invitados recuerdo a Rubén Berríos del Partido Independentista Puertorriqueño, Darcy Ribeiro y Leonel Brizola de Brasil. Durante el almuerzo, el serio y maduro Brizola, quien más tarde fuera gobernador de Río de Janeiro, se lo pasó tratando de tocar mi zapato con el suyo bajo la mesa. Ser una mujer joven entre políticos era vivir en un mundo lleno de sorpresas.

Malena se fue a Alemania. Yo permanecí en España. Nos reunimos en París y nos hospedamos en casa de Francis Pisani, el corresponsal de *Le Monde*, de quien me había hecho amiga tras concederle varias entrevistas en San José. Francis sufría de mal de amores por esos días. Es un hombre bello, alto y fuerte, con una voz sensual y unos ojos profundamente azules, tristes. Un tierno oso francés que nos brindó una hospitalidad cálida y gentil, con cruasanes crujientes y café por las mañanas. Francis, Pierre Benoit y su compañera Claire, propiciaron una conferencia de prensa que ofrecí en París. Fue mi primer encuentro con una batería de periodistas de los medios franceses e internacionales más importantes. Cuando llegué a la sala donde se celebraría la conferencia y la vi atestada, las manos se me pusieron frías. Sin embargo, me llené de aplomo no bien empecé a hablar, pensando que no era a mí a quien veían los periodistas, sino a mi país, a mis compañeros. Hice una lúcida presentación sobre la estrategia militar insurreccional, en inglés.

La noche siguiente, en casa de Pierre, que trabajaba en *Libération*, el diario de izquierda más importante en Francia, Malena y yo nos reunimos con Régis Debray. Régis había adquirido gran prestigio intelectual por haber estado con el Che en Bolivia y por su libro *Revolución en la Revolución*, en el que delineó la teoría del foco guerrillero: el efecto de un pequeño grupo armado extendiendo su influencia como una mancha de aceite, para encender la mecha de la rebelión en todo un país. La teoría del foco predominó en América Latina en la década de los sesenta. Régis era delgado, rubio, con esa arrogancia elegante típica de ciertos intelectuales ilustrados, sobre todo si son franceses. Consideraba la idea de viajar a Nicaragua y escribir algo sobre la insurrección, aunque estaba convencido de que el sandinismo no tenía ninguna posibilidad de triunfo. Estados Unidos no permitiría otra Cuba en el continente. Aun en el supuesto de que Somoza renunciara, la Guardia somocista no se dispersaría. Los ejércitos latinoamericanos tenían una cohesión muy propia que trascendía incluso a un dictador como Somoza.

Con la certeza terca de mis convicciones, argumenté que nosotros no éramos, ni pretendíamos ser, otra Cuba. Nuestra revolución tenía otro signo. Estaba respaldada por todos los sectores sociales. Y la Guardia somocista era una guardia palaciega. Sin Somoza, carecía de identidad. Era su engendro. Descabezado el líder, desaparecería. Con todo su bagaje de socióloga, Malena me secundaba, pero Régis era terco. Estuvimos discutiendo casi hasta la madrugada, cada cual aferrado a sus posiciones. No sé qué conclusiones sacaría Régis, pero Malena y yo continuamos la conversación en casa de Francis hasta que amaneció. Era típica la pose intelectual de Debray, decía Malena, pero se había equivocado con lo del foco, y se equivocaría de nuevo con Nicaragua.

No olvidaré la escena en Managua el 20 de julio de 1979. Yo iba en la parte de atrás de un camión entrando al búnker de Somoza que se había convertido en el cuartel general de la Dirección Nacional Sandinista, cuando vi a Debray, vestido de verde olivo, sentado sobre un muro dentro del complejo militar.

—Régis, Régis —le grité gesticulando—. ¿Viste que teníamos razón? ¿Viste que ganamos?

Me miró ausente. No sé si me habrá reconocido. Levantó la mano para saludar con gesto de no saber muy bien a quién saludaba.

—¿Quién es ese chelito? —preguntó un compañero a mi lado.

—Es Régis Debray —respondí—. Un intelectual francés que pensaba que era imposible que nosotros tomáramos el poder.

Fueron muchas las alegrías de esos días.

Malena y yo recorrimos no sé cuántos países en el mes de mayo. La simpatía que despertaba aquella lucha desigual de muchachos jovencitos y desarrapados contra un ejército armado hasta los dientes, nos abría las puertas por doquier. Agotadas por las reuniones incesantes donde repetíamos la misma historia, Malena y yo andábamos, sin embargo, posesionadas de nuestra misión, estimuladas por la respuesta y la acogida que teníamos. No importaba el cansancio. Todavía encontrábamos fuerzas para ir a parques, comer *applestruedel* en Viena, recorrer los canales en Amsterdam, pequeñas diversiones que nos daban gran felicidad.

Cumplida nuestra meta, cuando llegó la hora de regresar, nos enteramos del fracaso de Eureka. Una espesa capa de nubes impidió que el avión aterrizara sobre la pista que los compañeros tomaron de acuerdo con el plan. Sin refuerzos, sin nuevos pertrechos, las columnas guerrilleras tuvieron que retirarse de nuevo a la montaña tras sufrir varias bajas.

44

DE CÓMO TERMINARON CUARENTA Y CINCO AÑOS DE DICTADURA

(San José, Managua, 1979)

A principios de junio el avance revolucionario era incontenible. En casi todas las ciudades de Nicaragua se combatía en las calles. En su oficina a prueba de bombas, conocida como el búnker, Somoza se aferraba a los restos de su poder.

Volví a ver a Modesto un par de veces más antes de que se marchara definitivamente a Nicaragua. Otra vez nos despedimos y un día de tantos, en San José —a través del equipo de radio con el que manteníamos comunicación con los frentes de guerra en el interior del país—, lo oí hablar desde la norteña ciudad de Matagalpa. Algo como náusea se me agolpó en el pecho cuando lo imaginé atrincherado en la pequeña ciudad, un lugar de brumas y clima fresco, con callecitas de tierra apisonada que se perdían en las montañas circundantes. La zona, asediada por la Guardia Nacional, era bombardeada por aire incesantemente. Me preocupé, pero también me alegré por él. Al fin se hallaba en Nicaragua, combatiendo al lado de sus tropas. Allí habría querido estar yo. La retaguardia era importante, pero ansiaba que llegara el momento de poder participar en el esfuerzo fundamental de aquella lucha: el combate dentro del país.

Mi casa era un centro de actividades sandinistas. Todo el día salía y entraba gente en el apartamento al que nos mudamos cuando mermaron nuestros ingresos porque yo dejé de recibir un salario. Era pequeño y se hallaba cerca de la universidad. Maryam y Melissa seguían yendo a la escuela. Camilo, un bebé gordito, pelirrojo, bellísimo, daba sus primeros pasos. Sergio sufría mi desamor mal disimulado. El exceso de trabajo, los viajes, apenas dejaban tiempo para resolver las tensiones que se acumulaban entre los dos. Él se aferraba a mí, pero yo, abotagada por la intensidad de las emociones y los menesteres que cada día traía consigo, era insensible y hasta cruel. Sola y confundida rumiaba mi disyuntiva. A menudo deseaba que Sergio fuera menos bueno, complaciente, y perseverante. Habría sido más fácil rechazarlo. A pesar de su dogmatismo, de su rigidez moralista que me irritaba, Sergio era un hombre de una nobleza extraordinaria. Mucho mejor pareja, en muchos sentidos, que Modesto cuyo carácter mostraba suficientes señales de peligro como para que yo advirtiera la precaria y efímera felicidad que podía ofrecerme.

¡Ah, pero qué ciegos podemos ser los seres humanos cuando nos enamoramos! Yo quería a Sergio. No podía menos que quererlo, pero de Modesto me había enamorado terrible, ciega e irremediablemente. Puesta a escoger entre ambos, no sabía qué hacer. Los quería a los dos. Juntos formaban mi hombre perfecto. Desafortunadamente, no vivía en una tribu donde fuera lícita la poliandria.

San José se había convertido en el refugio de cuantos huían de Nicaragua y de quienes, viendo próximo el fin de la dictadura, trataban de aliarse a los vencedores. Banqueros, economistas, empresarios privados se ofrecían para trabajar en los planes de reconstrucción que se pondrían en marcha cuando se fuera Somoza. No le decíamos que no a nadie. Nos alegraba contar con tantas inteligencias dispuestas. Malena, su marido, Eduardo y yo organizamos grupos de trabajo para elaborar los planes del nuevo gobierno. Otros propusieron nombres de personas para ocupar cargos ministeriales. El gabinete incluía una sola mujer: Lea Guido, ministra de Bienestar Social. Algunas de nosotras protestamos por la ausencia de nombres femeninos, pero nuestras protestas cayeron en el vacío.

Junio y julio de 1979 fueron meses frenéticos. Se liberaban ciudades: León fue la primera. Luego Diriamba, Masaya, Matagalpa, Jinotepe, Estelí. Cada día salían vuelos clandestinos desde San José hacia los frentes de guerra. Siempre que podía me acercaba a la casa donde funcionaba la radio que nos comunicaba con los frentes de guerra. Me enteraba de las órdenes, del desorden y el avance de los combates. A las nueve, todas las noches, los comandantes de cada frente conferenciaban con Palo Alto, la estación de radio a cargo de Humberto Ortega en San José. Se me ponía la piel de gallina escuchando los partes, el informe de las acciones, las historias de heroísmo de los combatientes que ya a estas alturas actuaban con un arrojo temerario, arriesgándose a desafiar a la Guardia a pesar de su inferioridad técnica. Era una guerra de locos. El pueblo alzado desbordaba a menudo las capacidades de los comandantes sandinistas para dirigirlo. El 28 de junio en Managua, ante una ofensiva gigantesca de la Guardia Nacional contra los barrios orientales, el estado mayor del Frente Interno ordenó el repliegue de las fuerzas guerrilleras a Masaya. Al atardecer, cuando los compañeros iniciaron la retirada, miles de pobladores decidieron sumarse a ellos. Los combatientes se vieron obligados a apacentar un rebaño de más de tres mil personas a lo largo de treinta kilómetros, caminando por cauces y veredas en silencio para no alertar a la aviación y al ejército de la dictadura. La mayoría de este río humano logró llegar con vida a Masaya, ciudad liberada, en la madrugada del día siguiente. Aquel repliegue multitudinario bajo las mismas narices de la Guardia Nacional, convirtió un revés militar en un triunfo extraordinario. Se salvaron miles de personas que habrían perecido en los bombardeos que la aviación de Somoza empezó no bien salió el sol.

El 4 de junio se inició en Managua la última huelga general. Patrullas de la Guardia Nacional recorrían la ciudad silenciosa a la espera de la batalla final. Veinticinco localidades del país se hallaban alzadas en armas, sus calles interrumpidas por trincheras hechas con sacos, adoquines, puertas arrancadas, camiones volcados con las llantas quemadas. Los barrios orientales de Managua quedaron prácticamente deshabitados. Por todas partes pululaban los guerrilleros clandestinos. En uno de esos barrios fue asesinado Bill Stewart, periodista de la cadena ABC. Mientras su camarógrafo filmaba, él se acercó al retén del ejército. Un soldado le ordenó tenderse en el suelo con las manos cruzadas detrás de la nuca. Después de darle una patada, el soldado con un gesto displicente lo mató como a un perro de un disparo en la cabeza. Bill Stewart sería el primer sorprendido de una muerte tan súbita. Su cuerpo dio un salto y se quedó quieto sobre el pavimento. El camarógrafo, que había filmado el asesinato, tuvo la presencia de ánimo para retirarse y logró sacar la filmación del país. Esa noche estaciones de televisión en todo el mundo transmitieron el material. Lo recuerdo perfectamente, jamás olvidaré la imagen escalofriante del soldado, la absoluta naturalidad con que apuntó y disparó. Se puso en evidencia lo que los nicaragüenses enfrentaban a diario. Las fotos de Susan Meiselas, la destacada y valiente fotógrafa de la agencia Gamma, habían aparecido en las primeras planas de los diarios en Estados Unidos: gente huyendo de los bombardeos, cadáveres incinerados en las calles de Matagalpa, Estelí, León, todas ciudades principales de Nicaragua; pero lo de Bill Stewart causó la conmoción que no lograron provocar cientos de asesinatos anónimos. Su muerte fue decisiva para que Somoza perdiera el favor de Estados Unidos.

Poco después la Guardia somocista abatió a balazos al chofer y camillero de una ambulancia de la Cruz Roja. La comunidad internacional reaccionó.

El 17 de junio de 1979, México, Costa Rica, Ecuador y Panamá rompieron relaciones diplomáticas con Somoza. El sandinismo anunció en Costa Rica la formación del gobierno provisional, compuesto por Violeta Chamorro, la viuda de Pedro Joaquín, Moisés Hassan, profesor de matemáticas y miembro del Movimiento Pueblo Unido, Alfonso Robelo, empresario privado, Daniel Ortega por el FSLN y Sergio Ramírez por el Grupo de los Doce.

El embajador norteamericano, Lawrence Pezullo, intentaba desesperadamente negociar la permanencia de algunos generales de la Guardia Nacional en un ejército sin Somoza. En una reunión especial de la OEA, Washington propuso que una fuerza interamericana de paz interviniera en Nicaragua. Su propuesta fue derrotada por el voto de la mayoría de países latinoamericanos.

De ese último mes sólo recuerdo la punzante sensación de irrealidad que me seguía a las reuniones en las que periodistas o políticos me hacían preguntas cuyas respuestas me tocaba improvisar. Cosas como qué haría el gobierno revolucionario con la propiedad privada, con la Guardia somocista, si tendríamos relaciones con Cuba, con Moscú. A veces me daba la impresión de que no hablaban de mi pequeño país, abandonado por todos durante medio siglo a merced de un dictador sanguinario, sino de un país poderoso donde se decidirían asuntos cruciales para el futuro de América Latina. A la par de la simpatía, abundaba la desconfianza hacia nosotros. Hasta los periodistas nos daban consejos. Me enorgullecía comprobar que la lucha sandinista había logrado capturar la simpatía de muchos. La gente se sentía emocionalmente involucrada con el resultado final de un triunfo que, a esas alturas, pocos ponían en duda.

En la retaguardia no descansábamos. Nos turnábamos para hacer un poco de todo. Igual repartíamos panfletos que hacíamos turnos en la radio o llevábamos armas de aquí para allá.

Mi hermano Eduardo con su esposa, Kathy, sus dos hijos y su cuñada Diana con los dos suyos, llegaron a Costa Rica a principios de julio, huyendo de la situación de guerra. Se alojaron en mi casa en un desorden jovial que fue una bendición para mis hijos, porque Sergio y yo apenas parábamos allí.

Los días 15 y 16 de julio circuló el rumor de que Estados Unidos se preparaba para intervenir en Nicaragua. Temíamos que de nuevo una intervención militar norteamericana diera al traste con nuestros intentos de lograr un gobierno auténticamente nicaragüense e independiente de intereses extranjeros. Se trataba de una conjetura basada en los desesperados esfuerzos que hacía Washington por conservar una cuota de poder para la Guardia Nacional.

La posibilidad de una intervención me sumió en un estado de desesperación. No quería estar en Costa Rica si eso sucedía. Los de fuera quedaríamos aislados, condenados a observar la debacle. Prefería morir dentro que seguir siendo espectadora de mi país en guerra.

Convencí a Alfredo que me dejara pedir autorización para viajar a Nicaragua al día siguiente con Roy de Montis, el hermano de Malena, quien pilotaría un vuelo clandestino para dejar municiones y armamentos.

—Pero te necesitamos aquí —insistía Alfredo.

—Por favor, Chichí —le rogaba yo, usando el diminutivo con que lo llamaba cariñosamente—. No te me interpongás en esto. Déjame que hable con José León. —Era el seudónimo de Bayardo Arce.

Finalmente lo convencí y me pegué a la radio hasta que logré la comunicación.

Bayardo me contestó con evasivas. Tenía que consultar con Modesto, me dijo. Me avisaría más tarde.

Inicié los preparativos para marcharme al día siguiente. Desobedecería las órdenes si era necesario. Una vez en Nicaragua nadie me obligaría a regresar. Me sentía tremendamente nerviosa, excitada, absolutamente decidida. No aguantaba más estar fuera. Suficientes años había estado en el exilio. Era el machismo de los compañeros lo que se interponía, pensaba. De haber sido yo hombre, no me pondrían trabas. Saqué mi uniforme verde olivo, mi pañuelo rojinegro, alisté mi mochila. Hablé con Sergio. Encomendé mis hijos a mi hermano, si es que algo le sucedía más adelante a Sergio. Les hablé a mis hijas, a Maryam y Melissa, que me miraron con sus ojitos muy abiertos. Palpé la carita de Camilo para grabármela en el corazón y en el recuerdo.

A las cuatro de la mañana del 17 de julio, salí con Sergio de la casa rumbo al aeropuerto de Pavas, un pequeño aeropuerto para avionetas cerca del aeropuerto internacional de San José. A falta de una báscula para pesar las cajas de pertrechos y municiones que cargaríamos en el avión, llevaba sobre mis piernas mi pesa del baño que para colmo era de color rosado. Sería un poco ridículo utilizarla para pesar cajas de pertrechos, pero no había otra alternativa. Al menos Roy podría hacerse una idea aproximada del peso.

El trayecto hacia el aeropuerto por la ciudad envuelta en la bruma del amanecer fue un despedirme de las calles e imágenes de una patria que, sin ser la mía, se había convertido en una digna sustituta. Sentía cariño por San José. Tanto de mi historia discurrió allí. El edificio esquinero de Garnier, la silueta geométrica blanca del hospital México, donde naciera Camilo.

Sobre la pista, al lado del avión, nos esperaban Paco y Roy.

—¿Te vas a ir, pues? —me preguntó Paco, viéndome descender del carro vestida de verde olivo, con botas militares nuevas.

—Sí —le dije.

—Pero, ¿te autorizó José León? —Me miraba preocupado—. Yo te necesito aquí. No estoy de acuerdo con que te vayas. No podés abandonar tus responsabilidades justo ahora.

—Pesemos estas cajas —propuse—. No tardará en llegar Alfredo. Veremos qué le comunicaron.

Rogaba que Modesto aprobara mi viaje. José León estaría enterado de lo que transpiraba entre ambos y por eso dejaba que el otro decidiera. Solidaridad masculina. De otra manera, José León habría accedido.

Pesamos las cajas de pertrechos, una a una, en la báscula rosada de mi baño. Roy anotaba y sumaba en una libreta.

En eso apareció Alfredo en su auto. Se bajó. Me miró y empezó a mover la cabeza en señal de negativa y qué querés que haga.

—No te podés ir, Chichí —me dijo—. José León expresamente me dio instrucciones de que no te fueras. Son órdenes de la Dirección Nacional.

Todavía lo dudé un rato. Una vez puesta allá, no me enviarían de vuelta, pensaba; pero mi maldita disciplina se impuso. Aquello de «órdenes de la Dirección Nacional» sonaba demasiado solemne. Al fin no me atreví a desobedecer las órdenes de la Dirección Nacional. Cerramos el avión y Roy partió. Observé cómo la avioneta se perdía rumbo a Nicaragua como quien ve desaparecer una última esperanza.

De vuelta del aeropuerto, desconcertada, mentalmente desconectada de Costa Rica y mis tareas allí, pedí a Sergio que pasáramos por casa de Milena y Carlos. Carlos era mi primo y Milena su esposa. Ambos eran parte de nuestro grupo de trabajo. Iba deprimida y cabizbaja. Sergio intentaba convencerme de que mi actuación era correcta, disciplinada. No era cuestión de hacer lo que uno quería, me decía, sino lo que debía hacerse.

—¡Se fue Somoza! ¡Se fue Somoza, chava! —susurró Milena, cuando abrió la puerta, indicándome la radio donde pasaban un flash noticioso. Entré y vi a casi todos los compañeros del grupo: Paco, Alfredo, Chepito, Ciro, Alvaro, arremolinados en la sala, sentados en el suelo, en las sillas, o de pie, pendientes de la transmisión radial. Nadie hablaba. Nadie se movía. A todos les brillaban los ojos expectantes.

—Ya la Dirección Nacional ordenó la ofensiva sobre Managua —murmuró Paco, a cuyo lado me senté.

Extraño silencio aquel, pensé. Yo más bien quería dar gritos, ponerme a saltar. La voz del locutor, consciente del hecho histórico, se ahogaba en solemnidades informando sobre la huida del tirano aquella mañana. La familia Somoza en pleno, desesperada, había alzado vuelo con sus ministros, sus colaboradores, sus cómplices. Se atropellaban por subirse a los aviones, temerosos de lo que les sucedería si no acertaban a embarcar en las naves que los salvarían del hundimiento, del naufragio. Se fue Somoza, me repetí. Quizá la razón del silencio era que no lográbamos creerlo. Necesitábamos oír cada detalle para cerciorarnos. Oírlo en grupo para no pensar después que era un sueño, un espejismo. Lo habíamos escuchado juntos por la radio. Ya no cabía duda. Esa mañana, la familia Somoza había sacado de la tumba los restos del primer tirano para llevárselos a Miami, temiendo quizá que el pueblo sacrílego ajusticiara otra vez al fantasma.

La transmisión de radio se interrumpió brevemente. El júbilo nos lanzó a unos en brazos de los otros. «Se fue Somoza» repetíamos mientras nos besábamos, bailábamos agarrados de la cintura. No sé quién empezó a llorar ni cómo se contagiaron las lágrimas, pero el pequeño apartamento se llenó de gruñidos y sollozos. Alfredo y yo vimos en los ojos del otro las cenas en Mazatlán con Marcos. Vi a Ricardo en la tarde crepuscular en la casa del Poeta, a Pin y sus anteojos gruesos, la sonrisa de Arnoldo cuando se fue de mi casa, a Camilo hablándome de *Woodstock* y Joe Cocker, a José Benito con su camisa blanca agitando la mano cuando se despidió de mí, a Gaspar con su boina vasca negra, a Blas... Multitudes de muertos íntimos se materializaron entre nosotros con sus ojos vacíos, sus oídos sordos, el polvo de sus huesos que no podría jamás regocijarse. Desde un pozo recóndito oculto en mis entrañas subieron en una marea de ahogo las lágrimas guardadas. Tantas, demasiadas habían sido las muertes ofrendadas para poder oír esa noticia, esa frase tan corta: «Se fue Somoza.» Dios mío. Cuarenta y cinco años después, terminaba la dinastía.

Quién sabe en qué inundación habría terminado aquel llanto colectivo de no ser porque la radio inició el frenético piripipí de otro flash noticioso, e informó que el doctor Francisco Urcuyo Maliaño, designado por Somoza y la embajada estadounidense para negociar el traspaso de mando al gobierno provisional, anunciaba que ocuparía la presidencia de Nicaragua hasta 1981, fecha en que se realizarían elecciones. ¿¿Qué??, exclamé tragándome las lágrimas. Urcuyo Maliaño era un médico; un figurón triste y apagado del somocismo.

—Ésa es una maniobra gringa —dijo alguien—. Urcuyo Maliaño, cumpliendo funciones de presidente, solicitará la intervención de los norteamericanos para «pacificar» el país.

—No será tan fácil —dije—. Ningún gobierno lo legitimará.

Nos pusimos a especular sobre lo que podría suceder. La sensación de triunfo de un minuto antes se esfumó como por encanto. La reunión se dispersó. Me fui con Paco y Alfredo al sitio donde estaba la radio. Escuchamos a varios comandantes de columna informando que la Guardia Nacional huía. El FSLN había dado la orden de iniciar la ofensiva sobre Managua. En lugar de la gran batalla que se esperaba librar para tomar la capital, los frentes de guerra que avanzaban no encontraban resistencia. La Guardia se rendía en masa. Miles de soldados se batían en retirada hacia Honduras. Nadie podía evitar ya la victoria sandinista.

Volví a mi casa. La enormidad de los acontecimientos se asentaba paulatinamente en mi conciencia, ahora de modo más cauteloso y tranquilo. Mi hermano, su esposa, Diana, los niños, y María Elsa celebraban la noticia en la sala. Nos abrazamos, nos besamos, incrédulos aún. Saqué del refrigerador una botella de champán que alguien me regaló y que reservé por años para ese momento. Llamé por teléfono a mis padres en Managua. Sonaban jubilosos. De fondo se escuchaba el estallido de petardos.

—La gente está celebrando —dijo mi papá— tirando cohetes. Por aquí, frente a la casa, ya están pasando los guerrilleros abrazándose con todo el mundo y gritando «Patria Libre o Morir». Ya ganaron ustedes, amorcito. Te felicito.

—¿Y Urcuyo Maliaño?

—Dicen que ya se fue. Locura de ese señor... proclamarse presidente. No duró ni un día con la banda presidencial. No. Esto ya está finiquitado. Ya ganaron ustedes. ¿Cuando te venís para acá?

Dieciocho, 19 de julio de 1979. Dos días locos. Dos días como si un encantamiento de la historia lo transportara a uno al Génesis con ropa y todo, al sitio exacto de la creación del mundo. Periodistas me asediaban. Paco repetía a voz en grito que hasta la dispersión tenía que hacerse con orden. Le ayudaba la edad, pensaba yo. Ser más viejo le permitía la paciencia. Sergio también exhortaba a la calma. A mí el alma se me arrancaba del cuerpo por irse a Nicaragua. Nadie me iba a detener ahora. «No hay periódicos», dijo Sergio; «con *La Prensa* quemada y bombardeada por Somoza, no habrá quien haga la edición de la victoria. Tendremos que hacerla nosotros, aquí». Tenía razón. Escribimos el periódico entre los dos. Cuatro hojas tabloide. Lo bautizamos *Patria Libre*. Sergio lo diagramó, lo llevó a la imprenta. El periódico era mi carta de salida. Alguien tendría que llevarlo a Nicaragua, distribuirlo.

Empecé a sondear a los colaboradores para obtener dinero y alquilar un avión. Orlando Murillo, un banquero, me ofreció ayuda. De su oficina salí corriendo a contarle a Paco. Él organizaría una escuadra que me acompañara, me dijo. Partiríamos a la mañana siguiente, no bien estuviera impreso el periódico. Las televisoras costarricenses transmitían de corrido noticias sobre Nicaragua. Aparecían en pantalla las columnas guerrilleras entrando a Managua. Miles de muchachos y muchachas desharrapados, con pañuelos rojinegros, se apretujaban en autobuses, en camiones de volquete, de tina. Los miembros de la Dirección Nacional Sandinista hablaban a la prensa en el aeropuerto donde confluían las columnas del norte. Aterrizaban aviones con periodistas, exiliados, curiosos. Se daba a conocer el nuevo gabinete.

En casa, yo daba volteretas abrazando a mis hijas, a Camilo. Besaba sus caritas sonrientes, atolondradas.

TERCERA PARTE

EL REGRESO A NICARAGUA

Tiene el mundo otra cara. Se acerca lo remoto
en una muchedumbre de bocas y de brazos.
Se ve la muerte como un mueble roto,
como una blanca silla hecha pedazos.

MIGUEL HERNÁNDEZ

45

⚜

DE CÓMO ENTRÉ A MANAGUA REPARTIENDO PERIÓDICOS

(Managua, Julio 1979)

A la mañana siguiente, 20 de julio, en un viejo avión DC-3, llegué a Managua con Milena y los nueve compañeros que Paco puso bajo mi mando. Aunque los conocí sobre la pista en San José antes de abordar el vuelo, ya para el aterrizaje nos habíamos familiarizado unos con otros. Recuerdo claramente las caras de algunos. Otras se han desvanecido en mi memoria. Aplaudimos cuando el avión tocó tierra. Si cierro los ojos recuerdo nítidamente la reverberación de aquel mediodía cuando se abrió la portezuela, el calor que nos sopló encima, el ruido de los periódicos agitados por el viento. Eran cuarenta mil ejemplares apilados en la cabina frente a la única fila de asientos. Sobre la pista, extrañamente desierta, apareció corriendo un muchacho de verde olivo que empujaba la escalerilla por la que descendimos. Toda la gente estaba en el acto de celebración en la plaza, nos dijo, pero la Dirección Nacional había enviado un camión para recogernos y llevar los periódicos. Vi la conocida silueta de la terminal moderna construida poco antes del terremoto. Estaban vacías las terrazas donde usualmente se apretaba la gente esperando a los familiares. Caminé hasta la oficina de inmigración. Mi piel reconocía jubilosa el calor familiar, el olor, las nubes. En el recinto grande, de techo bajo, alumbrado por luces de neón, sólo había una muchacha, vestida de verde olivo, tras un escritorio. Metí la mano en mi bolso para sacar mi viejo pasaporte. La muchacha sonrió.

—No necesita pasaporte compañera —me dijo—. Éste es su país.

Nunca fue tan mío como ese día.

Al salir del área de inmigración hacia la pista me topé con Justine, que me abrió los brazos mirándome con sus ojos negros, redondos, húmedos, sonriendo. Fue como una aparición. No la esperaba. Quería darme la sorpresa de recibirme, me dijo. Mis padres le avisaron que llegaba, y allí estaba ella para darme la bienvenida a mi patria libre, acompañarme a mi casa. Me sentí extraña, como si la vida que acumuláramos la una lejos de la otra no me permitiera encontrar la palabra justa para explicarle, sin herirla o sin que pensara que no apreciaba su dulce gesto, que no podía irme con ella, dejar a los muchachos que me esperaban con el periódico. Se lo dije sencillamente y la vi reaccionar exactamente como me temí. La tristeza cruzó por sus ojos como una ambulancia cruza a toda velocidad la calle llevando un herido. Me dio pena su desilusión, verla marcharse sola. Me puse melancólica porque esperaba encontrar en el aeropuerto el bullicio que viera allí el día anterior por la televisión, y no la inmovilidad que me rodeaba, el edificio largo, blanco, envuelto en un aire de abandono. Ahora, sobre esa imagen, quedaría en mi memoria la expresión triste de Justine. No sé cómo pero me sacudí el momentáneo desasosiego. Pensé que ya habría tiempo de dar explicaciones a Justine, a mis padres. Me esperarían, como siempre. Sólo la historia no esperaba. Ese día no se repetiría nunca y yo tenía que vivirlo.

En la parte trasera del camión nos acomodamos con los periódicos. El chofer no había recibido más instrucciones que la de llegar a recogernos. No sabía adónde debíamos ir ni a quién teníamos que reportarnos. El estado mayor y la Dirección Nacional habían establecido su cuartel general en el búnker, me dijo, en las oficinas de Somoza.

—Vamos a la plaza —le indiqué—. Luego iremos al búnker. Avanzamos por la carretera norte hacia la ciudad. El aire estaba impregnado del olor penetrante a llantas quemadas. Por todas partes se veían las ruedas humeantes. Adoquines y cortes en el camino indicaban el lugar donde habían estado las barricadas. El camión rodaba lento por las barriadas de la zona industrial de Managua, una sucesión de fábricas pequeñas entremezcladas con pulperías, paradas de buses, estaciones de gasolina, farmacias, y al fondo, en dirección al lago, los grandes caseríos marginales. Apenas dejamos atrás el aeropuerto desapareció mágicamente el aire de abandono. Nos fuimos adentrando en un mar de gente que paseaba en grupos a ambos lados de la vía, con sus ropas coloridas de día de fiesta. Al vernos alzaban las manos jubilosas en señal de saludo y victoria, gritando consignas sandinistas y vivas a Nicaragua libre. En todas las caras el júbilo expandía en ondas concéntricas una misma sonrisa exultante de orgullo y alivio y era tan contagiosa la atmósfera de celebración, y tan alegre y bulliciosa la energía de la gente que se nos acercaba para estrecharnos la mano, decirnos algo, que pensé que no habría mejor momento que aquél para empezar nuestra misión.

—Repartamos el periódico —propuse a los compañeros.

Y nos pusimos a vocear, a gritar «Patria Libre» a voz en cuello. La gente nos respondía «o morir», completando el grito de guerra sandinista que todos sabían porque estaba escrito con pintura en las paredes, y porque lo habían coreado en los combates contra el ejército y en las manifestaciones. Ahora ese grito era símbolo de triunfo, de la lucha fiera que había hecho posible aquel día caluroso, donde por primera vez en casi medio siglo, la libertad asomaba su cara por las calles de mi ciudad. Decenas de manos se alzaban hacia nosotros para tomar el periódico. Nunca olvidaré la avidez, la esperanza, el optimismo gozoso de esas caras. Tan sólo por ver ese momento había valido la pena toda mi vida, pensé. ¿Qué más podía pedir que ser testigo de aquella alegría, qué otro era el fin de tanto esfuerzo sino estas sonrisas? Toda duda existencial terminaba allí. Uno existía para eso, para ver sonreír a otros, para construir el regocijo múltiple de la especie. Sentí que me hundía en un racimo de sonrisas frutales, que era íntimo el tacto de las manos deslizándose por las mías al tomar los periódicos —manos anchas, manos delgadas—, íntimo el olor del pelo de una mujer vestida de amarillo, del hombre que cargaba un niño sobre los hombros para que se acercara más a la tina del camión y nos tocara, la viejecita del delantal con una trenza gruesa que le caía por la espalda, que gritaba: «Amorcito, pásame uno a mí.»

El camión de pronto aceleraba y las caras se perdían en la distancia, pero luego aparecían otras y las sonrisas tenían otra vez el mismo sabor a sandía roja, dulce, con el jugo derramándose por la barbilla. Ningún placer solitario, individual, podía compararse con este de saberse remotamente responsable de una partícula ínfima de aquella felicidad. Esta vez los muertos me habitaban vivos. Las lágrimas me corrían por la cara, se hacían lodo al mezclarse con el polvo. Los muertos tomaban turnos para asomarse a mis ojos, y sus muertes encontraban su consuelo porque más terrible que morir es no saber para qué se vive y ellos siempre lo supieron. Ese viaje lento del camión hasta el centro de Managua tuvo para mí sabor a parto, a recompensa final del dolor. Nacía mi país. Reía.

Cuando llegamos a la plaza se hizo otra vez el silencio. A través de una calle lateral el camión desembocó en el cuadrilátero flanqueado por los grandes edificios de la Catedral, el Palacio Nacional, el parque al fondo con su quiosco al centro. Ya no quedaba nadie. Nos percatamos que las multitudes que habíamos encontrado en el camino era la gente que regresaba a su casa después de la celebración. Sobre la gran plaza desierta sólo quedaban papeles, basura, los rastros del apretujamiento de miles flotando sobre el suelo, haciendo un ruido de hojas secas arremolinándose en el viento.

46

DE LA EXPERIENCIA DE SABER QUE HAY QUE EMPEZAR
DESDE EL PRINCIPIO

(Managua, Julio, 1979)

Habíamos tomado el poder. La situación me hizo evocar imágenes de las tropas aliadas entrando a las poblaciones abandonadas por los nazis al finalizar la Segunda Guerra Mundial. Así era el gozo con que nos recibía la gente, y así era el vacío de poder que encontramos: una situación de borrón y cuenta nueva. El Estado no existía, se había disuelto completamente. No había Cortes, ni policía, ni ejército, ni ministerios. Sólo oficinas abandonadas, cuarteles desiertos. Era una sensación extraña haber sido hasta el día anterior guerrilleros subversivos y prófugos, y de pronto —siendo tan jóvenes como éramos— vernos en una ciudad desertada por la vieja autoridad, conscientes de que a partir de entonces, cuanto sucediera lo decidiríamos nosotros.

La ciudad era un caos eufórico en que la anarquía también hacía de las suyas. Los pobres saqueaban las casas en los barrios abandonados de los ricos y los militares. Los combatientes, con bandanas rojinegras, tomaban los vehículos que dejaran los somocistas en su huida, y se paseaban felices por las calles, sin límite de velocidad. Milicianos populares armados se adjudicaban el rol de policías de tráfico, de vigilantes, detenían a quien mejor les parecía, se auto-nombraban comandantes. Si uno tenía cualquier nivel de autoridad o reconocimiento, la gente o los compañeros le concedían el nombramiento. En esos días por donde quiera que iba me llamaban «Comandante Belli», lo cual me parecía muy divertido. El pase sólo estaba restringido en el búnker de Somoza, ahora cuartel general de la Dirección Nacional Sandinista. Lo demás, era ciudad abierta. Nadie nos detuvo cuando el camión en que viajábamos subió a las instalaciones militares de la loma de Tiscapa. En aquella colina, que albergaba hasta el terremoto de 1972 la Casa Presidencial, habían funcionado el estado mayor de la Guardia Nacional y las oficinas de la policía secreta de Somoza. Era un lugar protegido, un fortín inaccesible, el símbolo para la población del poder temible de la dictadura. Aquel día, sin embargo, atravesamos la barrera como Pedro por su casa, y cada uno de nosotros vio por primera vez ese sitio prohibido, que parecía ahora un campamento de jóvenes soldados desharrapados. Centenares de muchachos y muchachas guerrilleros descansaban tirados sobre la grama, como en un día de campo, riéndose, cantando, abrazándose. Nos bajamos del camión al llegar a una plazoleta frente al edificio rosado, cuadrado, con grandes ventanales del Casino Militar, el club recreativo para oficiales de la GN. Una brisa cálida soplaba en la terraza desde donde vimos la vista panorámica de la ciudad, con el lago y los volcanes como telón de fondo. Me paré allí. En mi mente apareció la imagen misteriosa de un grabado de mis libros infantiles, que por alguna razón, me fascinó de pequeña: una niña reclinada sobre la grama, viendo el paisaje. Al pie del grabado, el texto: «El mundo era mío y todo en él me pertenecía.» En ese instante, comprendí, físicamente, lo que significaba «tomar el poder». Me inundó una sensación indescriptible que era a la vez deslumbre, orgullo y humilde agradecimiento de que la vida me hubiese concedido ese día en mi historia. Cuando uno sueña con cosas como cambiar el mundo, no hay poder más hermoso que sentir que es posible hacerlo, y ese día, allí, todo era posible, no había sueño que no pudiera cumplirse. Las alegrías no terminaban, además. Caminaba hacia otros edificios situados más arriba de la loma, al fondo del Casino, cuando alguien gritó mi nombre. Vi venir hacia mí a Freddy, un compañero que creía muerto. Su abrazo me levantó en el aire dando volteretas como en las películas. Lo miraba incrédula, le tocaba la barba emocionada por aquella resurrección mágica que me confundió lágrimas con risas. Con Freddy entré en las bodegas descomunales del ejército, donde me sentí como Alí Babá en la cueva de los ladrones, mientras recorría cuartos altísimos y oscuros donde se apilaban miles de uniformes, cajas de licores, de conservas; más municiones y armas de las que nunca había visto juntas. Decenas de combatientes cambiaban los uniformes viejos por nuevos en una algarabía de carcajadas, manos que jalaban pantalones, camisas, o lanzaban al aire prendas de vestir. Yo también me hice de varios uniformes y en la armería tomé de una pila de armas usadas una subametralladora Mazden. Harold, otro compañero que conocía y que parecía estar a cargo, me dio una caja de tiros. Feliz con mi botín regresé al camión. Por el camino me encontré más compañeros conocidos, más abrazos, más celebración y alegría.

Esa noche, mi escuadra y yo dormimos en un cuartel abandonado de empleados de telecomunicaciones. Al caer la noche, volvía el peligro. Los guardias somocistas salían de sus guaridas y pasaban por los retenes disparando a los milicianos. Pero también los compañeros, nerviosos, disparaban sin mayor razón.

«Para no aburrirse», como me dijo uno días más tarde.

Al día siguiente terminamos de repartir el periódico. Fui a casa de mis padres que me recibieron como a una heroína. Me parecía mentira estar allí. Mi casa era la misma. Parecía que nada había cambiado y, sin embargo, todo era tan distinto. Mis padres querían que me quedara. Preguntaron si llevaba ropa, que cuándo llegarían Sergio y los niños. Me decían que podría dormir en mi cuarto de siempre. Llamé a Sergio. Hablé con las niñas. Luego me bañé, me vestí, expliqué que tenía que trabajar. Enfundada en uno de mis uniformes nuevos, en el carro de mi padre, con mi subametralladora, me dirigí al búnker de Somoza. Quería encontrar a Modesto, ponerme a trabajar. Había tanto que hacer.

En el búnker —el lujoso refugio antibombas y antibalas que se construyera Somoza— se respiraba la atmósfera de ojo de huracán que hay en los centros de poder. Los cuartos con aire acondicionado, alfombrados de pared a pared, con sillones de cuero y masivos escritorios de maderas finas, eran un hervidero de actividad. Los miembros del directorio sandinista se habían instalado en las oficinas y desde allí daban órdenes y organizaban los equipos de trabajo que se harían cargo de mantener el orden y de poner a funcionar de nuevo el país. Desconcertada y exultante, caminé por la mullida alfombra de un extremo al otro del búnker del tirano. En su habitación, combatientes jovencitos retozaban como niños sobre la enorme cama. Otros tomaban turnos para entrar al baño del dictador y usar el teléfono adosado en la pared al lado del inodoro, para llamar a sus amigos.

Como me dijo Modesto ese mismo día más tarde, tomar el poder de forma tan absoluta como lo habíamos hecho, no dejaba de ser alucinante. Por varias semanas antes del triunfo se tuvo la impresión de que habría que compartirlo de alguna manera, ya fuera con una versión reducida del ejército de Somoza —como era la idea de Estados Unidos— o con otra fórmula transitoria de gobierno. Nadie se esperaba la desbandada masiva que se había producido al huir el tirano. Sentado en una de las sillas de alto respaldo de la sala de conferencias de Somoza donde se había afincado, Modesto lucía contento, pero agotado. No era una habitación muy grande. Apenas había espacio alrededor de la mesa. Era rectangular, con una ventana alta que daba a un pequeño jardín interior. Estaba alfombrado y de las paredes aún colgaban los mapas donde el tirano midiera, en sus últimos días, el alcance de su derrota.

El reencuentro con él no fue el acontecimiento memorable que había imaginado. Rápidamente dejaba de ser un guerrillero sin nada que perder y se convertía en dirigente del país. Me miraba ausente. Dejé que continuara con sus ocupaciones y vagué por el búnker explorando curiosa sus rincones. Por ser un edificio blindado era compacto, funcional y la poca luz natural provenía de un angosto jardín amurallado que era a la vez una especie de foso protector. En una pequeña oficina para el personal auxiliar, me topé con una rubia, argentina, Montonera, parte de los muchos sudamericanos que combatieron en el Frente Sur. Se dedicaba con ahínco a romper las fotos de Somoza y arrancar de las paredes diplomas y condecoraciones que iba colocando en una pila en el suelo, con la idea de pegarle fuego. En el extremo del largo rectángulo que era el búnker, un grupo de compañeras se afanaba en la pequeña cocina sirviendo arroz, frijoles y *cranberry sauce* —de unas latas que encontraron en la despensa y que pensaron un manjar de lujo— a varios compañeros que hablaban animadamente en el vecino comedor. Por todas partes había combatientes, jefes de los frentes de guerra. Vi a varios que conocía. Uno de ellos, Ezequiel, acariciaba sobre su regazo a un tigrillo que me dijo había sido su mascota en la «runga», como se le llamaba también a la insurrección. En los pasillos, en las salas y en la biblioteca había compañeros esperando que les asignaran trabajo. Mientras tanto narraban sus historias, las anécdotas de sus hazañas, con gran despliegue de gestos, de onomatopeyas, de risas. En la recepción, dos muchachas bellísimas atendían las comunicaciones por radio con los municipios y departamentos que pedían orientaciones, suministros para la población, médicos para los heridos.

Cuando por fin Modesto y yo nos quedamos solos en la sala de conferencias, era tarde. Me dijo que al día siguiente debía ponerme a las órdenes de Bayardo Arce, que organizaba los medios de comunicación. Asentí con la cabeza.

—En cuanto a vos y a mí —sentenció—, ya no podemos seguir como antes. Será necesario que definás tu situación; que escojás. Lo que pasa es que yo no sé si estoy listo para vivir con nadie. Te he dicho que soy un solitario. Será cuestión de que vos vivás en una casa y yo en otra.

Me dolió que Modesto me propusiera vivir separados: que dejara a Sergio para que viviéramos separados.

—Como querida de guardia —repliqué, furiosa. Los guardias eran famosos por mantener casas para sus amantes.

Discutimos, nos enojamos, pero al final caímos el uno junto al otro sobre la alfombra y allí mismo, bajo la mesa de conferencias de Somoza, tropezando con las patas de las sillas, nos amamos ferozmente como si estuviéramos al borde de un precipicio.

❧

47

DE CÓMO TOMÉ POSESIÓN DE LA ESTACIÓN DE TELEVISIÓN
ESTATAL Y SAQUÉ AL AIRE EL PRIMER NOTICIERO SANDINISTA

(Managua, 1979)

Al día siguiente Bayardo Arce me mandó a hacerme cargo de la estación de televisión del Estado, el canal 6. Sólo dos canales existían entonces en Nicaragua.

—Andá con tus muchachos y tomá posesión —me dijo—. Hay que sacar un noticiero hoy por la noche.

Los estudios se encontraban en la avenida que bordea el cráter volcánico ocupado por la laguna de Tiscapa. En las inmediaciones se alzaba el Hospital Militar, el complejo de la Loma y el búnker. Ocupaban una casona vieja y fea a la que se habían añadido ventanales y dependencias sin ninguna preocupación por la estética del conjunto. Entramos con las armas preparadas para tomarlos por la fuerza. Se decía que un buen número de guardias se escondían en los sótanos a los que se entraba por un costado de las instalaciones, pero al inspeccionar el lugar sólo hallamos una gran cantidad de televisores viejos y otros aún sin usar, guardados en sus cajas. El interior de la estación: las salas de transmisión, los archivos, las oficinas, se hallaban en completo desorden, como si antes de marcharse los somocistas hubieran soltado una horda de caballos salvajes para destruirlo todo. Al salir a la calle de nuevo reparé en un grupo de gente congregada en el engramado de la entrada. Eran empleados del canal, de nivel medio y bajo, que venían para averiguar si serían despedidos. No vi ninguna razón para hacerlo cuando sólo ellos nos podrían guiar en aquel laberinto de destrozos. Sostuve una renión con ellos donde largué una encendida prédica revolucionaria.

—Por el momento no podemos ofrecerles más salario que la comida —les dije para terminar—. A medida que la situación se ordene aclararemos estas cosas. Por el momento, tenemos un noticiero que hacer.

Me aplaudieron, recuerdo. Muchos se acercaron para asegurarme que nunca habían sido somocistas, eran empleados por la necesidad de un salario. Conocía a algunos de la época en que trabajé como publicista.

Esa noche, de pie en medio del desorden, en una máquina de escribir abollada, escribí la presentación del espacio informativo. Lo bauticé *Noticiero Sandinista*. No pensaba en el FSLN como partido —no lo era aún—, sino como un movimiento nacional con el que todo el pueblo se sentía identificado. Así era, pienso, en aquel momento. El texto de mi presentación decía algo así como «la revolución avanza; la revolución se fortalece», y no sé cuántas cosas más. Lo que escribí en diez minutos a lo sumo, sin pensar demasiado, fue la introducción del noticiero por varios años. Como flamante directora de lo que bauticé como «Sistema Sandinista de Televisión», aparecí esa noche en pantalla brevemente —de verde olivo con un pañuelo rojinegro al cuello— para explicar, al inicio del noticiero, que se trataba de un primer esfuerzo y pedir comprensión por previsibles imperfecciones en la transmisión.

Al día siguiente, me despedí de mis muchachos y comencé la tarea de organizar la estación y la programación del canal. Dispuse que transmitiéramos documentales y programas educativos recuperados de los archivos. Por la tarde llegó mi amigo Bosco, con Iván García, también publicista y en los días sucesivos se presentaron hombres y mujeres que se incorporaron como periodistas, técnicos o cualquier otro cargo que inventábamos según los planes ambiciosos que cada quien ofrecía llevar a cabo.

Después de hablar y despotricar a lo largo de mi vida adulta sobre el desperdicio insólito que se hacía —no sólo en Nicaragua, sino también en Costa Rica— de las inmensas posibilidades de la televisión, me hallé de pronto totalmente a cargo de diseñar el tipo de televisora estatal que debía existir en la nueva Nicaragua libre y revolucionaria. Tenía libertad irrestricta para poner en práctica cuanto sueño descabellado se me cruzara por la mente. Y claro, intelectual, romántica que era, pensé en lo obvio: educación, cultura para el pueblo. Nada de programas enlatados norteamericanos. Fuera *Bonanza, I dream of Jeannie* —aunque me gustara—. Adentro Jacques Cousteau, el cine de Chaplin, documentales sobre ciencia, naturaleza, además de los programas que pudiéramos producir, como entrevistas con jefes de la guerrilla, debates sobre el futuro, un noticiero con protagonismo del pueblo. El problema era que el 60 por ciento de la programación en tiempos de la dictadura provenía de enlatados. Las bodegas estaban llenas de las series populares que yo quería desechar. Los documentales y programas educativos eran pocos. Nos veríamos forzados a repetirlos para llenar la programación. A veces se producían involuntarios pero chistosos conflictos de temas y horarios, como cuando transmitimos, el 26 de julio, una semana después de nuestro triunfo, el discurso de Fidel Castro saludando a la Revolución Sandinista. Terminó la transmisión de Cuba y continuó la programación normal: la película de ese día, *El gran dictador* de Charles Chaplin.

Estaba en casa de mis padres cuando recibí la llamada de Tomás Borge, recién nombrado ministro del Interior, o de Bayardo, no recuerdo, pero era alguien de la Dirección Nacional.

—Gioconda, ¿vos mandaste a poner esa sátira sobre un dictador justo después del discurso de Fidel?

—¿Sátira de un dictador? ¿Cuál sátira de un dictador? —pregunté asustada, corriendo a encender la televisión donde Chaplin jugaba con el globo terráqueo vestido de militar, dándole manotazos en un ballet bufo, simbólicamente demoledor—. ¡Santo

Dios! Te lo juro que ni cuenta nos dimos que podía ser malinterpretado. Ahora mismo llamo para que lo suspendan.

—Hay que tener más cuidado —dijo mi interlocutor con un tono cómplice y divertido—. Acordate de que nuestros amigos cubanos no son irreverentes como nosotros. Mejor llamás que quiten esa película y pasen uno de esos documentales de tigres.

Me reí. Después de todo aquello era para reírse. Llamé a la estación para que suspendieran la película y pasaran en su lugar un documental inocuo sobre tigres o elefantes.

Tras una semana de documentales científicos y educativos, el público, los compañeros, yo incluso, no podíamos más con el aburrimiento. Tímidamente, diciéndonos que más adelante buscaríamos algo mejor, empezamos a sacar los enlatados.

En nombre de la Revolución también tomé posesión en esos días del otro canal de TV en Nicaragua, el canal privado, el 2. Los dueños que habían abandonado el país por la guerra dejaron de albacea al doctor Luis Pasos Argüello, abogado de gran prestigio con quien estaban emparentados.

—Necesitamos usar las instalaciones, doctor —le dije.

Y el doctor Pasos, amigo de mi familia —su hija y yo habíamos sido compañeras de colegio— me dijo que sí, claro, con mucho gusto. Reinaban la buena fe, la confianza y el doctor, muy amable y caballeroso, nos permitió todo el acceso para que nos hiciéramos cargo mientras llegaba su yerno, Octavio, el dueño.

Eran muchas las tentaciones que suponía detentar el poder de manera tan rotunda e incuestionada. Existía un acuerdo, por ejemplo, de que sólo se confiscarían las propiedades de Somoza y sus aliados más cercanos. Sin embargo varios meses después, el canal 2 fue confiscado. Se aludió que los dueños eran somocistas porque tenían cierto parentesco familiar con Somoza, pero fue sólo una excusa para justificar una acción equivocada. El canal 2 había mantenido programas noticiosos que presentaban una clara oposición a la dictadura. Lamenté esta confiscación personalmente porque fui quien recibió las llaves que, confiadamente, me entregaron, pero no tenía ningún poder para cambiar esa decisión. Este tipo de acciones afectó seriamente la confianza inicial que el sector privado brindó a la Revolución y sembró de obstáculos el camino hacia un pacto social. Se reformaron también otros acuerdos y se suprimieron concesiones hechas antes del triunfo a otros partidos, personas, o sectores de la burguesía. Con la intención de mantener la hegemonía sandinista para avanzar en los cambios radicales que transformarían el país en beneficio de las mayorías, se excluyó a quienes aspiraban a compartir el poder dentro del esquema nacionalista con que se obtuvo la victoria. Derrocada la dictadura, la condena se trasladó hacia la clase alta, a los burgueses. Los que proveníamos de la burguesía pero pertenecíamos al sandinismo nos sentíamos inhibidos para llamar la atención sobre esta tendencia excluyente y sobre la necesidad de respetar los acuerdos que se establecieron con algunos de estos sectores durante la lucha. Temíamos que se nos viera con suspicacia. Yo sabía que los de mi clase no eran inocentes, que aguardaban el momento en que los guerrilleros demostraran su incapacidad para tomar ellos las riendas, pero también tenía la certeza de que si los convertíamos en nuestros enemigos, no se resignarían. A los compañeros esto parecía no preocuparlos. Se sentían poderosos, capaces de dominar cualquier situación. Otra vez triunfaba la idea de que el fin justifica los medios.

El tiempo que estuve al frente de la televisión no fue feliz. Cuando miro hacia atrás, hacia esos días repletos de posibilidades, lamento ahora no haber tenido más sabiduría personal, lamento la obsesión que me poseyó y me privó del tacto fresco de ese primer tiempo. Me perdí de respirar a todo pulmón el aire bueno, liviano, húmedo que envolvió el país en sus vapores de esperanza. Aunque quizá sea importante en la vida de una poeta enloquecer de amor al menos una vez para poder conocer el lado oscuro de la femenina experiencia humana, tocar el fondo de la propia vulnerabilidad y emerger, me quedé sin más ojos, oídos o tacto que los que me exigía aquel amor endemoniado. Yo que hasta entonces era responsable, seria con mis obligaciones, me inventaba excusas insípidas para dejar mi oficina del canal. Me asigné la tarea de entrevistar a los más destacados guerrilleros porque esto me permitía pasar muchas horas en el búnker y estar cerca de Modesto. Su frase: «Tenés que definir tu situación», pendía como espada de Damocles sobre mi cabeza. Apartaba a manotazos la hora en que tendría que decirle a Sergio la verdad, ver su rostro, oír el ruido de derrumbe en su corazón. Me sentía egoísta, despiadada. En el fondo sabía que no era sólo su dolor, sino el temor de que al final Modesto me rechazara, lo que frenaba mi necesidad de confesarlo todo. ¿Para qué echar mi vida por la borda, aventurarme, si sólo me esperaba el desamor? La imagen pelirroja de Camilo, su carita redonda de bebé regordete, era una presencia viva que se agigantaba en mis pulmones y me ocupaba entera dejándome apenas espacio para respirar. Yo era la incendiaria. En mi hoguera ardería la cáscara de nuez donde me refugiara con mis hijos.

Almorzaba un mediodía en casa de mis padres, cuando Sergio llamó. Ignoro cómo lo supo. Había transcurrido sólo una semana desde el triunfo de la Revolución.

—Creo que tenemos que hablar —me dijo—. ¿Verdad que sí?

—Sí —respondí.

—Hay otra persona, ¿verdad?

—Sí —respondí.

Vivir de acuerdo con el corazón tiene su precio, pero no tengo madera para vivir de otra forma. Me resisto a pensar que uno puede salvar el honor ajeno sacrificando la propia honestidad, viviendo secretamente una mentira. Para bien o para mal, mi pasión ya no estaba con Sergio. Él se corrió ese riesgo desde el primer día en que aceptó que antes de amarlo a él, amara el consuelo con el que me sitió sin tregua. Eso era responsabilidad suya, pero en ese momento, yo no podía verlo. Lo único que vi fue mi reflejo en el espejo donde nos miramos las mujeres cuando aceptamos que el mordisco que le dimos a una manzana causó la extinción del Paraíso Terrenal. Mi pelo era de serpientes y en mi corazón ardía un infierno del que sólo me separaba una endeble partición de papel.

Sergio llegó de San José al día siguiente. Pacientemente, casi con dulzura, me reprendió.

—Confié en vos. En Modesto —dijo.

—A veces pensé que lo sabías —susurré—. Era tan evidente.

—¿Y qué vamos a hacer? Cuando una relación falla, no es uno el culpable, son los dos. Alguna responsabilidad tengo en esto. No lo niego. Deberíamos intentarlo otra vez. Olvidar esto. Reconstruir lo nuestro. Lo que tenemos es sólido. Vale la pena tratar.

—No sé si pueda —dije con ganas de llorar—. Pero hagamos la prueba.

Varios meses probé. Iba del uno al otro desquiciada por la angustia de aquella disyuntiva que me exigía escoger entre dos hombres, cada uno de los cuales poseía rasgos a los que me aferraba. La situación era insoportable, sin embargo. Tuve que elegir. Sergio y yo nos separamos definitivamente.

En medio de mis vaivenes, fui a Costa Rica para recoger a Maryam y Melissa. Antes de partir hacia Nicaragua me encerré con mis tres criaturas en el baño del apartamento en San José —que estaba convertido en albergue de compañeros en tránsito— para conversar a solas con ellos. Me sentí en la obligación de explicarles lo que pasaba, para que no sufrieran imaginándose cosas peores de las que ya les habría alertado su intuición. Igual que el apartamento, el baño era pequeño y sin lujos. Camilo gateaba por una alfombra peluda, arrastrándola por el piso, las niñas me miraban sentadas en el suelo. En cuclillas, apoyada en el canto de la ducha, les dije que Sergio y yo nos íbamos a separar; que yo me había enamorado de otra persona. Maryam protestó. Melissa dijo «Está bueno. Sergio mucho me regaña», lo que hizo sonreír a Maryam. Terminamos riéndonos del mohín de su hermana, de su boquita fruncida, la lógica infantil. Les prometí que nos las arreglaríamos. Yo no era la madre perfecta. Era una mujer como cualquier otra. Me había enamorado. Los quería con toda mi alma y los cuatro sobreviviríamos, le haríamos frente a lo que sobreviniera.

Camilo gateaba, subiéndose por mis piernas.

Camilo se quedó con Sergio en San José temporalmente. Su padre planeaba mudarse a Nicaragua y quería que el niño viviera con él. Se aferraba a Camilo y yo no tenía corazón para desmontar súbitamente cuanto fuera su vida, sus afectos, y despojarlo de un zarpazo esgrimiendo mis derechos maternales como daga. Él había cumplido su parte. La Maligna, Circe, la Medusa era yo. Me lavé con ácidos el cerebro. Sergio le brindaría estabilidad a mi Camilo, tan pequeñito. Era un padre excelente. Las mujeres no poseíamos el monopolio de la maternidad. Ser consecuente con la aspiración de igualdad entre hombres y mujeres era aceptar que los hombres podían ser madres también. Se decía fácil, sonaba a impecable razonamiento feminista, pero mi cuerpo dolía como si de nuevo estuviera en el hospital, y el médico me desgarrara el vientre para decirme que el niño estaba muerto. El cerebro se me llenaba de líquido amniótico. Nunca sentí nada más doloroso que aquella conjunción en mi psiquis del terror de la pérdida y la parálisis de la voluntad. No me atreví siquiera a reclamar la posesión de mi hijo. Sergio encarnó para mí en ese momento al arquetipo masculino, el sumo sacerdote, Salomón con la espada a punto de partir al niño por la mitad. Y cedí. Se lo cedí. Mi pelirrojo. El hijo que más vida me había costado. No grité diciendo que había sido yo la que permaneció inmóvil en la cama para que él viviera; que fui yo quien le susurré lo hermosa que era la vida, dándole ánimos día y noche para que se aferrara a mi vientre; que era yo la que ofrecí mi cuerpo, la que invocó el espíritu de los compañeros. No esgrimí mis derechos a pesar de que tenía la certeza de que había sido la intensidad de mi deseo lo que salvó la vida al hijo de los dos. Quería abrir la boca para rogarle a Sergio que no me castigara así y las palabras no me salían. La culpa, siglos de mujeres adúlteras apedreadas, la educación cristiana, me impedían ver otra responsabilidad que no fuera la mía. Me paralizó el temor de no ser una madre adecuada para Camilo, mi inconsciente aceptó los prejuicios contra mi propio género.

Recuerdo nítidamente la cara de mis hijas cuando después de cruzar la frontera entramos en Nicaragua por la carretera y vieron las grandes extensiones de verdor, la orilla del gran lago, el Concepción y el Maderas, los volcanes gemelos, con los picos envueltos en nubes de algodón. «Qué linda es Nicaragua», dijo Melissa. A pesar de mi estado de ánimo sentí otra vez la ráfaga de aliento y felicidad que en esos días mantenía en alto mi corazón.

—Quiero que se den cuenta de que los sueños son posibles —les dije, emocionada—. Que nunca lo olviden; que nunca se dejen convencer cuando alguien las quiera persuadir de que algo que ustedes sueñan no es posible. Lo es. Yo soñaba esto. Traerlas aquí sin miedo. Darles un país libre, y aquí estamos... y fue trabajo de ustedes también. Ustedes fueron mis valientes compañeritas.

Poco después Sergio cerró el apartamento en San José y alquiló una casita en Managua. Yo iba a ver a Camilo o él pasaba días en mi casa. A la hora de separarnos, llorábamos los dos. Un vacío triste me quedaba entre los brazos. Sergio y yo recuperamos el balance lentamente. Por el bien de Camilo nos propusimos actuar como pareja, ser amigos, ejercer una maternidad absolutamente compartida. Sin esquemas rígidos de fines de semana, guiándose por su propia necesidad afectiva, Camilo iba y venía de su casa a la mía. A medida que crecía, pasaba períodos más largos conmigo. Tenía siete años cuando le llegó a su padre el turno de hallarse en una situación inestable. Desde entonces, y hasta que hace poco se fue a la universidad, Camilo vivió a mi lado.

Pasé un tiempo en casa de mis padres con Maryam y Melissa. Después nos cambiamos a otra casa a pocas cuadras de la de Modesto. Él se había salido con la suya. No vivíamos juntos.

—Es como la relación de Jean Paul Sartre y Simone de Beauvoir —me dijo—. Velo así.

Nunca logré verlo así. Rabié hasta el último día.

48

DE LAS IMPLICACIONES DEL PODER Y DE CÓMO EL AMOR
ME HIZO PERDER LA CABEZA

(Managua, 1979)

En Managua el caos inicial se apaciguó con relativa rapidez, al menos en apariencia. La capital no había sufrido la destrucción de otras ciudades y aparte de la invasión de muchachos de verde olivo que se veían por todas partes, la vida cotidiana fue recuperando ciertos visos de normalidad. Sólo los tiroteos nocturnos continuaron por un buen tiempo.

El Ejército Popular Sandinista se creó con los combatientes de las columnas guerrilleras. Para mostrar el avance de sus reclutas, los jefes militares organizaron una de esas tardes la primera parada militar pequeña y sencilla, en un predio vacío en las inmediaciones del búnker. Recuerdo que fui con Modesto y que nos impresionó la disciplina de hombres y mujeres marchando al unísono bajo el sol caluroso, con sus uniformes nuevos y sus rifles al hombro. Observamos la parada desde una improvisada tarima y al bajar para marcharnos oí a varios miembros de la dirección sandinista discutir sobre las dificultades de que hombres y mujeres jóvenes convivieran en barracas militares. Por primera vez alguien insinuó que quizá las mujeres no debían formar parte de las filas activas del ejército. Me pareció absurdo y lo dije. ¿Cómo podían siquiera pensarlo cuando las mujeres habían demostrado ser tan buenas combatientes como los hombres durante la insurrección? No sé cuántos meses después, sin embargo, los mandos del ejército —con Humberto Ortega a la cabeza— decidieron que las mujeres sólo ocuparan puestos administrativos. Se justificaron argumentando que era una cuestión de costos, que mantener separados a mujeres y hombres era un dolor de cabeza e implicaba grandes erogaciones. Sin embargo en la policía sandinista, como se bautizó entonces, que se estaba organizando con asesoría suministrada por el general Torrijos, no se hizo esta distinción y las compañeras se incorporaron en gran número. Igual sucedió en el Ministerio del Interior. Me gustaba ver a las muchachas con uniformes verde olivo y botas militares impecablemente lustradas. Muchas de ellas se pintaban los labios y hasta llevaban las uñas pintadas de rojo. Eran el símbolo de un tiempo nuevo para las mujeres de mi país.

Para los nicaragüenses, el miedo a la autoridad era un reflejo condicionado. Estábamos acostumbrados a soldados con cascos de combate patrullando amenazantes las calles con sus armas desenvainadas. La policía sandinista no llevaba cascos y sus integrantes eran tan jóvenes y amables que la gente los llamaba «compitas». Aquello era como un milagro. Poco me faltó para echarme a llorar conmovida el día en que un joven policía me detuvo y, al ver mi nombre en la licencia, me soltó un pequeño discurso sobre la «responsabilidad revolucionaria de los conductores para con el pueblo» y me dijo: «Váyase, compañera, a ver si esto le sirve como anécdota para uno de sus poemas.»

Los cambios en la ciudad incluían transformaciones en los barrios residenciales que habían sido cotos reservados de la burguesía. Las casas abandonadas por los somocistas y los militares en su huida: casas de ministros, de directores de empresas de la dictadura y hasta de familias ricas que se habían marchado meses atrás al extenderse la rebelión por todo el país, fueron ocupadas por los guerrilleros. No sé cómo sucedió ni quiénes lo decidieron. Supongo que privó en primer lugar la simple necesidad de albergar una gran cantidad de compañeros que no tenían casas. La solución obvia era ocupar las que estaban vacías bajo el supuesto de que todos esos bienes habían pasado a ser propiedad del Estado. El desorden que reinó en esta operación, sin embargo, se prestó a abusos más tarde. Esos bienes se consideraban el botín de guerra rescatado de un enemigo corrupto, y ésa era la moralidad que sustentaba su apropiación. Uno simplemente llegaba y se instalaba en las vidas, las casas, las cosas de los que huyeron. La casa donde yo me pasé a vivir con mis hijas había pertenecido a un coronel de la marina. Era sencilla pero cómoda, con cuatro habitaciones, un jardín y una casita de huéspedes al fondo llena de libros de navegación. Tenía aún algunos muebles y me costó varios meses sobreponerme al aire encerrado que se respiraba en ella y a la sensación de haberme metido en una vida ajena, porque por todas partes quedaban fotos de la familia, cuadernos escolares de los hijos, la presencia de aquella gente, que seguramente nunca pensó que saldría de allí para no regresar jamás.

Modesto me citó en el búnker y me dijo que necesitaba una persona de confianza que trabajara con él. Quería que yo fuera esa persona.

—Es un error —me dijo Bayardo cuando se lo comenté—. Vos sos una mujer inteligente. El trabajo de la televisión es el tipo de trabajo que hacés bien. Lo que me estás planteando es andar con él... pasar a ser la mujercita del hombre. Te vas a enredar —me advirtió con una sonrisa maliciosa que dejó entrever sus caninos afilados.

Me lo decía en confianza, como amigo, algo entre él y yo. Tenía razón. Le agradecí el consejo, pero no lo seguí. No pude. Toda mi entereza interior se había convertido en una sustancia gelatinosa que se movía prendida de los ojos de Modesto. Me justificaba diciendo que él me necesitaba. Necesitaba una persona que pudiera ayudarle a ordenar su tiempo, a llevar una agenda de sus acciones, una asistente. A mí, que odiaba la idea de ser secretaria de un hombre, que nunca acepté estudiar para secretaria bilingüe —carrera muy de moda cuando me gradué de secundaria— de pronto la perspectiva me tentaba. Vivir con Modesto la experiencia de moldear un país desde las cenizas se me hacía más fascinante que cualquier otra tarea que pudiera realizar independientemente de él.

—Era el poder —me dice mi amiga Malena cuando recapitulamos recuerdos—. Era el poder lo que te atraía.

Jamás lo hubiera aceptado entonces, pero veinte años después no descarto que el deseo de un íntimo roce con el poder contribuyera a la suma de mis confusiones. Sin embargo es demasiado fácil pensar que fue mi única motivación. Mi comportamiento era más bien semejante al de la hembra seleccionada por el mono más fuerte para ser su pareja en la manada: totalmente primitivo. No era el poder sino la *sumisión al poder* del macho dominante lo que enardecía mi mente y mis hormonas, traicionando mi raciocinio. Mi razón juzgaba con claridad que seguir a Modesto me haría daño, que mi poder no residía al lado de él sino en afirmarme por mis propios medios. Dejar mi cargo al frente de la televisión perjudicaría mi imagen, el respeto que me había ganado con mi trabajo.

Cuando contraviniendo mi razón y sus consejos, le dije a Bayardo que lo sentía pero que me quedaría a trabajar con Modesto, me dolió el estómago. La manera entre compasiva y despectiva con que me miró, me avergonzó profundamente. Di la vuelta tan rápido como pude y me metí en la sala de conferencias, donde Modesto conversaba con un grupo de gente. Mientras lo escuchaba hablar —«tomá nota», me dijo— sentí un profundo disgusto conmigo misma por haber claudicado. En los días que siguieron, lo acompañé a un recorrido para evaluar la situación de varias ciudades del país. La insurrección había tenido un saldo de treinta y cinco mil muertos, cien mil personas heridas o mutiladas y un millón de personas desplazadas. La situación de alimentos era precaria y Nicaragua debió recurrir a la ayuda humanitaria de la Cruz Roja y de otras agencias internacionales. Fuimos a Jinotepe, a Granada, a Rivas. Vestida de verde olivo con mi subametralladora al hombro —Bayardo decía que la llevaba como si fuera un bolso— anduve confundida entre los otros miembros de la escolta de seguridad del comandante. De jefa del Sistema Sandinista de Televisión pasé a ser un escolta con máquina de escribir. A ratos me arrepentía de haber tomado una decisión a todas luces equivocada, pero de pronto Modesto se me acercaba o alguien mencionaba que yo era la compañera del comandante, y eso me hacía sentir torva y oscuramente validada, importante. A todo esto Modesto oscilaba en sus afectos como un péndulo desquiciado. Había momentos en que era dulce y afectuoso, pero por lo general era distante o me hacía cualquier desplante creyendo que así mantendría la apariencia de que entre nosotros no existía más que una relación profesional. Reducida a un guiñapo de mí misma, lo seguía como animal doméstico, ansiosa de hacer méritos que me ganaran su cariño.

Fue al lado de Modesto, al detenernos en los pequeños pueblos y en las ciudades bombardeadas que comprobé el extenso daño ocasionado por la guerra. Los caseríos y poblaciones de Nicaragua son villorios soñolientos en los que apenas se percibe el paso del tiempo. Construidos alrededor de un parque arbolado con una iglesia más o menos antigua en uno de sus costados, sus casas apretadas unas junto a las otras son de techos altos y tejados, con aceras angostas y gradas subiendo hacia las puertas de las viviendas. El pavimento sólo alcanza para el perímetro central y luego son las calles de tierra por donde pasean cerdos y gallinas y las casas de tablones, con un fogón al aire libre, techos de cinc y niños descalzos y harapientos. En las ciudades bombardeadas, abundaban los escombros. Las cosechas se habían perdido y la infraestructura yacía en ruinas. En casi todas las paredes había consignas revolucionarias escritas con pintura de spray. Modesto hablaba en mítines improvisados en los parques sobre las grandes tareas que exigiría la reconstrucción del país. La gente aplaudía entusiasmada cuando él decía que ahora la juventud podría educarse, que la revolución haría accesible la salud para todos. Me conmovía la esperanza y alegría de esos rostros, la voz firme con que personas humildes tomaban la palabra y exponían sus problemas y necesidades o describían sus expectativas. Yo anotaba cuidadosamente las peticiones en mi cuaderno junto con los nombres de los que hablaban.

En ese viaje observé también los efectos del poder en el comportamiento de las personas. Los escoltas de Modesto, hombres que hacía apenas un mes se enfrentaban sin asco a las tanquetas y los blindados de Somoza, se mostraban sumisos y obedientes frente a él. Comprendía que eran militares y que además le profesaban gran respeto, pero me incomodaba verlos correr tras él cuando Modesto, al terminar alguna reunión, se ponía de pie y salía sin decir palabra. Me disgustaba aquella presunción de que lo seguiríamos como si pudiéramos leerle el pensamiento. Venían entonces las carreras. Los gritos de unos a otros. «Vámonos. Ya se va el comandante.» Nos alzábamos como resortes con un ruido de rifles que volvían al hombro, de prisas y atropellos por alcanzar al jefe antes de que llegara al vehículo como si las puertas de los tres autos en que se movilizaba el grupo debieran abrirse y cerrarse al unísono y así mismo debían arrancar los motores. Varias veces estuve a punto de no llegar a tiempo a mi puesto cuando partía el convoy. Me rebelaba con una ciega y confusa furia interior contra aquel ritual de séquito. ¿Qué les pasaba a todos ellos?, les dije a los muchachos, ¿qué eran aquellas prisas absurdas?, ¿qué le iba a pasar a Modesto si tenía que esperarnos unos minutos? ¡Por Dios, no era como que íbamos a un hospital a dejar a un herido!

Pero todo aquel aparataje tenía su lado épico y subyugante. Llegábamos a los cuarteles en las ciudades todavía convulsas y revueltas por la reciente guerra y la figura de Modesto, el comandante, el miembro de la Dirección Nacional, autoridad máxima en Nicaragua desde entonces y todo el tiempo que duró la Revolución, avanzaba seguida de revuelo y posiciones de firmes de los muchachos-soldados. En Jinotepe —el pueblo donde Modesto naciera— la gente se concentró para aclamarlo bajo las ventanas del sitio donde se celebró la reunión con las autoridades locales. En Rivas, la ciudad limítrofe con Costa Rica, visitamos uno de los ingenios azucareros propiedad de la familia Somoza, donde se encontraba una de sus famosas casas de recreo. Nos paseamos por las salas alfombradas, contemplando el lujoso entorno decorado con mal gusto y el desorden dejado por otros guerrilleros triunfantes. En una de las habitaciones yacían cientos de fotos esparcidas por el suelo. Nos sentamos a verlas. Eran fotos de familia. Hijos, sobrinos del dictador soplando las velas de sus pasteles de cumpleaños, riéndose frente a la cámara disfrazados con atuendos ridículos en una celebración de carnaval; fotos de quinceañeras, de viajes. Vi fotos de Valeria, mi amiga de colegio que se casó con Bernabé, un sobrino de Somoza, en una recepción suntuosa en el Country Club a la que fui invitada. Era alucinante estar en esa casa, viendo las fotos familiares de la depuesta estirpe. Los compañeros reían, abrían cajones, closets, sacaban vestidos, se lanzaban a la piscina con ropa y todo, mientras yo miraba ensimismada fotos de Salvadora Somoza, Karla, Carolina Somoza, alumnas todas de mi colegio. Salvadora había sido incluso mi compañera de clase, una muchacha grandulona, mimada, que usaba grandes lazos de satín en el pelo y que una vez, sin ninguna provocación de mi parte, por pura crueldad infantil, se me acercó cuando me llevaba a la boca un pastel comprado durante el recreo, y de un manotazo me lo tiró al suelo echándose a reír mientras yo luchaba por no echarme a llorar.

Cerca del área donde había operado el Frente Sur, cuyo avance contuvo Somoza con sus mejores tropas hasta el final, de modo que la tesis de Fidel nunca se cumplió, visitamos la hacienda de Cornelio Hueck: San Martín. Hueck fue hombre leal del dictador, un político conspirador y corrupto. Una guarnición sandinista se encontraba acantonada en su mansión colonial, ubicada sobre un farallón cerca de la playa con una vista magnífica del Pacífico.

—Allá se escondió Cornelio —dijo un combatiente señalando un declive en el terreno—. No le íbamos a disparar, pero sacó un arma y tuvimos que ajusticiarlo.

Modesto lo miró. Me miró. Encogió los hombros. Ya no había nada que hacer. La Revolución prohibió los ajusticiamientos sumarios, pero no pudo impedir algunos.

A pesar de todo, estar con Modesto era vivir de cerca la hechura del nuevo poder. Me sentía testigo de días irrepetibles, cargados de historia. En un cuaderno anotaba sucesos, acuerdos, anécdotas, poseída de mi papel de escriba y cronista. Me resignaba a sus malos humores, los súbitos cambios. Ya se le pasaría, pensaba, y cuando se le pasara, allí estaría yo. El amor desmedido, atormentado, hacía que me inventara justificaciones enrevesadas para aplacar mi rebeldía. La admiración sumisa por el héroe anegaba el ojo con que contemplaba al hombre. Ya no como Dulcinea, sino como Sancho Panza, contemplaba yo a mi Quijote.

Regresamos a Managua. Modesto vivía temporalmente en la casa de un coronel o general, que fuera jefe de la policía de tránsito. La casa era enorme, de arquitectura mediterránea y grandes jardines. El interior era un himno al mal gusto. Seis salas decoradas con estilos distintos, una con muebles rojos estilo Luis XV, otra moderna, otra española, otra con mimbre, otra con vidrio y aluminio. En el baño, el inodoro se alzaba sobre un pedestal redondo. Una enorme mesa de billar ocupaba el estudio. Yo dormía en mi casa, con mis hijas, pero allí almorzaba o pasaba parte de la noche. Con Modesto se alojaban también varios de sus antiguos guerrilleros de la montaña. Cuando me veían sufrir, me consolaban diciéndome que no diera tanta importancia a sus rabietas. Así era él.

—Pero cuando teníamos poca comida, él no comía para que comiéramos nosotros —argumentaban en su defensa. Le tenían una lealtad feroz y yo sabía por qué. El hombre tenía sus demonios, pero era de una gran nobleza. También tenía abundancia de ángeles.

Me tomó años adquirir la madurez suficiente para comprender lo que debió haber sido esa época para alguien en la posición de Modesto. Los nueve dirigentes, los comandantes de la Dirección Nacional Sandinista, habían estado divididos largo tiempo desconfiando los unos de los otros. Apenas habían transcurrido unos cuantos meses desde la firma de los acuerdos de unidad, cuando se produjo el triunfo. Todavía estaban frescos los recelos, las diferencias, cuando las circunstancias los pusieron colectivamente al frente de la enorme tarea de volver a inventar un país.

En el juego de adjudicarse el poder entre ellos, hubo quienes pecaron de ingenuos o prefirieron callar su inconformidad con determinadas decisiones, mientras los más avezados en la maniobra política obtenían ventaja. Por haber impulsado la estrategia insurreccional que incendió el país, los Ortega se sentían más vencedores que los demás. Hábilmente manipularon el reconocimiento tácito de los otros para situar personas de su confianza en los cargos más importantes y situarse ellos mismos, uno en la jefatura del gobierno, como coordinador de la Junta, y el otro como jefe del nuevo ejército.

El mal humor de Modesto era explicable. Sin embargo, mi amor obsesivo, mis inseguridades me tenían ensimismada de tal manera que imaginaba ser la causa de cuanto le perturbaba. Observaba sus silencios tensos y me deshacía en conjeturas sobre lo que podría haber hecho para disgustarle.

Llegaba triste a mi casa a enfrentarme con los reclamos de mis hijas.

—Mamá, nos dijiste que cuando triunfara la Revolución pasaríamos más tiempo juntas...

—Es que hay tanto que hacer —les decía yo—. Ya pronto se normalizarán las cosas. Tengan un poco de paciencia.

Lo decía sin convicción. No tenía ni idea de cuándo se normalizaría la situación, o cuándo habría tiempo. La frenética actividad no daba señales de amainar. Las lluvias del invierno caían inclementes, se inundaban los desagües de las aguas pluviales de Managua y allá íbamos nosotros, la vanguardia ejemplar y abnegada, a poner sacos de arena en los cauces. La cosecha de algodón estaba a punto, se necesitaban brazos, y eran entonces los fines de semana de trabajo voluntario, las brigadas sandinistas saliendo en camiones, de madrugada, a pasar el día en los surcos para regresar por la noche a recuperarnos de la insolación. También había que participar en ejercicios militares porque, más que un ejército, se trataba de crear cuerpos voluntarios de milicianos y reservistas. En vez de llegar al trabajo a las ocho de la mañana, llegábamos a las seis y media o siete para hacer una hora de instrucción militar y ejercicios. Era agotador, pero no lo admitíamos. Había una cita del Che que circulaba en esos tiempos y que varios compañeros tenían sobre sus escritorios. «Todo hombre tiene derecho a cansarse, pero el que se cansa no es hombre de vanguardia.»

49

DE LOS RECUERDOS QUE REVISITÉ CON CARLOS
Y DE LAS HAZAÑAS DE MIS HIJAS

(Managua, 1985)

Volví al camino de Mazatlán —a la finca de mi abuelo, la de las reuniones con Marcos— en 1985. Mi vida, el país, tan distintos, pero el camino entre cafetales y hondonadas seguía igual. La tierra apisonada, el olor a café tostado, el viento silbando entre los espadillos. Menos árboles quizá. La mayoría de la población nicaragüense cocina con leña y el despale es inmisericorde. A media mañana, en mi auto Lada, Carlos y yo nos dirigimos a visitar a mis hijas. Era enero, período de vacaciones escolares. Ambas se habían sumado a la brigada de muchachos y muchachas de su escuela que trabajarían cortando café. La guerra mermaba la mano de obra disponible para recoger las cosechas y el gobierno hizo un llamado a los estudiantes a colaborar. Si no se recogía el grano maduro, se perdería el principal producto de exportación del país. Era el segundo año que Maryam —de dieciséis años— se sumaba a la Brigada de Cortadores de la Juventud Sandinista. El primer año, 1984, me tragué la ansiedad de saberla en el norte —cerca de la zona de guerra— en una hacienda en la montaña a la que se llegaba por un camino agreste. Fui a visitarla en Navidad y me impresionó la felicidad con que vivió esos meses de duro trabajo pero también de alegre camaradería con sus compañeros. Ahora su brigada y la de Melissa se encontraban asignadas a la misma hacienda cerca de Managua. Porque estaría con su hermana y no muy lejos de la ciudad, acepté al fin que Melissa, a sus doce años, participara.

Desde que entré al camino, el pasado flotó en el aire fresco, despeinándome: los domingos de la infancia con mis padres y mis hermanos, el almuerzo familiar cuando los abuelos pasaban largas temporadas en la hacienda, los viajes nocturnos con Marcos. Tiempos tan distintos se unían a éste. ¿Quién habría podido decirme que mis hijas cerrarían el círculo, que en una reedición revolucionaria de mis recuerdos, también ellas guardarían el olor, el sonido del viento en este paisaje? Allí me esperaban con sus caras sonrosadas por el sol y el viento frío. La hacienda no distaba mucho de la de mi abuelo. Estructuras de madera, patios de secado, muros encalados blancos. Decenas de jovencitos por todas partes. Allá, jóvenes sentados alrededor de un muchacho tocando la guitarra, aquí muchachas tomando el sol.

—¿Nos trajiste comida? —me preguntó Melissa, y se asomó al interior del vehículo. Saqué lo que llevaba y pronto nos rodeó un nutrido grupo, porque entre todos compartían el botín de provisiones que arribaba con los padres. Durante toda la semana los cortadores voluntarios vivían con los campesinos y comían lo que ellos: arroz, frijoles, una tortilla y café. El mismo menú en el desayuno, almuerzo y cena. Para el domingo cuando llegaban las visitas cualquier otra comida les parecía un banquete.

Maryam y Melissa nos condujeron a las barracas donde dormían. Igual que yo, Carlos miraba a su alrededor con curiosidad. Inspiraba ternura y admiración ver a tantos jovencitos cansados, pero entusiastas y alegres. A las cuatro de la mañana empezaba el trabajo, nos explicó Melissa. Los más pequeños plantaban matitas de café en bolsas negras para hacer almácigos. Los mayores, como Maryam, bajaban con los canastos a la cintura a colectar el grano en las cañadas; subían y bajaban por abruptos declives en el terreno, almorzaban en el cafetal y regresaban poco después de mediodía. Así se evitaban el intenso bochorno de la tarde.

Entrar en la barraca me hizo retroceder vertiginosamente hacia la primera vez en mi vida cuando me vi frente a frente con el horror de la miseria. Yo era una niña que pasaba una temporada de verano en la hacienda de café de un tío. Me habían prohibido acercarme a las barracas donde dormían los mozos que recolectaban el café. La prohibición sólo acicateó mi deseo de hacerlo. Una tarde me deslicé subrepticiamente fuera de la vigilancia de la niñera y me asomé. Fue como descubrir uno de los círculos del infierno. La tosca barraca de madera, oscura y maloliente, con un solo tragaluz y ventana en lo alto del techo a dos aguas, albergaba no sé cuántas familias. Cada familia ocupaba una suerte de cajón adosado a la pared. Eran muchos, unos sobre los otros, muy juntos. Allí, hacinados, acomodados sobre trapos harapientos, dormían los cortadores con sus mujeres y sus hijos. Nunca olvidaré el olor a encierro, a humedad, a ropa sucia. Fue una visión que dejó una indeleble impresión en mi memoria y quebrantó cuanta ilusión infantil tenía de vivir en un mundo feliz. Fue mi primer fogonazo de conciencia social.

La barraca donde dormían mis hijas era igual, sólo que aquí el espacio entre un anaquel y el otro era un poco más ancho y no dormían hacinados, sino una persona en cada espacio, sobre una colchoneta. Para subir a su litera, Melissa tenía que subir por unos burdos escalones porque la suya era la quinta desde el suelo.

—Es muy buena esta experiencia —dijo intentando aliviar la expresión de horror que me veía en la cara. Recuerdo la suya, dulce, seria y solemne—. La vida de los campesinos es durísima y nunca me volveré a tomar una taza de café sin pensar en ellos. Nosotros sólo pasamos aquí tres meses, pero para ellos ésta es su vida.

Hice acopio de todas mis fuerzas para no echarme a llorar. El orgullo y la ternura se mezclaron con la vieja herida que dejó la injusticia en mis recuerdos infantiles. Se cerraba otro círculo. También había luchado por esto, para que mis hijas sintieran como decía el Che, «cualquier injusticia cometida contra cualquier ser humano, en cualquier parte del mundo».

—Y vieras, mamá, cómo nos cuesta bañarnos con el agua helada de los depósitos, y usar las letrinas —rió Maryam, restándole importancia a las incomodidades—. Además de los resbalones que nos damos en las cañadas cuando llueve y se forma un lodazal.

Más tarde nos sentamos cerca de las barracas e hicimos un improvisado picnic con su grupo de amigos. Con ese humor abundante de la juventud, hacían bromas y contaban anécdotas de las calamidades que a diario sobrevivían.

Veía a Carlos observarlo todo, conmovido, y contemplaba, arrobada, a mis hijas, mis dos mujercitas formidables.

—El mundo sería distinto si todos los jóvenes hicieran esto —me dijo Carlos, cuando nos despedimos de ellas—, aunque también es triste que lo tengan que hacer.

50

❧

DE CÓMO VOLVÍ A CUBA Y ME REENCONTRÉ CON FIDEL
DESPUÉS DE LA REVOLUCIÓN

(La Habana, 1979)

Dada la experiencia en relaciones internacionales que había acumulado en mis años de exilio, Modesto me pidió que lo acompañara a Cuba, a la VI Cumbre de Países No Alineados. Al volver de La Habana, unas semanas después, partiríamos hacia los países socialistas.

La cumbre se realizó en La Habana del 3 al 9 de septiembre de 1979. Maryam y Melissa se quedaron con Justine, porque desde que me separara de Sergio, las relaciones con mis padres eran cada vez más tensas.

En la reunión estaban presentes jefes de Estado de todo el mundo, pero los sandinistas éramos la novedad, los niños mimados. Ese año solicitamos nuestra incorporación al movimiento de Países No Alineados, que desde su fundación, en Belgrado, en 1961, era un foro para las naciones del Tercer Mundo que proponían un orden internacional más justo, y una posición independiente de las superpotencias.

Dirigentes de todo el mundo nos saludaban con enorme cariño, como héroes, al encontrarnos en los pasillos del hermoso Palacio de Congresos de La Habana. Cuando en las sesiones del plenario, se mencionaba a Nicaragua o al Frente Sandinista, el salón entero estallaba en aplausos atronadores y nosotros alzábamos los puños, radiantes. La mayoría vestíamos de verde olivo, pero cada cual llevaba el uniforme de combatiente como mejor le parecía. Como hacía calor, yo me ponía el pantalón con un *halter top*, con la espalda descubierta. Parecía una veraneante de la cintura para arriba y un soldado, con botas y todo, de la cintura para abajo. Luciría terrible supongo, pero yo me sentía bella y seductora. Con esa facha, un día por el pasillo, me topé con el general Torrijos. Me saludó con un movimiento de cabeza y se marchó rápidamente.

En la casa donde se hospedaba la delegación nicaragüense entraba gente todo el día. Los funcionarios del Partido Comunista de Cuba no sabían qué hacer con nosotros, tan contentos estaban de contar con la compañía de otra revolución en el continente. Fidel llegó varias veces a desayunar y almorzar. A mí apenas me dedicó una mirada.

—¡Ah! La poeta —dijo cortés y distante cuando estrechó mi mano. Era la primera vez que lo veía después del episodio de enero.

Actuaba como nuestro abuelo. Éramos los guerrilleros victoriosos que tanto soñara ver en América Latina. Jovencitos, además, inexpertos. Nos sentábamos en mecedoras a su alrededor, para escucharlo comentar sobre las diferencias entre ser guerrillero y estar en el poder. Era evidente que se sentía llamado a ser nuestro tutor, a encaminarnos por los arduos caminos de gobernar una nación. Yo lo veía pontificar. Notaba la cautela con que emitía sus opiniones para que, sin dejar la impresión de que nos decía cómo actuar, supiéramos cómo pensaba que debíamos hacerlo. Era hasta enternecedor percibir cuánto le habría gustado hacerse cargo, verlo esforzarse por conservar su distancia de estadista frente a una situación que, gustosamente, habría tomado plenamente en sus manos. Se daría cuenta, sin embargo, de que a nuestra manera también nos sentíamos sabios, que incluso creíamos contar con mejores oportunidades y la originalidad necesaria para no sufrir el aislamiento que padecía la Revolución Cubana.

El ambiente en la casa era de jolgorio y deslumbre. Por las noches nos juntábamos a intercambiar anécdotas del día, riéndonos de lo poco que sabíamos sobre esas cumbres circunspectas donde había que pronunciarse sobre tanto conflicto internacional. Los compañeros volvían de las sesiones a puertas cerradas, a consultar libros de geografía para cerciorarse dónde quedaba tal país e indagar sobre la historia de aquel movimiento guerrillero en una isla en Oceanía. Se debatía sobre cómo debía votar la Revolución Sandinista en tal o cual asunto, cómo salvarnos de meter la pata y comportarnos como si conociéramos la ancha y complicada situación del mundo.

Caminábamos por las calles de La Habana con nuestros estrafalarios atuendos guerrilleros y la gente nos detenía para felicitarnos. Eran días felices. Nos sentíamos en la cima del mundo. A la hora de los almuerzos, en la casa de protocolo, me sentaba con Modesto a la mesa. En otra mesa contigua almorzaban los Ortega. Daniel Ortega me miraba de reojo. Me lanzaba miradas extrañas, provocativas, que yo evitaba, apartando los ojos. Me costaba creer que lo hiciera bajo las narices de Rosario, su compañera, y sin importarle la presencia de Modesto. Desde entonces —porque apenas lo conocía y él hablaba poco— lo catalogué como un ser agazapado y oscuro, cuya interioridad debía estar llena de complicaciones y esquinas con telarañas. Cuando años más tarde su hijastra lo acusó de abuso sexual, recordé lo incómoda que me sentí con él desde entonces.

Rosario, que era una mujer fuerte cuando la conocí, estaba transformada en un ser miedoso, un manojo de nervios. Se había adelgazado considerablemente. Estaba embarazada de pocos meses. Se mordía las uñas sin parar y seguía a Daniel como una sombra, despersonalizada y triste. Quizá la misma impresión daba yo con Modesto, pensaba para mis adentros con vergüenza. Las dos, cada una a su modo, éramos víctimas de un sortilegio maligno que nos hacía correr como mendigas detrás de las migajas de amor que esos hombres nos dejaban caer, y que aceptábamos como si se tratara de maná del cielo o de la única comida que podía saciarnos. Ambas nos observábamos de reojo; conscientes, creo, de lo injustificable de nuestro comportamiento: el torvo, malévolo placer de la sumisión. Éramos mujeres de las cavernas una vez más, dejando que el macho nos dominara. Meses después Rosario y yo comparamos notas y nos sorprendieron las coincidencias.

La VI Cumbre del Movimiento de Países No Alineados, terminó con el huracán *Fifí*. La furia del trópico descendió sobre nosotros. El laguito alrededor del cual se alzaban las residencias de protocolo se salió de madre y la casa se llenó de patos nadando en la sala. Nos tuvieron que evacuar en microbuses con el agua casi hasta la ventana. Los últimos días en La Habana nos hospedamos en el hotel Habana Libre. Allí Modesto se puso de buen humor. Me hablaba apasionadamente de la fe que tenía de que lograríamos hacer una revolución amable, original, una síntesis de las mejores experiencias de otras revoluciones, sin caer en los mismos errores. Cuando la sociedad tuviera como objetivo la felicidad común y empezara a funcionar como una comunidad de ideas y aspiraciones, la gente desarrollaría nuevos valores. Pasábamos el tiempo en la habitación del hotel, leyendo, conversando y escuchando las divertidas historias de Omar Cabezas.

Omar representaba para mí entonces el espíritu irreverente, alegre, que infundía a la Revolución una vitalidad traviesa e inocente. Era jefe de la Seguridad Personal, el servicio secreto que cuidaba a los dirigentes, pero semejante nombramiento no era motivo para él de ninguna solemnidad. Nunca olvido cómo nos reímos cuando me comentó sus peripecias durante la visita a Managua del presidente de Costa Rica, Rodrigo Carazo Odio, poco después del triunfo revolucionario.

—Fíjate, Gioconda, llegan los ticos de la Seguridad Personal al aeropuerto con su presidente y todos tienen *walkie-talkies*. Nosotros no teníamos nada, ¿me entendés? Nada. Entonces yo me metí en uno de los mostradores de las líneas aéreas y le presté un *walkie-talkie* a una de las muchachas que yo conocía. Yo me dije: ¡Ah, no! Nosotros no nos vamos a quedar atrás. Y entonces, todo el tiempo, yo estoy usando aquel *walkie-talkie*, hablando como que le estoy dando órdenes a mis hombres, pero todo aquello era puro teatro mío. Nadie me oía, por supuesto. No estaba hablando con nadie, pero yo muy serio, haciendo como que todo era verdad, pero por dentro, ¡muerto de risa por todo aquel teatro que armé!

Así eran esos días. Llenos de improvisación, del deseo de calzar en los roles solemnes que la historia nos dispensaba.

51

DE CÓMO LAS SOMBRAS DEL PASADO EMPAÑARON
EL PRESENTE

(Managua 1979, 1981)

Crecí con la imagen de los embajadores de Estados Unidos como figuras poderosas que protegían al tirano de cualquier intento de la población por quitárselo de encima. Recuerdo a uno en particular, Turner B. Shelton, con un rostro inolvidable de batracio de ojos saltones, siempre asomado detrás del hombro de Somoza, como un maquiavelo torvo y feo.

A pocos días del triunfo empezaron en el búnker las conversaciones entre dientes sobre lo que podríamos esperar de los norteamericanos. El consenso general era que nos atacarían.

—¿Por qué ser tan pesimistas? —argumentaba yo.

—Porque lo han hecho siempre. Son el imperio. En el momento en que no hagamos las cosas como ellos quieren, nos caerán encima. Ya lo vas a ver. No seas ingenua. Lo mejor que podemos hacer es prepararnos.

En una de sus primeras conferencias de prensa como ministro del Interior, Tomás Borge dijo con ironía que el nuevo gobierno gustosamente recibiría apoyo de Estados Unidos para armar al Ejército Popular Sandinista.

—Toda revolución genera una contrarrevolución —dijo—. Los guardias somocistas que se fueron, volverán. Así es la historia. Por eso tenemos que estar preparados. Estaríamos muy contentos si el presidente Carter nos ayudara.

En esa misma conferencia de prensa anunció que no habría pena de muerte en Nicaragua. Dijo que los sandinistas éramos «implacables en el combate», pero «generosos en la victoria». Afirmó que él estaba dispuesto a perdonar a sus incansables torturadores, a quienes lo mantuvieron esposado a una pared durante siete meses, e incomunicado durante más de un año. En Nicaragua no habría paredón como en Cuba. La figura pequeñita de Tomás Borge vibraba de emoción al compás de sus palabras encendidas. Fue hermosa su larga disquisición sobre el perdón como cualidad propia del ser revolucionario. Nos sacó las lágrimas a varios en la audiencia. Su comentario sobre las armas y Estados Unidos se perdió en la magnanimidad de lo que dijo después. Nadie de los presentes suponía que Estados Unidos armaría al ejército sandinista.

Una tarde cuando todavía reinaba el desorden en el antiguo búnker, hubo un gran revuelo. Corrió la voz de que una delegación de congresistas y senadores norteamericanos llegaba a reunirse con la Dirección Nacional. Nos mandaron a ordenar la sala, a desaparecer. Terminada la reunión, cuando regresé a la oficina, vi en la recepción a Modesto, Humberto Ortega, Daniel Ortega, Bayardo Arce. Parecían niños, contentos. Comentaban aquel asombroso giro de la historia que los ponía en posición de ser reconocidos como poder cuando hacía poco eran guerrilleros. Pero, ¿se habían fijado en el tono?, preguntó alguno. Apenas la primera conversación y los norteamericanos no habían podido disimular su desconfianza, ni dejar de exigir explicaciones sobre lo que se proponía la Revolución, como si les correspondiera velar por un pueblo que por tanto tiempo habían dejado en manos de un tirano. Creerían que iban a seguir ejerciendo su influencia en Nicaragua igual que lo hacían cuando Somoza, pero ¡se equivocaban rotundamente!

El júbilo infantil, triunfante, maliciosamente travieso que observé en sus rostros ese día, se quedó grabado en mi mente. No sé si fue una premonición, pero a lo largo de esos años y de las dificultades que luego sobrevinieron, volví a ver esas expresiones a menudo y siempre sentí la misma inquietante revelación de que aquellos hombres se habían quedado prendados de la imagen seductora que se crearon de sí mismos: la imagen que vieron reflejada en los ojos de la multitud el día del triunfo. Se sentían enormemente astutos, hábiles, una mezcla de niños traviesos de la política y de caballeros andantes heroicos y viriles. Con esa actitud enfrentaron peligrosos retos que habrían merecido una consideración más reposada, una madurez que el deslumbre del poder ya no les permitió alcanzar.

La gallarda espontaneidad de que inicialmente hicieron gala se convirtió en una trampa cuando llegó el momento de lidiar con Estados Unidos, una nación aferrada también, paradójicamente, a una imagen grandiosa de sí misma. Se produjo desde muy temprano un choque de espejos en el que cada cual rechazó la imagen de sí que el otro le presentaba. Ni los sandinistas podíamos aceptar los calificativos que nos dieron; ni Estados Unidos podía aceptar los nuestros. ¿Cómo iban a aceptar que cantáramos, a voz en cuello, el himno sandinista que decía, en uno de sus versos: «Luchamos contra el yanquee, enemigo de la humanidad», citando al Che Guevara? De poco servía que argumentáramos que nuestra visión provenía de una historia de intervenciones centenaria, de la misma lucha de Sandino contra los marines. Ese discurso nos convertía en una amenaza. «No somos comunistas», sosteníamos, oponiéndonos a la imagen con que Estados Unidos nos cercaba. Y la verdad era que por mucho marxismo-leninismo que hubiéramos estudiado, por mucho amor o respeto que le tuviéramos a Cuba, a Fidel y hasta a la Unión Soviética, nuestro sueño era hacer algo diferente. Un socialismo original, nicaragüense, libertario. Entre nosotros, los sandinistas, desde que yo recuerdo, circulaban libremente en las discusiones acerbas críticas a la manera de actuar de los soviéticos y los cubanos. Sin duda que el discurso sandinista era el producto del radicalismo de la época, de una conciencia heroica convencida de su propia verdad y decidida a cambiar el mundo en favor de los explotados y oprimidos, pero también queríamos hacerlo como la primera revolución de una izquierda tropical, irreverente, original y magnánima.

El actuar de la Revolución se fue endureciendo paulatinamente. Cuando los grupos económicos poderosos y la ultraizquierda desafiaron las reformas revolucionarias, unos porque afectaba sus intereses, los otros porque querían cambios más radicales, la solución no fue dar cabida a sus críticas, sino excluirlos y hasta ocasionalmente encarcelarlos. En vez de forjar un pacto social, intentamos imponer el nuevo orden porque suponíamos que era la única manera de ser fiel a la mayoría empobrecida. A falta de una tradición democrática, nosotros también hicimos uso de la superioridad de nuestra fuerza. Por muy benévolos que nos consideráramos, el autoritarismo era, por desgracia, nuestra herencia.

Me gustaría pensar que, con el tiempo, la Revolución habría sorteado sus propias tormentas y logrado encontrar el equilibrio justo. Lamentablemente nunca sabremos qué rumbo habría tomado el país si los nicaragüenses hubiéramos asumido la plena responsabilidad de nuestro destino, sin injerencia externa. En 1981 Ronald Reagan inició su período como presidente de Estados Unidos. «Deploramos —rezaba la plataforma electoral— la toma de Nicaragua por los sandinistas, así como los intentos marxistas por desestabilizar El Salvador, Honduras y Guatemala.»

Los malos augurios se convertirían demasiado pronto en realidad.

5 2

DE CÓMO VIAJÉ A LOS PAÍSES SOCIALISTAS Y CONOCÍ
AL GENERAL VIETNAMITA VO NGUYEN GIAP

(Octubre, Noviembre, 1979)

Después de unas semanas en Nicaragua tras la cumbre de La Habana, partimos hacia los países socialistas. Con el tiempo las delegaciones oficiales se volvieron multitudinarias, con escoltas, secretarias, fotógrafos, pero al principio todo era mucho más sencillo. Viajamos cinco personas: Modesto y Luis Carrión por la Dirección Nacional; Juan Jované, Julio López, y yo como asesores, observadores, traductores, lo que fuera necesario.

En Moscú nos esperaba Constantin Kurin, el funcionario que se encargaba de las relaciones con Nicaragua por el Comité Central del Partido Comunista de la Unión Soviética. Era un hombre altísimo, delgado, con cara de personaje amable pero triste de Tólstoi. Era la primera vez que alguien del PCUS conocía personalmente a los sandinistas. Los soviéticos mantuvieron relaciones por muchos años con el Partido Socialista de Nicaragua. Nosotros éramos una incógnita. Estuvimos una semana en una residencia para huéspedes distinguidos, una mansión bella y grandiosa de varias plantas, con muebles elegantes, cortinas de pesado terciopelo, un comedor suntuoso con arañas de cristal y una mesa larga de madera pulida y refulgente. Modesto dijo que no podíamos quedarnos en la misma habitación porque no estábamos casados y la gente del partido se tomaba esas cosas muy en serio. A los hombres los pusieron en la planta alta y a mí en una habitación pequeña en la planta baja. Otra vez era la secretaria. No me quedó más que contener la furia que sentí hacía mí misma, los rusos y Modesto.

Recuerdo nuestra estadía en Moscú como una sucesión de almuerzos y cenas. Por la casa desfilaron una serie de funcionarios que, en medio de comidas opíparas, nos sondeaban una y otra vez sacando a colación los temas más diversos.

—Los soviéticos son como los elefantes —me dijo Modesto—. Tardan en moverse pero cuando se mueven ponen todo su peso.

Recorrimos el Kremlin, la Plaza Roja con las tumbas, tanto de John Reed como de Stalin. En el mausoleo de Lenin, me impresionó el silencio custodiado por los altos e imponentes soldados de la Guardia Roja, la gente caminando de puntillas alrededor del catafalco de vidrio donde Lenin parecía dormir apaciblemente. Estábamos en la Roma de la izquierda, con sus santos y pontífices. Olía a religión, a creencias mágicas de un cielo en la tierra. En avenidas y esquinas asomaba la historia. Con un poco de imaginación, era fácil trasladarse al Moscú de 1812 sitiado por Napoleón, a los días del asedio de los nazis en la Segunda Guerra Mundial, o a los episodios de la Revolución Rusa descritos por Trotski.

Al final de ese viaje, cuando retornamos a Moscú para tomar el vuelo de regreso, asistimos a las celebraciones del aniversario de la Revolución Bolchevique el 7 de noviembre. En la Plaza Roja, vi desfilar los famosos lanzamisiles conocidos como «Órganos de Stalin», que desempeñaron un papel decisivo en la derrota de Hitler. La ciudad estaba adornada con enormes banderas rojas y la gente marchaba en multitud con sus niños sobre los hombros, cantando canciones rusas nostálgicas y dulces. Más tarde ese mismo día, asistí en el Palacio de los Congresos a la sesión solemne del Comité Central del PCUS, donde vi de lejos a Brezhnev leyendo su informe. Luego todos los asistentes que colmaban el salón, se pusieron de pie y cantaron *La Internacional*. La fiesta que siguió a la celebración fue majestuosa. Las mesas estaban decoradas con enormes esculturas de hielo de las que brotaban frutas, flores, caviar. Los invitados iban vestidos con trajes de gala, los militares con el pecho cruzado de una cantidad casi obscena de condecoraciones, los popes con sus reales vestiduras ortodoxas. Allí conocí a la astronauta Valentina Tereshkova, una mujer atractiva, menuda, muy sonriente.

La otra cara de esa moneda la viví a los pocos días cuando Constantin, para despedirnos, nos invitó a su casa para conocer a su familia. Su esposa y él compartían su apartamento minúsculo con su única hija recién casada. Me enteré de que en Moscú el espacio habitacional se restringía a unos pocos metros cuadrados por familia. Era una vida humilde, constreñida, la que llevaban los Kurin. La mujer de Constantin era médica, pero en su hogar era la clásica mujer encargada de todas las tareas domésticas. Me llamó la atención la actitud sumisa de las rusas a pesar de tantos años de un sistema que proclamaba la emancipación de la mujer.

La Unión Soviética, Alemania del Este, Bulgaria, ese mundo socialista que visité y que ya no existe más, parecía entonces seguro de sí mismo e imperturbable. Mis impresiones de cada lugar estaban tamizadas por el sincero deseo que tenía de encontrar en el socialismo la utopía humanista que existía en mi imaginación: la sociedad igualitaria y justa, donde los valores espirituales tenían como fin la solidaridad y el respeto entre los seres humanos. En ninguno de los lugares que visité tuve la impresión de estar tras lo que se llamó «el telón de acero» durante la guerra fría. La gente iba vestida con ropas menos a la moda, pero sus vidas cotidianas no parecían particularmente sufridas. Los jóvenes se divertían en los parques, las madres andaban con sus niños, los escolares se veían en las tardes saliendo de sus escuelas como bandadas. Lo que brindaba una atmósfera deslucida y chata a esas ciudades era la ausencia de mercados, de tiendas, de rótulos. La falta de actividad comercial en las calles les daba un aspecto aletargado de barrio de suburbios. Cualquiera que imagine el lugar donde vive sin la pequeña tienda de la esquina, sin calles con escaparates, sin puestos de venta callejeros, sin floristerías o pequeños cafés, se podrá hacer una idea de lo que eran entonces esos países. Yo quería pensar que la ausencia del mercado, del consumo, dejaba libre a las personas para dedicarse a asuntos más trascendentes. Quería convencerme de que era encomiable formar una comunidad equitativa donde todos trabajaban para el progreso del conjunto, pero me encontré dudando de que fuera posible ser feliz en un ambiente que parecía estar tan regulado y en el que la simple acción de comprar un par de zapatos implicaba todo un ejercicio burocrático. No podía estar de acuerdo con las restricciones a la libertad de movimiento y me producía aprehensión la omnipresencia del partido, como una autoridad patriarcal que lo acompañaba a uno hasta la tumba.

En Nicaragua no sería lo mismo, me decía, nosotros encontraríamos la fórmula para lograr el balance entre lo individual y lo colectivo, construiríamos un sistema en el que coexistieran distintas formas de propiedad, diversos partidos. Ése sería nuestro aporte a estos ensayos de utopía que no conseguían despojarse de un aire lúgubre y coercitivo.

La verdadera aventura de ese viaje empezó para mí cuando salimos de Europa hacia el norte de África. Al llegar a Argelia, nada más descender del avión, me vi transportada a las Mil y Una Noches. Nos esperaba una alfombra roja a cuyos lados se alineaban, con los alfanjes desplegados formando un arco de medialunas relumbrantes, los soldados de Harun el-Raschid. Vestidos con bombachas y blusas satinadas bajo las capas color aguamarina, con turbantes blancos y plumas y los zapatos puntudos de Aladino, la Guardia Real nos escoltó hasta el salón VIP, otro escenario de gran lujo. Aquel despliegue era para dar la bienvenida a los dignatarios invitados a la celebración del 25 aniversario de la Revolución Argelina, nosotros entre ellos.

No tenía más imágenes de Argel que los escuetos esbozos de Frantz Fanon en *Los Condenados de la Tierra*. Nada me preparó para la visión que apareció vibrando ante mis ojos en el mediodía soleado. La bahía luminosa alzándose desde el Mediterráneo azul profundo, como una herradura perfecta en la que resplandecían edificios blancos, construcciones de adobe, palmeras y cocoteros salpicando el paisaje.

Me entrevistaron mujeres periodistas interesadas en saber si en Nicaragua los hombres marginarían a las mujeres que habían participado en la guerra de liberación, como había sucedido en Argelia. Su situación era mejor que en otros países árabes pero tenían que defenderse con uñas y dientes porque constantemente se veían desplazadas. Contesté que su experiencia y la de muchas otras mujeres nos serviría de advertencia, para impedir que nos mandaran de vuelta a las cocinas y a la marginalidad. Apenas pudieron disimular su escepticismo. Ya se vería, decía su expresión.

El día del aniversario de la Revolución, después de una impresionante y colorida parada militar a la orilla del mar, fuimos a la recepción oficial que el gobierno argelino ofrecía en un hotel moderno de muchos pisos, situado en un extremo de la bahía. Los diplomáticos de la misión cubana se encargaban de presentarnos dignatarios. En cierto momento el embajador nos llamó aparte y lo seguimos a una habitación. Era una suite con un balcón. Sentados en la sala conversando se encontraban Raúl Castro y el general vietnamita, Vo Nguyen Giap. No podía creerlo. Giap, nada menos, el general que comandara la batalla de Diem Bien Phu y catorce años más tarde, la ofensiva del Tet, el héroe legendario de la guerra de Vietnam que había logrado derrotar el poderío de Estados Unidos. Su libro *Guerra del Pueblo, Ejército del Pueblo* era un clásico para las guerrillas de todo el mundo. Giap era un hombrecito menudo y delicado, con una de esas sonrisas típicamente asiáticas, dulcísima e impenetrable a la vez. Vestía un uniforme militar caqui con los grados en rojo. Parecía el abuelo bondadoso de un cuento infantil. Como estaba descansando, calzaba zapatillas. Cuando se levantó, noté que sus calcetines se deslizaban dejando el talón al descubierto. «Comerse los calcetines» le llamábamos en Nicaragua cuando yo era una colegiala a ese frecuente fenómeno de que se deslizaran los calcetines. Ese detalle lo humanizó totalmente para mí. Nos hizo muchas preguntas sobre la situación de Nicaragua. Noté que me miraba con el mismo interés que a los demás. En ningún momento me trató como si, por ser mujer, tuviera menos nivel que los otros, cosa que experimenté frecuentemente en ese viaje. Cuando le hablamos de nuestros problemas, hizo un gesto de resignación y nos dijo con picardía, a través del intérprete, que aquéllos eran los problemas de la victoria.

—Si no hubieran triunfado, no los tendrían —continuó sonriendo.

Conservo una foto de ese encuentro. Estoy en la terraza del hotel entre el general Giap, el general Raúl Castro y Modesto. La foto ocupa un lugar prominente en mi casa de Los Ángeles. Carlos fue compañero de escuela de Rip, hijo del general Westmoreland, el némesis de Giap, que comandaba las tropas norteamericanas en Vietnam. En una visita a Los Ángeles, Rip vino con su padre a nuestra casa. El general Westmoreland no pudo haber evitado mirar la foto. No me dijo nada, pero noté que me escudriñaba el rostro. Se preguntaría cómo era que yo, la esposa del amigo de su hijo, tenía esa foto en la que lucía tan sonriente al lado de Giap.

Volvimos con el general Giap, Raúl Castro y Gabriel García Márquez al salón de recepciones. A este último no lo veía desde nuestro encuentro en La Habana y fue una gran alegría cuando hizo su entrada en la suite. Raúl Castro me pareció un hombre más militar, pero curiosamente más accesible y terrenal que su hermano, Fidel. Me gustó su falta de ínfulas, su aire paternal y su sentido de humor. Me sentí cómoda con él, como si se tratase de un viejo conocido. De ese rato en el que departimos con Giap y Raúl en la recepción, recuerdo la rara aparición de un militar norteamericano, coronel creo que era, que formaba parte de la delegación de Estados Unidos. Se acercó a Giap con cara de arrobo y profunda admiración.

—Quería saludarlo, general —le dijo—. Yo peleé en la guerra de Vietnam.

Giap movió la cabeza a modo de saludo. Cortés pero frío, no le tendió la mano. Sin embargo el coronel insistió en hablar con él. Lo intentó en varias ocasiones. Había aprendido el idioma vietnamita, dijo. Fue una escena que nos incomodó a todos.

Comprendí la admiración del soldado por el general victorioso, pero no entendí su falta de pudor.

La noche terminó con el cielo encendido por el mayor y más bello espectáculo de fuegos artificiales que yo haya presenciado. Nos marchamos de la fiesta cuando empezaban los chorros de luces a abrirse como paraguas incandescentes sobre nuestras cabezas. Al llegar al hotel Modesto y yo salimos a la terraza para seguir viendo los arcos de colores encenderse sobre el Mediterráneo azul que los multiplicaba como un espejo, iluminando la bahía de Argel en el deslumbre de un día efímero. Él se sentó en un extremo de la terraza sin hablarme. Estaba así desde mi regreso la noche anterior de una entrevista que realicé con Julio López para el periódico del FSLN en Managua, con tres guerrilleros del Frente Polisario. Volví muy contenta y le conté de la ceremonia de los tres tés a la que nos habían invitado los saharauis. Decían que uno era fuerte como la vida, otro amargo como la muerte, y el último dulce como el amor. Afirmaban que esas tres clases de té les permitían sobrellevar las penurias de una guerra de guerrillas en el desierto. Les quitaban el hambre, la sed, y la necesidad de dormir. Los tés me habían causado un efecto similar al de una borrachera, con la diferencia de que ésta era una borrachera de lucidez. Sentía como si la cabeza se me hubiese separado del cuerpo y flotara sobre mi cuello extrañamente leve, feliz y perceptiva. A Modesto no le hizo ninguna gracia. Gruñó. Inventó un pleito tonto por un remiendo de sus pantalones, que hice tan bien como me lo permitían mis deficiencias domésticas, y me retiró la palabra. Así fue que nos hallábamos en extremos distantes de la terraza contemplando el fulgor multicolor del cielo iluminado. Vi las luces entre el brillo de unas cuantas lágrimas. Aquella hostilidad era tristemente absurda en una noche tan hermosa. Los rosales se enredaban en el balcón, el olor del mar tenía un punzante ribete de pólvora, y nosotros allí, apartados como enemigos, por una estúpida sinrazón.

De Argelia volamos a Libia, el fin de la civilización que conocíamos. La comedia de errores empezó en el aeropuerto donde nos recibió el ministro de Agricultura con quien nada teníamos que hablar. Confundiéndonos con técnicos agrícolas de algún país remoto, el ministro nos habló de la extensión de la frontera verde en un inglés entrecortado. Se marchó poco después y nos dejó con un intérprete que sólo sabía decir que aguardáramos cinco minutos, *wait for me five minutes*. Trípoli era una ciudad polvorienta donde los camellos circulaban al lado de los automóviles. El vehículo en el que nuestro flamante edecán nos trasladó al hotel tenía una bocina sobre el techo por donde el chofer gritaba imprecaciones a los transeúntes o a los camellos para que nos abrieran paso.

En el hotel nos dimos cuenta de que ciertamente nos habían confundido con otras personas. Como el intérprete no interpretaba nada, escribí en inglés en un papel quiénes éramos y la naturaleza de nuestra misión. Queríamos ver a Gaddafi o alguno de los líderes de la Revolución.

—Lleve esto a su jefe —dije al hombre, que repetía incansable lo de los *five minutes*—. *Take it to your boss. Boss* —le ordené blandiendo el papel.

Al fin se marchó y esperamos viendo por televisión odaliscas bailando y cantando con el tono agudo característico de la música árabe tradicional, hermana del flamenco. No había otra cosa que ver. La Revolución era cultural también, nada extranjero allí.

A las diez de la noche apareció uno de los comandantes de la Revolución. ¡Alá sea alabado!, nos dijimos. Al fin nos hacíamos entender.

Nunca logramos la entrevista con Gaddafi, sin embargo. Al día siguiente se hizo cargo de nosotros el ministro de Relaciones Exteriores, un hombre menudo, delgado, pelo blanco, aceleradísimo, que no paraba de fumar. Trikki era su apellido y hablaba inglés. Me tocó el agotador oficio de traducir todos los encuentros. Se acordó cierto nivel de cooperación entre Libia y la Revolución Nicaragüense. Las negociaciones complicadas y confusas estuvieron a punto de fracasar cuando nos negamos a que el acuerdo conjunto incluyera un párrafo que negaba a Israel su derecho a existir y afirmaba que todo ese territorio pertenecía a Palestina. No podíamos firmar algo así, dijimos, había que reformar el párrafo. Al fin aceptaron. Entretanto, Trikki se presentó con toda su familia para tomarse fotos con mis compañeros. Como mujer, yo, por supuesto, no contaba.

A la hora de la comida me sentaban en una mesa aparte. Según el Corán las mujeres no tienen alma, me explicó Modesto, que se reía de la rabia que me daba que ellos, mis compañeros, permitieran aquello.

—Ésta es otra cultura, mujer, no te pongás así. —Trataba de apaciguarme.

Pero nosotros también éramos de otra cultura, ¿por qué no decirles eso a los libios? Tuve que resignarme y no perder el buen humor. Era demasiado cómica toda la situación. No parábamos de reírnos, la verdad sea dicha. Tras el protocolo de los anteriores países que visitamos, Libia semejaba una tribu desorganizada de nómadas recién asentados. Trípoli era una ciudad con edificios en construcción por todas partes. El petróleo era la fuente de enormes cantidades de dinero que aún no decidían cómo utilizar de la mejor manera.

La visita al mercado fue memorable para mí. Era un bazar fantástico con ropas suntuosas, capas de beduinos con bordados magníficos, telas de colores, bagatelas de toda clase. *I love you. I love you* era lo único que sabía decir el vendedor con el que al fin me entendí.

En ese viaje nos aseguramos la cooperación de nuevos aliados. Ejercitábamos nuestro derecho soberano a tener relaciones con cualquier país del mundo y de prepararnos para una eventual agresión de la depuesta Guardia Nacional, o incluso de Estados Unidos. No nos dábamos cuenta de que, al tratar de protegernos contra las propias profecías, montábamos el escenario para que éstas se cumplieran.

53

DE CÓMO SE CERRÓ UN CICLO DE MI VIDA

(Managua, 1979, 1981)

El último recuerdo que tengo de 1979 es de la víspera de Año Nuevo. En las calles, la gente celebraba fiestas populares. Nunca vi Managua tan festiva. Por todas partes muchachos y muchachas vestidos de verde olivo, con bandanas rojinegras, bailaban con los ritmos de las radios sonando en cualquier esquina o acera. A medianoche se armó el pandemónium. En la ciudad todos estábamos armados hasta los dientes y no hubo arma que no se disparara. En las aceras de mi barrio Los Robles, con las ametralladoras apuntando al cielo, irresponsables, sin pensar en que los proyectiles tendrían que volver a tierra, le disparamos entusiastas al pasado, vaciamos todos los cartuchos. Las balas trazadoras surcaron la noche con sus estelas naranjas. Se reventaron triqui-tracas, cohetes, pero sobre todo, se dispararon tiros. El tableteo de las armas automáticas sonó durante al menos quince minutos atronando la ciudad en una locura colectiva que fue inolvidable, feliz y que nunca más volvió a repetirse.

Al día siguiente el recién creado Ejército Popular Sandinista dictó una ordenanza que prohibía bajo pena de cárcel, que los soldados o cualquiera que portara armas disparara al aire sin motivo.

Se iniciaba 1980 cuando Modesto fue nombrado ministro de Planificación. Su misión era la de elaborar el primer plan para reactivar la economía destruida por el somocismo y la guerra. Considerábamos que gran parte del éxito dependería de que la población comprendiera y asumiera las tareas que correspondían a cada sector. En este sentido, mi experiencia como publicista y comunicóloga resultaba muy útil. Me dediqué con entusiasmo a compenetrarme de las complejidades de la macroeconomía para elaborar una campaña educativa.

El nuevo Estado se asentaba paulatinamente. Ya para entonces los civiles nos habíamos despojado de los uniformes verde olivo. Cuando el Ministerio del Interior dictó una ordenanza para que entregáramos las armas de combate, devolví mi subametralladora y sólo conservé una pistola Makarov, inscrita con mi nombre en alfabeto cirílico, que recibí como regalo en Bulgaria.

—¡Tanto esfuerzo que hicimos para venir a terminar como empleados públicos! —me dijo un compañero sonriendo burlón.

En febrero empezó la Cruzada Nacional de Alfabetización, que fue la más impresionante y conmovedora de las hazañas heroicas que me tocó vivir. Miles de muchachos y muchachas, entre los doce y los dieciocho años, dejaron la comodidad de sus casas, sus camas, la seguridad de sus hogares, y se dispersaron por todo el país para enseñarle a leer al 70 por ciento de nicaragüenses, que eran analfabetos. Ni Maryam ni Melissa tenían edad para sumarse a los contingentes de alfabetizadores, pero fuimos juntas a la plaza a ver a la multitud de jovencitos, armados de lápices y cartillas, que se despedían de madres y padres y novias y abuelas, en un bullicio de besos y canciones. Subían con sus mochilas a los camiones y autobuses, y partían con destino a caseríos y poblados a los cuatro puntos cardinales del país. Adentrándose hasta los lugares más recónditos, vivirían tres meses con sus humildes anfitriones, los campesinos y trabajadores que serían también sus alumnos. Todo el parque vehicular del Estado y del ejército participó en la movilización de aquel ejército de adolescentes. Ese esfuerzo gigantesco absorbió las energías de miles de personas. Se trataba de cumplir una promesa esencial de la Revolución y de decirles a las nuevas generaciones que ya no serían las armas, sino la solidaridad y la generosidad de ellos, lo que transformaría nuestro país y lo sacaría de su antiguo y pertinaz atraso. ¡La gente aprendería a leer! Los viejos comprenderían el significado de las letras, los campesinos leerían las etiquetas de los fertilizantes y mejorarían sus cosechas, las mujeres descifrarían los misterios de las cuentas, ampliarían sus negocios caseros, entenderían los ciclos de su cuerpo y las instrucciones de las píldoras para planificar su familia, aprenderían a preparar alimentos de soja para mejorar la nutrición de sus hijos, los obreros se tecnificarían. Enseñar a leer a todos en Nicaragua era empezar la verdadera revolución. Por eso los jóvenes se organizaron como guerrilleros de la alfabetización, con uniformes, y estructuras militares de batallones y escuadras que salían a combatir la ignorancia.

En medio de ese ambiente épico y generoso, acompañé a Modesto a visitar a los alfabetizadores que se encontraban en las regiones remotas donde él pasó años oculto como guerrillero. Fue en ese viaje donde al fin comprendí que mi amor por él me consumía como una fiebre. Si no lograba sacarlo de mi cuerpo, mi identidad ardería sin remedio. Partimos en una caravana que incluía algunos de los compañeros que habían compartido con él sus días de la selva. Nos internamos por las montañas del norte, siguiendo el trazo de caminos agrestes, hundidos entre una vegetación espesa que olía a principio del mundo, a ausencia de civilización. Pájaros de plumajes azules y naranja nos miraban hoscos pero curiosos desde lo alto de árboles gigantescos de frondosas melenas. Conocí al fin el río Iyas —Iyas me llamaba Modesto— que era claro y ancho y corría entre bancos repletos de helechos que se abrían como abanicos desmesurados. Lianas con orquídeas descendían de los árboles que brevaban en sus orillas. La primera noche la pasamos en un campamento de ingenieros de camino cubanos, que trabajaban en el trazado de una carretera que uniría la zona del Pacífico con la costa Atlántica. En las sencillas construcciones de tablas que les servían de alojamiento hicieron espacio para nosotros. Recuerdo que empezaba a oscurecer y el aire se encendía con el parpadeo de miles de luciérnagas cuando me senté al lado de Modesto en un muro bajo frente a las casas. Hacía calor, un calor húmedo y pegajoso. Me quité las botas, los calcetines. Modesto me miró los pies fijamente, durante largo rato. Mis pies largos, blancos, delgados, burgueses. Imaginé lo que estaría pensando. Ya me había admitido un día de tantos que temía que sus hombres, su tropa, no comprendiera que se hubiera enamorado de mí. Le mortificaba que consideraran que era una debilidad suya amar a alguien como yo. «Aunque ustedes, los burgueses que se unieron a la Revolución, tienen mucho mérito. En vez de quedarse disfrutando de sus privilegios, se pasaron a nuestro lado», me reconoció. Sin embargo, en aquel mundo recién inaugurado donde los pobres recuperaban sus derechos, los viejos privilegios de clase se invertían. A la gente como yo, solapadamente se les cobraba el origen de clase. Era como una vergüenza con la que uno debía acostumbrarse a vivir, una suerte de pecado original perdonado pero que nunca se olvidaba. Más adelante cuando temí que los compañeros me juzgaran mal por elegir un gringo como pareja, comprendí que no depende de uno el precio que hay que pagar por los prejuicios de los demás. En su momento yo lo pagué. Modesto, en cambio, dudaba y sus dudas me causaban gran dolor. Yo no había decidido ni mi cuna ni mi color, solamente podía responder por mi actitud ante la vida. Tras lanzarme aquella mirada elocuente como un insulto, Modesto se apartó de mí. Me di cuenta de que yo ya no podía más con los días repletos de pequeños o grandes desplantes. Cada tanto tiempo mi vaso se rebalsaba, entonces él como mago sacaba su dotación de pañuelos de colores y en una noche o un giro de euforia creía borrarlo todo con susurros, caricias y el dibujo de futuros luminosos. Me hacía flaquear porque lo amaba, pero los cristales rotos dentro de mí ya no podían volver a formar la vasija. Me sentía llena de astillas delgadas, filosas, que se me enterraban por todas partes. La determinación que tomé en ese viaje me falló varias veces. Meses transcurrieron antes de que me atreviera, antes de que saliera un mediodía de su casa a la mía, decidida a no volver más. Resolví hacer lo que tenía que hacer. Como un minero que bombardea la entrada a la mina derrumbada, así dinamité yo todos los caminos que me conducían de regreso a él.

—Te vas a tener que ir del país —me dijo una amiga—. ¿Cómo vas a sobrevivir, a rehacer tu vida aquí, viéndolo?

Me reconocí lacerada, enclenque, como si las piernas apenas pudieran sostenerme. Pero yo no me iba a ir del país. No estaba muerta. Después de sobrevivir terremotos, guerras, la muerte de tantos amigos, ciertamente que podría resistir la pérdida de un hombre.

No calculé el vacío ni las trampas con que la nostalgia lavó el recuerdo para dejarlo reverberando como una joya deslumbrante, un diamante al que se le extrae el carbón que lo opaca.

La mente se resiste a olvidar las cosas hermosas, se aferra a ellas y olvida todo lo doloroso, mágicamente anonadada por la belleza.

No recuerdo discursos contra mis débiles brazos guardando la exacta dimensión de tu cintura; recuerdo la suave, exacta, lúcida transparencia de tus manos.

Escribí. Escribí poemas de amor y canciones desesperadas. Me deprimí tanto que hubo días en que no podía salir de la cama. Me atrevo a decir, sin embargo, que esa crisis marcó el fin de un círculo completo de mi vida y que al hacerme tocar fondo me hizo también emerger con un conocimiento de mí misma que quizás no habría podido obtener de otra forma.

Recuerdo los días terribles de sentarme al lado del teléfono resistiendo la tentación de marcar su número, oyendo los aguaceros torrenciales de la temporada de lluvias del trópico caer al otro lado de mi ventana. Recuerdo mi dormitorio, la ventana abierta y los cientos de hormigas voladoras revoloteando alrededor de las lámparas. La soledad y la angustia me consumían.

No sabía estar sola. Me había arriesgado a las balas, a la muerte, traficado con armas, pronunciado discursos, ganado premios, tenido hijos, tantas cosas, pero no sabía cómo era la vida sin que la ocupara el pensamiento de un hombre, el amor de un hombre. No sabía quién era realmente yo sin la referencia de alguien que me nombrara y me hiciera existir con su amor. No iba a renegar de los hombres, pero ya no quería depender afectivamente de ellos o dotarles de un poder de vida o muerte sobre mí. Me obligué a mirar mi interior para descubrir sus vulnerabilidades: mi necesidad de amor como reflejo de una carencia esencial que asociaba en demasía mi poder femenino con la sexualidad, la seducción y pasaba por alto y hasta menospreciaba mis otros dones. Dones como la tenacidad, por ejemplo, el optimismo, la energía de que era capaz cuando un sueño me poseía, la fascinación que me inspiraba el entrelazado de las relaciones entre los seres humanos, y de ellos con la sociedad, la intuición para prever el efecto que tendría en la gente aquella austeridad o aquel exceso. Ni siquiera había hecho plenamente mío el don con que se me daban las palabras. Lo asumía casi como una gracia infantil. Igual que andar en bicicleta y quitar las manos del manubrio para mostrarle a todos «miren aquí, puedo mantenerme derecha y sin apoyarme». Comprendí que a mis hijos también los había amado como reflejos, sin salirme totalmente de mí misma. Los amaba como criaturas tiernas y sencillas, negándome a penetrar en sus complejidades, sus miedos, como si todavía los guardara en mi vientre y pudiera protegerlos, transmitirles cuánto los quería sólo con mis efluvios. No los había visto lanzados por la vida lejos de mí, aparte, ellos con sus nombres, haciéndose sus propias heridas, cayéndose del árbol en el jardín, a solas con las preguntas que nadie más que ellos podrían contestar. Y ¿cómo haberlos visto? No era justo siquiera culparme y ser dura conmigo misma. Apenas era una adolescente cuando se desgajaron de mí. «Usted ha sido como una hermana para ellas —me dijo la psicóloga—. Lo que necesitan es una madre.» Era lo que necesitaba yo también. Una madre que no me amenazara con el desamor si yo me apartaba de sus designios o su manera de hacer las cosas. No necesitaba a la madre real que hizo lo que buenamente pudo, sino la madre mítica que dentro de mí me relevara de estar siempre empujando los límites. No quería seguir inventándome como quien dibuja una y otra vez figuras rojas y brillantes sobre la imagen del espejo. No era necesario. Nunca volvería a ser la niña modosa y bien portada de quien por tanto tiempo me había estado escapando. Ahora tenía que descender sobre mí misma; aceptarme, aprender a gozarme. «Hasta ahora, has amado como niña. Cuando amés, no por necesidad sino porque has entrado en posesión de tu libertad, entonces conocerás el amor adulto.» Eso me dijo Gisella, que era gitana, bruja, psicóloga, y que me tendió la mano con enorme generosidad cuando yo me debatía en mi crisis. A ella debo los saltos mortales que al fin me hicieron entrar en otra etapa de mi vida, la más fértil, en la que aprendí a gozar la populosa soledad de mis pensamientos y el olor frutal de mi experiencia, en la que logré ser buena compañía para mí misma y querer a mis hijos, ya no como una compañera de vida o de juegos sino como su madre; la etapa que me permitió amar a Carlos sin necesitarlo y construir con él una relación llena de riesgos, sin perder mi identidad.

Fueron tres años los que me tomó encaminarme por nuevos rumbos, empezar a juntar los hilos de mi madeja, descoser y volver a coser. Tres años solitarios, de caer y levantarme.

Fue después de esos tres años cuando Modesto y yo volvimos a hablar. Nos hablamos sin rencor, con nostalgia de nosotros mismos, de lo que habíamos sido, de nuestra terquedad para creer en castillos de arena, en la salvación del mundo por obra y gracia de las fórmulas mágicas. Hacer entre los dos el recuento de lo que nos había sucedido fue triste pero necesario para mudar de piel y reconocernos en la amistad. Pienso que ningún amor se lapida en el alma. Del que sentí por Modesto me quedó la capacidad de comprender que ni él ni yo tuvimos la habilidad de navegar esa gran pasión, surgida a destiempo, por las aguas revueltas de oscuras necesidades mutuas. No consideramos después que fuera esencial analizar exactamente cuál había sido el nudo, el tropezón de algo que ya no tenía remedio. El afecto nos permitió crear otro vínculo. Nos unía el trozo de historia que vivimos juntos. Nos hicimos amigos, viejos amigos, compañeros de quimeras y riesgos.

☙❧

54

DE CÓMO LOS SUEÑOS SE FUERON TRANSFORMANDO
EN PESADILLAS

(Managua, 1981-1990)

Diez días después de tomar el poder —el 23 de enero de 1981— el presidente Ronald Reagan canceló la entrega de los últimos quince millones de dólares de un préstamo pendiente concedido a Nicaragua por el presidente Carter. El 10 de febrero también canceló otro préstamo destinado a comprar sesenta mil toneladas de trigo. El 1 de abril, la administración Reagan —al descubrir que Nicaragua enviaba armas a la guerrilla salvadoreña— cortó todos los créditos a Nicaragua, y el año siguiente vetó los préstamos de instituciones como el Banco Interamericano de Desarrollo.

Estos acontecimientos marcaron el inicio del franco deterioro en las relaciones entre los dos países. Creo que la Dirección Sandinista sintió que era su obligación moral apoyar la lucha en El Salvador. La solidaridad guerrillera se impuso a la cautela, o se pensó que, de todas formas, Estados Unidos encontraría un pretexto para atacarnos. Lo cierto es que, abierto ese flanco, a cada acción de la administración Reagan para hostigar a la Revolución, correspondía un discurso desafiante de Daniel Ortega que acusaba a Estados Unidos de imperialista, intervencionista. Las amenazas norteamericanas, la arrogancia diplomática del secretario de Estado, Alexander Haig, se toparon con el orgullo nacionalista y tozudo del gobierno revolucionario. Se fue creando una situación de enfrentamiento desigual. La antigua Guardia somocista se reorganizó en Honduras con el financiamiento que recibía de Estados Unidos, y que el Congreso aprobaba en partidas de varios millones de dólares. Cada día eran más frecuentes las noticias de combates en el norte, milicianos muertos, escaramuzas en la frontera. Las clases altas de Nicaragua, los empresarios que se sentían desplazados, le ponían sus quejas al embajador norteamericano o se marchaban del país para integrar los directorios de las organizaciones contrarrevolucionarias. La Revolución respondía confiscando más propiedades, endureciendo su discurso, creándose más enemigos a lo interno. No sé ni cómo se fue acumulando aquella tragedia de equivocaciones. La mayoría observábamos impotentes cómo se iban colocando soldaditos de plomo en el tablero de nuestro futuro. No viene al caso en estas memorias, hacer un recuento de acusaciones y contraacusaciones. Lo cierto es que súbitamente, tras apenas un año de paz, estábamos en guerra otra vez. Y no sólo en guerra contra nuestros antiguos enemigos, sino amenazados por una invasión norteamericana.

Es fácil ahora mirar para atrás y decir, «ah, si se hubiera hecho esto, lo otro». Muchas veces durante esos años de la guerra de la Contra —que duró de 1981 a 1990— me pregunté por qué ciertos compañeros en posiciones de poder, que conocían bien cómo funcionaba Estados Unidos, no asesoraban mejor a los dirigentes sandinistas. A menudo las reacciones del gobierno revolucionario eran contraproducentes y sólo lograban encender más el discurso duro y agresivo de la administración Reagan. Sin embargo, más que los errores de nuestra inexperiencia o inmadurez, nunca dejará de espantarme la visceralidad y desproporción con que actuó Estados Unidos. Jamás dejaré de pensar que fue imperdonable lo que hizo la política exterior del Washington reaganiano contra un pequeño país que pataleaba por hacer las cosas a su modo; hasta por su derecho a equivocarse.

A menudo llegaban norteamericanos a Nicaragua, rubios con sandalias Birkenstock, «sandalistas», les llamábamos, o intelectuales, artistas: William Styron, Allen Ginsberg, Alphre Woodard, Anne Waldman, Ferlinghetti, Susan Sarandon, Richard Gere, Jackson Browne, Joan Peters. También nos visitaban artistas y escritores europeos y latinoamericanos. Así conocí a Harold Pinter, Salman Rushdie, Eduardo Galeano, Juan Gelman, tantos otros. Eran como bandadas de pájaros queriendo proteger con la sombra de sus alas lo bueno que veían en la Revolución. Regresaban a Estados Unidos, a sus países, a repudiar la política de Reagan; a escribir artículos, libros, a movilizar la solidaridad y organizar más gente para volver a Nicaragua a construir escuelas, casas, o unirse a las brigadas voluntarias que salían a cortar café y algodón. Gracias a gente como ellos se logró contener las ganas que tenía la administración Reagan de invadirnos. Las encuestas de opinión siempre indicaban que la mayoría de la población estadounidense se oponía a una acción militar directa en Nicaragua. Internacionalmente crecía el desacuerdo con la injerencia norteamericana. Reagan y sus halcones volcaron entonces sus energías a la guerra encubierta y las sanciones económicas.

A partir de 1982 la vida cotidiana se hizo cada vez más difícil. Escaseaban la comida, las medicinas, el papel higiénico, la gasolina. Los supermercados, que ya no sólo eran frecuentados por señoras elegantes, se fueron quedando vacíos. Se requería apelar a reservas heroicas de resistencia para no perder la fe, la alegría. En mi casa hubo semanas en que no comíamos más que unos espaguetis que apenas caían al agua se convertían en una masa redonda y pegajosa; era como morder plástico. La leche era reconstituida, aguada y sabía a cartón. El café se exportaba en su totalidad y para el consumo local se comercializaba un sustituto elaborado con maíz tostado que era como tomar agua quemada. El arroz, los frijoles, el azúcar, los granos, estaban racionados. Uno compraba su ración una vez a la semana, con una tarjeta. Lo que más me costó a mí fue acostumbrarme a la falta de papel higiénico; tener que usar periódicos, servilletas. Iba a cualquier lugar, por distante que fuera, a conseguir un rollo. Se vendían a precio de lujo, aunque eran unos rollos primitivos, mal embobinados, producidos con papel reciclado. Casi nunca comíamos carne, sino sardinas rusas enlatadas; pollo de vez en cuando, como gran cosa. Hasta el pan escaseaba y durante meses, recuerdo, no vi huevos. El tiempo que a nadie le sobraba se invertía en hacer largas colas, en buscar qué comer, o en conseguir una medicina, toallas sanitarias, jabón. Era un desgaste de energías. Los que comprendíamos la estrategia de esta guerra —que la CIA bautizó como «guerra de baja intensidad»— podíamos refugiarnos en nuestra rabia para fortalecer nuestra determinación. Después de todo, es posible relativizar el valor de las cosas materiales. Vivir con lo esencial no es tan difícil como puede parecer a quienes tienen la costumbre del exceso. En el pueblo, sin embargo, la escasez y las restricciones equivalían a la pérdida de la libertad cotidiana de comprar y vender, lo cual resintió sobre todo a la clase media. La base de apoyo de la Revolución se fue socavando, lenta, pero irremediablemente.

Pero el problema más grave que trajo la guerra de la Contra y el enfrentamiento con Estados Unidos fue justamente que distorsionó todo el rumbo de la Revolución. A mí no me desilusionaba la Revolución, me desilusionaban sus dirigentes. Muchos de nosotros volcamos nuestras energías en ejercer una función crítica. Ejercer la crítica se volvía cada vez más difícil, sin embargo. Si la crítica era muy dura, se corría el riesgo de ser acusado de hacerle el juego a la contrarrevolución, o se le tachaba a uno de conflictivo, o peor aún, de querer crear fisuras dentro del sandinismo, de atentar contra la unidad.

Dentro de la dirección sandinista no todos eran iguales. Cada uno de los nueve tenía su propia visión, pero el poder no estaba dividido equitativamente entre todos. Humberto y Daniel Ortega mantuvieron la hegemonía y se hicieron expertos en blandir la bandera de la unidad como pretexto para acallar los desacuerdos. Los demás tenían que plegarse a ellos bajo el supuesto de que las fisuras en la dirección serían mortales en el contexto de la guerra contrarrevolucionaria y del enfrentamiento desigual con Estados Unidos. Paradójicamente, Estados Unidos le brindó a los Ortega la excusa perfecta para acallar el debate dentro del sandinismo. Desde la base, los cuadros empujábamos a los otros dirigentes a oponerse a determinada política, pero cuando la situación hacía crisis, los nueve se arreglaban entre ellos y generalmente cedían ante los hermanos. Los que creíamos contar con el apoyo de alguno dentro de los nueve, de pronto nos encontrábamos solos librando batallas perdidas de las que salíamos amargados, tristes, sintiéndonos traicionados por los mismos compañeros que esperábamos dieran la cara por nosotros en sus reuniones de cúpula. La diversidad de opiniones dentro de la dirigencia sandinista fue durante varios años una bendición. Le permitió a la Revolución una variedad de enfoques. A medida que los Ortega se fueron apropiando del poder y monopolizándolo la Revolución fue perdiendo su ímpetu, su brillo, su energía positiva. Se impuso la mentalidad falta de escrúpulos y principios, populista y manipuladora. La Revolución daba bandazos entre la moderación y el radicalismo. Nadie sabía muy bien a qué atenerse, ni los amigos ni los enemigos. Dentro del sandinismo muchos nos sentíamos cada vez más como espectadores de un proceso que seguía viviendo de su imagen idealista y heroica pero que, en la práctica, se alejaba de lo que quiso ser para convertirse en una cosa amorfa, arbitraria. Mientras tanto en los campos de batalla morían a diario nicaragüenses valiosos, jóvenes, aguerridos, poseídos por la necesidad de defender el sueño que, imperceptiblemente para ellos, se desgarraba. Durante mucho tiempo me negué a aceptar que las fallas de la Revolución fueran irreparables. Estaba demasiado cerca de todo el proceso. Mi amor no era ciego, pero era tolerante e incondicional, como el amor de una madre que ve los desvaríos de su hija pero tiene plena confianza que al final su espíritu triunfará. La criatura construida con tanto amor, con tanto sacrificio, vería sus errores y corregiría el rumbo. Debía tener confianza, me decía, era cuestión de que terminara la guerra que todo lo contaminaba, que Estados Unidos nos dejara en paz. Entonces sí haríamos la Revolución de nuestros sueños.

Un bello poema anónimo vietnamita se convirtió en mi credo personal:

> *Rellenamos el cráter de las bombas*
> *y de nuevo cantamos*
> *y de nuevo sembramos*
> *porque jamás la vida se declara vencida.*

55

∽❦∾

DONDE SE NARRA CÓMO FUE QUE VI LA CAÍDA DEL MURO
DE BERLÍN EN UN HOTEL EN MIAMI, Y LA MUERTE DE MI MADRE

(Managua, Miami, 1989)

La campaña para las elecciones de 1990 se encontraba en su
punto más álgido en octubre de 1989, pero a mí me habían
retirado de la comisión encargada de elaborar el plan publicitario
para el FSLN, dadas las objeciones que expuse desde el inicio a la
estrategia propuesta por Daniel Ortega. Marginada de la vida política, me zambullí en el trabajo de mi segunda novela, *Sofía de los
Presagios*, pero me sentía deprimida. Carlos propuso que pasáramos los últimos meses del año con su padre en Virginia. Me
acompañó a solicitar el visado al consulado estadounidense en
Managua. Su esperanza era que estando casados sería más fácil ob-
tenerlo. Yo no me hacía ilusiones. La abogada nos había explicado
que el matrimonio no modificaría mi condición de indeseable. La
embajada, encerrada en un doble cerco coronado con anchas espirales de alambre de púas, era una verdadera fortificación. Cuando nos acercamos a la ventanilla, la funcionaria fue muy amable
hasta que vio el código en mi visado anterior. Entonces su expresión cambió por completo.

—Pero es mi esposa —le dijo Carlos.

—Para este caso, ella está sola. *In this she stands alone* —repuso la mujer.

Teníamos que esperar que llegara la autorización. «Increíble», dije a Carlos, «tu país que tanto pregona la libertad, de hecho restringe la tuya. Nos acusan a los sandinistas de comunistas, pero aquí vos no tenés ningún problema. En cambio, yo no puedo ir a Estados Unidos porque no pienso como ellos».

Muy perturbado, Carlos viajó solo y en Washington escribió cartas al Departamento de Estado y habló con varios abogados. Finalmente, semanas después, me concedieron otra exención, una visa de un mes válida para un solo viaje.

Llegamos a Miami el 9 de noviembre de 1989. Apenas nos instalamos en el hotel, Carlos encendió el televisor. Para él, ver la CNN era sentir que estaba de regreso en la civilización, en su país. En Nicaragua no existía servicio de televisión por cable. Aparecieron en pantalla la puerta de Brandemburgo y las multitudes derrumbando la muralla de Berlín. Contemplé alelada las imágenes de la euforia de los jóvenes alemanes, el asombro de los del Este y del Oeste, los abrazos entre desconocidos, entre quienes a tan corta distancia habían vivido en mundos tan distantes obligados a ignorar el ruido o el silencio al otro lado. Era aquél un momento solemne. Carlos y yo nos quedamos callados contemplando cómo la historia daba un salto prodigioso que marcaría el comienzo de otra época. Recordé el escalofrío que me causaron las alambradas la primera vez que crucé el sombrío Check Point Charlie, cuando tenía catorce años y visité ambos Berlín con mi madre. Recordé la visita oficial con Modesto al del Este: el documental que nos mostraron en la puerta de Brandemburgo, la triste epopeya de la construcción de aquella muralla en una noche. Se me había estrujado el pecho imaginando la desesperación, el corte brutal que significó ese día para quienes quedaron separados por un poder inapelable. Hijos, esposas, amantes. «Una tragedia irremediable.» Así la había calificado el funcionario del partido que nos acompañaba.

Los ojos se me llenaron de lágrimas de alivio al ver derrumbarse ese símbolo doloroso que había sido una vergüenza para la humanidad de uno y otro lado. La mente me daba vueltas al imaginar las implicaciones que esto tendría para Nicaragua, para las elecciones previstas para febrero. Quizás Reagan se convencería ahora de que los sandinistas no invadiríamos Estados Unidos, que no entraríamos por Texas, como lo había advertido con toda gravedad. Comprendería lo absurdo que era calificar a Nicaragua como una amenaza para la seguridad nacional de Estados Unidos. Mi pobre país. ¡Por Dios!, un país donde sólo existían en total cinco ascensores.

Esa noche, en Miami, salimos a caminar y cenamos en Coconut Grove, una zona de moda. Había estado en la ciudad años atrás de paso pero no reconocí nada. En la calle iluminada con los rótulos de neón de bares y tiendas, los escaparates exhibían ropas de colores chillones. Muchachos y muchachas jóvenes y despreocupados paseaban por las aceras hablando una mezcla de inglés y español. Motocicletas brillantes ocupadas por parejas bien vestidas y sonrientes, surcaban bulliciosas el tráfico. Aquello era una mezcla de Caribe y *shopping mall,* la Cubamérica. Miami era también la meca de la burguesía nicaragüense desafecta de la Revolución. Era una ciudad poblada por los desalojados de sus países, una sala de espera para cuando terminaran las revoluciones. Carlos hacía conjeturas acerca de cuál sería el producto cultural de esa mezcla. Los fenómenos migratorios de Estados Unidos era un tema que le apasionaba. En cambio, yo no lograba sacudirme la sensación de alienación que me provocaba ese entorno ruidoso e iluminado. Mientras en Berlín la gente derrumbaba el muro con las manos, aquí la noche seguía igual. La gente no se arremolinaba en los bares alrededor de las pantallas de televisión. Continuaban tomando sus cervezas como si aquello fuera una noticia entre tantas.

Mi madre se puso muy enferma en diciembre. Esperé hasta después de Navidad para regresar a Nicaragua, puesto que el visado no me permitía ir a verla y volver a Estados Unidos. Tras todos los esfuerzos de Carlos para que pasara la Navidad a su lado, no quise marcharme. Mi madre era muy enfermiza y su cuidado recaía generalmente en mí ya que mis otros hermanos y hermanas vivían fuera del país. Como varios de ellos se encontraban entonces en Nicaragua, pensé que no me necesitaría como en otras ocasiones.

Volví a Nicaragua el 27 de diciembre de 1989. Dos días más tarde, mi madre murió. La causa de su muerte nunca nos quedó totalmente clara. El médico dijo que la anorexia nerviosa que padecía desde hacía varios años le había provocado una anemia profunda. Pienso que una mezcla de errores médicos, debilidad física y su propia falta de ganas de vivir, acabaron con ella. Creo que la Revolución que a mí me dio felicidad significó para ella un sinnúmero de pérdidas. Su familia se había dispersado. Mis dos hermanos, descontentos con el sandinismo, se mudaron a vivir fuera de Nicaragua, mi hermana Lavinia estudiaba un posgrado en Estados Unidos, Lucía residía en España. Cada vez más apática y enfermiza, mi madre se hundió en una profunda depresión. Se la pasaba encerrada en su cuarto. Aun así tradujo y adaptó *Los Gemelos de Siracusa* de Shakespeare. Dirigió varias obras teatrales, pero apenas comía y cada vez estaba más delgada. Se resistía a reconocer su depresión y atribuía su estado físico a otros padecimientos, razón por la cual nos percatamos muy tarde de su verdadera condición. Antes de marcharme en noviembre la convencí de que aceptara su tristeza y dejara de pretender la fortaleza que estaba lejos de sentir. La hice prometerme que iría al médico para que le prescribiera antidepresivos. Al examinarla, el doctor detectó la anemia profunda. Hubo que hacerle transfusiones de sangre. La última vez que la vi, en la sala de cuidados intensivos del hospital, fue como si los papeles se hubiesen invertido. Como niña que intenta ganarse el favor de su madre, me contó de sus esfuerzos por comer más. Le tomé la mano mientras dormitaba. Se despertó a los pocos minutos, temblando. Mi madre ya no amaba la vida, pero le tenía un intenso terror a la muerte. No lo admitía, sin embargo. Quiso ser fuerte hasta el final. «Me estoy muriendo de frío», me dijo. La arropé, le calenté los pies frotándoselos con mis manos. Cuando se durmió, salí de la sala. Mis hermanos Lucía y Eduardo se quedaron con ella. Fui al aeropuerto para recoger mi equipaje que llegó con retraso. Cuando regresé al hospital, mi papá lloraba. Había muerto mi mamá. Supe que cuando el monitor de su corazón dio la señal de alarma, los médicos mandaron salir de la sala a Lucía y Eduardo. Nunca dejaré de lamentar que no permitieran la presencia de alguno de nosotros, que tuviera que estar sola en ese momento. Me habría gustado tomarla de la mano, acompañarla en ese misterioso tránsito igual que ella me acompañó en los trances difíciles, siempre fiel y solidaria conmigo por encima de todo.

En los últimos años de su vida, la relación entre mi madre y yo fue una lucha sorda para ambas. De ser cómplices pasamos a medir nuestras fuerzas como contendientes en perenne conflicto. En mi deseo de no conformarme, aun cuando significara caminar sobre el fuego, me salí demasiado de sus normas. Ella jamás entendió los riesgos que me tomé. Intuiría quizás que yo luchaba por cercenar definitivamente el cordón umbilical y que el resultado final sería que perdería todo el poder que tenía sobre mí. No entendió que al perderme, me recuperaría. No entendió que en la vulnerabilidad que ella se negó a sí misma, yo encontraría mi fuerza.

Libré la última batalla con mi madre en 1993. El terremoto de Los Ángeles me abrió ranuras internas por las que emergieron en mi conciencia no sé cuántos años de miedos soterrados, conflictos no resueltos y muertes acumuladas. Me poseyó un pánico incontrolable que me aceleraba el corazón en taquicardias paroxísticas durante las cuales me sentía morir. El pavor y la perenne sensación de que un desastre o enfermedad me aniquilarían súbitamente, me llevaron a buscar ayuda en la terapia. Así descubrí que aún buscaba puntos de contacto con mi madre, modos de volver a acercármele, de purgar mis culpas experimentando las angustias que imaginaba ella había sufrido. Tras un largo proceso creo que finalmente logré la separación que me reconcilió con su imagen. Acepté sin culpas ser feliz, haber sobrevivido tanta muerte, mi dedicación a la literatura. Asumí con todas sus consecuencias mi romántico idealismo.

Un día fui con mi amiga Sofía a visitar su tumba. Sería 1995. Nos sentamos las dos sobre la lápida y nos pusimos a conversar sobre las pasiones que daban sentido a nuestras vidas y a las que jurábamos no renunciar jamás. La conversación se prolongó. Esa tarde nos tiramos la una a la otra la manzana del conocimiento, el bien y el mal acumulado. Imaginé las palabras cayendo sin ruido en la tierra, bajando en el calor de la tarde como leves mensajeras que mi madre recibiría en su morada oscura. Sofía y yo fumamos, nos reímos. Así compartimos con ella las cuitas y exaltaciones jubilosas de esa difícil profesión que es ser mujer. Fue como visitar una amiga dormida que por alguna hendija del sueño nos escuchara. Ése fue mi homenaje. Mi pipa de la paz.

⌒∞⌒

56

(Managua, 1990)

El 25 de febrero de 1990, la Revolución Sandinista, la gesta popular que destronó una estirpe de tiranos, la causa que ocupó los años más intensos, más duros y más felices de mi vida llegó a su fin. Recuerdo que llovió el día anterior. Antes del chaparrón se levantó una tolvanera y el paisaje de los volcanes y el lago se cubrió de una capa cafezusca. «No me gusta esta lluvia», le dije a Carlos. Tres días antes había concluido la campaña electoral. Durante esos tres días la publicidad partidaria estaba prohibida. Se hizo el silencio en el ambiente caldeado de los meses de campaña y mientras andaba por Managua, mi piel más atenta que yo a las emanaciones del ambiente, me sacudían los escalofríos. No tenía la misma seguridad que mis compañeros de que la gente votaría abrumadoramente por el FSLN. Había hecho saber mis preocupaciones al inicio de la campaña, cuando me llamaron para integrar la Comisión de Propaganda Electoral Sandinista. Dije que teníamos que prepararnos para el peor escenario posible, pero Daniel Ortega y los demás no coincidieron conmigo. «Todo será mejor» fue el eslogan que propuso Daniel, su creación personal.

Me opuse a su sugerencia. Había que reconocer el cansancio de la gente, opiné, respetar su sentimiento de pérdida, sus muertos, ser autocríticos. Pero insistieron en una campaña entusiasta, alegre. Poco después me informaron que el comandante Ortega me retiraba de la comisión porque yo era polémica y difícil.

Cuando volví de Estados Unidos en diciembre y vi la publicidad por televisión, masqué a solas mi incredulidad por la falta de tacto que los había llevado a elaborar aquella campaña bulliciosa con música de *rock and roll*. La gente con hijos muertos en la guerra, el hambre, la escasez terrible en el país y esa publicidad festiva de muchachos y muchachas haciendo jolgorios en las plazas, como si la Revolución continuara siendo una fiesta.

Rogaba que no fueran ciertas mis premoniciones. Trataba de escudriñar el rostro de los transeúntes en el tráfico para encontrar, no sé cómo, razones para la esperanza, pero me daban ganas de correr, de esconderme, de no vivir los días que venían caminando hacia mí sin detenerse. Mis compañeros, aun los más sensatos, los concienzudos, los críticos, me miraban de mala manera cuando me atrevía a insinuar la posibilidad de una derrota. «No seas loca. Claro que vamos a ganar.» Todos tan fieles. Hasta el último momento y a pesar de todo. Creo que nos costaba aceptar que uno, dos, o tres hombres pudieran descarrilar un proceso hecho con tanta vida. Con una fe visceral se apostaba a que la guerra, Reagan, nada nos doblegaría, a que el pueblo nos apoyaba. Ya sin guerra arreglaríamos los entuertos, los malos sabores, las tendencias autoritarias, exigiríamos la democracia interna, la consistencia, no dar más bandazos. Las elecciones eran la esperanza de que se abriera el espacio para avanzar sin pretextos. Ya no se le pedirían inconmensurables sacrificios a la gente, mis hijas no tendrían que asistir a más funerales de sus amigos.

¡Mis hijas con amigos muertos! Yo que pensé que ellas no tendrían que vivirlo y, sin embargo, ya había tenido que llevarlas a varios velatorios.

Quería que los compañeros tuvieran razón. Mi amiga Sofía, con su terquedad y sus gestos desafiantes, no podía equivocarse. Debía de ser yo la equivocada.

Pero el domingo de las elecciones, la gente hacía cola en silencio para entrar a la Junta de Votación. Nada de risas, de bromas, tan naturales en el nicaragüense. Silencio. Y al regresar a casa, los dos o tres periodistas extranjeros amigos que se hospedaban con nosotros volvían de sus recorridos con las caras destempladas. Las encuestas que hacían a la salida de los lugares de votación eran preocupantes. De acuerdo con sus estimaciones ganaría Violeta, decían cabizbajos. Ni ellos querían que perdiera el sandinismo. Se sentirían responsables por la forma en que su país se ensañó con nosotros. La Revolución no era perfecta pero le tenían cariño.

«Es como votar con una pistola puesta en la sien», recuerdo que dijo un periodista. «Si votan por el Frente, continuará la guerra. Eso es lo que dice la gente, y no quieren más guerra.»

Creo que eran las diez de la noche cuando llamó mi hermana, Lavinia.

—Gioconda, perdió el Frente. Acaban de llamar a Humberto (nuestro hermano) a casa de doña Violeta. El presidente Carter va para allá a avisarle que el Frente acepta la derrota; que ella ganó.

Las manos se me pusieron frías.

—Vámonos —le dije a Carlos—, vamos donde Sofía.

Sofía Montenegro, mi amiga de reuniones de mujeres y llantos compartidos, feminista, valiente, con una locuacidad que no paraba nadie, nos recibió en chinelas en la puerta de su casa. Nos sentamos en la sala.

—Perdió el Frente —le dije. Y le conté de la llamada de Lavinia. No era cierto, me repetía. ¿Por qué creía yo esos rumores? Eran maniobras para desmoralizarnos. No era verdad.

Imposible convencerla. Regresé con Carlos a casa. La ciudad, el aire, el tráfico me parecían hostiles.

No dormimos en toda la noche esperando las informaciones del Consejo Supremo Electoral. La radio transmitía desde la casa de campaña del FSLN, donde se había preparado la gran fiesta de la victoria. La orquesta tocaba, pero de la alegría de las primeras horas no quedaba nada. Ya no se oían las consignas gritadas por los cientos de gargantas de la multitud aglomerada. El novio de

Melissa llegó contando que en la Casa de Campaña sandinista la gente lloraba. Mis hijas estaban conmigo. Maryam era miembro de la Juventud Sandinista. Las dos habían crecido en la Revolución, rodeadas de sus historias, sintiéndose también artífices de ella desde pequeñas. La llegaron a amar tanto como yo. El novio de Melissa, David, un muchacho gentil, dulce, su primer novio, acababa de cumplir el servicio militar. Camilo pasaba unos días en Costa Rica con mi hermano Eduardo. Supe después que, a sus once años, lloraba también mientras sus tíos celebraban la derrota del FSLN.

A las seis de la mañana, Daniel Ortega dijo el mejor discurso de su vida al aceptar la derrota electoral. Por primera vez se alzó como estadista. Habló sinceramente, dolido pero en calma, y llamó a la población al orden, a evitar disturbios, pidió que los sandinistas aceptáramos la decisión del pueblo nicaragüense. Nuestra nueva victoria sería dar a Nicaragua, por primera vez en toda su historia, la oportunidad de que la transmisión del mando entre dos partidos contendientes se hiciera en paz, sin guerras.

En la sala de la casa, desde donde se veía el paisaje del día que se levantaba con sus nubes y sus pájaros, fue como si a todos se nos quebrara la columna vertebral como pilar corroído de polillas. Teníamos las espaldas encorvadas. En los ojos, el desvelo, la tristeza, la incredulidad. Círculos hondos en los rostros cenizos. Cuando alcé la mirada para ver la ciudad distante, me impactó sentir en el verdor de las montañas una emanación hostil alzándose de mi propia tierra. El pueblo nos rechazaba. Nunca creí que me tocara vivir ese día. La desolación también se me llenó de muertos pero esta vez fue terrible. Sentí que todos volvían a morir, y que ahora sus muertes eran vanas, inútiles. Vidas perdidas. Tantas vidas perdidas. Muchas más ahora. Con la guerra contrarrevolucionaria eran más de cincuenta mil los muertos. Y todo se terminaba allí.

La gente no celebró en las calles la victoria de la UNO, la alianza de partidos que respaldaban a Violeta Chamorro. Por el contrario, en los días que siguieron al domingo electoral una atmósfera de luto cayó sobre la ciudad. Parecía Semana Santa, como si toda la población se hubiese marchado. La gente temía que los sandinistas reaccionáramos con violencia. Creo que al dar la victoria a Violeta, el pueblo intercambió el poder de sentirse protagonistas, por la paz, aunque viniera de la burguesía, pero alguna intuición tendrían de que otra vez se verían relegados a ser simplemente «los pobres», ya no «las masas populares» que el sandinismo había exaltado. Quienes organizaron celebraciones en esos días fueron la gente de mi clase que recuperaba sus privilegios, los exiliados de Miami, fiestas privadas, no en las calles o las plazas.

Pensé que mi madre se habría sentido feliz y sentí pena por ella que había muerto apenas un mes antes del triunfo de su amiga Violeta. Otra de sus amigas del teatro, Gladys Ramírez, fue nombrada directora del Instituto de Cultura. ¡Ah! mi madre, pensé, no habría cabido en sí de alegría. Yo, en cambio, me moría de tristeza. A los sandinistas el golpe nos dejó anonadados. Nadie que yo conociera había sufrido las dudas que a mí me mortificaron y que, en cierta forma, amortiguaron mi sorpresa. Mis amigos, Sofía, por ejemplo, no podían comprenderlo. El desconsuelo, la incertidumbre por el futuro que alguna vez pensamos sería revolucionario por los siglos de los siglos hacían presa de todos nosotros. Sin embargo nadie dentro del sandinismo disputó o agrió la victoria de Violeta Chamorro con revueltas y demostraciones. Jamás se vio tanto civismo en Nicaragua, un país donde el fuerte jamás aceptó la voluntad del débil más que a balazos. Ningún nicaragüense tenía la experiencia de un traspaso de poder a través de elecciones, y eso de por sí era una victoria sandinista. Que el FSLN, tras haber sido acusado de comunista, autoritario, absolutista, entregara el poder, contando con el ejército, la organización popular y el 42 por ciento de los votos, fue un acto de enorme trascendencia para la vida democrática del país.

Pero yo no quería ver cómo se disolvía la Revolución que tanto me apasionara. Cuando Carlos me propuso que partiéramos hacia Estados Unidos, que cumpliera mi parte del acuerdo puesto que él ya llevaba seis años viviendo en Nicaragua, acepté.

Mi instinto primordial era el de huir, cerrar los ojos, no ver lo que sucedería en mi país.

Violeta resultó ser una figura maternal que acunó y consoló, con palabras sencillas, al pequeño país roto y dividido. Amonestando a unos y otros con una sabiduría más compleja y perceptiva de la que muchos le reconocieron, dio a Nicaragua, a costa incluso de sus aliados, el calor de un hogar para todos sin exclusión. Así sucedió que antiguos enemigos volvieron a encontrarse, a sentarse a la misma mesa, a conmoverse por los dolores mutuos. Fue extraño, pero también esperanzador, ver a un pueblo así de aguerrido ser capaz de tan inmensa cortesía.

CUARTA PARTE

OTRA VIDA

Y después del incendio, quedamos reducidos a cenizas, no dejando detrás de nosotros ni reliquias, ni osamenta respetada por el fuego, ni mechones de cabello para conservar en relicarios, como lo hacen ustedes con sus pasiones. Ahora envejezco, mis cabellos encanecen, pero al mediodía, sentada frente al espejo, contemplo a plena luz mi rostro y examino mi nariz, mi boca grande que muestra demasiado las encías. Y no tengo miedo.

VIRGINIA WOOLF
Las Olas

57

DE CÓMO VIVÍ MIS PRIMEROS AÑOS EN ESTADOS UNIDOS

(Managua, Washington, D.C., 1990)

La idea de abandonar mi casa, mis amigos, cuanto era mi raíz y razón de ser me hizo sentir igual que el cobarde capitán de la Medusa que abandonó su barco en el naufragio, pero había contraído un compromiso y me sentía compelida a cumplirlo. Tres meses demoró mi visado, pero al fin llegó. Remolona, a desgana, preparé nuestras maletas, recibí prospectos de inquilinos que vivirían en la casa que Carlos y yo hicimos, y desde la que se veía el paisaje de mis volcanes y mis lagos. Repartí muebles, ropas, sintiendo que me despojaba. Me despedí llorando de mi padre, de mi hermana, de mis amigos queridos, de los perros, del gato, de la palmera que azotaba sus alas en el jardín.

El avión levantó vuelo. Era el 9 de junio de 1990. Se perdió el verdor, las montañas. Surgió el Caribe con su azul turquesa, los Everglades, el paisaje plano de Miami y luego el obelisco de Washington, el Potomac. Mi vida daba un círculo completo. Casi me parecía ver su irónica sonrisa concediéndome, como en un acto sorpresivo de magia, la existencia que imaginara en mis días de agotamiento, cuando fantaseaba con cabañas en medio de la campiña inglesa. El taxi nos dejó en Hyllier Place, el *brownstone* en la calle quieta, arbolada. Mis hijos con su excitación de niños que emprenden una aventura. «Cuidado con los muebles, con hacer demasiado ruido, a portarse educados, correctos.» Nos instalamos en las habitaciones con pisos de madera pulida, con los muebles italianos; mis hijos en camas de bronce en la habitación de huéspedes. Carlos y yo en su dormitorio de adolescente. Mi suegro, Lou, quien ha llegado a ser mi amigo entrañable, nos recibió amable, cariñoso, con su humor chispeante y su eterna juventud y curiosidad. Aceptaba con alegría la invasión de su privacidad, de su soledad que, como pocos, él ha sabido domar y disfrutar. Con sus amigos, los de Carlos, salíamos los fines de semana a la casa de campo, a los caballos, las caminatas en el bosque.

Dos meses después, alquilamos una casa. Debo decir que no imaginé el sentimiento de pérdida que se me vino encima cuando me encontré viviendo en ese barrio cobijado de árboles enormes que nos inundaron de hojas doradas en el otoño; un barrio silencioso donde los vecinos eran como fantasmas cuyas sombras furtivas apenas vislumbraba cuando salían o regresaban de sus trabajos. La soledad rodeada de gente, el anonimato, eran experiencias nuevas para mí, como una ropa que me quedaba floja y, en la que, por más que trataba, no lograba calzar.

Cuando salía con Charlie a comer o a tomar café en Washington, de pronto me asaltaba la sospecha de que más de alguno de los parroquianos que me rodeaban sería funcionario del Departamento de Estado, o de alguna de las dependencias del gobierno norteamericano. Quizás el hombre serio que leía el periódico en la mesa de al lado había sido responsable de escribir recomendaciones sugiriendo las mil y una formas con que Estados Unidos debía conducir la guerra encubierta contra la Revolución Nicaragüense, mi Revolución.

Perdida en esas divagaciones, me sobresaltaba la aparición del mesero y el aire de determinación con que recitaba los especiales. Yo que venía de un país donde todo escaseaba me quedaba totalmente azorada cuando al pedir una cerveza, o un simple sándwich de jamón y queso, tenía que decidir entre una lista interminable de marcas desconocidas, entre tipos de jamón y tipos de queso, si quería pan blanco, pan de trigo, *pumpernickel*, y si mi pan lo quería untado de mayonesa, o de tal o cual tipo de mostaza. Me quedaba viendo al mesero como tonta, y me daban ganas de ponerme a llorar cuando recordaba las dificultades que se pasaban en Nicaragua para conseguir una docena de huevos.

Aunque sabía suficiente inglés para conversar, no podía aventurarme a conversaciones muy profundas o intelectuales sin que me fallara el vocabulario. El esfuerzo me agotaba y me hacía sentir como retrasada mental. Optaba por callarme, frustrada y furiosa. Sabía que alguien me caía bien cuando sin darme cuenta empezaba a hablarle en español como si la amistad o la simpatía pudieran obrar el milagro de hablar en lenguas.

Cuando llegó el invierno me deprimí profundamente. Se me cayeron todas las hojas, como a los árboles. Cuando abría los ojos por la mañana y veía los troncos desnudos y desolados me preguntaba, desesperada, en qué trampa me había metido. Añoraba la vegetación tropical, mis volcanes, los lagos de mi Nicaragua. Extrañaba, sobre todo, a mis amigos siempre ocupados en cambiar el mundo, en sueños descabellados. La gente que conocía en Washington me parecía guardada y protegida y en sus ojos sentía brillar letreros con advertencias de no traspasar los límites que protegían su intimidad. De las dudas existenciales, las grandes abstracciones poco se discutía, como si estuvieran trazados ya todos los caminos y cada quién seguro con su rumbo. Las conversaciones eran puntuales y exactas, referidas a personas y hechos concretos. De vez en cuando se rasgaba algún velo. Había risas y juegos y Billy, un viejo amigo de Carlos que se hermanó conmigo.

De las cosas dulces que recuerdo, una de ellas fue sentirme madre nutricia de mis hijos. La soledad nos hizo depender a los unos de los otros y lo mismo nos divertíamos comentando nuestros desconciertos que nos consolábamos las lágrimas. Sembré plantas de violetas africanas a la orilla de mi ventana en el estudio y las cuidé hasta que florecieron en todas las tonalidades del rosa y el morado. Por las tardes, caminaba entre los árboles a la orilla de las casas viendo a través de alguna ventana abierta a las familias en sus apacibles ritos diarios. Era muy extraño para mí, sin embargo, vivir rodeada de gente y apenas oírla o verla. Sólo el primer día que nevó descubrí que en el barrio había muchos niños, que salieron con sus trineos a deslizarse por las colinas. Mi hijo Camilo lo hizo también, y de allí nació su amistad con un niñito del barrio, Andy, que era muy seriecito e insistía en tomar leche sin grasa con su merienda.

Comprendí que un rasgo sobresaliente de la cultura norteamericana es la privacidad, el núcleo familiar como refugio pequeño y amurallado. En las grandes y anónimas ciudades, la gente no tiene la referencia de una historia en común, ni el camino allanado por amistades familiares heredadas de generación en generación. Muchos de ellos eran tan extranjeros como yo en la ciudad. Tras los largos días de trabajo les quedaba poco tiempo o energía para charlar o forjar relaciones de amistad. Para mí esta dispersión social, esta ausencia de comunidad, de sentido colectivo, fue como un exilio dentro de otro. Me di cuenta de que en Estados Unidos uno sale a la sociedad como quien sale a un terreno hostil, altamente competitivo. Se sale vestido de armadura, con el corazón a buen resguardo.

Fue este exilio, el exilio de la intimidad de los demás, la falta de un sentido de pertenencia, de un propósito común, el que resultó más difícil para mí.

Ese invierno fuimos con Carlos una madrugada a ocupar nuestro lugar en la cola que se formaba frente al edificio de inmigración en Virginia, para pasar la entrevista requerida por Estados Unidos para otorgarnos la residencia en el país. En las oficinas de inmigración sólo atendían a un número limitado de personas por día. Para ser incluido en la cuota había que levantarse temprano. Tener que esperar con los niños en la calle, en el frío de las cinco de la mañana, a que el edificio abriera sus puertas a las siete, representó para Carlos toparse con las realidades menos amables de su gran nación. La entrevista no tuvo mayores sorpresas. A Melissa y Camilo les concedieron su tarjeta de residentes poco después. La mía tardó tres años y finalmente me la otorgaron cuando al apaciguarse la guerra fría el Congreso de Estados Unidos revocó las restricciones ideológicas previstas por el *Mc Carren-Walters Act*. Durante los años que duró el trámite, cada vez que debía viajar fuera del país tenía que solicitar un documento que se llamaba *advanced parole*, un término que se aplica generalmente a los prisioneros, algo así como un perdón adelantado, que condicionaba mi reingreso al país a la aprobación de las autoridades del puerto de entrada. Esto implicaba largas esperas al volver. Me pasaban al recinto donde se realiza el escrutinio de los inmigrantes de dudosas intenciones o procedencia. Perdíamos las conexiones de los vuelos, maldecíamos la burocracia. No me ayudaba sentirme *non grata* en el lugar que debía convertirse, por mi matrimonio, en mi segunda patria. Me revolvía todo el resentimiento que guardaba hacia Estados Unidos por el daño que le causó a Nicaragua.

Después de terminar la secundaria Melissa decidió regresar a América Latina y estudiar medicina en México, donde su hermana Maryam cursaba arquitectura. Perder a Melissa, a quien acompañé a inscribirse en la Universidad La Salle en Ciudad de México, me deprimió mucho. Era mi compañera, mi consuelo, mi cómplice. Cuando se marchó me sentí más sola.

Creo que de haber permanecido en Washington habría muerto de tristeza. Demasiado violento fue para mí convivir con los símbolos de un poder que no lograba percibir como benévolo o amable. Viajaba a Nicaragua y volvía llorosa y plañidera a la soledad del barrio silencioso de Bethesda.

Tras una breve incursión en el teatro, Carlos se animó a perseguir sus sueños de hacer cine y decidimos mudarnos a Los Ángeles. Una ciudad con palmeras, motines callejeros y terremotos, me pareció mucho más cercana a mi experiencia. Empacamos nuestros bártulos y contratamos una compañía de mudanzas para trasladarlos. En vez de tomar un avión, decidimos hacer el viaje por tierra, atravesar el vasto territorio de costa a costa. Seis días nos tomó. Nos detuvimos en Santa Fe, en el Gran Cañón. La inmensidad del país me impresionó. La diversidad de los paisajes, las pequeñas poblaciones con sus toques originales. «*Antiques made daily*» rezaba un rótulo en el sur de Virginia; «no recoja a los que piden aventón, pueden ser presidiarios», advertía otro cerca de Oklahoma. El Gran Cañón y el atardecer sobre las eras geológicas me aguó los ojos con sus rosados, sus púrpuras espectaculares. Nos reímos mucho en el viaje. Camilo mostró un entusiasmo incansable por los parques, los fósiles, las hamburguesas. Al llegar a Los Ángeles, el sol cálido, la vegetación, las palmeras, la ciudad de edificios bajos y jardines me sacudió los fríos que acumulara en el Este. Me sentí como perrito que lo sacan a pasear, viendo por la ventana, moviendo la cola. Al llegar a la casa que Carlos había alquilado en un viaje unas semanas antes, se me constriñó el alma. Se parecía tanto al estilo arquitectónico de las de mis amigas de adolescencia en Managua. Construcción de una planta, años sesenta, con líneas rectas, un jardín al fondo, piscina. Como una pesadilla del pasado que me tocara revivir tras un largo giro por otras dimensiones. Pensé en T.S. Eliot:

> Nunca cesaremos de explorar
> Y el final de todas nuestras exploraciones
> Será llegar al sitio desde donde partimos
> Y conocerlo por primera vez.

Curioso, pensé, que la vida diera vueltas así. Pero yo no caería en sus zancadillas.

58

DONDE ESTA QUIJOTA TERMINA DE CONTAR SUS MEMORIAS

(Santa Mónica-Managua, 1999)

Al salir de mi casa en Santa Mónica, sólo debo caminar media cuadra para llegar a la avenida Montana. Una sucesión de boutiques, cafés, tiendas de antigüedades, de muebles, farmacias naturistas, mercados de productos orgánicos y salones donde hacer yoga y gimnasia se alzan a ambos lados de la avenida. Durante el día Montana se llena de transeúntes. La mayoría son bellos especímenes californianos. Hombres y mujeres dorados, musculosos, militantes disciplinados de programas de ejercicios y dietas saludables. Caminan por la calle con las ropas ajustadas con que entran o salen de sus sesiones gimnásticas, llevando en la mano botellas de Evian. A veces, confundida en ese tráfico de peatones subiendo o bajando la avenida, recuerdo los días en que transportaba armas, los días en que anduve con una metralleta al hombro, mis años de pasiones políticas y me pregunto si soy la misma persona. Los entornos en los que transcurrió entonces mi existencia tienen tan poco en común con los de ahora, que no puedo dejar de pensar que, en un golpe de mano, el destino me dispensó dos vidas.

Pasando al lado de las exquisitas tiendas donde una mesa cuesta más que lo que una persona en Nicaragua puede acumular en toda una vida de trabajo de sol a sol, me invade la nostalgia por los tiempos difíciles que viví, por el propósito claro que los animaba, por el sentido de posibilidad y esperanza que compartí con tantos. Añoro la energía desatada, los sueños grandes, locos, imposibles, que me permitían trascender los límites y salir de mí misma hacia la experiencia común. Constantemente tengo que recordarme que la obsesión por redimir a la humanidad puede ser tan peligrosa como la obcecación que contemplo en las caras de quienes se dedican al cuerpo perfecto, la comida impoluta, la conquista de la inmortalidad; tengo que repetirme que cada quién es responsable de encontrar lo que le dará felicidad y que es soberbia pensar que mi receta es la mejor de todas. Por otro lado no creo, sin embargo, que nadie pueda convencerme de que el placer que empieza y termina en uno mismo pueda remotamente siquiera compararse con la exaltación y el goce de intentar cambiar el mundo.

Me doy cuenta de que la Revolución no fue para mí una mera incursión —un viaje al otro lado— en mi trayectoria de planeta. Fue un hecho definitivo que me cambió para siempre. Al decidirme a acompañar a Carlos me atormenté más de alguna vez pensando que me volvía leve, complaciente, que asumía la actitud que se ha dado en llamar «realista», de colgar los guantes y resignarse a aceptar que perdimos la batalla o, en el mejor de los casos, que será a otros a quienes les tocará luchar por las nuevas utopías. De esos pensamientos, sin embargo, me apartó la misma realidad de mi existencia. La vida se encargó de enseñarme que no todo compromiso se tiene que pagar con sangre, o requiere el heroísmo de morir en la línea de fuego. Existe un heroísmo de la paz y el equilibrio, un heroísmo accesible y cotidiano que si bien no nos reta a la muerte, nos reta a exprimirle todas las posibilidades de la vida y a vivir no una sino varias vidas a la vez. Aceptarse como un ser múltiple en el tiempo y el espacio, es parte de la modernidad y de las posibilidades actuales de quienes vivimos una era en que la tecnología puede usufructuarse como liberación en vez de rechazarse como alienación. Las aspiraciones humanas han perdido sus confines geográficos. En contacto con mis amigos, con la vida política de Nicaragua, siento que mi país pequeño se me ha vuelto portátil, cercano en la distancia, que el horizonte sigue siendo ancho y que soy yo quien decide los límites de mi quehacer.

Me tomó algún tiempo concederme un futuro donde, en el amor al menos, se minimizaran los sobresaltos, las despedidas o las huidas súbitas. Con Carlos he hilado ya quince años de vida en común y nuestras pieles se reconocen aun en lo profundo del sueño o de la oscuridad. Aun si nos separamos los meses que paso en Nicaragua, hay un hilo delicado, pero tenso y resistente, que incluso en la soledad individual nos mantiene entrelazados.

Vivo en dos mundos y en cada uno mi vida es diferente pero cruzada por los elementos constantes de mi historia. Mis tres hijos mayores ya andan sus propios rumbos. Maryam y Melissa son ahora dos mujeres hermosas, sensibles, sensatas, soñadoras también. Maryam es arquitecta. Trabaja en Los Ángeles pero algún día piensa regresar a Nicaragua e introducir innovaciones que permitirían construir viviendas antisísmicas con adobe para la población de menos recursos. Melissa es médico y quiere revolucionar la medicina con enfoques holísticos y políticas de salud pública acordes con esa concepción. Camilo es el más político de todos. Se prepara para regresar a Nicaragua y continuar lo que sus padres empezaron.

Carlos y yo tenemos otra hija, Adriana, que nació en 1993. Con ella he vivido la maternidad madura que habría deseado para mis otros hijos. Adriana vino al mundo con una vieja sabiduría en los ojos y una ternura y alegría que parecen desbordar su pequeño cuerpecito de atleta enamorada de trapecios y acrobacias. Desde muy pequeña se ha prendido de mis palabras y de la fantasía de las historias que noche a noche invento para ella cuando se duerme acurrucadita contra mí. Sus ojos negros, su piel canela, han sido el refugio de mi nostalgia y el principio de los cañaverales de azúcar con que endulzo día a día mis recuerdos. Ella es mi Nicaragüita, alegre, atrevida y llena de fuerza vital.

En mi trabajo sigo inventando mundos, reflexionando. He escrito dos novelas más: *Sofía de los Presagios* y *Waslala* y un libro de poemas sobre la madurez. A veces esta plácida y constante felicidad me asusta pero, dentro de su relatividad, he aprendido a comprenderla como el producto de un trabajo arduo y diario y no simplemente como la consecuencia de una fortuita y fácil buena fortuna. No es un estado sin conflictos, ni dolores. Cuando estoy en Estados Unidos mi vida es un paréntesis, una callada introspección, un estar sola dentro de una sociedad donde en las miradas intuyo vastas soledades y un anhelo profundo de comunidad, de propósito. A menudo me siento ajena, presa de mis propios prejuicios, una residente reticente que sin embargo lucha consigo misma para no pasar de largo la experiencia de un país en el que más de doscientos millones de seres humanos tratan cotidianamente de encontrarle respuesta a sus vidas. Aquí he descubierto que cualquier proyecto de sociedad debe basarse en el respeto absoluto a la libertad individual, que sólo sobre este derecho inalienable pueden levantarse los cimientos de las pequeñas y grandes felicidades de los pueblos.

Cada tres o cuatro meses regreso a Nicaragua. Nada más llegar me atrapa la vorágine de lo pendiente, el teléfono que suena sin descanso, los amigos que llegan y me ponen al tanto de los últimos entuertos políticos, las últimas luchas, los proyectos, sus amores, sus odios, sus desconciertos, los gestos del futuro asomándose por una hendija. Me inserto allí a continuar las luchas que nunca faltan, las que me llevaron a renunciar al Frente Sandinista y unirme a un movimiento para renovar el sandinismo desde una propuesta ética que niega el oportunismo y la filosofía de que el fin justifica los medios. Sigo siendo una ciudadana más del mundo, fervientemente convencida de que nuestro planeta sólo sobrevivirá equilibrando las absurdas desigualdades que lo separan. En el lugar que mira al paisaje amado en Managua, tengo ahora una casita pequeña y acogedora. Nada más contemplar los volcanes y el lago vuelve mi alma a mi cuerpo, gozo de la sensualidad conocida y familiar, del aire y los sonidos del trópico de mis pasiones. Mi ser social se reconoce en los demás por la historia común que compartimos, por las experiencias colectivas que no han dejado de ser, hoy como ayer, fuente de fuerza y satisfacción. Mis raíces absorben nutrientes en el calor, en los atardeceres fogosos.

Vivida mi vida hasta este punto me atrevo a afirmar que no hay nada quijotesco ni romántico en querer cambiar el mundo. Es posible. Es el oficio al que la humanidad se ha dedicado desde siempre. No concibo mejor vida que una dedicada a la efervescencia, a las ilusiones, a la terquedad que niega la inevitabilidad del caos y la desesperanza. Nuestro mundo, lleno de potencialidades, es y será el producto del esfuerzo que nosotros, sus habitantes, le entreguemos. Igual que la vida surgió de acomodos y reacomodos, la organización social que nos lleve a la plena realización de nuestro potencial como especie, surgirá de flujos y reflujos en las luchas y esfuerzos que hacemos, como conjunto, en las diversas regiones del planeta.

El futuro es una construcción que se realiza en el presente, y por eso concibo la responsabilidad con el presente como la única responsabilidad seria con el futuro. Lo importante, me doy cuenta ahora, no es que uno mismo vea todos sus sueños cumplidos; sino seguir, empecinados, soñándolos. Tendremos nietos y ellos hijos a su vez. El mundo continuará y su rumbo no nos será ajeno. Lo estamos decidiendo nosotros cada día, nos demos cuenta o no.

Mis muertos, mis muertes, no fueron en vano. Ésta es una carrera de relevos en un camino abierto. En Estados Unidos, como en Nicaragua, soy la misma quijota que aprendió, en las batallas de la vida, que si las victorias pueden ser un espejismo, también pueden serlo las derrotas.

Managua-Santa Mónica 1997-2000

APÉNDICES

I

Breve cronología de Nicaragua

1502: Cristóbal Colón llega a las costas orientales de Nicaragua durante su cuarto y último viaje.

1524: Francisco Hernández de Córdoba funda las ciudades de León y Granada, dando inicio al período colonial.

1633: Los ingleses inician incursiones en la costa caribeña del país y establecen asentamientos que responden a la corona inglesa.

1821: Se firma el Acta de Independencia de Centroamérica en Guatemala, el 15 de septiembre.

1823: Se establece la Federación Centroamericana, que dura hasta 1838.

1843: Inglaterra establece un protectorado en la Mosquitia —costa caribeña de Nicaragua.

1855: En el marco de la guerra entre legitimistas y democráticos, William Walker llega a Nicaragua al mando de un grupo de mercenarios.

1856: Con el apoyo de Estados Unidos, William Walker se proclama presidente de Nicaragua.

1856-57: Con el apoyo de los ejércitos centroamericanos, los nicaragüenses derrotan y expulsan del país a los filibusteros. William Walker es fusilado en La Ceiba, Honduras.

1857-1887: Durante estos treinta años se suceden en el poder una serie de presidentes conservadores (del Partido Conservador).

1893: Estalla la revolución liberal encabezada por José Santos Zelaya. Tras asumir la presidencia, Zelaya decide poner ciertos límites a las aspiraciones norteamericanas de ejercer derechos absolutos sobre la construcción de un canal interoceánico a través de Nicaragua. Estados Unidos no acepta y decide construirlo a través de Panamá. Sin embargo, cuando Zelaya abre negociaciones para el canal con otras naciones europeas, Estados Unidos aprovecha una revuelta para obligarlo a dimitir.

1909: Adolfo Díaz sustituye a Zelaya en el gobierno de Nicaragua. Estados Unidos se hace cargo de los bancos del país, de la aduana y el ferrocarril. En 1912, marines norteamericanos desembarcan en Nicaragua para proteger al gobierno conservador y se quedan de manera casi permanente en el país hasta 1933 para proteger los intereses norteamericanos y supervisar las elecciones.

1927-1933: El general Augusto César Sandino se alza en armas contra la ocupación norteamericana e inicia la primera guerra de guerrillas del continente. Estados Unidos organiza el ejército nicaragüense bajo el mando de Anastasio Somoza García, y se retira de Nicaragua en 1933.

1934: Tras la partida de los marines norteamericanos, Somoza manda asesinar a Sandino cuando éste sale de la casa presidencial en Managua tras un banquete ofrecido por el presidente Juan Bautista Sacasa para celebrar el recién firmado acuerdo de pacificación, por el cual las tropas sandinistas aceptan deponer las armas.

1936: Anastasio Somoza García obliga a dimitir al presidente Sacasa y al año siguiente, en unas elecciones donde él es el único candidato, se convierte en presidente de Nicaragua.

1954: Un intento de rebelión contra Somoza dentro de las filas del ejército termina en una masacre.

1956: Anastasio Somoza García es asesinado en León por el poeta Rigoberto López Pérez. Lo sustituye en la presidencia su hijo Luis Somoza. Su hermano, Anastasio, asume la jefatura de la Guardia Nacional.

1956-1959: Se organizan más de cuarenta intentos armados fallidos contra la dictadura somocista. Los participantes son asesinados o encarcelados.

1961: Carlos Fonseca Amador funda el Frente Sandinista de Liberación Nacional.

1963: Luis Somoza muere de un infarto.

1967: Anastasio Somoza Debayle asume la presidencia tras dirigir una masacre contra una manifestación pacífica de la oposición que pretendía obligarlo a renunciar a su candidatura.

1972: Un terremoto destruye Managua. Somoza, que había cedido el poder aparente a una junta civil en 1971, se autodesigna presidente del Comité de Emergencia y asume de facto el mando del país.

1974: Somoza se elige de nuevo presidente de Nicaragua. En diciembre, el FSLN realiza el asalto a la casa de Chema Castillo. El audaz operativo logra la liberación de todos los prisioneros políticos. Somoza impone el estado de sitio, la ley marcial y la censura de prensa, que se mantiene hasta 1977.

1975-1977: La represión se extiende por todo el territorio nacional. Cientos de campesinos son asesinados, torturados, lanzados vivos desde helicópteros. El FSLN pierde muchos de sus cuadros de dirección, entre ellos Carlos Fonseca y Eduardo Contreras.

1975: El Frente Sandinista se divide en tres tendencias.

1977: El 5 de septiembre, Somoza levanta el estado de sitio, la ley marcial y la censura de prensa. El 13 de octubre, el FSLN ataca los cuarteles de San Carlos y Ocotal. El 15 de octubre, el cuartel de la Guardia Nacional en Masaya. Cae Pedro Arauz Palacios (Federico), dirigente de la GPP.

1978: La dictadura somocista manda asesinar a Pedro Joaquín Chamorro, director del diario *La Prensa*. La empresa privada llama a una huelga general. Se produce una insurrección en el barrio indígena de Monimbó, en la que caen Camilo Ortega y Arnoldo Quant.

1978-1979: Insurrecciones populares encabezadas por el FSLN se extienden por todo el país (septiembre 78/julio 79). La represión se desata. León, Matagalpa, Estelí, Chinandega, Diriamba y Managua son bombardeadas por la Guardia Nacional.

1978: Se impone nuevamente la censura de prensa, el estado de sitio y la ley marcial. Desde septiembre, también el toque de queda.

1979: Fracasan los intentos de mediación y diálogo para salvar al régimen y encontrar una salida negociada a la crisis. El 16 de marzo, se unifican las tres tendencias del FSLN. El 16 de junio, se anuncia la formación de la Junta de Gobierno de Reconstrucción Nacional, integrada por Violeta Chamorro, Daniel Ortega, Sergio Ramírez, Moisés Hassan y Alfonso Robelo. La OEA pide la renuncia de Somoza y se niega, por mayoría de votos, a respaldar la moción de Estados Unidos de enviar una fuerza de paz a Nicaragua. Anastasio Somoza sale del país el 17 de julio. La Guardia Nacional huye en desbandada. El 19 de julio, las fuerzas sandinistas entran victoriosas en Managua y asumen el control del país.

1979: El gobierno sandinista inicia un amplio programa de reformas, nacionaliza la banca, confisca todos los bienes de Somoza y sus allegados, forma el Ejército Popular Sandinista y la Policía Sandinista, anuncia que gobernará el país en base a tres principios: economía mixta, no alineamiento y pluralismo político.

1980: Se organiza un gigantesco esfuerzo nacional para reducir el analfabetismo en el país. Miles de jóvenes marchan al campo en lo que se llamó la Cruzada Nacional de Alfabetización. Se declara el acceso gratis a la salud para todos los nicaragüenses y la educación gratuita en escuelas primarias, secundarias y universidades. Se forma el Área Propiedad del Pueblo para administrar los bienes confiscados a la familia Somoza. Ronald Reagan es elegido presidente de Estados Unidos. La empresa privada entra en contradicciones con el sandinismo cuando éste reclama la participación de organizaciones populares en el Consejo de Estado.

1981: Reagan acusa al gobierno sandinista de enviar armas a la guerrilla salvadoreña y suspende la entrega de un préstamo de 15 millones de dólares a Nicaragua y suspende otro préstamo para la compra de trigo. Reportajes periodísticos informan de la formación de los primeros campos de la contrarrevolución en Florida. Estados Unidos presiona al BID para bloquear los préstamos a Nicaragua. El gobierno nicaragüense confisca propiedades de las personas que se han ausentado del país y tienen propiedades ociosas o abandonadas.

1982: Reagan aprueba un plan de operaciones encubiertas contra Nicaragua y un fondo de 19 millones de dólares que será administrado por la CIA para este fin. Setenta mil brigadistas de salud participan en una jornada masiva contra la poliomielitis. Estados Unidos veta un préstamo del BID por 500.000 dólares a Nicaragua. La Cámara de Representantes prohíbe al Pentágono y a la CIA entrenar o armar antisandinistas.

1983: Se promulga la ley del Servicio Militar Patriótico (obligatorio) en Nicaragua. El Congreso de Estados Unidos aprueba la concesión de 24 millones de dólares adicionales para apoyar la contrarrevolución.

1984: Comandos de la CIA minan los principales puertos nicaragüenses. Nicaragua presenta una queja ante el Tribunal Internacional de La Haya. La CIJ ordena a Estados Unidos suspender el minado de los puertos y el apoyo a la Contra. Nicaragua celebra elecciones y gana el FSLN. Ronald Reagan es reelecto y amenaza a Nicaragua con una intervención militar directa. Se inician los vuelos del avión espía SR 71 sobre Nicaragua.

1985: La administración Reagan decreta un embargo comercial contra Nicaragua. El Congreso norteamericano aprueba la concesión de 20 millones de dólares adicionales para la Contra. Nicaragua anuncia severas medidas de ajuste económico dentro del país.

1986: La Cámara de Representantes de Estados Unidos aprueba la entrega de 100 millones de dólares a la Contra y autoriza a la CIA a dirigir operaciones contra Nicaragua. El Tribunal Internacional de La Haya condena la actuación de Estados Unidos y dispone que este país deberá indemnizar a Nicaragua por los daños causados. Estados Unidos desacata la sentencia. Estalla el escándalo Irán-Contra, después de que la Cámara de Representantes prohíba el uso de fondos reservados de la CIA en la campaña contra Nicaragua. La población nicaragüense sufre serios racionamientos en productos básicos y petróleo, se raciona la energía eléctrica debido al sabotaje de torres de alta tensión por parte de la Contra. Mueren cientos de jóvenes en combates a lo largo de estos años. El gobierno sandinista recurre más y más al verticalismo; la sociedad se militariza cada día más.

1988: Se negocia el cese el fuego con la cúpula de la Contra. El Congreso de Estados Unidos aprueba una ayuda económica y encubierta a los partidos afines a la política norteamericana en Nicaragua. El Congreso de Estados Unidos aprueba la concesión de 9 millones de dólares para financiar la campaña electoral de la coalición opositora UNO.

1989: Se organizan elecciones para 1990 con amplia supervisión internacional.

1990: Al frente de la coalición UNO, Violeta Chamorro gana las elecciones. El FSLN admite su derrota y entrega el poder. La presidenta Chamorro impulsa una política de reconciliación y logra la pacificación del país.

1990-2000: En la década de los noventa, bajo los gobiernos de Violeta Chamorro (1990-1996) y de Arnoldo Alemán (1996-2001), Nicaragua ha vuelto a ser un país profundamente dividido en términos económicos y sociales (como lo era antes de 1979), sólo que ésta vez sin la presencia de un dictador o un ejército represivo. El nivel del desarrollo humano, según datos de Naciones Unidas, se ha ido deteriorando sustancialmente desde 1990. Si ese año Nicaragua ocupaba el puesto número 85 entre los 175 países considerados; en 1999 ocupó el 126.

Convertido en el mayor partido de oposición, el Frente Sandinista, bajo el liderazgo de Daniel Ortega, trató de adaptarse a las nuevas condiciones políticas sin un consenso democrático al interior del partido, lo cual ocasionó la dispersión de una gran parte de sus cuadros. En 1995, Sergio Ramírez, quien fuera el Vice-Presidente del gobierno sandinista, formó un nuevo partido: el Movimiento Renovador Sandinista.

Los gobiernos que se han sucedido desde la Revolución han aplicado políticas neo-liberales que han mejorado la infraestructura y el comercio del país en beneficio de las capas altas y medias. Aunque el fin de la guerra trajo cierta estabilidad política y mayores libertades democráticas, en 1999 el Frente Sandinista y el Partido Liberal suscribieron, con fines electorales, un pacto con el objetivo de consolidar en el país un sistema bi-partidista. Este pacto ha cerrado el espacio democrático a otras fuerzas y ha causado descontento en la población. Se han multiplicado también las denuncias de corrupción gubernamental. Con otros protagonistas y en otras condiciones, la lucha continúa.

2

❧

Notas sobre algunas de las personas que aparecen en el libro

Ángela Saballos: Actualmente periodista de *El Nuevo Diario* de Managua.

Bosco Parrales: Director de su propia agencia de publicidad en Managua, JB y Asociados.

Carlos Alemán Ocampo: Novelista nicaragüense. Reside en Managua.

Camilo Ortega Saavedra: Murió asesinado por la Guardia Nacional el 28 de febrero de 1978 en Los Sabogales, Masaya.

Daniel Ortega: Dirigente del FSLN, coordinador de la Junta de Gobierno (1979-1984) y presidente de Nicaragua (1984-1990). Secretario general del FSLN.

Ricardo Morales Avilés: Asesinado por la Guardia Nacional el 18 de septiembre de 1973 en Nandaime.

René Núñez Téllez, «Martín»: Secretario de la Dirección Nacional del FSLN durante la revolución sandinista. Continúa siendo un alto dirigente del partido.

Leana Núñez: Trabajó con René, su esposo, en la Secretaría de la Dirección Nacional del FSLN. Desde 1990 es funcionaria de una organización no gubernamental.

Bayardo Arce Castaño: Fue miembro de la dirección sandinista. Actualmente es diputado del FSLN en la Asamblea Nacional de Nicaragua.

Alfredo Alaniz: Ocupó varios cargos en el Gobierno Revolucionario. Actualmente es funcionario de una organización no gubernamental y dirigente del Movimiento Renovador Sandinista.

Pía Belli: Fue jefe de protocolo en los primeros años de la revolución. Reside en Managua, donde se dedica a negocios personales.

Leonel Espinoza, «Roberto»: Fue miembro del Ministerio del Interior, jefe de sección del Departamento de Propaganda del FSLN y oficial de la Policía Nacional. Trabaja como abogado.

Róger Pérez de la Rocha: Pintor nicaragüense. Fue miembro de la Asociación Sandinista de Trabajadores de la Cultura. Reside en Managua.

Eduardo Contreras Escobar, «Marcos»: Fue asesinado por la Guardia Nacional en Managua el 7 de noviembre de 1976.

Carlos Mejía Godoy: El más importante compositor de música popular nicaragüense. Dirige un programa de televisión en Managua y sigue haciendo música y presentándose en conciertos.

Rosario Murillo: Fue directora de la Asociación Sandinista de Trabajadores de la Cultura. Es la esposa de Daniel Ortega.

Luis Carrión: Fue miembro de la Dirección Nacional del FSLN y viceministro del Interior. Se separó del FSLN y se dedica a la investigación.

Tomás Borge: Miembro de la Dirección Nacional del FSLN y ministro del Interior hasta 1990. Continúa activo en la cúpula del FSLN.

Pedro Araúz Palacios, «Federico»: Murió asesinado por la dictadura el 17 de octubre de 1977.

Carlos Fonseca: Fundador del Frente Sandinista de Liberación Nacional. Murió en una emboscada de la Guardia Nacional, en Zinica, Nicaragua, el 7 de noviembre de 1976.

Jaime Wheelock: Fue miembro de la cúpula sandinista y ministro de Reforma Agraria del gobierno revolucionario. Actualmente es profesor universitario en Managua.

Charlotte Baltodano: Fue capturada por la dictadura y liberada por la acción comando en el Palacio Nacional de Nicaragua en 1978. Durante la revolución trabajó en el Ministerio del Interior. Enseña taekwondo a niños en Managua.

Jacobo Marcos: Fue liberado también en 1978. Trabajó como psiquiatra en el Ministerio del Interior.

William Hüper: Fue ministro de Economía del gobierno revolucionario.

Mary Jane Mulligan: Destacada funcionaria del Ministerio de Industria durante la revolución. Murió víctima del cáncer.

Álvaro Baltodano, «Felipe»: Coronel del Ejército Popular Sandinista. Pasó a retiro recientemente, tras ser agregado militar en la embajada de Nicaragua en México.

General Joaquín Cuadra, «Rodrigo»: Sustituyó a Humberto Ortega como comandante en jefe del ejército de Nicaragua. Pasó a retiro en el 2000.

Sergio Ramírez: Fue miembro de la Junta de Gobierno de 1979 a 1984 y vicepresidente de Nicaragua de 1984 a 1990. Novelista. Fundó el Movimiento Renovador Sandinista al separarse del FSLN en 1994.

Fernando Cardenal: Fue Ministro de Educación durante la revolución y dirigió la Campaña de Alfabetización. Actualmente se dedica a sus labores sacerdotales.

Humberto Ortega: Miembro de la cúpula sandinista, fue comandante en jefe del Ejército Popular Sandinista. Tras su retiro ejerce gran influencia en el FSLN, a través de su hermano, Daniel.

Ramiro Contreras, «César»: Se retiró recientemente del ejército de Nicaragua.

Ernesto Cardenal: Fue ministro de Cultura durante la revolución. Renunció al FSLN en 1994. Vive en Managua, dedicado a la literatura, la escultura. Encabeza una fundación para el desarrollo de la isla Solentiname.

José Coronel Urtecho: Poeta nicaragüense de gran trascendencia, murió el 19 de marzo de 1994. Su esposa, María Kautz, murió el 7 de agosto de 1992.

Laureano Mairena: Murió en combate el 24 de noviembre de 1978.

Óscar Pérez Cassar, «Pin»: Fue asesinado por la Guardia Nacional en el barrio de Veracruz, León, el 16 de abril de 1978.

Blas Real: Fue asesinado por la Guardia Nacional el 1 de noviembre de 1978 en Chinandega.

Marcos Valle: Fue embajador de Nicaragua en Cuba. Historiador. Reside en Managua.

Arnoldo Quant: Asesinado junto con Camilo Ortega en Los Sabogales, Masaya, el 28 de febrero de 1978.

Toño Jarquín: Fue embajador de Nicaragua en Estados Unidos. Médico ginecólogo. Continúa activo en política, pero se separó del FSLN.

Luisa María Jarquín: Es sicóloga y se dedica a su profesión.

José Valdivia, «Marvin»: Formó con Edén Pastora el grupo ARDE, que se opuso al FSLN en la década de los 80.

Herty Lewites: Fue ministro de Turismo durante la revolución. Actualmente es candidato a la alcaldía de Managua por el FSLN.

Ernesto Castillo, «Tito»: Fue jefe de la Procuraduría de Justicia durante la revolución. Se separó del FSLN y trabaja como abogado.

Ernesto Castillo Salaverry: Murió en combate el 10 de septiembre de 1978.

Violeta Chamorro: Fue miembro de la Junta de Gobierno. En 1990 derrotó al FSLN en elecciones generales y fue presidenta de Nicaragua de 1990 a 1996.

José Benito Escobar: Fue asesinado por la Guardia Nacional el 15 de julio de 1978 en la ciudad de Estelí.

Gaspar García Laviana: Murió en combate el 11 de diciembre de 1978.

Ricardo Talavera Salinas: Murió en combate el 20 de noviembre de 1978.

Henry Ruiz, «Modesto»: Fue miembro del directorio sandinista, ministro de Planificación y ministro de Cooperación Externa del gobierno revolucionario. Está separado del FSLN.

Dora María Téllez: Fue ministro de Salud. Es presidenta del Movimiento Renovador Sandinista.

Carlos Argüello Pravia, «Paco»: Fue alcalde de Matagalpa.

José de Jesús Martínez, «Chuchú»: Murió de un ataque al corazón en 1996.

Javier Carrión: Sustituyó a Joaquín Cuadra como jefe del ejército de Nicaragua.

Edgard Lang: Murió asesinado con Óscar Pérez Cassar el 16 de abril de 1978.

Malena de Montis: Es directora de Cenzontle, una organización no gubernamental en Managua.

Julio López: Fue jefe del Departamento de Relaciones Internacionales del FSLN. Actualmente pertenece a una tendencia disidente del FSLN, Izquierda Democrática.

Sofía Montenegro: Ensayista y dirigente feminista, trabaja en el Centro de Investigaciones para la Comunicación de Managua.

ÍNDICE

VIVIR PARA CONTARLA

por Gabriel García Márquez

Vivir para contarla es, probablemente, el libro más esperado de la década, compendio y recreación de un tiempo crucial en la vida de Gabriel García Márquez. En este apasionante relato, el premio Nobel colombiano ofrece la memoria de sus años de infancia y juventud, aquellos en los que se fundaría el imaginario que, con el tiempo, daría lugar a algunos de los relatos y novelas fundamentales en la literatura en lengua española del siglo XX. Estamos ante la novela de una vida a través de cuyas páginas García Márquez va descubriendo ecos de personajes e historias que han poblado obras como *Cien años de soledad, El amor en los tiempos del cólera, El coronel no tiene quien le escriba* y *Crónica de una muerte anunciada*, y convierten *Vivir para contarla* en una guía de lectura para toda su obra, en acompañante imprescindible para iluminar pasajes inolvidables que, tras la lectura de estas memorias, adquieren una nueva perspectiva.

Autobiografía/1-4000-3453-1

COMPAÑERO

Vida y muerte del Che Guevara

por Jorge G. Castañeda

Cuando llegó el momento en que fue muerto en las selvas de Bolivia, donde su cuerpo fue exhibido como un Cristo destronado, Ernesto "Che" Guevara se había convertido por todas partes en sinónimo de revolución. Esta biografía extraordinaria revela la leyenda del Che Guevara para mostrar el carismático e inquieto hombre detrás de ella. Tomando de los archivos de tres continentes y de entrevistas con los asociados de Guevara, Castañeda sigue al Che desde su niñez en argentina hasta los años de peregrinaje que lo hicieron un revolucionario dedicado. Castañeda examina las complejas relaciones entre Guevara y Fidel Castro y analiza las fallas de carácter que forzaron al Che a dar sus energias y, finalmente, su vida a aventuras quijotescas en el Congo y Bolivia. Una obra maestra de erudición y simpatía literaria, *Compañero* es el retrato definitivo de una figura que continua fascinando a gentes del mundo entero.

Biografía/0-679-78161-7

CUANDO ERA PUERTORRIQUEÑA
por Esmeralda Santiago

La historia de Esmeralda Santiago comienza en la parte rural de Puerto Rico, donde sus padres y siete hermanos vivían una vida alborotada pero llena de amor y ternura. De niña, Esmeralda aprendió a apreciar cómo se come una guayaba, a distinguir la canción del coquí y a ayudar a que el alma de un bebé muerto subiera al cielo. Pero precisamente cuando Esmeralda parecía haberlo aprendido todo sobre su cultura, la llevaron a Nueva York, donde las reglas —y el idioma— eran no sólo diferentes, sino también desconcertantes. Cómo Esmeralda superó la adversidad, se ganó entrada a la Performing Arts High School y después continuó a Harvard, de donde se graduó con altos honores, es el retrato de la tremenda trayectoria de una mujer verdaderamente extraordinaria.

Autobiografía/Estudios Latinos/0-679-75677-9

MUJERES QUE CORREN CON LOS LOBOS
Mitos y cuentos del arquetipo de la Mujer Salvaje
por Clarissa Pinkola Estés, Ph.D.

En cada mujer existe una fuerza poderosa, dotada de instintos positivos, creatividad apasionada y de un conocimiento sin límites. Esta clase de Mujer Salvaje, que representa la naturaleza instintiva de la mujer, está en peligro de extinción. En *Mujeres que corren con los lobos*, la Dra. Pinkola Estés ofrece mitos interculturales, cuentos de hadas y relatos familiares que conectan de nuevo a las mujeres con los saludables y feroces atributos visionarios de su naturaleza instintiva. A través de este maravilloso libro, recuperamos a la Mujer Salvage y la comparamos con lo más íntimo de nuestro ser; con algo que es a la vez mágico y curativo. Feríl y abundante, es una psicología de la mujer, un verdadero acercamiento a su alma.

Estudios sobre las mujeres/Psicología/0-375-70753-0

VINTAGE ESPAÑOL
Búsquelos en su librería local, o llame para colocar un pedido:
1-800-793-2665 (solamente con tarjetas de crédito).